KB203256

100세 시대 돈 잘 벌어 행복한 노후 보낼 분의 책

돈 잘 버는 잠재력을 깨우는법

강요셉지음

"이삭이 그 땅에서 농사하여 그 해에 백배나 얻었
고 여호와께서 복을 주시므로 (13) 그 사람이 창대
하고 왕성하여 마침내 거부가 되어"(창 26:12-13)

성령

돈 잘 버는 잠재력을
깨우는 법

성령

들어가는 말

사람은 사회적인 동물이라고 합니다. 생명을 가지고 살아가려면 돈이 있어야 사람답게 살아갈 수가 있습니다. 짐승은 육체가 건강하면 얼마든지 홀로 살아갈 수가 있습니다. 사람은 사회적인 동물인지라 돈이 있어야 살아갈 수가 있는 것입니다. 돈을 버는 습관은 개인의 경제적 안정과 성공에 중요한 역할을 하는 것은 물론, 미래를 위한 계획을 세우고 꿈을 이루기 위해 필수적입니다. 사람에게는 자신도 모르는 돈 잘 버는 잠재력이 숨어있습니다. 이 숨은 잠재력을 깨워야 합니다. 필자는 어려서부터 혼자서 어려운 고통을 이기면서 삶을 살아가면서 잠재력을 깨워 험한 세상에서 낙오되지 않고 살아왔다고 깨닫게 되었습니다. 나이 70이 되어서 지난 어린 시절을 돌아보니 잠재력은 환란과 풍파의 고통을 극복하는 과정에서 잠재력을 깨웠다고 믿게 되었습니다. 그래서 필자가 70년 이상 인생을 살아오면서 체험한 잠재력에 대한 진리들을 종합 집필하여 한 권의 책이 출간되게 된 것입니다.

잠재력을 깨우려면 자신에게 무한한 돈버는 잠재력이 있다고 믿어야 합니다. 아니 자신에게 하나님께서 주신 무한한 잠재력이 있습니다. 인생을 성공한 사람만 잠재력이 있는 것이 아니고 누구나 할 것 없이 잠재력이 있습니다. 잠재력을 깨워서 발휘했느냐 못했느냐에 따라서 인생을 질이 결정이 되는 것입니다. 험한 세상의 삶에서 살아남으려면 잠재력을 깨워서 발휘해야 합니다.

잠재력을 깨워야 생존경쟁에서 살아남을 수가 있습니다. 세상

논리가 "강자가 살아남는 것이 아니고 살아남는 사람이 강자이기 때문입니다." 생존경쟁에서 살아남는 사람이 되기 위해서 잠재력을 깨워야 합니다. 필자가 인생을 뒤돌아보면 위기를 극복하는 과정에서 잠재력이 깨어나고 발휘하게 되었습니다. 잠재력을 깨우려면 얌전하게 이래도 좋고 저래도 좋다는 식으로 살아서는 잠재력을 깨울 수가 없습니다. 과감하게 세상의 파도에 도전해야 합니다. 이 시대는 경쟁의 시대입니다. 경쟁에서 살아남으려면 잠재력을 깨우는 것은 필수입니다. 어려서부터 부자되는 잠재력을 깨우는 일은 너무나 중요합니다.

이 책을 읽으면 누구나 잠재력을 깨울 수가 있습니다. 자녀들의 잠재력을 깨울 수 있습니다. 소년들도 잠재력을 깨울 수 있습니다. 청년들도 잠재력을 깨울 수 있습니다. 장년들도 잠재력을 깨울 수 있습니다. 노인들도 잠재력을 깨워서 혼자서도 잘 살아갈 수가 있습니다. 책을 읽는 분 모두 잠재력을 깨워 발휘할 수가 있습니다.

독자여러분 이 책을 통하여 부자되는 잠재력을 깨워서 세상에 하나님의 축복을 받으며 하나님의 살아계심을 증명하면서 인생을 행복하고 성공적으로 사실 수가 있을 것입니다. 모두 "강자가 살아남는 것이 아니고 살아남는 사람이 강자라"는 것을 믿고 세상에서 살아남아 하나님의 영광이 되시기를 바랍니다.

주후 2024년 02월 29일
충만한 교회 성전에서
저자 강요셉목사.

세부적인목차

1부 돈 잘 버는 잠재력을 깨워야 부자 된다.

1장 돈 잘 버는 잠재력을 찾아서 깨워야 한다.

(잠 4:7)"지혜가 제일이니 지혜를 얻으라. 네가 얻은 모든 것을 가지고 명철을 얻을지니라."

하나님께서는 각자 세상에서 살아갈 수가 있도록 돈을 잘 버는 잠재력을 주셨습니다. 사람은 사회적인 동물이라고 합니다. 자연스럽게 살아가려면 돈이 있어야 합니다. 짐승은 육체가 건강하면 얼마든지 홀로 살아갈 수가 있습니다. 사람은 사회적인 동물인지라 돈이 있어야 살아갈 수가 있는 것입니다.

돈을 버는 습관은 개인의 경제적 안정과 성공에 중요한 역할을 하는 것은 물론, 미래를 위한 계획을 세우고 꿈을 이루기 위해 필수적입니다. 그러나 돈을 버는 것은 단순히 돈을 모으는 것뿐만 아니라 지속 가능하며 지혜롭게 관리하는 것도 중요합니다. 돈 버는 습관은 재정적으로 안정이 됩니다. 그리고 재정적 안정은 건전한 경제적 상태를 유지하고 미래를 위해 적극적으로 준비하는 데 중요한 역할을 합니다. 돈 버는 습관을 통해 우리는 불필요한 경제적 압박을 덜어내고 성공적인 재정적 미래를 창출할 수 있습니다.

어려서부터 돈을 벌어야 살아갈 수 있다는 생각을 가지고 살아가야 합니다. 돈을 벌어야 살 수 있다는 인식을 가지고 사는 것이 중요합니다. 세상에는 돈을 쓸 줄만 알았지 벌지를 못하는 사람이 있습니다. 지금 세상은 경쟁의 사회입니다. 경쟁에서 살아남아야 되기 때문에 어려서부터 잠재력을 깨워서 발휘해야 합니다. 잠재력[潛在力]이란 겉으로 드러나지 않고 숨겨져 있는 힘을 말합니다. 필자는 어려서부터 개발해야 하는 잠재력은 자신이 하는 일에 집중하고 몰입하는 힘이라고 생각합니다. 공부도 마찬가지 이지만 하는 일로 성공하여 돈을 벌어드리려면 집중하고 몰입하여 잠재력을 깨워야 하는 것입니다. 세상 만사 모든 일이 집중하고 몰입해야 자신 안의 잠재력을 깨워지는 것입니다. 세상에 보면 오지랖이 넓은 사람들이 있습니다. 쓸 때 없이 다른 사람의 일이나 세상이나 정치에 관심을 두고 왈가왈부(曰可曰否) 한다는 것입니다. 왈가왈부(曰可曰否) 란 옳으니 그르니 말한다는 뜻으로, 서로 이게 옳다 저게 옳다 하며 말다툼함을 이르는 말입니다.

자연스럽게 자신의 정신과 마음이 분리되어 공부에도 집중하지 못하고 사업에도 집중하지 못하고 직장 일에도 집중하지 못하는 것입니다. 자연스럽게 또래들과 경쟁에서 뒤처질 수밖에 없습니다. 필자가 인생 70을 살아오면서 깨달은 것은 성공하려면 참을성이 있어야 하고, 인내력을 가지고 있어야 하며, 강한 목표의식이 있어야 하며, 자제력이 있어야 하며, 몰입하고 집중하는 능력이 있어야 합니다. 이는 어려서부터 개발해야하는 중요한 요소입니다. 그러면 어떻게 하면 위대한 하나님의 선물인 잠재력을 우리가 개발해서 우리의 생활 속에 영혼이 잘됨같이 범사에 잘 되며 강건하게 일생을 살고 천국까지 올라갈 수 있겠습니까?

1. 목표의식이 분명하게 해야 한다. 우리의 잠재력을 개발하려면 목표의식을 분명하게 정해야만 하는 것입니다. 끝을 생각하는 습관을 가지라는 말입니다. 마음의 방황만큼 나쁜 것이 없습니다. 아무리 지혜가 있고 능력 있는 사람이라도 마음의 정함이 없을 때는 모든 그 총명과 지혜가 무용지물이 되어 버리고 마는 것입니다. 에베소서 5장 15절로 16절에 보면 "그런즉 너희가 어떻게 행할지를 자세히 주의하여 지혜 없는 자 같이 하지 말고 오직 지혜 있는 자 같이 하여 세월을 아끼라 때가 악하니라"라고 말한 것입니다. 세월은 자꾸 흘러가는데 지혜 없는 사람같이 되면 안 됩니다. 자기의 마음에 목표가 없이 산만한 인생을 산다면 이 사람은 아무것도 성취할 수 없습니다. 그러면 이 사람은 무용지물이 되어 버리고 마는 것입니다. 왜 우리가 인생을 살면서 우리의 생활에 신속하게 분명한 목적을 정해야 될까요? 그것은 삶의 방향이 확실해지므로 생활을 정돈할 수가 있습니다. 우리의 삶이 아주 일목요연하게 정돈이 되어 있어서, 힘을 합쳐 한 길로 나아가야 되는 것입니다. 필자는 옛날에 전문적으로 도적질을 하다가 회개해서 도둑이 들어오지 못하도록 하려면 이렇게 하라는 책을 읽어본 적이 있습니다. 거기에 그 도둑의 하는 말이 언제든지 도적이 집에 들어가면 현관에 신발장을 먼저 살펴본다고 말했습니다. 신발이 아주 가지런히 정리돼 있으면 돌아간다는 것입니다. 그 가정에 들어가 봤자 훔칠 것이 없다는 것입니다. 생활환경이 아주 멋있게 정리돼 있기 때문에 그 집에 들어가서 아무런 귀한 것을 훔칠 수가 없다는 것입니다. 그러나 신발장에 가 보아서 남녀 신이 한꺼번에 어울려서 뒤죽박죽이

되어 있고 전혀 정리가 돼 있지 않으면 마음 놓고 훔쳐도 문제없다는 것을 알게 된다고 기록해 놓은 것을 보았습니다. 오늘날 원수 마귀가 우리에게 와서 도적질하고 죽이고 멸망시키는 경우는 이런 때입니다. 우리의 삶의 방향과 목적이 분명하지 못해서 어지러워져 있을 때는 마귀가 들어와서 마음대로 우리를 괴롭히는 것입니다. 그러나 삶의 방향이 확실하고 생활이 정돈되어 있으면 사탄이 들어와서 우리에게 도적질하고 죽이고 멸망시키는 일을 할 수 없습니다. 목표가 분명해야 잡다한 유혹을 물리칠 수가 있습니다. 먼 여행을 하는 사람이 자기가 여행하는 목표가 분명하고 시간이 분명하게 있으면 그 시간대에 그 목표에 도달하기 위해서 부지런히 걸어갑니다. 길거리에 아무리 아름다운 꽃이 있어도 그 꽃에 유혹되어 앉아있지 않습니다. 길을 걸어가다가 아무리 맑은 시냇물이 있고 경치 좋은 곳이 있다고 해서 그곳에 들어가 앉아서 세월 가는 줄 모르고 쉴 수는 없는 것입니다. 목표가 분명하고 시간이 분명하면 그 목표를 향해서 부지런히 나갑니다. 목표를 향하여 부지런히 가기 때문에 가는 길에 여러 가지 유혹이 다가와도 그 유혹에 끌려 들어가지 않습니다. 그러나 목표가 분명하지 않은 사람은 산자수명(山紫水明)한 곳에 가다가 여러 가지 유혹이 있으면 그곳에 들어가서 한 달도, 두 달도 묵고 노는 것입니다. 그렇게 해서 그 사람은 아무 것도 이루지 못하는 것입니다.

　인생도 똑 같은 것입니다. 인생의 목표가 분명하면 이 세상의 허무한 일에 시간을 소모하지 않습니다. 이 세상에 음란하고 방탕하고 쓸데없는 일에 마음을 두고 그것에 몸을 던져서 자기의 인생을 망치는 그러한 일을 전혀 하지 않게 되는 것입니다. 어떠한 유혹이 다가와도 그런 유혹을 다 단호하게 물리치고 자기의 목표를 향해서 일직선으로 나갈 수가 있는 것입니다. 목표가 없는 사람은 마음속에 심한 유혹이 다가오고 사람들이 꾀면 그것에 끌려가지 않을 수가 없는 것입니다. 왜냐하면 자기가 그것을 물리칠 만한 마음의 자세가 되어 있지 않기 때문인 것입니다. 저는 남편이 바람을 피워서 고통을 당하는 분들이 저에게 상담을 요청하면 이렇게 말합니다. 남편이 시간이 아주 많은 모양입니다. 시간이 많기 때문에 바람을 피우는 것입니다. 목표가 분명한 사람은 다른 곳에 시선을 둘 수가 없습니다. 또 목표가 있어야 성취 의욕이 생겨나는 것입니다. 등산하는 사람이 올라갈 산꼭대기가 분명해야 올라가 보려고 하는 것입니다. 그러나 올라갈 산꼭대기도 없는데 등산을 하면 힘이 들어서 견딜 수가 없는 것입니다. 인생도 목표가 분명해야 합니다. 예수님이 계시니 '할 수 있다! 하면 된다! 해 보자!' 백절불굴의 용기를 가지고 칠전팔기하면서 일어나 나갈 수 있는 성취의욕이 생겨나는 것입니다. 그 뿐 아니라 목표가 있어야 전심전력을 기울여서 잠재력이 개발될 수가 있는 것입니다. 우리에게는 감추어진 잠재력이 있습니다. 그 감추어진 잠재력은 평소에는 나타나지 않기 때문에 어떠한 재능인지 알 수가 없습니다.

그러나 목표를 설정하고 그것을 달성하기 위해서 총력을 기울이다 보면 자기도 생각하지 못하는 희한한 재능이 자기 속에 있는 것을 알게 되고 깜짝 놀라게 됩니다. 감추어진 여러 가지 지혜와 재주가 넘쳐나서 그 목표를 도달할 수 있게 하는 큰 실력개발이 이뤄지게 되는 것입니다. 그렇게 해서 목표에 점점 도달하게 되면 그 성공이 가져오는 기쁨이 마음속에 충만하고 자신이 생겨납니다. 인생에 자신을 잃은 사람들은 목표를 설정하여 일을 해서 성공을 맛보지 못하기 때문에 자신이 없습니다. 이러므로 늘 '나는 못 한다, 나는 할 수 없다, 나는 안 된다'는 무기력증에 빠져서 자기비염 자기비하를 하고 사는 것입니다.

그러나 목표를 설정하고 그것을 성취해 나가는 사람은 어깨를 똑바로 펴고 등뼈가 바로 서게 되며 걸음걸이도 자신 있게 되는 것입니다. 왜냐하면 성공에 대한 기쁨과 확신이 그 마음을 점령하기 때문에 자존심을 가지고 기쁨으로 살아갈 수가 있는 것입니다. 이러므로 우리에게 감추어진 그 귀한 잠재력을 개발하기 위해서는 작고 큰 목표를 신속히 설정해야합니다. 그리고 그 목표를 향하여 매진하는 삶을 살아야 자기개발을 할 수가 있는 것입니다.

2.마음에 희망을 품고 살아야 한다. 마음에 희망을 품고 살아야 잠재력을 개발할 수 있습니다. 희망이라고 말하면 그 막연한 소리 하지 말라고 하는 분도 있습니다. 그러나 우리는 희망에 대해서 굉장히 심각하게 생각해야 되는 것입니다. 희망이 없는 사람은 인생을 방황하게 됩니다. 흥하고 망할 정도로 중요한 비중이 희망에 있는 것입니다. 왜 그렇게 마음의 희망이 중요할까요? 목표가 이루어진 희망을 가슴에 품습니다. 마치 암탉이 계란을 품듯이 목표가 이뤄진 모습을 가슴에 꽉 품고 있으면 그 희망이 목표를 향하여 우리의 모든 능력을 동원시켜서 이끌고 가는 것입니다. 여기에는 신기한 힘이 있는 것입니다. 우리가 희망을 이끌고 가는 것이 아니라,

희망을 품고 있으면 희망이 우리가 상상할 수 없는 은밀한 길로 이끌어 가는 것입니다. 왜냐하면 믿음은 곧 희망의 산물입니다. 성경은 말씀하기를 "네 믿음대로 될지어다." 라고 말했는데 믿음이라는 것이 공연히 생겨나지 않습니다. 마음에 희망을 품으면 희망이 믿음을 산출합니다. 암탉이 계란을 품으면 병아리가 나오듯이 우리가 희망을 품으면 믿음을 산출해 냅니다.

아브라함의 나이 100살이 되고 사라의 나이 90이 되었을 때 어린 아들을 낳겠다고 하나님이 말씀했을 때 아브라함도 웃었고 사라도 웃은 것은 기가 막힌 것입니다. 그들의 마음속에 믿음이 생겨나지 않았었습니다. 그러나 아브라함을 밤중에 잠에서 깨워 일으켜서 천막에서 나와서 밤하늘에 별들을 헤아리게 한 것입니다.

아브라함이 열심히 별들을 헤아리고 나니까 하나님께서 말씀하기를 "네 자손들이 저 하늘에 별들같이 많으리라"고 말씀했습니다. 아브라함은 즉시로 그 별들처럼 많아진 자기 자손의 희망을 마음속에 받아들이자마자, 성경은 그 다음 구절에 말하기를 아브라함이 저를 믿으매 하나님이 그를 의롭다 하였다고 말한 것입니다. 아브라함이 절대로 마음속에 믿어지지 않은 것이 하늘의 별들을 보고 마음속에 자손이 하늘의 별처럼 많아지는 희망을 품자마자, 그 희망은 즉시로 아브라함의 그 불신앙을 내쫓아버리고 마음속에 믿음이 솟아오르게 만들어 준 것입니다.

우리의 마음속에 믿음이 안 생겼다, 약하다, 하는 사람은 그 마음속에 희망을 품지 않기 때문인 것입니다. 목표가 이루어진 희망을 가슴속에 품으면 반드시 그 희망은 계란을 깨듯이 믿음을 깨어나게 만들어 주는 것입니다. 또한 희망의 세계는 창조의 세계인 것입니다. 로마서 4장 17절에 보면 "기록된바 내가 너를 많은 민족의 조상으로 세웠다 하심과 같으니 그가 믿은바 하나님은 죽은 자를 살리시며 없는 것을 있는 것으로 부르시는 이시니라"고 기록하고 있는 것입니다. 없는 것을 있는 것 같이 부르시는 이가 하나님의 성품이라고 말한 것입니다.

　어떻게 없는 것을 있는 것 같이 생각할 수 있습니까? 어떻게 없는 것을 있는 것 같이 볼 수가 있습니까? 어떻게 없는 것을 있는 것 같이 우리가 말할 수가 있습니까? 이것은 마음속에 희망을 그리는 도리 밖에 없습니다. 아직 미래적 사건으로서 나의 생활환경 가운데 실제로 이루어지지 않은 것이라도 마음에 희망을 그리고 있으면 없는 것을 있는 것 같이 생각 할 수가 있는 것입니다. 그래서 마음에 희망을 그려놓고 없는 것을 있는 것같이 생각하고 없는 것을 있는 것 같이 희망을 통해서 봅니다. 없는 것을 있는 것 같이 입으로 시인합니다. 없는 것을 있는 것 같이 마음에 느끼면서 살아갈 때 이와 같은 사람은 하나님의 창조적인 능력에 동참하는 것입니다. 하나님은 죽은 자를 살리는 그 기적을 가지고 우리의 가운데와 계십니다. 하나님께서 함께 역사 하는 사람의 마음상태는 없는 것을 있는 것 같이 부르시는 하나님을 믿어야 합니다. 그래야 하나님과 같이 일을 할 수 있는 것입니다. 그러므로 우리가 마음속에 희망을 그려야 비로소 없는 것을 있는 것 같이 부를 수가 있는 것입니다. 필자는 전역을 하고 하나님께서 시키시는 일을 잘해 보려고 전폭적인 시간을 투자했습니다. 그리고 필자의 잠재력을 개발하는 것이라면 물질도 아낌없이 투자를 했습니다. 그 결과로 지금 와서 이렇게 성령치유사역과 내적치유를 하고 있는 것입니다. 일찍 이 저는 우리나라에서 제일가는 성령치유 사역자가 되겠다는 꿈이 있었습니다. 그래서 한눈팔지 않고 지금까지 달려온 것입니다. 하나님이 앞으로 저를 통하여 무슨 일을 하실지 모르기 때문에 지금도 열과 성의를 다하여 준비하고 있습니다. 하나님은 준비된 자를 사용하십니다. 없는 것을 있는 것같이 그렇게 생각하고 보고 말하고 행동하는 그런 사람하고 하나님이 함께 하여 주시는 것입니다.

하나님은 그런 사람을 통하여 그 일을 이루도록 하나님의 능력을 나타내 주시는 분이기 때문입니다. 이러므로 하나님께서는 이와 같은 사람 속에 나타나 주셔서 창조적인 역사를 베풀어주는 것입니다. 이렇기 때문에 우리가 많이 기도하더라도 우리의 기도가 언제나 마음에 의심과 불안을 가지고 기도하면 안 됩니다. 없는 것을 있는 것 같이 확실히 마음속에 바라보고 요동치 않고 그 희망을 부여잡고 하나님 앞에 기도하면 그 기도는 믿음의 기도가 됩니다. 그 기도는 무서운 힘을 발휘하여 창조적인 하나님의 역사를 불어넣게 되는 것입니다. 그러므로 희망의 세계를 통하여 하나님께서 역사 한다는 사실을 마음속에 깊이 깨닫지 않으면 안 됩니다. 저는 마음속에 지금도 품고 있는 희망이 있습니다. 저는 우리의 4천만 민족이 다 우리 충만한 교회를 통해서 성령체험하고 치유 받고 영적으로 변화되는 희망을 가지고 있습니다. 이 희망을 마음속에 품고 있습니다. 암탉이 계란을 품듯이 품고 있습니다. 이 희망이 우리 교회로 하여금, 나로 하여금 이것을 이루도록 이끌어가 갈 줄

확실히 믿습니다. 저는 또 희망이 있습니다. 저의 마음속에 많은 영적인 책을 발간하여 성도들이 읽고 영적으로 변하는 희망을 가지고 있습니다. 그리하여 많은 성도들이 성령을 체험하여 주님께 영광을 돌리는 희망을 마음속에 품고 있는 것입니다. 필자가 이것을 품고 있는 이상 내가 이것을 이루는 것이 아닙니다. 내 속에 있는 희망이 성령의 능력과 더불어 이것을 이루도록 이끌어주고 문을 열어주고 기적을 베풀어주시는 것입니다.

이러므로 희망이라는 것은 우리의 미래를 형성하는 위대한 재료가 되는 것입니다. 이렇기 때문에 주님께서 희망이 없는 백성은 망한다고 한 것입니다. 망한다는 것은 미래가 없는 것입니다. 오늘날 개인적으로 가정적으로 우리의 생활에 최선을 다하여 하나님 앞에서 기도해야 합니다. 그리고 우리의 소원이 이루어진 모습을 마음속에 품고 생활해야 합니다. 그래야 잠재력이 개발되어 기적적인 삶을 살아갈 수가 있는 것입니다.

3.성령 안에서 온몸으로 영의 기도를 하라. 성령으로 하는 기도는 마음을 늘 긍정적이 되게 합니다. 성령님이 온몸에 채워지기 때문입니다. 마음의 평안과 소망의 원천이 됩니다. 이 세상에 살다보니 마음에 낙심될 때가 있고 우울할 때도 있습니다. 불안할 때도 있고 슬플 때도 있고 절망이 다가올 때도 있습니다. 이와 같은 먼지와 티끌이 마음속에 쌓일 때 이대로 내버려두면 우리 사람들의 마음은 파괴됩니다. 그러나 우리 기도할 줄 아는 사람은 하나님께 나와서 우리의 짐을 다 주께 맡겨버릴 수가 있는 것입니다. 우리의 염려와 근심을 기도를 통해서 하나님께 다 내어 맡겨버리면 하나

님의 성령이 와서 우리 마음의 먼지 티끌을 다 태워버려 주시고 그 자리에 평안과 소망으로 채워주시는 것입니다.

　기도로 성령의 담대함을 얻을 수가 있는 것입니다. 마음이 연약하고 허약해서 불안과 공포가 들어오고, 무릎이 덜덜 떨리게 될 때, 자신을 잃어버릴 때, 우리가 하나님 앞에 엎드려 기도하면 성령께서 오셔서 우리의 마음속에 담대함을 채워주시는 것입니다. 성경은 말씀하기를 "너희 담대함을 버리지 말라 이것이 큰상을 얻느니라" 했습니다. 우리가 기도할 때 하나님의 성령께서 마음에 담대함을 주시는 것입니다. 사람이 마음이 허약하면 위대한 일을 할 수가 없습니다. 마음이 담대해야 여러 가지 불안과 공포를 극복하고 나가서 큰일을 이룰 수가 있는 것입니다. 이 담대함, 이 배짱은 하나님께 기도할 때 하나님의 성령이 우리의 마음속에 넣어주는 것입니다. 또한 우리가 기도를 해야 믿음을 유지할 수 있습니다. 믿음이 자꾸 약해지는 것은 기도하지 않기 때문에 그런 것입니다. 우리가 불 붙는 기도를 계속 하면 하나님이 믿음의 불을 늘 내어서 믿음이 활활 타오르게 만들어주는 것입니다.

　또 나아가서 기도할 때 참을 수 있는 힘이 생깁니다. "분을 내어 가정을 파괴할까." "그렇지 않으면 상대를 모욕할까." "에라 될 대로 되라." "그냥 포기할까 보다." 이런 생각이 날 때도 엎드려 기도하면 하나님의 성령이 와서 위로해 줌으로 말미암아 마음에 참고 또 인내할 수 있게 만들어 주는 것입니다. 사람이 이 세상에 인내하는 성격이 없으면 아무것도 이룰 수 없는 것입니다. 모든 일은 인내의 토대 위에서 이루어지는 것입니다. 오래 참지 않고서는 아무엇도 이룰 수가 없습니다. 그러나 기도함으로 말미암아 우리가 폭발할 수밖에 없는 활화산 같은 성격이라도 이것을 가라앉혀서 마음의 인내력을 가지고 살아갈 수 있는 것입니다.

거기에 더해서 기도할 때 하나님의 도움을 얻는 것입니다. 우리가 기도하지 않고서는 하나님께서 응답해 주시지 않습니다. 가만히 앉아있는데 하나님께서 응답해 주시지 않습니다. 성경은 말씀하시기를 "너희는 내게 부르짖으라 내가 네게 응답하겠고 네가 알지 못하는 크고 은밀한 일들을 네게 보이리라"고 말씀하신 것입니다. 예수님께서도 "무엇이든지 내 이름으로 내게 구하면 내가 시행하리라"고 말씀하신 것입니다. 이렇기 때문에 우리가 하나님께 나와서 구해야 됩니다. 성경은 "너희가 없는 것은 구하지 아니함이라"고 말한 것입니다. 기도해야 하나님께서 우리의 기도를 들으셔서 기도를 따라 우리 생활 가운데 나타나십니다. 그리고 그 능력 있는 팔을 뻗쳐서 문제를 해결하고 응답해 주시는 것입니다.

어떤 사람이 제게 이런 질문을 했었습니다. 다른 교회는 기도할 때도 점잖게 하는데 왜 충만한 교회는 그렇게 떠들고 울부짖으면서 통성으로 기도 하느냐고 했습니다. 그래서 내가 대답을 이렇게 했습니다. "우리 충만한 교회 성도들은 대개 다 블루칼라들이다. 다 중산층의 사람들이다. 중산층 이상은 자기가 잘 낫다고 해서 점잔을 빼지만, 우리 교인들은 점잔을 뺄 아무 것도 없다. 하나님께 나오면 있는 그대로 부르짖어 기도하는 것이다. 그리고 또 오랫동안 시집살이 고생하다가 친정에 오면 아버지, 어머니 붙잡고 통곡을 하며 울 때도 있지 않은가? 이 세상살이에 고통과 괴로움이 많을 때 하나님 앞에 와서 고함쳐 울지 않고 누구한테 와서 고함쳐 울겠는가? 시장 바닥에서 울면 미쳤다고 하지 않겠는가? 울 자리가 그렇게 만만한가? 그러나 하나님 성전에 와서 아버지 앞에 맘 터놓고 울 수 있는 것, 그 얼마나 큰 축복인가! 그리고 또 우리가 정말로 열심히 소원하며 간절히 간구하지 않는가! 우는 아기에게 젖 준다는 말이 있는데 하나님 앞에서도 간절히 매달리는 자에게 하나님께서 응답을 해주신다." 필자가 그렇게 대답한 적이 있습니다. 그러므로 기도는 열심으로 애써서 땀을 흘리며 부르짖어야 될 것입니다. 숨을 배꼽아래까지 들이쉬고 내쉬면서 예수님을 찾고 찾으며 울고 불고 기도해야 합니다.

4. 최선의 노력을 다하라. 성경에도 예수께서 "구하라 주실 것이요 찾으라 찾을 것이요 문을 두드리라 열릴 것이라"고 말한 것입니다. 여기에는 삼박자를 합쳐야 된다는 것입니다. 열심히 구하고, 열심히 구해서 찾고 난 다음에는, 그 다음에 그것을 열심히 개발하고 발휘하라는, 것입니다. 일부 목회자들이 쉽게 권능을 받으려고 합니다. 그냥 안수한 번 받아 권능을 받으려고 하는 마음을 가지고 있습니다. 그러나 필자가 지나온 세월을 보면 절대로 하나님은 그런 분들에게 권능을 주시지 않습니다. 열과 성의를 다하여 시간을 투자하고 물질을 투자하고 노력하는 목회자에게 성령은 권능을 주시는 것입니다. 열심히 말씀(이론)을 배우고 자신의 심령을 치유하며 변화되려고 노력하는 분에게 성령님은 권능을 주시는 것입니다. 필자도 굉장히 많은 노력을 했습니다. 잠재력은 열심히 노력하는 자가 개발하여 하나님에게 쓰임을 받는 것입니다

하나님은 공중에 나는 새를 보라 곡식도 심지 않고 거두어들이지도 아니하고 창고에 모으지 아니하는데 하나님께서 저를 다 먹이신다고 했습니까? 공중에 나는 새는 나무에 가만히 앉아 있는 새가 아닌 것입니다. 공중에 나는 것은 열심히 날아다닙니다. 방앗간에도 날아 찾아가고, 김매는 데도 날아 찾아가고, 그저 곡간에도 날아 찾아가고, 부지런히 날아 찾아다니는 새를 먹인다고 그랬지, 나뭇가지에 앉아서 조는 새를 보라. 그렇게 주님께서는 말씀하지 않았습니다. 우리가 하나님께 축복을 받고 우리 마음을 개발하려면 열심히 애를 써서 자기가 최선을 다해야 하는 것입니다. 인류를 구원하시기 위하여 하나님께서는 최선을 다 하셨습니다. 가만히 앉아서 인류구원을 도모하신 것 아닙니다. 그 아들 예수그리스도를 동정녀 마리아에게 잉태하게 하셔서 인간으로 태어나게 하시고 성육신 하셨습니다. 우리가 자기가 잠재력을 개발하려면 최선을 다해서 열심히 노력을 해야만 되는 것입니다. 공부하는 사람은 공부하고, 연구하는 사람은 연구하고, 일하는 사람은 일하고, 있는 힘을 다해서 하면서 하나님께 기도하여 주신 지혜대로 순종하면 하나님께서 우리를 축복해 주십니다. 잠재력을 깨워서 발휘하게 해주시는 것입니다. 우리는 모두 다 하나님이 주신 잠재력을 가지고 있습니다. 이 잠재력을 어떻게 깨워서 사용할 것인가는 우리의 책임인 것입니다. 이 마음 안에 한없는 잠재력, 보배를 가지고 있지만 미개발 상태에 있는 처녀지와 같은 것입니다. 이 잠재력을 깨워서 발휘하는 것은 우리 자신에게 달려 있는 것입니다. 잠재력을 깨워야 험한 세상에서 하나님께 영광을 돌리면 살 수 있는 것입니다.

2장 잠재력이 삶의 경쟁에서 살아남게 한다.

(잠 4:7)"지혜가 제일이니 지혜를 얻으라 네가 얻은 모든 것을 가지고 명철을 얻을지니라."

하나님은 성도들이 잠재력을 끄집어내어 발휘하도록 하면서 삶의 경쟁에서 살아남도록 하십니다. 고난 속에서 잠재능력을 깨우도록 극한 상황에 도달하게 하시기도 하십니다. 이는 구약성경에 보면 아브라함도 25년 동안 극한 상황을 이기며 살도록 훈련하셨습니다. 그의 아들 이스라엘도 20년이 넘도록 훈련을 하셨습니다. 우리가 잘 아는 요셉도 마찬가지입니다. 이방나라 애굽에 들어가 하인이 되게도 하시고 감옥에 들어가게도 하시면서 하나님께서 숨겨둔 잠재능력을 깨우게 하셨습니다. 모세도 마찬가지입니다.

며칠 전에 뒷동산에 가니까, 참나무 꽃이 만발한 것을 보았습니다. 꽃이 지고 시간이 지나면 도토리가 주렁주렁 열립니다. 가을에 땅에 떨어지는 한 개의 도토리 씨앗 속에 큰 도토리나무 한 그루가 있습니다. 그와 같은 놀라운 잠재 능력이 사람에게도 있습니다. 하나님은 그 잠재능력을 깨우고 꺼내서 사용하도록 하기 위하여 성령으로 훈련하고 계십니다. 예수를 믿으면서도 자신에게 능력이 없다고 생각하는 사람은 불안과 공포와 나약한 모습으로 세상을 살아갑니다. 필자는 항상 예수님 안에서 "할 수 있다.""하면 된다.""해보자" 하면서 군 생활 23년을 했고, 지금 목회 25년을 하였습니다. 그 결과 도저히 필자의 능력으로 할 수 없는 엄청난 일들을 하면서 살았습니다. 필자가 생각하기는 자신의 잠재능력을 충분히 꺼내 쓸 수 있는 사람만이 험한 세상에서 살아계신 하나님의 복을 받으면서 살아갈 수 있는 성도라고 생각합니다. 국어사전에 잠재능력을 "평상시에는 드러나지 않으나 어떤 특수한 경우에 나타나는 능력"이라고 설명합니다. 필자는 많은 사람들이 잠재능력을 깨워서 개발해서 발휘하여 성공적인 삶을 살아가기를 간절하게 소원합니다.

과연 내 안에 잠든 잠재역량은 얼마나 될까요? 남보다 먼저 사물이나 세상일을 깊이 깨달은 선각자들은 90%~95%의 잠재역량을 꺼내라고 외칩니다. 남극과 북극의 빙산의 밑은 엄청난 크기의 얼음덩어리가 숨겨져 있습니다. 그와 같이 인간의 외부로 나타난 의식세계는 빙산의 일각입니다. 겉으로 나타나는 현재의식은 겨우 5%~10%밖에 되지 않는다고 합니다. 내면에 숨겨진 잠재의식, 잠재능력은 90%~95%의 엄청난 크기입니다. 우리는 이 숨겨진 잠재능력을 끌어내어 사용해야 합니다. 사람마다 하나님이 주신 재능이 있습니다. 그런데 우리는 이것을 잘 모르고 사용하지 못한다는 것입니다.

필자는 특별한 부대에서 군 생활을 했습니다. 필자는 그 부대에서 초급장교로 시작하여 령관 장교 때까지 근무를 했습니다. 그때 필자의 부대 지휘관이 잠재역량을 개발하라고 귀가 따갑도록 말씀하셨습니다. 그 당시 잠재역량은 혹독한 훈련을 통한 극한 상황을 극복하는 것이 잠재역량을 개발하는 것으로 알고 있었습니다. 극한 상황을 극복하는 훈련을 하면 더 강한 훈련을 할 수 있는 역량이 개발되기 때문입니다. 군인은 이러한 극한 상황을 훈련을 통하여 단련되어야 전투에 나가 승리할 수가 있는 것입니다. 그래서 필자는 2박 3일 동안 잠을 자지 않고 200km를 걷기도 했습니다. 그런데 필자가 목회자가 되어 깨달은 것은 사람은 성령으로 충만하여 깊은 영의 상태에 들어가면 무한한 잠재능력이 나온다는 것입니다. 영의 상태에 들어가면 갈수록 무한한 능력과 지혜가 하나님으로부터 나온다는 것입니다. 이것이 진정한 잠재능력입니다. 그래서 필자는 이 책에서 성령으로 충만한 깊은 영의 상태에서 나오는 잠재능력을 중점으로 다루도록 하겠습니다.

1.사람마다 하나님이 주신 재능이 있다. 사람들은 각자 소질이 있습니다. 필자는 날마다 감격하고 놀라고 감사한 사실이 있습니다. 저는 원래 두려움이 많아서 사람 앞에 서지를 못했습니다. 군대에 가서 사람 앞에 서야 되는 일이 자주 생겼습니다. 필자가 장교이다 보니까, 여러 사람들 앞에 서서 브리핑을 할 기회가 자주 있었습니다. 잘 해보려고 밤에 잠을 자지 않고 열심히 연습을 했습니다. 브리핑을 하면 여러 사람들이 브리핑을 잘 한다는 것입니다. 저의 잠재능력을 발견한 것입니다. 그 이후부터는 사람 앞에 서는 것이 두렵지 않고 자심감이 있으니까, 사성 장군 앞에서도 당당하게 브리핑을 했습니다. 그후 목사가 되어 자연스럽게 성도들 앞에 설 수가 있었습니다. 그런데 설교는 브리핑과 달랐습니다. 산에 접이식 보면대를 들고 올라가서 설교 연습을 했습니다. 그곳은 사람들이 등산을 많이 하는 장소였습니다. 아마 등산하는 사람들이 저

를 보고 멀쩡한 사람이 돌았다고 했을 것입니다. 그러나 저는 그런 것에 신경을 쓰지 않고 오직 설교를 잘하겠다는 일념으로 훈련을 했습니다. 그런 것이 하나님의 마음을 감동시켜서 지난 세월동안 하루에 3번 이상씩 설교를 하도록 만들어 주셨습니다. 그렇게 한 10년을 하다가 보니까, 이제 자신이 생깁니다. 또 한 가지는 제가 글을 쓰는 달란트가 있었던 것이 아닙니다. 군대에서 참모부에 근무를 하다 보니 각종 계획을 만들어야 합니다. 임무를 받으면 밤잠을 자지 않으면서 계획을 만들어 윗분에게 결재를 받으면 칭찬을 많이 하는 것입니다. 아! 내게 글을 쓰는 달란트가 있구나 하고 담대하게 글을 쓰기 시작 했습니다. 그래서 군에 있을 때 책도 몇 권 냈습니다. 그렇게 자신감과 나의 잠재능력을 발견하게 되니 지금 이렇게 책을 쓰고 있는 것입니다. 그리고 하나님이 자신에게 와 있는 달란트를 사용할 수 있도록 여건을 조성하여 주신다는 것입니다. 제가 군에 있을 때는 컴퓨터를 잘 못했습니다. 제가 손수 백지에 글을 적어서 주면 병사들이 워드 작업을 했습니다. 그렇게 책을 쓰려니 고생을 많이 했습니다. 병사들은 제가 적어준 원고를 가지고 워드 작업을 하느라 잠을 못자는 경우도 있었습니다. 때가 되어 명예 전역을 하게 되었습니다. 원래 군에서 20년 이상을 근무하면 전역 전에 6개월의 시간을 줍니다. 전역 준비하라고 말입니다. 전역 전에 무엇을 할까 기도를 하니 하나님께서 감동하시기를 컴퓨터를 배우라는 감동을 주시는 것입니다. 컴퓨터 학원에 6개월을 다니면서 컴퓨터를 배웠습니다. 지금 필자가 직접 책 원고 워드작업과 디자인을 할 수 있게 된 것입니다. 지금 와서 생각하면 하나님이 저의 앞 일을 다 아시고 하나하나 준비하게 하셨다는 것입니다. 그러니까, 성령께서 인도하면서 잠재능력을 개발하게 하신다는 것입니다. 그런데 만약 제가 허황된 꿈을 가지고 다른 곳에 시간을 보냈더라면 하나님에게 지금 쓰임을 받지 못했을 것입니다.

모두 자신의 잠재능력을 찾아서 성실하게 준비해야 합니다. 우리는 모두 하나님이 주신 잠재능력이 있습니다. 하나님은 당신이 빨리 당신의 소질을 발견하기를 원하시고 계신 것입니다. 하나님이 나를 어디로 이끄시느냐. 하나님이 나에게 무엇을 하기를 원하시는 가 그것을 열심히 살펴보아야 되는 것입니다.

하나님은 시편 139편 16절에 "내 형질이 이루어지기 전에 주의 눈이 보셨으며 나를 위하여 정한 날이 하루도 되기 전에 주의 책에 다 기록이 되었나이다" 내 인간의 형질이 이루어지기 전에 주님이 보셨으며 인생에 태어나서 하루가 되기 전에 내 일생이 하나님 책에 다 기록되었습니다. 참으로 놀랍습니다. 하나님은 당신이 태어날 그 시간에 벌써 일생을 다 알고 하나님 책에 기록해 놓았습니다. 하나님이 당신의 일생을 손금 보듯이 보고 계세요. 그러므로 우리가 하나님께 구하면 하나님이 우리에게 이미 예정한 곳으로 길을 이끌어 주시는 것입니다. 하나님의 예정한 길을 저버리고 자기 마음대로 가려고 하면 실패합니다. 하나님은 잠언 16장 9절에 "사람이 마음으로 자기의 길을 계획할지라도 그의 걸음을 인도하시는 이는 여호와시니라" 말씀하십니다. 계획은 내 마음대로 합니다. 그러나 발걸음은 하나님이 인도하시는 것입니다. 그렇기 때문에 주님께 열심히 기도해야 됩니다.

오래 전 영국에서는 "국가의 허가를 받지 않고 설교하는 자는 무조건 벌을 받는다."는 법조항이 있었습니다. 그런데 한 젊은이가 이 법을 어겨 12년 동안 감옥에서 지내야 되었는데 그가 감옥살이 하는 동안 그 부인은 죽고 애들은 고아가 되었었습니다. 그는 이런 비참한 상황 속에 하나님께 기도를 드렸습니다. 하나님 "저는 지금 너무나 고통스럽습니다. 제가 주님을 위해서 할 수 있는 일이 무엇입니까? 감옥에 갇혀서 아무것도 못하는데 어떻게 합니까?" 기도하면서 걸어갈 때 하나님께서 그에게 말씀했습니다. 너는 글을 써라. 나는 너에게 글을 쓸 수 있는 달란트를 주었으니 글을 써라. 그가 엎드려서 기도하는 중에 한 사람이 이 세상에서 천국 가는 역정을 기록했습니다. 그것이 천로역정입니다. 감옥에서 천로역정을 기록하고 난 다음 이것이 세상에 알려지자 최대의 베스트셀러가 되고 오늘날까지도 천로역정은 굉장히 유명한 책인 것입니다. 감옥에 갇혀 있어서 아무것도 못한다고 생각했으나 존 번연은 감옥에 갇혀 있어도 하나님께 의지해서 자기에게 준 달란트를 깨워서 발휘하니까 역사적인 문학자가 되고 글을 쓰는 사람이 된 것입니다. 우리는 우리 안에 있는 잠재능력을 깨우고 발휘하기 위해 하나님이 우리에게 깨우쳐 주시고 인도해 주시는 손길을 잘 분별해야 되는 것입니다. 하나님은 분명히 하나님이 주신 재능을 발휘하며 살아갈 수 있는 방향으로 우리를 이끌어 주시는 것입니다.

2.잠재능력을 찾아내라. 우리는 잠재능력을 알아야 되는 것입니다. 내게 어떤 잠재능력이 있는가? 하나님이 그냥 보내주시지 않고

잠재능력을 주어서 보냈는데 내게 어떠한 잠재능력이 있는가? 그것을 알려면 무엇에 지치지 않는 취미가 있는가를 알아야 되는 것입니다. 우리가 알아야 할 것은 자원이 없는 것이 아니라, 그것을 찾아서 활용하지 못한 것입니다. 사람은 매일 매일 자신에게 최면을 걸며 삽니다. 최면은 긍정의 최면과 부정의 최면으로 나눠집니다. 긍정의 최면은 자신의 무한한 가능성에 대한 확신과 믿음으로 드러나며, 부정의 최면은 자신의 무한한 가능성에 대한 불확신과 불신으로 드러납니다. 최면의 형태에서 우리의 지금의 모습으로 만들어지기 마련입니다. 지금 내가 어떠한 것을 하지 못하고 있다면 그것은 오래전부터 자신 스스로에게 "못할 거야" "안될 거야" 라는 부정의 최면을 걸었던 것입니다.

지금 내가 어떤 것을 잘하고 있다면 그것은 오래전부터 자신 스스로에게 "난 할 수 있어" "당연하지" "가능해" 라는 긍정의 생각을 했던 것입니다. 사람에게는 누구나 가능성을 지향하는 완전성을 가지고 있습니다. 우리의 본성이나 성향자체는 씨앗과 같기에 결국 씨앗의 의도대로 뿌리를 내리고 열매를 얻습니다. 바위틈에서 자라나는 나무와 꽃을 본적이 있습니까? 현실적으로 봐서는 씨앗은 결코 자라날 수 없지만 결국 씨앗은 자신의 가능성과 잠재능력을 동원해서 자신의 의도대로 뿌리를 내릴 수 있는 것입니다.

이처럼 우리에게도 무한한 가능성과 잠재능력이 존재합니다. 혹자는 이러한 말을 합니다. 자신에게 능력이 없는 것이 아니라, 그 능력을 찾아서 활용하지 못한 것이라고 말입니다. 때로는 그러한 능력이 없는 자신을 질책하기도 하고, 자신의 능력을 펼치지 못하는 환경을 탓하곤 하지만 그것은 결국 자신의 가능성을 스스로 축소하는 결과일 뿐입니다.

우리의 잠재능력이 싫어하는 것이 있다면 이런 것들입니다. ① 자신의 능력에 대해서 스스로 과소평가하는 것입니다. ② 칭찬이 아닌 질책을 할 때 잠재능력은 시들어갑니다. ③ 해보지도 않고 먼저 생각만 하게 되면 시작할 수 없고, 다른 이를 도와줄 생각조차 하지 않는 것입니다. ④ 불평과 한탄을 하게 되면 아무리 도와주려고 해도 도움을 줄 수 없습니다. ⑤ 과거의 실수에 대해서 자꾸 생각하는 것을 잠재능력은 아주 싫어합니다. ⑥ 다가오지 않을 미래에 대해서 걱정하는 것을 원치 않습니다. ⑦ 남과 비교해서 자신을 평가하는 것에 대해 잠재능력은 거부합니다.

잠재능력은 할 수 있다는 가능성을 좋아합니다. 잠재능력은 생각을 넘어서 행동과 실천을 좋아합니다. 잠재능력은 새로운 것에 대한 과감한 도전을 즐겨합니다. 자신을 믿고, 자신의 믿음대로 살아가는 것은 아주 현명한 생각입니다. 어설프게 자신을 믿는 척 하는 것이 아니라, 자신을 진심으로 믿고 사랑한다면 잠재능력은 온전히 나를 위해서 희생과 봉사를 감수할 것입니다.

자신의 잠재능력은 생각처럼 하루아침에 개발되거나 발견되지 않습니다. 그것은 끊임없는 자신과의 대화와 내면 성찰을 통해서 서서히 나타나게 됩니다. 그것이 힘들고 당장 변화가 나타나지 않아서 괴로워 할 수도 있지만, 자신을 찾아가는 것은 우리의 삶에서 가장 가치 있고 멋진 도전이라고 생각합니다. 내 자신을 믿고 살아가는 세상의 그림이 만들어진다면 이 얼마나 멋진 삶일까요?

여기 멋진 인생을 사는 분이 있습니다. 미국의 화가 해리 리버만(Harry Lieberman)은 '미국의 샤갈'이라고 불리는 유명한 화가입니다. 그가 그림을 그리기 시작한 것은 놀랍게도 70세가 넘어서부터인 것입니다. 우리나라 목사님으로 말하면 은퇴할 시기인 것입니다. 그는 다른 일을 하다가 은퇴하여 마을 노인정에서 체스를 하며 그저 시간을 보내고 있었습니다. 체스에 별 흥미를 느끼지 못했습니다. 하루는 그가 멍하니 앉아 있는데 지나가던 청년이 무심코 "할아버지 왜 앉아서 멍하니 하늘만 쳐다보고 계십니까? 시간도 보내고 재미도 있기 위해서 그림을 그리세요. 그림을!" 그리고 청년이 지나가 버렸어요. 그 말을 듣고 그림을 그려보고 싶은 욕망이 생겼어요. 그림을 그리기 시작했는데 놀라운 재간이 나타났습니다. 그 후 30년간 101세까지 살면서 무려 22 회의 전시회를 열어서 화가로써 미국에서 명성을 날렸습니다. 70에 그것도 우연히 지나가는 청년이 할아버지 그림 한번 그려보시라는 말에 감동을 받았습니다. 그림을 그리기 시작하니 거기에 취미가 있고 거기에 소질이 있는 것을 발견하고 계속 그림을 그려서 유명한 화가가 되었습니다. 당신의 지금의 안주가 당신을 최고가 되지 못하게 하고 있어요. 하나님이 당신을 위해서 주어진 달란트를 찾아내지 못하고 있어요. 당신은 지금보다 30배, 60배, 100배로 위대한 사람이 될 수 있는 것입니다. 나이가 많다고요? 나이는 숫자에 불과합니다. 우리 인생은 끝까지 무엇이 될지 모릅니다. 이 땅에 살면서 주님이 부르시는 그 날까지 나이나 환경 팔자 등을 탓하지 마시고 지금부터라도 우리 각자가 가진 소질을 개발하여 최선을 다하면 하나님께서 장차 우리를 어떻게 쓰실지 아무도 모릅니다. 사람은 모두가 하나님이 주신 잠재능력이 있습니다. 도전하세요. 과감하게 도전하면 잠재능력을 깨우고 발휘하게 됩니다.

3.잠재능력을 깨우는 노력을 하라. 우리의 잠재능력은 반드시 훈련하여 개발되어야 합니다. 이 귀하고 귀한 일생을 허무하게 보내서는 안 됩니다. 더구나 예수를 믿고 하나님 아버지의 아들과 딸들이 된 우리들은 하늘나라를 위해서 위에서 주신 재능을 개발해야 되는 것입니다. 한 달란트처럼 파묻어 놓아서는 안 됩니다. 한 달란트 받은 사람이 주님께 와서 "당신은 굳은 사람이라. 심지 않은데서 거두고 헤치지 않은데서 모으는 줄을 내가 알았으므로 두려워하여 나가서 당신의 달란트를 땅에 감추어 두었나이다." 땅에 감추어 두면 어떻게 합니까? 발휘해야지요. 우리의 지혜와 총명과 모략과 재능과 지식을 발휘해야 되는 것입니다.

내게 어떤 소질이 있는지. 교육을 통해서 깨울 수 있는 것입니다. 안개처럼 희미하게 덮여 있더라도 교육을 통해서 안개를 걷어내고 소질이 있는 것을 깨워 낼 수 있는 것입니다. 그렇기 때문에 자녀들을 교육시키고 교육을 받아야 되는 것입니다. 60, 70이 되어도 교육을 받아야 되는 것입니다. 교육을 통해서 당신의 감추어진 달란트가 깨워지고 개발이 되는 것입니다.

하나님은 잠언서 9장 9절에서 "지혜 있는 자에게 교훈을 더하라 그가 더욱 지혜로워질 것이요 의로운 사람을 가르치라 그의 학식이 더하리라"고 말한 것입니다. "그러나 너는 배우고 확신한 일

에 거하라 너는 네가 누구에게서 배운 것을 알며 또 어려서부터 성
경을 알았나니 성경은 능히 너로 하여금 그리스도 예수 안에 있
는 믿음으로 말미암아 구원에 이르는 지혜가 있게 하느니라"(딤후
3:14-15).

우리가 성경도 성령 안에서 배워야 되는 것입니다. 그냥 손에 들
고 다니는 것이 아니라, 성경도 우리가 성경학교에 들어가서 배우
면 더욱 지혜로워지고 더 하나님 앞에 은혜로운 사람이 되는 것입
니다. 깊은 기도도 온몸기도도 배우고 해보아야 합니다. 성령치유
도 배우고 받아야 합니다. 내적치유도 배우고 받아야 합니다. 예언
이나 하나님의 음성 듣는 방법도 배워야 합니다. 그리고 사용해야
합니다. 무엇이든지 기회만 있으면 배우십시오. 그리고 기회가 있
으면 가르치십시오. 쇠가 쇠를 날카롭게 하는 것처럼 이웃이 이웃
을 날카롭게 만들어 주는 것입니다. 하나님이 귀하게 사용할 수 있
는 사람이 되어야 되는 것입니다. 우리에게 주신 하나님의 재능을
피땀을 흘려서 발전을 시켜야 되는 것입니다. 노력하지 않고 되는
일은 하나도 없습니다. 피땀을 흘려서 노력을 해야 되는 것입니다.

저는 군대에서 전역하고 세상에 나온 후 25년 동안 한 번도 휴
가를 간적이 없습니다. 우리 가족들에게 미안한 것은 다른 교회 목
사님들은 그래도 1년에 몇 차례씩 휴가를 간답니다. 저는 25년 동
안 한 번도 그런 휴가를 간적이 없습니다. 가족들을 제대로 돌보지
못했습니다. 저는 한국에서 제일가는 성령치유 사역자가 되겠다는
꿈이 있기에 한 시간도 소홀하게 여기지 않고 최선을 다합니다. 분
명하게 하나님은 (마 7:7~8)"구하라 그리하면 너희에게 주실 것이

요 찾으라 그리하면 찾아낼 것이요 문을 두드리라 그리하면 너희에게 열릴 것이니 구하는 이마다 받을 것이요 찾는 이는 찾아낼 것이요 두드리는 이에게는 열릴 것이니라"하셨기 때문입니다.

　구하고 찾고 두드리는데 놀 시간이 어디 있습니까? 전력을 기울여야 되는 것입니다. 우리 가장들도 전력을 기울이면 가정이 살아납니다. 사업하는 사람이 자기 사업에 하나님을 의지하고 전력을 기울이면 그 사업이 자라는 것입니다. 어떤 고통이 다가와도 오히려 그 고통은 환경을 이길 수 있는 능력을 더 나타내 주는 것입니다. 그리고 끊임없이 서로 격려해야 되는 것입니다. 이탈리아의 유명한 성악가 카루소는 그 어머니의 격려를 통해서 위대한 음악가가 된 것입니다. 잠언 27장 21절에 보면 "도가니로 은을, 풀무로 금을, 칭찬으로 사람을 단련하느니라" 말했고, 데살로니가전서 5장 14절에 "또 형제들아 너희를 권면하노니 게으른 자들을 권계하며 마음이 약한 자들을 격려하고 힘이 없는 자들을 붙들어 주며 모든 사람에게 오래 참으라"고 말한 것입니다. 하나님이 우리에게 재간을 주셨으면 그것을 이룰 수 있도록 능력을 주셨기 때문에 필사적으로 노력해야 되는 것입니다. 노력하지 않고 애쓰지 않고 일을 이루는 사람은 없습니다. 뼈가 으스러지도록 노력해야 되는 것입니다. 마태복음 25장 23절에도 "그 주인이 이르되 잘하였도다 착하고 충성된 종아 네가 적은 일에 충성하였으매 내가 많은 것을 네게 맡기리니 네 주인의 즐거움에 참여할지어다 하고" 온갖 노력을 다 기울여서 충성했기 때문에 많은 성취를 이룰 수가 있었던 것입니다. 노력을 해야 성취합니다. 가만히 앉아서 되는 것이 아닙니다. 할 수있다고 생각하면서 추진하면 잠재능력이 깨워집니다.

잠재능력이란 속에 숨어 있는 힘이기 때문에 밖으로 나타날 때는 놀라운 힘을 보입니다. 철학자 짐론(Jim rohn)은 이렇게 말했습니다. "변화시키고 싶은 것이 있다면 먼저 당신이 변화해야 한다. 그렇지 않으면 아무것도 변화되지 않는다." 우리를 변화시킬 수 있는 놀라운 힘은 우리 속에 숨어있는 잠재능력을 발견하여 그것을 발휘하는 것입니다.

내 인생을 살면서 목표가 있어야 됩니다. 아무 목표도 없이 방황을 하고 살면 세월만 보내는 것입니다. 목표를 세워서 그 목표를 향해서 나가면 굉장한 성과를 거둡니다. 목적의식을 가지고 할 수 없다고 말하지 말고 모험심을 가지고 있어야 합니다. 예수님 안에서 "할 수 있다." "하면 된다." "해보자." 끝없이 자기가 잘 할 수 있도록 애를 쓰고 힘을 써야 되는 것입니다. 위대한 업적을 남긴 사람들은 현실에 안주하지 않고 자신이 원하는 것이 무엇인지를 분명히 알았습니다. 그 목표를 이루기 위하여 어떠한 모험이라도 기꺼이 감수한다는 것입니다. 이들은 더 나은 미래를 갈망하며 끊임없이 도전합니다. 이와 같이 하면 자신의 달란트를 깨울 수 있는 것입니다. 우리가 가진 잠재능력이 무엇인지 알기 위해서는 우리는 먼저 우리 자신이 지치지 않고 하고 싶어 하는 취미와 소질이 무엇인지를 알아야 합니다. 일을 할 때 피곤하지 않고 싫증나지 않고 재미있게 할 수 있는 일을 찾아야 합니다. 우리는 분명한 목적의식과 모험심과 끝없는 열정을 가지고 나아가면 하나님에게 쓰임을 받고 경쟁의 사회에서 살아남을 수가 있는 것입니다.

3장 잠재력은 돈 잘 버는 재능을 개발하는 것

(잠 9:9-12) "지혜 있는 자에게 교훈을 더하라 그가 더욱 지혜로워질 것이요 의로운 사람을 가르치라 그의 학식이 더하리라 (10) 여호와를 경외하는 것이 지혜의 근본이요 거룩하신 자를 아는 것이 명철이니라 (11) 나 지혜로 말미암아 네 날이 많아질 것이요 네 생명의 해가 네게 더하리라 (12) 네가 만일 지혜로우면 그 지혜가 네게 유익할 것이나 네가 만일 거만하면 너 홀로 해를 당하리라."

하나님께서는 예수님을 믿어 성령으로 거듭난 하나님의 자녀들에게 돈버는 재능을 주셨습니다. 돈을 벌어 부자가 되어야 세상에 하나님의 살아계심을 증명하면서 돈과 재능으로 하나님의 선한 사업을 할 수가 있기 때문입니다. 하나님께서 얼굴이 똑같은 두 사람을 짓지 않은 것처럼 똑같은 잠재능력을 주지는 않았습니다. 우리는 주님이 만드신 그대로 우리의 재간을 알아내야 됩니다. "사과 속에 있는 씨는 헤아려 볼 수 있지만, 씨 속에 있는 사과는 하늘만이 안다."는 말이 있습니다. 사과를 쪼개면 씨는 보이지 않습니까? 그러나 씨 속에는 얼마나 많은 사과가 들어있는지 알 수가 없습니다. 그 씨를 뿌리면 사과나무가 나고 그 사과나무에 사과가 많이 열리지 않겠습니까? 사과씨 하나를 심으면 수십 개의 열매가 맺히고 그 사과 열매의 씨앗들을 심으면 얼마나 많은 사과가 맺힐 지는 상상할 수가 없습니다.

예수님도 모든 씨앗 중에 가장 작은 겨자씨도 심어져 자라면 공중의 새들이 그 가지에 깃들여 쉴 수 있는 그늘을 만들 만큼 큰 나무가 된다고 말씀하셨습니다. 우리는 작은 도토리 알 속에서 거대한 도토리 수풀을 볼 수 있어야 합니다. 이처럼 우리는 우리 안에 하나님이 주신 놀라운 잠재능력이 있다는 사실을 알아야 되는 것입니다. 그것을 우리가 사용을 하면 굉장한 성과를 거둘 수 있고 하나님께 영광을 돌릴 수 있습니다. 그러나 하나님이 주신 이 잠재능력을 사용하지 않고 무시해 버리면 하나님께 큰 수치를 돌리고 하나님을 진노하게 만드신다는 것입니다.

우리는 꿈을 마음속에 가져서 자기가 하나님께로 부터 받은 달란트를 사용할 수 있어야 되는 것입니다. 도토리 속에서 도토리 수풀을 보는 것같이 자기 속에 조그마한 재간이 있습니다. 그래서 그 재간을 사용하면 하나님이 굉장히 크게 복을 주셔서 30배, 60배, 100배가 되게 만들어 주는 것입니다. 하나님은 아담과 하와를 만들었을 때 아담과 하와만 본 것이 아닙니다. 그들 속에 68억 인구를 보았었습니다. 아담과 하와인데 무슨 68억입니까? 그러니까 하나님은 그 한사람을 본 것이 아니라, 그 속에 68억의 후손들이 생겨날 것을 보셨다는 것입니다. 하나님은 아브라함에게 네 자손들이 하늘의 별과 같이 바다의 모래와 같이 많아질 것이라고 하신 것입니다. 하나님은 그리스도 안에서 수십억의 구원받은 사람을 보셨습니다.

십자가에 못 박혀 몸 찢고 피 흘려 매달려 있을 때 사람들은 한사람 예수님이 십자가에 못 박혀 있는 것을 보았지만, 하나님은 그 예수님 속에 구원받은 수십억의 인류를 바라보았던 것입니다. 그러므로 잠재적인 자기의 가치가 굉장히 크다는 것을 알아야 되는 것입니다. 당신은 지금보다 30배, 60배, 100배로 위대한 사람이 될 수 있는 것입니다. 나이가 많다고요. 나이는 숫자에 불과합니다. 우리 인생은 끝까지 무엇이 될지 모릅니다. 이 땅에 살면서 주님이 부르시는 그 날까지 나이나 환경 팔자 등을 탓하지 마시고 지금부터라도 우리 각자가 가진 소질을 개발하여 최선을 다하면 하나님께서 장차 우리를 어떻게 쓰실 지 아무도 모릅니다.

각 사람은 독특한 자질과 재능을 갖고 있으며, 이를 찾아내고 개발하는 과정은 학업적 성공과 미래의 경력에 큰 영향을 미치게 됩니다. 특히 미국의 대학들은 학생들이 자신의 자질과 재능을 발견하고 표현하는 능력을 높이 평가하고 있으며, 입학사정관들이 선호하는 원서는 본인의 독특한 특징을 강조하고, 상세하게 기술하는 원서입니다. 입학 사정 시 대학은 학생들이 자신의 색깔과 가치를 표현하고, 어떻게 그것이 그들의 미래 학업 및 경력에 도움이 될 것인지 설명하는 지원자를 선호합니다. 개인의 강점에 주목하면 자신의 강점을 더욱 발전시키고 활용하는 방법을 찾을 수 있고 이는 자기개발과 성장을 촉진할 수 있습니다. 개인의 강점을 이해하고 활용하면 기대 밖의 효율성과 성과를 향상시킬 수 있고 이는 곧 진로나 직업적인 성공으로 이어 질 수 있습니다.

재능과 장점을 찾아내는 방법은 물론 과학적 검사를 이용하는 것이 가장 빠르고 정확하지만 다른 다양한 방법으로도 탐구할 수 있습니다. 우선 자신의 강점과 흥미를 파악하는 가장 기본적인 방법으로 자신이 좋아하는 활동, 능력, 관심사를 자세히 살펴보며 무엇에 열정을 느끼는지를 고민 해봅니다.

자신의 재능과 흥미를 찾습니다. 스포츠, 예술, 음악, 과학, 기술, 봉사활동 등 다양한 분야에서 시도해보고 어떤 것이 자신의 재능과 흥미가 있는지를 찾아봅니다. 또한 가족, 친구, 선생님, 동료 등 주변 사람들에게 자신의 장점과 재능에 대한 피드백을 얻어 다른 사람의 관점에서 본 자신을 더 잘 이해할 수 있도록 하는 것도 좋습니다. 어떤 취미나 관심사가 있을 때, 그것을 통해 자신의 재능을 발견할 수 있습니다. 그리고 취미나 열정을 향상시키는 것은 재능을 발전시키는데 도움이 됩니다.

하지만 많은 학생들이 자신의 취미가 어떤 수준에 미치지 못한다고 생각하여 그것을 별것 아닌 것으로 치부하기 일 수입니다. 기억해야 할 것은 모두의 시작은 미약하다는 것입니다. 고등학교 기간 선택과 집중을 하여 자신에게 가치가 있는 활동을 최대한 개발할 것을 추천합니다.

지식적으로 탐구해야 합니다. 요즘은 유튜브와 같은 온라인 강의, 워크샵 등을 활용하여 과학, 기술, 음악, 글쓰기, 수학, 재정 등면 학교에서 배우는 것 이외에도 무궁무진한 자료들을 활용하여 자신의 관심분야를 깊이 있게 배울 수 있습니다. 이외에도 독서, 온라인 수업, 커뮤니티 대학에서 제공하는 수업 등을 통해 자신의 지식을 확장하고 새로운 분야를 탐구 하므로 자신의 장점을 강점으로 발견 시킬 수 있습니다.

재능과 장점을 찾아내는 것은 시간이 걸릴 수 있고, 실험과 열정이 필요한 일입니다. 그리고 중요한 것은 자신을 이해하고 발전시키는 과정을 즐기며, 그것이 미래의 학업과 경력에 어떻게 도움을 줄지 고민하면서 찾아 나가야 한다는 사실입니다. 대학에서는 지원자가 자신에게 맞는 지원을 했는지 자세히 보기 원하기에 자신만의 숨겨진 의미나 특별한 경험을 찾아본 여정이 담긴 이야기를 듣기 원하기 때문에 이 과정을 즐기고 개발해야 합니다.

1. 천부적인 자기 재능을 끌어내라. 사람은 모두 자신이 개척한 인생의 성공 길을 달리고 있습니다. 성공의 길을 달리는 사람을 세 부류로 나눌 수 있습니다. 열심히 달리고 있지만 목표지점에서 점점 멀어져 가는 사람이 있습니다. 방향을 잘못 설정했다는 사실을 모르고 달리는 사람들입니다. 달리는데도 원하는 만큼 진도는 못 나가고, 제자리걸음을 하여 힘들고 지친 사람들이 있습니다. 대부분의 사람이 여기에 속합니다. 즐기면서 달리며 목표지점에 **빠르**게 도착한 사람이 있습니다. 소수이지만 세상을 끌어가는 선도자들입니다.

왜 똑 같이 달리는데, 차이는 크게 날까요? 여러 가지 원인이 있겠지만 대표적인 요인 하나가 재능을 못 살리는 사람과 자기재능을 개발하여 활용하는 사람과의 차이에서 나타나는 결과물입니다.

귀하는 원하는 성과를 재미있게 달성하고 싶은가요? 그 핵심비결은 천부적인 재능을 개발하는 것입니다. 자신의 천부적인 재능은 무엇인가요? 아마 대답이 쉽게 나오지 않을 것입니다.

자신의 재능이 없는 것일까요? 결론만 말하면 '사람마다 고유하게 타고난 재능은 있다'는 것입니다. 그렇다면 왜 자신의 재능을 발견하지 못하는 것일까요? 그 이유는 두 가지입니다.

자신이 어렸을 때 부모라든가 힘 있는 권위자에 의해 재능이 억압되었기 때문입니다. 어릴 때 당신이 운동적인 재능을 보이며, 공부는 안 하고 운동만 하려 했다고 해 봅시다. 그 때마다 "부모님이 "운동으로 성공하기는 너무 어렵다. 안정적인 공무원이 되어라." 그러니 쓸데없는 일 하지 말고 공부나 열심히 해라!"라는 말을 반복하며, 운동하는데 제약을 가한다면 재능은 서서히 파묻혀 갈 것입니다. 만약 〈서태지〉에게 공부만 하라고 했다면 그가 가진 남다른 음악적인 재능이 제대로 발휘되었을까요? 권위자에게 재능이 짓밟히면 힘을 발휘하지 못합니다.

첫째, 사회가 재능을 일반적인 모양으로 성형시킵니다. 평균적인 모양으로 재능을 성형하는데 언론 미디어도 일조합니다. 언론이 대중들을 이렇게 되어야 한다고 선도하는 경우가 얼마나 많습니까? 또 직장생활 경우를 봅시다. 직장에서 요구하는 형식과 기술들을 익히다 보면 자기재능은 서서히 덮여만 가는 것입니다. 결국, 직장에서 개인의 재능을 발휘하기에는 한계가 있습니다. 그럼에도 불구하고 자기가 하는 일 속에서 재능을 개발하는 방법을 강구해야 합니다. 쉽게 말해서 재능을 갈고 닦아 위대한 성공으로 가는 길을 찾으라는 것입니다. 왜 재능을 바탕으로 하여 역량을 키워야 합니까? 가장 큰 이유는 재능을 바탕으로 하여야 위대한 성공 자가 될 수 있기 때문입니다. 재능을 결합하지 않아도 어떤 분야를 반복적으로 훈련하면 실력을 가진 사람은 될 수 있지만, 위대한 사람은 되기 어렵다는 것입니다.

골프 재능이 없는 사람도 열심히 훈련하면 자신의 강점이 될 수 있습니다. 그러나 재능을 바탕으로 한 〈타이거우즈〉 같은 위대한 골퍼는 되기 어렵습니다.

〈레오나르도 다빈치〉가 세기의 천재가 될 수 있었든 핵심 비결은 자신의 천부적인 재능을 위대하게 갈고 닦았기 때문에 가능한 일이었습니다. 위대하게 성공한 인물들은 하나같이 재능을 갈고 닦아 활용한 사람들입니다.

둘째, 자아 성공에 사람들이 눈을 떴다는 것입니다. 얼마 전 인터넷 여론조사에서 직장인 10명 중 7명이 "자아 성공 형 인간이 되려는 노력을 하고 있다"고 대답했습니다. 사람들의 최대 키워드는 잘 먹고 잘 살자는 웰빙(Well- being)입니다. 웰빙 족도 자아성공에 속합니다. 참다운 웰빙 족의 생활을 하려면 재능과 결부된 일을 할 때 가능합니다.

재능과 결합된 일을 하지 않으면, 일 자체가 괴로운 노동으로 전락하여, 성과나 행복도가 떨어집니다. 재능과 결합된 일은 그 자체가 즐거움이기 때문에 일이 게임 같이 즐겁습니다. 이 일은 재능이 결합된 일이라 발전 속도도 빠르지만, 무엇 보다 중요한 것은 게임하는 흥분 감을 일에서 계속 맛본다는 것입니다.

셋째, 높은 성과를 지속적으로 창출하기 위해서입니다. 남다른 성과를 올리기 위해서는 재능이 필수로 섞여야 합니다. 재능이 섞이면 힘들지 않고 성과를 창출할 수 있습니다. 왜 힘들지 않을까요? 일이 노동이 아니고 게임처럼 재미있기 때문입니다.

넷째, 개인의 능력에 따라 대우받는 개인비즈니스 사회가 도래

했기 때문입니다. 세계는 지금 유능한 인재를 확보하기 위한 전쟁에 돌입했습니다. 앞으로는 개인도 프로선수처럼 능력에 따라 몸값을 책정하여 스카우트 하는 시대가 될 것입니다. 자기 몸값을 극대화 하는 가장 좋은 방법은 재능을 바탕으로 하여 강점을 극대화 하는 것입니다.

2. 재능을 발견했으면 체험으로 가야합니다. "재능보다 체험"에 대해 말씀 드리고자 합니다. 때로는 우리가 가진 체험들이 우리의 성장과 풍요로움에 더 큰 영향을 끼치기도 합니다. 그 이유를 함께 살펴보겠습니다. 재능은 타고난 것일 수 있지만, 그 재능을 발휘하고 발전시키는 데에는 체험이 뒷받침되어야 합니다. 체험을 통해 쌓인 능력과 지식은 우리의 재능을 키우는 중요한 기반입니다. 체험은 종종 도전과 실패를 동반합니다. 그러나 이러한 체험들이 우리에게는 교훈과 깨달음으로 다가오며, 이를 통해 우리는 더 나은 방향으로 성장할 수 있습니다. 재능만으로는 얻을 수 없는 깊은 통찰과 지혜를 얻게 됩니다.

재능은 종종 이상적인 상황에서 빛을 발하지만, 실제 세계에서의 체험이 더욱 중요합니다. 어떤 상황에서든 빠르게 적응하고 문제를 해결할 수 있는 능력은 체험을 통해 강화되는 것이며, 이는 우리의 성공과 행복에 큰 역할을 합니다. 재능은 개인적인 업적에 도움을 주지만, 인간관계의 성공에는 체험이 더 중요합니다. 다양한 상황에서의 대화, 감정의 이해, 타인과의 협력은 체험을 통해 배울 수 있는 것들이며, 이는 우리를 더 나은 리더로 만들어줍니다.

재능이 있다고 해도, 한 가지 분야에 국한되어 있을 때 한계가 있을 수 있습니다. 그러나 다양한 체험을 쌓음으로써 우리의 시야가 확장되고, 이는 창의성을 향상시키는 중요한 요소가 됩니다. 새로운 아이디어와 접근법은 다양한 체험에서 비롯됩니다.

재능만으로는 어려움을 극복하기 어렵습니다. 그러나 다양한 체험을 통해 겪는 어려움들은 우리에게 민첩성을 기르게 하며, 이는 삶의 여러 측면에서 긍정적인 영향을 끼칩니다. 어려움을 극복하며 나아가는 민첩성은 우리의 삶을 탄력 있고 의미 있게 만들어줍니다. 재능은 체험이 있어야만 자기를 극복하고 발전시킬 수 있습니다. 자기계발은 지속적인 체험을 통해 이루어지며, 이는 우리를 계속해서 성장하게 만듭니다. 재능은 주어진 것이지만, 체험을 통한 자기계발은 우리가 선택하고 이루어낼 수 있는 부분입니다.

시간은 우리에게 많은 것을 가르쳐줍니다. 어떤 일에 시간을 투자하고, 그 과정에서 겪는 일련의 체험들은 인내력을 강화시킵니다. 인내는 성취를 위한 중요한 가치입니다. 인내해야 체험할 수가 있고 재능을 발전시킬 수가 있습니다.

재능만으로는 성공의 씨앗을 찾기 어렵습니다. 그러나 체험 속에서 오는 실패는 성공의 씨앗이 됩니다. 실패는 우리에게 무엇이 잘못되었는지를 배우게 하고, 그것을 토대로 다시 도전해 나가는 기회를 제공합니다. 실패는 성공의 어머니라고 합니다. 실패를 두려워하지 말고 체험하여 재능을 활성화하기 위하여 도전해야 합니다.

재능만 가진 사람이라면 특정 분야에서만 뛰어날 수 있지만, 체험을 통해 얻은 통찰력은 삶의 다양한 측면을 이해하는 데 도움이 됩니다. 이를 통해 우리는 더 현명하고 지혜로운 선택을 할 수 있게 되며, 삶에 대한 풍요로움을 높일 수 있습니다.

체험은 우리의 윤리적 판단력을 향상시킵니다. 다양한 상황에서 마주하는 도덕적 고민들은 우리에게 올바른 판단을 내릴 수 있는 능력을 부여합니다. 이는 삶의 여러 측면에서 긍정적인 영향을 미칩니다. 재능은 특정 분야에서만 빛을 발할 수 있습니다. 그러나 다양한 체험을 통해 얻은 적응력은 우리를 새로운 환경에 순조롭게 적응하게 만들어 줍니다. 체험은 새로운 문화와 사회 속에서 어떤 상황에서든 우리는 더 유연하게 대처할 수 있게 됩니다.

체험을 통해 우리는 더 나은 소통 능력을 개발할 수 있습니다. 다양한 사람들과의 상호작용, 어려운 상황에서의 대화는 우리가 상황에 맞게 적절한 의사를 전달할 수 있는 능력을 키우는 데 기여합니다. 재능은 반드시 체험을 통해야만 빛을 발휘할 수가 있습니다. 체험은 우리에게 진정한 자기 성찰을 가능하게 합니다. 성공이나 실패, 즐거움이나 어려움, 이 모든 체험을 통해 우리는 자기 자신을 더 깊게 이해하게 되고, 내면의 발견이 삶에 새로운 의미를 부여합니다. 자신을 알게 하여 교만하지 않고 겸손할 수가 있습니다. 재능이 있다고 다되는 것이 아니고, 반드시 체험해야 지도자가 되수가 있습니다. 체험을 통해 우리는 감사와 인내의 중요성을 배웁니다. 작은 것들에 감사하며, 어려움을 인내하면서도 성장하는 체험은 우리에게 더 큰 행복을 가져다줍니다.

재능만으로는 끝이 있는 것처럼 느껴질 수 있지만, 체험은 우리에게 지속적인 발전과 성취의 즐거움을 제공합니다. 항상 새로운 것을 배우며 나아가는 여정은 우리에게 끝이 없는 성취의 기쁨을 선사합니다. 체험함으로 재능을 완전함으로 숙성되게 할 수가 있습니다.

재능은 출발점일 뿐이며, 체험은 우리를 풍요롭고 성장한 삶으로 이끌어줍니다. 새로운 체험을 기꺼이 받아들이며, 자신의 삶을 더욱 풍요롭게 만들어 나가길 바랍니다. 여러분 모두에게 재능으로 만족하지 말고, 도전하여 풍요로운 체험들이 가득한 인생이 되길 기대합니다.

3.천부적인 재능을 찾아 체험하는 방법: 세상을 날아다니는 새로운 느낌을 맛 볼 수 있는 잠자는 자기재능을 어떻게 찾아서 체험하여 숙성시키는 방법을 깊게 생각하면 자신의 영감을 자극할 것입니다.

① 롤 모델을 찾고 만나야 한다. 롤 모델(Role Model)은 어떤 사람을 모범으로 삼아서 자신이 어느 정도의 성숙(성공)을 이룰 때까지 그를 모델로 삼는 것을 뜻합니다. 롤 모델을 우리말로 번역하면 역할모델이 됩니다. 엘리사가 엘리야보다 갑절로 더 크게 쓰임 받은 이유는 엘리야라는 영적 대가를 만났기 때문입니다. 나에게 도전정신을 주고, 나를 자극하고 흔드는 인생의 롤 모델을 만나야 합니다. 엘리야 같은 본받고 싶은 인생의 롤 모델을 만나기를 성령으로 기도해야 합니다. 한번뿐인 인생, 어떻게 살아야할지 조언해줄 수 있는 인생 선배를 만나야 합니다. 무엇을 위해, 어떻게 살아야

할지, 현명하게 지도해줄 수 있는 인생의 모델을 만나는 것이 복중의 복입니다. 10~20대에는 배우자를 위한 기도보다는 본받고 뛰어넘을만한 엘리야와 같은 영적인 대가를 만나기 위해 기도해야 합니다. 바울이 바나바를 만난 것이 우리가 지금 알고 있는 바울이 될 수 있었던 가장 큰 원인이고, 디모데가 바울을 만난 것이 디모데의 인생의 최고의 복입니다.

쉽게 인생의 롤 모델을 만날 수 있는 방법이 '책을 읽는 것'입니다. 책을 통해 수많은 영적인 대가와 인생의 롤 모델을 만날 수 있습니다. 우리는 책속의 위대한 인물들을 만날 때마다 이렇게 외쳐야 합니다. '나는 당신을 뛰어넘을 수 있습니다.' 록펠러가 세운 미국의 시카고 대학은 1929년까지는 이름도 모르는 대학이었습니다. 그런데 5대 총장으로 취임한 로버트 허친스에 의해 일류대학으로 변했습니다. 지금까지 시카고 대학은 73개의 노벨상을 받는 대단한 학교가 되었습니다.

로버트 허친스는 [시카고 플랜]을 만들어 학생들의 수준을 완벽하게 끌어올렸습니다. 시카고 플랜의 핵심은 "철학 고전을 비롯한 세계의 위대한 고전 100권을 달달 외우게 만들고 이것을 하지 않는 사람은 졸업시키지 않겠다"는 것입니다. 학생들은 시카고 플랜에 참여하며 수많은 위인들을 만났고, 그들을 롤 모델로 삼았고 이전과는 전혀 다른 인생을 살기 시작했습니다.

우리는 주변에서 성공한 사람들의 이야기를 듣습니다. 우리는 그런 소리를 들으며 이런 마음을 먹어야 합니다. '내가 당신을 뛰어넘을 것이다.' 국회의원 홍정욱은 존 F 케네디 대통령을 인생의 롤 모델로 삼았습니다. 그는 존 F 케네디를 닮기 위해 그가 졸업한 로즈마리 홀 고등학교에 입학했고, 케네디가 졸업한 하버드를 졸업했습니다. 지금 그의 꿈은 존 F 케네디를 뛰어넘는 정치인이 되는 것이라고 합니다. 이런 사람들을 보면 우리는 이런 말을 할 수 있습니다. '너는 돈도 있고 능력도 있잖아.' 맞습니다. 우리는 돈도 없고, 능력도 없습니다. 하지만 우리에게 하나님이 계시지 않습니까? 둘째는 기도하는 것입니다. 성령으로 영의기도를 해야 합니다. 성령께서 감동하시어 멘토를 만나게 할 것입니다.

②**장점만을 본받아라.** 누구나 장점과 단점은 있습니다. 어떤 사람의 장점이 좋아 따라가다가 그 사람의 단점을 발견하고는 포기하는 경우를 봅니다. 그런 사람은 절대 큰사람이 될 수 없습니다. 엘리사는 엘리야를 10년 넘게 따라다녔습니다. 누군가를 따라다닌다는 것은 꼭 존경하고 좋아하기 때문만은 아닙니다. 그에게 배울 점이 있기 때문입니다. 배울 점이 있는 사람이라고 꼭 장점만 있는 것은 아닙니다. 엘리사는 엘리야의 장점도 봤겠지만 단점도 봤을 것입니다. 하지만 엘리사는 엘리야에게 장점을 배웠고, 결국 엘리야를 뛰어넘는 하나님의 사람이 되었습니다.

③**노력이라는 대가를 지불하라.** 누군가를 자신의 롤 모델로 삼는 것으로 끝나면 안 됩니다. 누군가의 장점을 발견하는 것으로 끝나면 안 됩니다. 그를 닮기 위해 노력해야 합니다. 노력은 거짓말하지 않는 것입니다. 자신이 추구하고 싶은 영감과 권능, 신령함을 가진 목회자를 롤 모델로 삼았으면 그의 행동, 말씀 전하는 법, 기도하는 습관, 집회 인도방법 등을 그대로 따라해 보세요. 그리고

그 목회자보다 2~3배 더 노력해보세요. 노력이라는 대가를 지불하면 그를 능가할 수 있습니다. 호박벌은 굉장히 부지런하고 자기 일에 집중하는 곤충입니다. 몸길이가 평균 2.5센티미터 정도인데 일주일에 1,600킬로미터를 날아다닙니다. 작은 호박벌로서는 엄청난 거리이지만, 공기역학적으로 보면 너무 작아서 이렇게 날수 있다는 것이 기적인데 어떻게 이렇게 먼 거리를 날수 있을까? 호박벌은 꿀을 얻겠다는 집중력이 아주 강하다고 합니다. 그 분명한 목적의식이 그의 신체적인 한계도 뛰어넘게 만든 것입니다. 지금 당신은 어떤 일을 하는가요? 그 일을 위해 최선을 다하는가요? 최선이란 단순한 노력이 아닌 자신의 한계를 뛰어넘는 노력이 있어야 합니다. 하나님에게 기도해야 합니다.

필자는 윈스턴 처칠의 옥스퍼드 대학에서의 강연을 좋아합니다. 'never never give up(절대로 절대로 포기하지 마라).' 윈스턴 처칠은 많은 약점이 있었습니다. 말도 잘못하고, 공부도 잘못했습니다. 열등감이 많았고, 수많은 소문들 때문에 마음고생이 심했습니다. 하지만 그에게 한 가지 장점이 있었습니다. 목표한 것을 포기하지 않고 끝까지 그 일을 향해 집중하는 것입니다. 육군 사관학교를 삼수하여 들어갔고, 수많은 시련이 있었지만 결국 수상이 되었습니다. 인생의 분명한 목표를 가지고 노력하세요. 대가를 만나기를 기도하고, 만난 다음에는 닮아가기를 노력하고 나중에는 그를 뛰어넘으시기 바랍니다. 그때 엘리야를 뛰어넘는 엘리사가 될 수 있습니다.

4장 잠재력은 극한 상황에서 개발된다.

(고후 4:17)"우리가 잠시 받는 환난의 경한 것이 지극히
크고 영원한 영광의 중한 것을 우리에게 이루게 함이니"

하나님은 환난과 풍파를 통과하게 하시어 자신의 잠재능력을 발견하게 하십니다. 우리는 꽃의 여왕인 장미를 좋아합니다. 그러나 그 꽃이 피어있는 가시넝쿨은 좋아하지 않습니다. 가시넝쿨이 없는 장미는 구할 수가 없습니다. 우리 모두 다 인생의 성공과 영광을 좋아합니다. 그러나 그 성공과 영광은 환난이란 가시넝쿨에서 피는 꽃입니다. 작은 환난의 가시넝쿨에서는 작은 영광의 꽃이, 큰 환난의 가시넝쿨에서는 큰 환난의 영광의 꽃이 피는 것입니다.

필자는 항상 이렇게 생각을 합니다. 사람은 환난을 당해보아야 자신의 진짜 잠재능력을 발견할 수가 있습니다. 환란과 풍파를 당하여 어찌할 바를 몰라, 하며 살아남기 위하여 몸부림을 치고 기도하고 노력할 때 비로소 자신 속에 숨은 잠재능력이 나타나 환란과 풍파를 통과하게 되는 것입니다. 환난이 닥치지 아니하고 평안하면 그것이 자신의 사명이요, 달란트인 줄로 착각하면서 산다는 것입니다. 자신의 무의식 속에 있는 90%의 잠재능력을 하나도 사용하지 못하고 이 세상을 떠날 수도 있다는 것입니다.

그래서 사람은 환난과 고통의 터널이 필요합니다. 제가 이런 말을 하면 읽기에 거북스럽게 생각할지도 모르지만 사실입니다. 만약에 필자가 교회를 개척하여 제 생각대로 부흥 했다면 이런 책

을 쓰고 있겠습니까? 아마도 제 잘난 멋에 산다고 내가 이렇게 열심히 하여 교회를 부흥시켰노라고 교만하게 언행하며 행동했을지도 모릅니다. 그러나 교회를 개척하여 놓고 보니 저의 열심만으로는 부흥되지 않는다는 한계를 알고 하나님을 찾은 것입니다. 그러다가 저의 무의식에 숨어있던 잠재능력을 개발하여 지금 영적인 사역을 하고 있는 것입니다. 그러므로 환난을 당하는 그 당시에는 고통스러워도 지나고 보면 환난이 유익이라는 것을 알 수가 있습니다. 우리는 환난이 찾아왔을 때에 불평하지 말고 하나님의 뜻이 무엇인지 조용히 성령 안에서 온몸으로 기도해야합니다.

1. 다니엘과 세 친구들의 환난과 영광. 구약시대에 환난과 영광을 체험한 인물을 한번 생각해 보겠습니다. 바벨론에 포로가 되어 간 사드락과 메삭과 아벳느고는 큰 환난을 당하지 않았으면 영광을 누리지 못했을 것입니다. 또한 그들의 이름이 천추에 알려지지 않았을 것입니다. 그러나 그들에게 환난이 다가왔기 때문에 영광을 얻게 되고 그 이름이 성경에 기록되고 천추에 남게 된 것입니다. 그들은 환난의 깊은 시련에도 굳센 신앙으로 환난을 영광으로 변화시키는 주역들이 되었습니다.

바벨론의 느브갓네살 왕은 예루살렘을 함락시키고 귀족 청년들을 잡아서 공부를 시켜 왕궁에서 일하도록 만들었습니다. 왕은 막강한 힘을 과시하며 두라 평지에 황금 신상을 세우고 그 신상을 헌당하는 날 전 영토에 문무백관을 다 모아서 그 우상에 절하게 만들었습니다. 그러나 사드락과 메삭과 아벳느고는 그 문무백관들과 도열에 섰으면서 음악이 연주될 때 우상에 절하기를 거부했습니다. 이것이 느부갓네살 왕에게 알려지자 느부갓네살은 치를 떨며 그들을 불렀습니다. "어찌하여 네가 내가 세운 신상에 절하지 않느냐? 고의적으로 그렇게 했느냐. 다시 한 번 기회를 줄 테니까 음악이 연주될 때 우상에 절을 하라."그때 사드락과 메삭과 아벳느고는 말했습니다. "왕이여, 왕이 그렇게 우리에게 명하시더라도 우리가 순종하지 않고 우상에 절하지 않을 줄 왕은 너무나 잘 알지 않습니까?" 왕이 말하기를 "그러면 일곱 배나 더한 뜨거운 풀무불에 너희를 던져 넣으리라" 그들이 말하길 "하나님이 우리를 건져 내실 것이요. 건져내지 않아도 우리는 결코 우상에는 절하지 않겠다." 말했습니다. 분노가 극에 달한 왕은 엄명을 내려서 그들을 일곱 배나 더한 풀무불에 던져 넣으라고 했습니다. 당시 얼마나 명령이 엄했던지 그들을 던졌던 병사들이 그 불길에 타죽는 비극까지 일어났습니다. 그러나 그들이 불구덩이 속에 던져 졌을 때 왕이 놀란 것은 3사람을 던졌는데 4번째 사람 하나님의 아들 같은 분이 와서 함께 그들과 춤을 추고 있는데, 이 4사람은 불에 타지도 아니하고 그슬리지도 않았습니다. 너무나 놀래서 느부갓네살이 사드락과 메삭과 아벳느고를 불러내었습니다. 보니 머리카락도 타지 않고 불에 그슬린 흔적도 없습니다.

환난 때 자신의 잠재능력을 알 수 있습니다. 이 환난의 큰 시련을 통해서 그 무시무시한 불신의 왕 느부갓네살조차 마음이 녹아지고 변화를 받고 사드락과 메삭과 아벳느고는 그 지위가 더 높아지게 된 것입니다. "느부갓네살이 말하여 이르되 사드락과 메삭과 아벳느고의 하나님을 찬송할지로다 그가 그의 천사를 보내사 자기를 의뢰하고 그들의 몸을 바쳐 왕의 명령을 거역하고 그 하나님 밖에는 다른 신을 섬기지 아니하며 그에게 절하지 아니한 종들을 구원하셨도다. 그러므로 내가 이제 조서를 내리노니 각 백성과 각 나라와 각 언어를 말하는 자가 모두 사드락과 메삭과 아벳느고의 하나님께 경솔히 말하거든 그 몸을 쪼개고 그 집을 거름터로 삼을지니 이는 이같이 사람을 구원할 다른 신이 없음이니라 하더라. 왕이 드디어 사드락과 메삭과 아벳느고를 바벨론 지방에서 더욱 높이니라"(단 3:28-30)

환난과 고통의 용광로가 느브갓네살의 완악한 불신앙의 마음조차 녹여 버리고 오히려 사드락과 메삭과 아벳느고를 더 영광스럽게 만들고 만 것입니다.

우리는 다니엘의 환난과 영광도 잘 알고 있습니다. 메대와 바사 왕 다리오때 왕이 다니엘을 사랑해서 국무총리로 삼았을 때 관료들이 시기를 하여 모함을 했습니다. 왕에게 와서 말했습니다. "왕이요 지금부터 30일 동안 왕을 신으로 삼고 다른 신에게 예배하는 사람은 잡아서 사자굴에 넣게 하소서" 왕이 듣기에 좋은 말이었습니다. 왕은 곧 칙서를 발표했으며 시행토록 하였습니다. 그러함에도 불구하고 다니엘은 하루에 3번씩 예루살렘을 향하여 창문을 열어놓고 하나님께 감사기도를 드렸습니다.

이것을 곧장 관료들이 왕에게 고발했습니다. "왕이여 왕의 명령을 어기고 다니엘이 자기의 신에게 하루에 3번씩 경배합니다." 그때야 왕이 "아! 다니엘을 모함해서 잡아넣으려고 이들이 이렇게 했구나" 알았지만은 이미 자기가 명령을 내린지라 어찌할 도리가 없습니다. 그래서 다니엘을 잡아서 사자 굴속에 던져 넣었습니다. 그리고 굴 문을 막고 밤새도록 왕은 식음을 전폐하고 가무를 전폐하고 그는 마음에 고통을 당했습니다. 그러나 아침 일찍 일어나서 왕이 사자굴 앞에 나와서 말했습니다. "다니엘아 항상 섬기는 너의 하나님이 너를 능히 건지셨더냐?" 그때 굴 안에서 다니엘이 말했습니다. "왕이여 만세수를 하옵소서. 하나님께서 그 천사를 보내사 나를 지켜 사자가 나를 물고 찢지 못하게 하셨나이다. 이것은 내가 아무 죄도 짓지 아니했으며 왕에게 반역도 하지 아니했다는 것을 증거하는 것입니다." 왕이 너무나 기뻐서 다니엘을 사자굴에서 꺼내어 보니 할퀸 자국도 없었습니다.

그래서 다니엘을 모함한 원수들을 잡아서 가족과 함께 사자굴 속에 던져 넣으니 그 몸이 바닥에 떨어지기 전에 사자가 키대로 일어나서 그들을 깨물어 뼈까지 부스러뜨리고 말아 버렸습니다. 이 큰 환난을 통해서 다니엘은 매대와 바사의 국무총리가 되고 더 영광스럽게 된 것입니다. "내가 이제 조서를 내리노라 내 나라 관할 아래에 있는 사람들은 다 다니엘의 하나님 앞에서 떨며 두려워할지니 그는 살아 계시는 하나님이시요 영원히 변하지 않으실 이시며 그의 나라는 멸망하지 아니할 것이요 그의 권세는 무궁할 것이며, 그는 구원도 하시며 건져내기도 하시며 하늘에서든지 땅에서든지 이적과 기사를 행하시는 이로서 다니엘을 구원하여 사자의 입에서 벗어나게 하셨음이라 하였더라. 이 다니엘이 다리오 왕의 시대와 바사 사람 고레스 왕의 시대에 형통하였더라."(단

6:26-28). 환난을 통해서 하나님의 영광이 나타납니다.

환난을 통하여 자신의 잠재능력을 알게 됩니다. 만일 다니엘이 이런 환난을 당하지 않았더라면 그 이름이 이렇게 세세토록 성경에 기록되지 않았을 것입니다. 그가 다리오왕시대 국무총리도 되지 못했을 것입니다. 그리고 영광도 받지 않았을 것입니다. 환난은 우리에게 고통스러운 것은 틀림이 없습니다. 누구도 환난을 당하기를 원하지 않습니다. 환난을 통해서 하나님의 영광이 나타나게 되는 것이요, 환난은 참고 견디면 반드시 그 이상의 영광을 우리에게 가져온다는 것을 알아야만 하는 것입니다.

2. 구주 예수님의 환난과 영광. 우리는 구주 예수님의 환난과 영광을 생각해 보십시다. 우리 하나님의 아들 되시는 예수님이 환난을 당하지 않았나요? 하나님의 아들은 하나님이신데 하나님도 환난을 당하시나요? 하나님이 육신을 입으시고 우리를 구원하러 세상에 오셨을 때 그는 형언할 수 없는 환난을 당했습니다. 환난의 극한 시련을 통해서 그는 인류를 구원하고 만왕의 왕 만주의 주가 되는 영광의 극치에 도달할 수가 있었던 것입니다. 군중과 제자들에게 예수님은 버림을 당했었습니다.

성경에 보면 "대제사장들과 아랫사람들이 예수를 보고 소리 질러 이르되 십자가에 못 박으소서 십자가에 못 박으소서 하는지라 빌라도가 이르되 너희가 친히 데려다가 십자가에 못 박으라 나는 그에게서 죄를 찾지 못하였노라"하고 외쳤습니다. 마가복음 15장 13절에 "그들이 다시 소리 지르되 그를 십자가에 못 박게 하소서"

예수님이 저들을 먹여 주고 입혀 주고 병고쳐 주고 위로하고 격려하고 소망을 주었는데 은혜를 원수로 갚습니다. 사람은 그러한 아주 흉악한 마음이 있습니다. 은혜를 원수로 갚는 일이 얼마나 많습니까? 어찌 하나님의 아들이 베푼 그 한없는 은혜를 종국적으로 그들은 원수로 갚습니까? 십자가에 못박으소서. 십자가에 못박으소서. 그 군중 속에는 예수님에게서 밥을 얻어먹은 사람도 있고 병고침 받은 사람도 있고 위로와 격려를 받은 사람들도 있었던 것입니다. 예수님의 제자들 조차도 다 예수님을 버리고 도망을 쳤습니다. "그러나 이렇게 된 것은 다 선지자들의 글을 이루려 함이니라 하시더라 이에 제자들이 다 예수를 버리고 도망하니라."(마26:56).

예수님은 십자가를 짊어지고 골고다 산을 향해서 외로운 발걸음을 옮겨 갔습니다. 주님이 십자가에 못박힌 것은 고난의 극치입니다. 사람이 그냥 사형을 당해도 괴로운데 십자가에 못을 박아 공중에 매달아 놓고 서서히 피를 흘려 죽게 하는 것이 얼마나 괴로운 것입니까? 예수님께서는 육체적인 고난만 당하신 것이 아닙니다. 온 인류의 죄를 다 짊어지셨기 때문에 하나님께 버림을 당한 그것이 너무나 고통스러운 것입니다. 주님은 창세 이후로 하나님과 분리된 적이 없습니다. 항상 하나님과 같이 하였는데 그가 십자가에 못박혀 온 인류의 죄를 다 짊어졌을 때는 하나님께 버림을 당했었습니다. 그래서 그는 외쳤습니다. "제구시쯤에 예수께서 크게 소리 질러 이르시되 엘리 엘리 라마 사박다니 하시니 이는 곧 나의 하나님, 나의 하나님, 어찌하여 나를 버리셨나이까 하는 뜻이라"(마27:46). 주님은 하나님께 버림을 당하는 그 한없는 고통을 당하셨습니다. 하나님의 버림을 당했다는 것은 지옥의 고통입니다. 지옥이란 뭡니까? 하나님이 안 계신 곳이 지옥인 것입니다. 지옥의 고통을 당했었습니다. 큰 시련과 환난과 고통을 통해서 죽으시고 무덤에 들어가 사흘 만에 부활하심으로 주님은 승천하시고, 하나님 보좌 우편에 앉으시고, 지극히 큰 영광을 얻으시게 되었습니다. "너희 안에 이 마음을 품으라 곧 그리스도 예수의 마음이니 그는 근본 하나님의 본체시나 하나님과 동등됨을 취할 것으로 여기지 아니하시고 오히려 자기를 비워 종의 형체를 가지사 사람들과 같이 되셨고 사람의 모양으로 나타나사 자기를 낮추시고 죽기까지 복종하셨으니 곧 십자가에 죽으심이라. 이러므로 하나님이 그를 지극히 높여 모든 이름 위에 뛰어난 이름을 주사 하늘에 있는 자들과 땅에 있는 자들과 땅 아래에 있는 자들로 모든 무릎을 예수의 이름에 꿇게 하시고 모든 입으로 예수 그리스도를 주라 시인하여 하나님 아버지께 영광을 돌리게 하셨느니라."(빌2:5-11)

주님이 얼마나 맞았던지 그 얼굴이 부어서 눈과 코와 입을 분간할 수 없을 정도로 상했었습니다. 사람들마다 보고 너무 놀랐습니다. 그런 고난당한 그가 지극히 영광스러운 보좌에 앉으신 영광의 하나님의 아들이 되신 것을 성경은 말하고 있는 것입니다. 그러므로 예수 그리스도 우리 주님께서도 친히 그 영광의 보좌를 그냥 얻은 것이 아닙니다. 한없는 시련과 환난과 고난을 겪고 난 다음에 고난의 열매로서 영광의 꽃을 주님께서 피우게 되신 것입니다.

3. 우리가 환난 당할 때 잠재력이 깨워진다. 환난과 시험이 전혀 없는 자는 한사람도 없습니다. 티끌의 불티가 하늘로 올라감같이 인간은 환난을 위해서 태어났다고 욥기에 기록되어 있는 것입니다. 그러므로 환난이 우리에게 다가올 때 우리는 어떻게 그 환난에 대처하느냐에 따라서 환난이 우리를 죽이는 사형 틀이 될 수도 있고, 우리를 영광으로 꽃피게 하는 장미꽃이 될 수도 있는 것입니다. 우리의 잠재능력을 발견하는 계기도 될 수가 있습니다. 환란에 대한 우리의 자세와 태도라는 것이 대단히 중요한 것입니다. 그러면 환난이 우리에게 먹구름처럼 다가오고 폭풍우처럼 불어올 때 우리는 어떻게 해야 될까요? 우리는 환난이 다가올 때 환난에 저항하지 말고 순순히 받아 들여야 되는 것입니다. 환난은 하나님께서 우리를 시련하기 위해서 보낸 것이기 때문에 환난을 저항하면 저항할수록 더 고통스럽습니다. 환난은 다가올 때 우리가 가슴을 펼치고 순순히 환난을 우리의 운명의 태인 것으로 받아들여야 되는 것입니다. 환난을 참지 못하고 발버둥을 치고 원망하고 불평하고 발을 동동 구르고 욕을 하고 주먹질을 하면 점점 환난은 더 족쇄처럼 조여 오는 것입니다. 더 괴로워지는 것입니다. 그러므로 환난을 당할 때 우리는 환난은 인내를 시험하는 것이기 때문에 인내해야 됩니다. 참아야 됩니다. 이스라엘 백성은 광야를 지날 때 참지 못하고 계속 원망, 불평을 했습니다.

광야라는 것은 이스라엘 백성이 가나안 땅이란 영광스러운 꽃을 피우기 위해서는 통해야 하는 장미꽃 가시밭입니다. 그런데 그들은 그것을 하나님이 주시는 한 과정인 것으로 알고 받아들이

지 아니하고 광야를 지날 때 어려움을 당할 때마다 하나님을 원망하고 불평하고 탄식하고 저항하며 우리 애굽으로 돌아가자고 반항했습니다. 그 결과로 그들은 환난의 족쇄에 조여서 광야에서 다 죽었습니다. 환난은 우리가 받아들이면 소화되고 우리의 영양분이 될 수 있지만 환난을 우리가 저항하면 그 환난의 족쇄에 묶여서 죽습니다. 여호수아와 갈렙은 뭐라고 했습니까? 가나안 땅에 들어갈 때 가나안 땅의 그 높은 성벽과 네피림의 후손 아낙자손 대장부들이 지키고 있는 것과 그 토지의 주민을 삼키는 듯 광야 같은 것을 보고 그들은 우리의 먹이라고 말했습니다. 우리 들어가자. 다 애굽으로 돌아가자고 하는데 여호수아 갈렙은 그 환난과 고통의 땅이 우리의 먹이라고 말했습니다. 우리가 먹는 밥은 좋으라고 주는 것이지 먹고 죽으라고 주는 것이 아닙니다. 밥은 먹어야 건강하게 자라고 살아갈 수 있잖아요. 그러므로 우리의 삶의 메뉴 중에 환난과 고난은 밥으로써 얹혀져 있는 것입니다. 그 환난과 고난을 물리친다는 것은 우리 삶의 밥상을 물리쳐 버린 것입니다. 밥을 안 먹으면 굶어 죽잖아요. 약해지잖아요. 우리의 메뉴 중에는 환난과 고난이 반드시 들어 있다는 것을 알아야만 되는 것입니다. 고린도전서 10장 10절로 11절에 "그들 가운데 어떤 사람들이 원망하다가 멸망시키는 자에게 멸망하였나니 너희는 그들과 같이 원망하지 말라. 그들에게 일어난 이런 일은 본보기가 되고 또한 말세를 만난 우리를 깨우치기 위하여 기록되었느니라." 고 말씀하십니다.

그러나 우리가 성경에 보면 환난을 소화해서 그 결과로 큰 영광의 꽃을 피운 사람이 있습니다. 욥입니다. 욥은 환난이 다가올 때 환난을 저항하지 않고 그 극심한 환난을 자기에게 보내준 하나님의 연단으로 받아들인 것입니다. 야고보서 5장 11절에 "보라 인내하는 자를 우리가 복되다 하나니 너희가 욥의 인내를 들었고 주께서 주신 결말을 보았거니와 주는 가장 자비하시고 긍휼히 여기시는 이시니라" 주님은 우리가 감당치 못할 시험 당함을 허락지 아니하십니다. 그리고 시험 당할 쯤에 피할 길을 내서 능히 감당케 하시는 하나님은 자비하고 긍휼하신 하나님이신 것입니다. 우리의 삶의 밥상 메뉴에 환난과 고난을 하나님이 넣어 주신 것은 이를 통해서 우리가 소화시키고 힘을 얻어 더 큰 영광을 얻을 수 있는 자격을 갖게 하려고 그렇게 하신 것입니다. "욥이 일어나 겉옷을 찢고 머리털을 밀고 땅에 엎드려 예배하며 이르되 내가 모태에서 알몸으로 나왔사온즉 또한 알몸이 그리로 돌아가올지라 주신 이도 여호와시요 거두신 이도 여호와시오니 여호와의 이름이 찬송을 받으실지니이다 하고 이 모든 일에 욥이 범죄하지 아니하고 하나님을 향하여 원망하지 아니하니라."(욥1:20-22)

욥은 원망할 만합니다. 있는 재산 다 잃어버리고 자식들 다 비명횡사하고 그의 몸은 치료할 수 없는 병에 걸려서 옷을 입을 수 없을 만큼 곪아 터졌습니다. 잿더미에 앉아서 기왓장으로 몸을 긁고 있었습니다. 그는 패가망신 했습니다. 어지간한 사람이면 하나님을 원망했습니다. 그 아내조차 와서 하나님을 원망하고 죽으라고 하고 떠났습니다. 그런데도 그는 그 시험과 환난을 저항하지 않았습니다. 하나님이 내 평생에 좋은 것도 주실 수 있고 환난도 주실 수 있다. 그것을 하나님이 자기에게 주시는 것으로 받아들이고 수용하고 저항하지 않았습니다. 그는 환난 중 원망하는 어리석음을 행치 아니했으며 오히려 하나님의 주권적 행사를 겸허히 받아 들였습니다. 하나님은 좋은 일만 보내주신 것이 아니라 시험과 고난도 보내주신 것이므로 하나님을 찬양합니다. 하나님을 저항하지 않습니다. 하나님을 받아들입니다. 그렇습니다. "이르되 내가 모태에서 알몸으로 나왔사온즉 또한 알몸이 그리로 돌아가올지라 주신 이도 여호와시요 거두신 이도 여호와시오니 여호와의 이름이 찬송을 받으실지니이다 하고"(욥1:21)

주셔서 좋을 때는 웃고 하나님께 감사하고 거두어 가실 때는 원망과 불평할 수가 있느냐. 내가 빈 손들고 어머니 뱃속에서 나왔는데 갈 때는 또 빈 손들고 가지 않겠느냐. 살아있는 동안에 주신 이도 하나님이시오, 거두어 가시는 이도 하나님이시니, 그저그저 하나님께 감사할 것 밖에 없다고 긍정적으로 그 환난을 바라보고 원망하지 않았습니다. 그리고 그는 억센 환난 중에도 하나님을 찬미했습니다. 형제들 친척들, 친구들, 아내도 다 그를 고통주고 떠나갔는데 그는 말하기를 '내가 알기에는 나의 구속자가 살아 계시니 후일에 그가 땅위에 설것이라'고 희망을 말했었습니다. "그러나 내가 가는 길을 그가 아시나니 그가 나를 단련하신 후에는 내가 순금 같이 되어 나오리라"(욥23:10)

지금은 내가 단련을 받는 동안에 너무나 고통스럽지만은 단련받은 후에는 순금같이 되어 나올 것이다. 그런 희망의 고백을 잃지 않았습니다. 그 결과로 하나님께서 어떻게 하셨습니까? 환난이 지나고 난 다음 연단을 받고 일어난 욥을 하나님이 축복하셨습니다. 욥기 42장 12절로 17절에 "여호와께서 욥의 모년에 복을 주사 처음 복보다 두 배를 더 주셨습니다. 그가 양 오천 마리 였는데 일만 사천과 약대 육천과 소 일천거리와 암나귀 일천을 주셨습니다. 또 아들 일곱과 딸 셋을 낳았는데, 그가 첫째 딸은 여미마라 불렀고, 둘째 딸은 긋시아라 불렀고, 셋째 딸은 게렌합북이라 불렀으며, 전국 중에 욥의 딸들처럼 아리따운 여자가 없었더라. 그 아비가 그들에게 그 오라비처럼 산업을 주었더라. 그 후에 욥이 일백 사십년을 살며 아들과 손자 사대를 보았고 나이 늙고 기한이 차서 죽었더라." 욥은 환난 전보다 환난 후에 배로 더 하나님의 복을 받고 은혜를 입게 된 것입니다. 그리고 오늘날도 욥이 환난을 받았기 때문에 천박한 사막에 살던 한 촌장인 욥이 성경에 기록되었습니다. 그리고 세세토록 그 이름이 높임을 받고 사람들이 그를 찬양하게 되었습니다. 환난 안 받았으면 욥은 이름도 없는 사람이요, 그는 저 아라비아 북부에 있는 어느 조그마한 촌락에서 태어났다가 이름 없이 죽을 사람인데 환난이 그를 유명하게 만들었습니다.

환난이 그를 영화롭게 만들고 세세토록 그 이름이 빛나게 만들어진 것입니다. 그러므로 환난 때 욥처럼 우리는 환난을 하나님이 주권적으로 보내주신 것을 알고 묵묵히 받아들이고 인내해야 되는 것입니다. 그리고 환난은 우리에게 교훈을 가르치기 위해서 오는 것입니다. 우리를 연단하기 위해서 왔기 때문에 환난을 물리치면 교훈을 못 받습니다. 선생을 물리치면 제자가 무엇을 배웁니까? 선생이 좀 심하게 다루더라도 선생을 받아들여야 제자가 배울 수가 있는 것입니다.

환란과 고통을 통해서 큰 변화를 받게 되는 것입니다. 환란과 고통을 통해서 나에게 있는 다른 잠재능력을 발견하게 됩니다. 우리가 회개하고 기도하여 성령 받고 변화 받지만 그보다 더 뼈 속까지 우리를 변화시키는 것은 환난과 고통이 우리를 변화시키는 것입니다. 환난과 고통으로 회개하고 주님께 나가면 우리의 뼈 속까지 변화되고 우리가 달라지는 것입니다.

이 세상에서 가장 향기로운 향수는 어디서 생산하는지 압니까? 발칸 산맥에서 나는 장미에서 나오는데 발칸산맥의 장미는 가장 춥고 어두운 시간인 자정에서 새벽 2시 사이에서 다 만듭니다. 그이유는 한밤중에 가장 향기로운 향을 뿜어내기 때문입니다. 그 발칸의 산중에 있는 장미는 춥고 어둡고 가장 괴로운 새벽 2시에 향기를 뿜어낼 때 그때 향수를 만들기 위해서 그것을 따는 것입니다. 신앙의 향기도 가장 극심한 고통 중에서 향기가 나는 것입니다. 우리는 절망의 고통의 밤을 지내면서 비로소 잠재능력을 발견하여 변화를 받게 되는 것입니다. 사망의 음침한 골짜기를 지날 때는 고통스럽고 괴롭지만은 골짜기를 벗어나 보면 내 옛사람도 벗어 버리고 새 사람으로 나오게 되는 것을 발견하게 되는 것입니다. 우리가 받을 영광은 현재의 환란에 비교할 수 없습니다. 환난과 고통은 우리에게 유익합니다. 환난을 당하거든 거부하거나 불평하지 말고 잠재능력을 발견하여 하나님의 영광가운데 들어가야합니다.

5장 자녀의 잠재력은 부모에 의해 개발된다.

(창39:2-3)"여호와께서 요셉과 함께 하시므로 그가 형
통한 자가 되어 그의 주인 애굽 사람의 집에 있으니, 그의
주인이 여호와께서 그와 함께 하심을 보며 또 여호와께서
그의 범사에 형통하게 하심을 보았더라"

하나님은 자녀들이 모두 하나님의 영광을 나타내는 도구가 되기
를 원하십니다. 우리 자녀들이 하나님의 영광의 도구가 되기 위하
여 부모님들은 하나님께서 자녀에게 준 재능을 찾아 발전시키도록
해야 합니다. 엔리코 카루소는 나폴리의 한 가난한 집에서 7남매
의 3째로 태어났습니다. 그의 집안은 넉넉지 못하여 그의 어린 시
절은 음악과는 무관한 가정환경이었습니다. 그러나 이처럼 열악
한 환경에도 불구하고 카루소는 음악에 대한 관심과 애정을 가지
고 있었습니다. 그의 어머니는 가난한 집안 형편에도 불구하고 카
루소에게 격려를 해주고 배울 수 있는 자신감을 넣어주었습니다.
그는 공장에서 일을 하며 돈을 벌어 레슨을 신청했습니다. 그러나
그의 노래를 듣던 선생님은 그에게 성악가로서 자네는 자질이 없
네, 그의 목소리는 마치 덧문에서 나는 바람소리 같다. 문풍지 소
리 같다. 자네는 전혀 성악가로서 자질이 없으니까 그 길을 가지
말라고 했습니다.

카루소가 낙심천만해서 집에 돌아오니 어머니가 단호하게 이렇
게 말했습니다. "너는 세상에서 가장 아름다운 목소리를 가지고 있

다. 그러니 너는 틀림없이 위대한 성악가가 될 거야. 엄마는 널 믿는다. 누가 뭐라고 말해도 너는 위대한 성악가가 된다." 카루소는 어머니의 말에 용기를 얻어 혼자 열심히 노래 연습을 했습니다. 나폴리 대성당의 소년 성가대원으로 노래를 하다가 그 곳에서 그의 천부적인 성악 소질이 발견되어 오페라까지 설 수 있게 되고, 그는 세계적인 오페라 가수가 된 것입니다. 어머니 덕분입니다. 어머니가 격려해 주므로 그의 하나님이 주신 달란트를 개발할 수가 있었던 것입니다. 그러므로 우리에게 격려해 주는 어머니, 아버지, 형제들이 있다는 것은 굉장히 하나님께 감사해야 되는 것입니다.

미국의 발명왕 에디슨도 무려 1천 93개의 특허를 가진 천재인데 그의 학력은 초등학교 1학년 밖에 못 다녔습니다. 호기심이 많은 에디슨은 학교에 들어가서 여러 가지 실험을 하다가 말썽을 일으키고, 엉뚱한 질문을 하여 선생님을 당혹하게 만들었습니다. 선생님이 하나 더하기 하나는 둘이라고 하니까 손을 들고 선생님 아닙니다. 하나 더하기 하나는 하나가 될 수 있습니다. 어떻게 될 수가 있느냐? 고양이 플러스 쥐는 한 마리밖에 안됩니다. 에디슨 말도 맞거든요. 자꾸 그런 질문을 하니까 선생님이 이놈은 바보라. 교육 못시키겠다고 어머니를 불러서 내보냈습니다. 그 어머니는 이렇게 말했습니다. "선생님! 우리 아이의 장점보다 단점을 먼저 보셨군요. 우리 아이는 바보가 아니고 천재적인 소질을 가진 아이입니다."

그래서 어머니가 그를 지지하고 격려하며 그를 가르쳐서 1년에 6학년을 마치게 하고 그가 소질이 있는 과학책을 어머니가 계속 읽도록 해주어서 발명가의 길로 인도했습니다. 에디슨이 발명 1호를 들고 어머니에게 갔을 때 그의 어머니는 이렇게 말했습니다. "나는 네가 남다른 애라는 것을 잘 안다. 정말 잘 커줘서 고맙구나." 에디슨은 그 어머니가 단점보다도 장점을 보고 격려를 해준 것입니다. 어머니의 이러한 격려로 그는 세계에서 가장 많은 것들을 발명한 발명왕이 될 수가 있었던 것입니다. 우리 자녀들은 부모님의 격려를 받고 필사적인 노력을 해야 되는 것입니다. "내게 능력 주시는 자 안에서 내가 모든 것을 할 수 있느니라"(빌 4:13). 하나님이 우리에게 재간을 주셨으면 그것을 이룰 수 있도록 능력을 주셨기 때문에 필사적으로 노력해야 되는 것입니다. 노력하고 애쓰지 않고 일을 이루는 사람은 없습니다. 뼈가 으스러지도록 노력해야 되는 것입니다.

자녀는 부모가 하는 대로 따라갑니다. 부모가 교회다니면 교회를 다니고 절에 다니면 절에 다닙니다. 부모가 천변에 나가서 운동하면 자녀도 언젠가는 천변에 나가서 운동합니다. 뿐만아니라 부모가 산소에 가면 자녀는 산소에 가지만 가지 않으면 자녀는 조상님을 모시는 산소를 외면합니다. 사람들은 아이들이 돼 먹지 않은 행동을 하면 아이의 잘못이 아니라 부모 잘못이 크다고 말합니다.

자녀가 잘못하면 부모가 욕을 얻어먹습니다. 또 부모가 잘못하면 "그 애비에 그 자식이지"라고 아들까지 평가절하 하고 싸잡아서 욕을 했습니다. 이와 같이 부모와 자식은 뗄 수 없는 관계입니다. 내게 견딜 수 없는 고난이 오면 내가 잘못해서 오기도 하지만 조상 때문에 오기도 합니다. 조상들의 잘못이 그 후손들에게 큰 영향을 미칩니다. 길게는 3~4대까지 갑니다. 어렸을 때 농촌에 살았는데 부모의 행동거지가 잘못되면 동네에서 쫓겨 나고 고향에서 떠나야만 했습니다.

자녀가 잘못하면 어른들은 "어이 자네자식 잘 가르쳐야 하겠네, 인사성이 없어" 라고 핀잔했는데 다른 것은 몰라도 인사하지 않으면 부모가 욕먹고 그랬습니다. 어쨌든 부모자식은 평판이 함께 가는 만큼 자신과 부모의 처신이 중요부모의 지원은 자녀의 자존감과 자신감을 형성하는 데 중요한 역할을 합니다.

부모가 자녀의 능력과 선택에 대한 믿음을 표현하면 자녀에게 자신감과 자신감이 심어집니다. 이를 통해 아이들은 결단력과 탄력성을 가지고 자신의 열정과 관심을 추구할 수 있습니다. 자녀의 선택에 대해 부모의 지지를 얻으려면 부모가 자녀의 열정과 관심의 가치와 중요성을 이해하는 것이 필수적입니다. 다양한 진로와 개인적인 열망에 대해 스스로 교육함으로써 부모는 자녀의 선택과 자녀의 잠재력에 대해 더 깊이 감사할 수 있습니다. 이러한 이해는 열린 커뮤니케이션과 지원 환경을 위한 길을 열어줄 수 있습니다. 부모가 자녀의 선택을 지지하면 열린 의사소통이 촉진되고 부모-자녀 관계가 강화됩니다. 신뢰와 수용의 환경을 조성함으로써 아이들은 편안하게 자신의 열망을 공유하고 부모의 지도를 구합니다.

1. 자신의 재능을 자신이 발견하게 하라는 것입니다. 아이들에게 "넌 이다음에 뭐가 되고 싶니?"라고 물으면 대부분 다음과 같이 대답합니다. "저희 아빠(엄마)가 판사 되래요.""사장님 되래요."

"의사가 되래요."그런데 너는 무엇이 되기를 원하느냐? 이라고 되물으면 "모르겠어요"라는 응답이 나와 말문을 닫게 합니다.

저는 무엇이 될 지 생각해 본 적이 없고, 그저 엄마가, 아빠가 무엇이 되라고 하여 그것이 되어야 할 줄로 알고 있는 것입니다. 그런데 아이들은 얼마 가지 못하여 자신이 판사나 의사, 사장님이 되는 것이 어렵다는 걸 알게 됩니다. 그때부터 문제가 발생합니다. 자녀들이 조금 눈치가 생기고 철이 드는 사춘기 무렵에 문제가 발생하기 시작을 합니다. 자신들의 처지를 알게 된 아이들은 마땅히 무엇이 되어야 할지 몰라 방황하고, 자녀들을 의사나 판사로 만들고 싶었던 부모들은 그런 자녀들을 용납하지 않는 경우가 많습니다.

매년 11월 중순 수능이 끝난 학생들과 부모들 마음이 바쁠 때입니다. 아직 결과가 발표되지는 않았지만, 공부를 어느 정도 했던 학생들은 자신의 점수를 대략 알 것이고, 부모들은 자녀를 어느 대학에 보내야 할지 모든 정보들을 활용하여 탐색 작전에 들어갈 것입니다.

이번 2023년 11월에 치른 수능은 문제가 쉬워 눈치작전이 더 치열해질 것이라고 합니다. 그런데 참 희한한 일입니다. 내 인생의 상당 부분이 결정될 대학을 지원하는데 왜 그렇게 눈치가 필요한 것일까요? 내가 좋아하는 분야나 내 적성에 맞는 분야를 선택한다면 소신껏 지원해도 될 텐데 말입니다. 이것이 큰 문제입니다. 수능이 끝날 때까지 자신의 적성에 맞는 분야를 결정하지 못했다는 것입니다.

필자가 고등학교에서 우등하는 학생들을 관찰하여 보니 모두가 특색이 있었습니다. 모두 중학교 다닐 때 자신이 무엇이 되겠다는 꿈이 있었다는 것입니다. 꿈을 품고 꿈을 이루려고 노력하지 모두 우등생이 되었다는 것입니다. 필자의 자녀들은 모두 수능을 보기 전에 자신이 적성에 맞는 분야를 결정하고 대학을 지원했습니다. 한 아이는 자신의 적성에 맞는 학과에 떨어져서 재수를 하여 자신의 적성에 맞는 분야에 입학하여 졸업을 했습니다. 그래서 취직하여 직장에 잘 다닙니다. 필자는 이것을 굉장히 중요하게 생각을 합니다. 자녀에게 자신의 적성에 맞는 분야를 결정하여 대학을 가도록 해야 합니다.

필자의 개인적인 견해로는 적성에 맞는 분야의 대학을 가지 못하면 삼수를 해서라도 본인의 적성에 맞는 분야의 대학을 가도록 해야 한다는 것입니다. 왜냐하면 자녀의 인생의 승패가 걸린 문제이기 때문입니다. 자기가 하고 싶지 않은 분야의 대학을 가면 첫 단추부터 잘못되어 자녀의 인생은 꼬이기 시작을 한다는 것입니다.

그렇기 때문에 자녀들이 초등학교, 중학교, 고등학교를 다니면서 자신의 적성에 맞고 하고 싶은 분야를 결정하는 것입니다. 필자는 자녀가 초등학교, 중학교, 고등학교를 다니면서 자신의 적성에 맞고 하고 싶은 분야는 성령의 인도라고 생각을 합니다. 그렇기 때문에 그 분야의 전문성을 개발하여, 그 분야를 발전시키면서 하나님께 쓰임을 받는 것입니다.

우리나라 대학생들이 졸업 후 관련학과에 취업하는 비율은

40~50%라고 합니다. 대부분 대학의 취업률이 70-80%대에 머무는 점을 감안하면 전공으로 공부했던 분야에서 일하는 졸업생이 절반을 밑돈다고 봐야 할 것입니다. 물론 직장을 잡기가 만만치 않아 대학생들이 전공보다는 일자리를 우선으로 찾는 경우도 있을 것입니다. 하지만 대부분은 자신이 좋아하거나 잘 할 수 있는 학과를 전공으로 선택하지 않았기 때문에 이와 같은 현상이 생겨났다고 볼 수 있습니다. 대학 4년을 공부해 놓고도 그것을 활용하여 업으로 삼지 않고, 엉뚱한 일을 하며 일생을 보낸다는 현실이 얼마나 큰 낭비이고 모순입니까? 본인은 얼마나 인생이 고달프겠습니까?

관련학과 취업률은 직업 만족도와도 연관이 됩니다. 내가 원하지 않는 일을 하는데 그 일에 어찌 만족할 수 있겠습니까? 현재 하고 있는 일에 대한 만족도가 가장 낮은 직업은 의사와 모델이라고 합니다. 그런데 의사의 70%는 부모가 원하거나 강요해서 의대를 갔다고 합니다. 우리나라 의사들이 하루에 만나는 환자 수는 평균 100명이라고 합니다. 건강한 사람도 아니고, 온 종일 아픈 사람들을 만나야 하니 그 스트레스가 얼마나 많겠습니까? 자신이 원해서, 특별한 소명의식으로 시작했더라도 힘들다고 아우성일 텐데, 부모들의 강요에 의해 의사가 되었다면 무슨 흥겨운 멋이나 기분(신명)으로 일할 수 있겠습니까? 필자는 군대에서 장교로 23년이란 세월을 보냈습니다. 군인은 필자가 초등학교 다닐 때부터 꿈꾸었던 직업이었습니다. 그래서 인지 특수부대에서 군 생활을 했어도 제가 하고 싶은 일을 하기 때문에 즐겁게 군 생활을 했습니다.

절대로 군 생활에 실증이 느껴지지 않았습니다. 군에서 나와서 지금 목회도 마찬가지입니다. 제가 하나님께 기도하여 응답받아 결정한 일이기 때문에 아주 흥미롭게 목회를 하고 있습니다. 저는 성령으로 치유사역을 하는 것은 하나님이 지정해준 일이라고 생각을 합니다. 그렇기 때문에 성령의 역사가 일어나는 말씀을 전하고 한사람, 한사람 안수하며 치유하는 것이 정말로 즐겁습니다. 힘이 드는 줄을 모르고 사역을 합니다. 저는 일반적인 목회에 흥미가 없습니다. 개별적인 치유를 하는 것이 즐겁고 보람있는 사역이라고 생각합니다. 또 하나님께서 하라고 승인한 목회이기 때문에 성령께서 역사하셔서 재정적으로나 영력이나 육체적으로 힘들지 않습니다.

그래서 저는 자녀들도 자신들이 하고 싶은 일을 하도록 해야 한다는 것입니다. 그래서 자녀가 일생을 살아가면서 흥겨운 멋이나 기분(신명)으로 일을 할 수가 있다는 것입니다. 부모님들이여! 자녀들이 자신의 적성에 맞고 하고 싶은 분야로 나가도록 배려하여 주기 바랍니다.

2. 자녀들의 진로선택 부모가 결정하지 말라는 것입니다. 자식은 내 소유물이 아닙니다. 모든 것을 부모 손에 넣고 쥐락펴락해서는 안 되는 이유입니다. 물론 아직 세상 물정 모르기 때문에 자녀에게 모든 것들을 맡겨 놓기에는 미덥지 못할 수도 있습니다. 하지만 부모는 조언자이거나 조력자로 남아야 합니다. 자녀가 잘 할 수 있는 일, 꼭 하고 싶은 일을 하며 기쁘게 살 수 있도록 격려하고 지켜보아야 합니다. 다소 부족하고 서툴더라도 말입니다.

그래야 자녀가 성령의 인도를 받으며 세상을 신명나게 살아갈 수가 있습니다. 저는 부모가 자녀의 진로선택을 하여 대학원을 나와서도 무의 도식하는 자녀들을 많이 봅니다. 부모가 원해서 선택했는데 적성에 맞지 않아 직장을 가더라도 얼마 있지 못하고 나오기 때문입니다. 세 명이 모두 남자인데 나이가 43세입니다. 결혼도 하지 못했습니다. 참으로 안타까운 일입니다. 자녀의 인생을 완전하게 망친 것입니다. 우리 부모님들은 자녀들에게 적성에 맞는 분야에 열정을 투자하면서 인생을 살아가게 해야 합니다. 부모님들이 자녀의 인생을 대신 살아줄 수가 없지 않습니까?

3. 자녀들을 행한 하나님의 뜻입니다. 많은 부모님들이 이제 중학교를 다닌다든지, 고등학교를 다니는 학생들을 향한 하나님의 뜻을 알아보려고 합니다. 그것도 자신이 직접기도해서 알아내는 것이 아니라, 저에게 와서 물어본다는 것입니다. 이때 저는 이렇게 대답을 합니다. 아이들이 할 일은 하나님의 뜻을 구하는 것이 아닙니다. 현실에서 하나님에게 예배를 잘 드리면서 성령 충만하게 지내는 것입니다. 자기에게 주어진 공부를 열심히 하는 것입니다.

그리고 부모님의 말씀에 순종하는 것입니다. 그렇게 열심히 지내다가 보면 자신에게 유난하게 잘하는 것이 있습니다. 또 자신이 하고 싶은 충동이 강하게 일어나는 분야가 있습니다. 그것이 자녀가 앞으로 인생을 살아가면서 해야 하는 하나님의 뜻입니다. 이는 요셉을 보면 알 수가 있습니다. 요셉은 꿈으로 하나님의 뜻을 알려주었습니다. 결국 꿈으로 인하여 애굽의 국무총리가 되었습니다.

다윗은 양을 잘 돌보고 악기를 잘 다루며 물맷돌을 잘 던지는 것이었습니다. 부모 말에 순종을 잘하는 것이었습니다. 결국 그것을 통하여 이스라엘의 임금까지 되었습니다.

그렇기 때문에 아이들은 어려서부터 하나님의 뜻을 알려고 하는 것은 무리입니다. 그렇다고 공부를 못해서 좋은 대학에 못가니 너는 목회자가 되기 위하여 신학교를 가라, 이것은 절대로 안될 일입니다. 반드시 하나님의 뜻에 합해야 하고 본인 또한 사명을 받아야 합니다. 그래야 인생을 방황하지 않습니다. 저는 이렇게 말합니다. 지금 목사가 되었어도 목회의 길이 열리지 않는다면 다시 기도하여 자신이 제일로 잘할 수 있는 일을 하라는 것입니다. 그 일을 하면서 하나님에게 영광을 돌리면 되는 것입니다. 하나님은 절대로 목사하지 않았다고 벌을 주거나 저주하는 하나님이 아니십니다.

다른 경우로 사무엘과 같이 서원하여 낳은 아이들의 문제입니다. 내가 지금까지 성령치유 사역을 하다가 보니 부모님들이 목회자로 하나님에게 드리겠다고 서원한 아이들이 있습니다. 이 아이들이 보편적으로 부모의 생각대로 하나님의 뜻을 좇아서 순종하는 자녀들도 있습니다. 그러나 부모가 하나님에게 서원한대로 순종하지 못하는 아이들이 있습니다. 이런 아이들이 인생이 그리 평탄하지 못하고 허송세월을 하거나 방황하는 이이들이 많다는 것입니다. 36살이 되었는데 마땅하게 할 일을 정하지 못하고 방황하는 사람들이 다수가 있습니다.

이와 같은 일을 방지하게 위하여 이렇게 하시기를 바랍니다. 사무엘과 같이 어려서부터 성전중심으로 살아가게 하라는 것입니다. 부모가 바른 신앙을 가지고 자녀를 지도하라는 것입니다. 어려서부터 성령 충만한 목사님으로부터 안수를 자주 받게 해야 합니다. 어려서부터 성령을 체험하게 하는 등, 영적생활이 몸에 베이게 하라는 것입니다. 또 부모가 믿음생활에 모범이 되어야 합니다. 그러면 부모가 원하는 대로 성령의 인도를 받는 영성 있는 목회자가 될 수가 있습니다.

많은 경우 부모가 믿음 생활을 제대로 하지 못하여 자녀들의 신앙이 잘못되는 경우가 있습니다. 특히 마귀는 하나님에게 드리겠다고 서원한 아이들을 강하게 공경한다는 것을 명심해야 합니다. 주변에 보세요. 부모가 하나님에게 드리겠다고 서원한 아이들이 인생을 방황하고 있습니다. 하나님은 세월을 아끼라고 했습니다. 우리 바르게 알고 바르게 행하여 귀한 세월을 낭비하지 말아야 합니다.

충만한교회에서는 매주 월-화-금-토요일 특별 개별집중내적치유 시간이 있습니다. 대상자는 여기서도 저기서도 치유와 능력을 받지 못한 분/ 지금 천국을 만끽하고 싶은 분/ 불치병, 귀신역사를 빨리 치유 받을 분/ 목, 허리디스크, 허리어깨통증, 근육통, 온몸이 아프고 무거움에서 치유해방 받고 싶은 분/ 자녀나 본인의 우울증, 공황장애, 조울증, 불면증을 빨리 치유 받을 분/ 가슴이 답답하고 기도하기가 힘이 드는 분/ 생업과 목회로 영육의 탈진에 빠져서 고통당하시는 분/ 축복과 영의 통로를 뚫고 싶은 분/ 성령의 불세례를 체험하고 싶은 분/ 최단기간에 성령치유 능력 받고 싶은 분이 참석하시면 기적적인 영육의 치유와 능력을 받습니다.

2부 돈 잘 버는 잠재력이란 무엇일까?

6장 돈 잘 벌려면 자기관리 잘해야 한다.

(고전6:19~20)"너희 몸은 너희가 하나님께로 부터 받은바 너희 가운데 계신 성령의 전인 줄을 알지 못하느냐 너희는 너희 자신의 것이 아니라 값으로 산 것이 되었으니 그런즉 너희 몸으로 하나님께 영광을 돌리라"

자기관리를 하지 못하면 아무리 돈을 많이 벌어도 남의 것이 될 것입니다. 잠재력이란 자기관리를 습관화하는 것입니다. 어려서부터 자기 관리하는 습관이 되면 인생을 건강하게 행복하게 예수님의 복을 받으면서 살아갈 수가 있는 것입니다. 필자는 자기관리가 제일 중요한 잠재력이라고 믿고 생활하고 있습니다. 자기 관리에 관심을 가지고 생활을 하면 평생 스트레스를 해소하고 전반적인 행복도를 높일 수 있습니다. 자기 관리는 학교에 가야 하거나, 스트레스로 가득한 직장에 다니거나, 사랑하는 사람을 신경 쓰는 등 책임져야 할 일이 많을 때 특히 도움이 됩니다. 가장 좋은 것은 자신의 욕구를 정서적, 육체적, 전문적으로 이해하는 것입니다. 자기 자신에게 필요한 것이 무엇인지 알고 종종 자신을 가장 소중히 여겨준다면 자신을 관리하는 것은 물론 맡고 있는 다른 책임까지도 수월하게 다스릴 수 있게 될 것입니다.

우리가 자주 자기 관리에 실패하는 이유는 무엇입니까? 자기관리는 실천하는 것부터 시작인데 항상 쉬운 것은 아닙니다. 우리 대부분은 미친 듯이 바쁘거나 스트레스가 많은 직업을 가지고 있거나, 기술에 너무 몰두하여 시간을 낼수 없습니다. 따라서, 자기관리를 시작하는 것은 어려울 수 있습니다. 그러나, 바쁠수록 시간을 만들어내서 자기관리를 시작해야 합니다. 우리가 젊은 시절부터 자기관리와 면역력을 관리하는 습관을 기르기 위하여 이렇게 해보시기를 권면 드립니다.

1. 하나님만을 주인으로 모시고 살아야 합니다. 우리는 하나님을 주인으로 모시고 살아야 합니다. 그래야 하나님께 집중하며 온몸에 하나님을 채울 수가 있습니다. 아브라함은 하나님께 집중하며 하나님을 주인으로 모시고 살았습니다. 함께 살던 조카 롯은 세상 부귀영화에 추구하며 살았습니다. 때가 되어 하나님은 조카 롯과 헤어질 것을 원하셨습니다. 헤어질 때 조카 롯은 소돔과 고모라를 선택하여 갔습니다. 아브라함은 하나님을 주인으로 모시고 헤어졌습니다. 성경은 "아브람이 롯에게 이르되 우리는 한 친족이라 나나 너나 내 목자나 네 목자나 서로 다투게 하지 말자 (9) 네 앞에 온 땅이 있지 아니하냐 나를 떠나가라 네가 좌하면 나는 우하고 네가 우하면 나는 좌하리라 (10) 이에 롯이 눈을 들어 요단 지역을 바라본즉 소알까지 온 땅에 물이 넉넉하니 여호와께서 소돔과 고모라를 멸하시기 전이었으므로 여호와의 동산 같고 애굽 땅과 같았더라 (11) 그러므로 롯이 요단 온 지역을 택하고 동으로 옮기니 그들이 서로 떠난지라 (12) 아브람은 가나안 땅에 거주하였고 롯은 그 지역의 도시들에 머무르며 그 장막을 옮겨 소돔까지 이르렀더

라 (13) 소돔 사람은 여호와 앞에 악하며 큰 죄인이었더라 (14) 롯이 아브람을 떠난 후에 여호와께서 아브람에게 이르시되 너는 눈을 들어 너 있는 곳에서 북쪽과 남쪽 그리고 동쪽과 서쪽을 바라보라 (15) 보이는 땅을 내가 너와 네 자손에게 주리니 영원히 이르리라."(창 13:8-15). 결국 하나님을 주인으로 모시고 살던 아브라함은 광야에서도 하나님의 복을 받으면서 살았습니다. 세상 부귀영화를 따라 살던 롯은 소돔과 고모라가 멸망될 때 모든 것이 순식간에 날아갔습니다. 사랑하던 아내는 소금기둥이 되었습니다. 우리는 하나님만을 주인으로 모시고 살아야 합니다. 아주 작정하고 실천해야 합니다. 그래야 하나님께서 주시는 지혜로 광야 같은 세상에서 하나님의 복을 받으면서 살아갈 수가 있습니다.

2. 건강할 때 건강에 관심을 가져야 합니다. 필자는 25살 때 건강의 위기를 맞이한 때가 있었습니다. 그때 특전사에서 중위계급을 달고 소대장(지대장)을 할 때입니다. 특전사에서는 장교나 하사관이나 체력이 강하지 못하면 고문관 취급을 당하면서 생활을 합니다. 일과가 뛰는 것입니다. 도복을 입고 매일 10km를 뜁니다. 특수 훈련을 합니다. 일주일에 한번은 20kg의 군장을 메고 10km를 55분 내에 달립니다. 이렇게 매일 하다가 보니까, 먹는 것이 부실하여 육체에 문제가 발생했습니다. 저의 키가 169cm 인데 체중은 54kg으로 뼈만 앙상한 상태였습니다. 체력이 떨어지니 혀가 말려서 말을 제대로 할 수가 없습니다. 잠을 자면 깊은 잠을 자기 못하고 식은 땀을 얼마나 많이 흐르는지 옷이 다 젖을 정도였습니다. 조금 앉아 있노라면 닭이 병이 든 것과 같이 꾸벅꾸벅 졸기 일쑤입

니다. 건강에 문제가 생긴 것입니다. 밥이 보약이라고 하시는데 그때 저는 억지로라도 세끼를 챙겨먹었습니다. 갈비 집에 가서 소갈비도 2인분씩 먹었습니다. 그렇데 건강은 좋아지지 않았습니다. 누구하나 옆에서 건강을 챙겨줄 사람이 없었습니다. 그때를 생각하면 마음이 찡하고 저립니다. 하루는 장교식당에 가서 점심을 먹는데 어떤 대위분이 하는 말이 자기 장모님이 보약을 한재를 지어서 보내주어서 먹었더니 체력과 건강이 많이 좋아졌다는 것입니다.

그때 번쩍하고 생각이 떠오른 것은 나도 보약을 지어서 먹어야 하겠구나. 생각했습니다. 밖에 식당에 나가서 주인에게 전문적인 한약방이 어디냐고 질문을 했더니 저 어디에 시각장애인 한의사가 한약을 잘 지어준다는 것입니다. 그래서 찾아갔습니다. 가서 진맥을 했습니다. 한의사가 하는 말이 기력이 많이 떨어졌다는 것입니다. 저에게 맞는 한약을 한재를 지었습니다. 금액이 저의 한 달 월급과 맞먹었습니다. 다행하게 모아둔 돈으로 금 한 냥을 사놓은 것이 있어서 대금으로 지불했습니다. 보약을 잘 챙겨먹으니 건강이 좋아졌습니다. 체중이 54kg에서 62kg이 되었습니다. 완전군장 10km 구보를 해도 지치지 않았습니다. 그때 필자가 느낀 것이 건강은 건강할 때 챙겨야 하는 구나, 밥이 보약이 아니 구나, 체력단련만 한다고 건강해지는 것이 아니라는 것을 체험했습니다.

건강은 젊어서부터 관심을 가지고 관리해야 합니다. 많은 성도님들이 몸에 문제가 생기면 그때서야 건강에 관심을 집중하는 경향이 있는데 늦을 수도 있습니다. 젊어서부터 관심을 가지면 예방할 수가 있습니다. 기독교는 예방신앙이기 때문입니다. 건강은 건강할 때 관심을 가져야 합니다. 병원에 장기입원한 분들이 이구동성으로 하는 말이 돈을 많이 벌지 못한 것을 한탄하는 것이 아니라 젊어서부터 건강관리를 못한 것, 자기관리 못한 것을 후회한다는 것을 깨달아 알아야 합니다.

3. 전문성을 개발해야 합니다. 지금은 21세기 전문화 시대입니다. 저는 항상 이렇게 말합니다. "내가 하고 있는 성령치유 사역의 일인자가 되겠다는 것입니다." 그렇게 생각하기 때문에 전문가가 되려고 노력을 합니다. 성령치유의 전문가가 되려는 의지가 있기 때문에 깊은 이론을 터득하려고 노력을 합니다. 깊은 치유가 되려면 어떻게 해야 하는가를 항상 생각하고 기도합니다. 실제 적용을 합니다. 적용하여 이론을 정립합니다. 그렇게 사고하고 사역을 하다가 보니까, 점점 전문가가 되어갑니다. 다른 분야도 마찬가지입니다. 자신이 추구하는 분야에 일인자가 되겠다는 생각을 가지면 그 일에 매진하게 됩니다. 자연스럽게 전문적인 지식을 습득하게 됩니다.

그렇게 자기 분야에 집중하며 몰입을 하다가 보니 일인자가 되는 것입니다. 남을 모방하여 따라가면 2등 밖에 못합니다. 자신이 하나님께 기도하여 자신만의 전문성을 개발해야 일인자가 되는 것입니다. 일인자가 되기 위해서는 무엇보다 천직의식이 중요합니다. 천직의식을 가지고 하나하나 연구하고 적용해가다가 보니 자연스럽게 일인자가 되는 것입니다. 처음 생각과 습관이 굉장하게 중요한 것입니다. TV에 나오는 달인을 생각하면 맞습니다. 한 분야에 천직의식을 가지고 10년 이상 몰입 집중하다가 보니 달인이 된 것입니다. 지금은 인생백세 시대입니다. 무엇보다도 자기 분야에 전문가가 되려는 의식이 중요한 시대입니다.

4. 자신의 마음과 생각의 관리를 잘 하여야 합니다.

1) 마음을 잘 관리해야합니다. 하나님은 "무릇 지킬만한 것보다 더욱 네 마음을 지키라 생명의 근원이 이에서 남이니라"(잠4:23). 우리 마음을 지켜야 하는 것은 먼저는 세상 죄악이 들어 오려하므로 울타리를 잘해야 하는데 이 울타리는 하나님의 말씀이요 기도입니다. 또한 마귀란 놈이 늘 우리마음을 노리고 있기 때문에 늘 깨어 지켜야 합니다.

2) 생각을 잘 관리해야 합니다. "마귀가 벌써 시몬의 아들 가룟 유다의 마음에 예수를 팔려는 생각을 넣었더라."(요 13:2). 마음의 생각은 곧 그 사람입니다. 누구나 그 사람이 하루 동안 무슨 생각을 하면서 사는지 그 생각의 총량은 곧 그 사람이 어떠한 사람인가를 나타냅니다. 선한 생각을 가진 사람이 선한 사람이요, 악한 생각을 품은 이는 악한 사람입니다. 정결한 생각이 그 마음을 지배하면 그는 정결한 사람이요, 불결한 생각이 그 마음에 가득하면 그는 불결한 사람입니다. 그 뿐만이 아닙니다. 마음에 가득한 생각은 결국은 밖으로 나타납니다. 그 말과 행실로 나타납니다. 그러므로 의로운 생각을 하는 이는 의로운 말을 하고, 불결한 생각으로 가득한 이는 온갖 불결한 행실로 나타냅니다. "선한 사람은 마음의 쌓은 선에서 선을 내고 악한 자는 그 쌓은 악에서 악을 내나니 이는 마음의 가득한 것을 입으로 말함이니라."(눅6:45)

그것만이 아닙니다. 마음의 가득한 생각은 결국은 그의 장래를 지배하게 됩니다. 바른 생각은 성공과 행복으로 그를 인도하고 악하고 그릇된 생각은 결국은 실패와 멸망으로 인도하고야 맙니다. 그러므로 생각의 올바른 관리가 중요합니다. 성공과 행복으로 인도하는 생각이 있고 실패와 사망으로 인도하는 생각이 있습니다. 그러므로 신앙생활을 바로 하려면, 인생을 성공적으로 살아가려면 우리 자신의 마음과 생각을 먼저 잘 관리할 줄 알아야 합니다.

5. 오늘 해야 되는 일을 내일로 미루지 말아야 합니다. 필자의 인생의 철칙입니다. 오늘일은 오늘 끝내라는 것입니다. 끝내지 못했다면 잠을 자지 말고 끝내라는 것입니다. "오늘 할 일을 내일로 미루지 마라!" 저는 군대에서 장교로 23년을 근무했습니다. 군대생활하면서 제가 가장 중요한 재산이 얻었다면 "오늘 할 일을 내일로 미루지 마라!" 입니다. 이 정신을 가지고 지금 목회를 하고 있습니다. 이 정신이 아니었다면 아마 책을 한 권도 집필하지 못했을 것입니다. 오늘이 없는 내일은 있을 수가 없습니다. 오늘 할 일을 내일로 미루면 그 만큼의 시간과 노력이 더 들어가게 됩니다. 일을 끝마치지 못하고 다음날 시작을 하려면 한 참을 기도해야 영감이 떠오르기 시작하는 것입니다. 또한 오늘 일을 내일로 미루었을 때 스스로의 마음이 편치 않았던 경험들이 있을 것입니다. 오늘일은 오늘로 마무리 하고 내일엔 새로운 내일의 일을 매진해야 합니다. "오늘 할 일을 내일로 미루지 마라!" 습관이 되었다면 인생은 반드시 성공할 것입니다.

6. 독립심을 길러야 합니다. 독립심이란 남에게 기대지 않고 제

힘으로 살아가려는 마음을 말합니다. 하나님께서는 "스스로 있는 자"이십니다. 하나님은 예수를 믿고 성령으로 거듭난 성도들이 독립심이 강한 자들이 되기를 원하십니다. 성경에 보면 요셉이나 다윗이나 모두 어려서부터 부모님과 떨어져서 지내도록 역사하셨습니다. 모두 인척이란 아무도 없는 광야에서 혹독한 고통을 당하면서 하나님을 찾고 찾으면서 "스스로 있는 자" 하나님을 닮아가며 독립하며 살아가도록 하시려는 깊은 뜻입니다. 하나님은 하나님을 닮은 사람들을 통하여 세상을 하나님의 나라가 되게 하십니다. 세상에서 살아가면서 하나님의 뜻을 이루는 사람이 되게 하기 위하여 광야로 불러내어 "스스로 있는 자"로 독립하는 자로 훈련하시는 것입니다. 세상 조사에서도 65세 이상 되시는 분들이 스스로 모든 것을 해결하는 독립심이 강한 분들이 건강하고 장수한다는 통계가 있습니다. 하나님은 어려서부터 독립심을 가진 사람이 되기를 소원하십니다. 어려서부터 자기 일을 스스로 하면 독립심을 기를 수 있다고 합니다. 필자는 어려서부터 부모와 떨어져 혼자 살다시피 하여 독립심이 강한 편입니다. 독립심을 기릅시다.

7. 돈은 벌어드린 만큼만 사용해야 합니다. 돈을 많이 가지기 위해선 돈을 얼마를 버는가는 필수조건이 아닙니다. 물론 적정수준의 돈을 버는 것이 중요한 포인트이긴 하지만 그게 전부는 아니라는 것입니다. 가장 중요한 것은 벌어들인 수입을 어떻게 관리하느냐는 것입니다. 혹자들은 이렇게 생각을 합니다. 벌어봤자 한 달에 꽉해봐야 300만 원 정도인데 이 돈으로 생활비에 애들 교육비 등

등 차 떼고 포 떼면 남는 게 뭐있다고 돈 관리를 하냐. 그냥 남는 돈으로 적당히 적금만 들면 그게 돈 관리 아니냐. 결론부터 이야기하자면 아닙니다. 오히려 수익이 적고 나가는 돈이 많으신 분들일수록 돈 관리를 더욱더 철저히 하셔야 빠르게 목돈을 모으고 다시 그 목돈으로 무엇인가를 할 수 있는 것입니다.

8. 충동구매하지 말아야 합니다. 값이 싸다는 이유로 원하지도 않는 물건을 구입하지 않는 것입니다. 충동구매는 정신병의 한 종류로 지나치게 쇼핑에 집착하는 증세를 말합니다. 소비 생활이 정신병으로 분류되는 것이 의아할 수 있지만 경제적으로 많은 어려움을 줍니다. 감당할 여력이 된다면 굳이 치료까지는 안해도 되겠지만 여력이 되지 않는 경우에는 치명적인 경제적 파탄을 초래할 수 있습니다. 강박적 구매로도 불리는 쇼핑중독은 쇼핑, 구매에 대한 부적합하고 과도한 충동이나 집착이 있어, 분별없이 필요하지 않은 물건을 구매하거나, 자신의 경제력보다 더 많은 금액의 물건을 구매하는 경우가 빈번히 나타나는 질환입니다. 단순히 쇼핑을 많이 하는 병이라기보다는 쇼핑의 충동을 스스로 조절하지 못해 자신이나 식구들이나 타인에게 해가 되는 병이라고 할 수 있습니다. 한편 조울증의 조증기에 필요 없는 물건을 지나치게 많이 구매하는 경우가 있는데, 이는 쇼핑중독과는 구분되는 현상입니다.

9. 자만하지 말아야 합니다. 자만은 허기, 갈증, 추위보다도 더 많은 대가를 요구합니다. 자신감과 긍지가 넘치는 건 좋지만, 그게

지나쳐 자만 감이 되는 일이 없도록 해야 하겠습니다. 자신감과는 엄연히 다릅니다. 자신감의 경우는 자신을 믿고 자신을 사랑하고 물론 타인에게도 자신감을 주고 서로 존중하는 것입니다. 다만 자만의 경우는 다릅니다. 자신만 높다고만 늘 항상 자신보다 약한 타인을 함부로 깔보거나 무시 하는 게 바로 자만입니다. 자만은 자신만 해치는 게 아니라 타인에게도 상처나 갈등들도 만듭니다. 꼭 드러내고 뽐내지 않아도 자신을 낮추지도 않고 겸손을 모르는 사람에게 쓰기도 합니다.

10. 음식을 적당히 먹는 습관을 들여야 합니다. 식욕이 지나칠 때 육신을 해롭게 하고, 마음을 둔하게 합니다. 절식은 육신을 해롭게 하는 것 같으나 영을 새롭게 하고, 몸의 세포를 새롭게 합니다. 요즈음 우리나라 사람들의 질병 중에 못 먹어서 걸리는 병보다는 너무 먹어서 걸리는 병이 대부분입니다. 사실 식욕의 관리는 건강관리의 아주 중요한 요소입니다. 우리가 하루사이 섭취량을 보통 2000Kcal로 생각을 합니다. 연구 결과에 의하면 2000Kcal에서 200Kcal 덜어낸 1800Kcal를 섭취할 때가 혈관 건강에 가장 좋다고 합니다. 따라서 하루 세 끼 먹는 것을 기준으로 했을 때는 밥공기에서 밥 두 숟가락 정도만 덜어내 먹으면 딱 1800Kcal 맞추기가 쉽습니다. 그렇게 식사량은 정해주면 되겠습니다. 실제 연구 결과를 살펴보면 하루에 600Kcal 적게 섭취한 그룹보다 200Kcal 적게 섭취한 그룹에서 동맥 경화가 크게 개선된 걸 확인할 수 있었습니다. 하루 200 칼로리만 줄이는 것이 혈관 건강에 도움이 된다는 것

입니다. 하루 세 끼 기준으로 평소 먹던 밥에서 끼니 당 두 세 숟가락씩만 줄여주기만 하면 하루 200 Kcal를 줄일 수 있습니다. 음식은 적당하게 먹어야 건강에 유익합니다.

11. 낙관적인 태도를 가집니다. '낙관적'이라는 것은 미래에 벌어질 일들에 대해서 희망적으로 바라본다는 뜻입니다. 이유 없는 안일함이 아니라 이유 있는 긍정의 힘으로 우리의 내면은 더욱 강인해집니다. "낙관적인 사람은 고난에서 기회를 보고 비관적인 사람은 기회에서 고난을 본다." 윈스턴 처칠

낙관적인 생각을 가지고 살아가는 사람이 심장이 안정되어 정신건강에 아주 좋다고 합니다. 그래서 낙관적인 사고방식이 정신건강을 증진시킨다고 전문가들이 말하는 것입니다. 똑같은 일도 긍정적인 부분에 초점을 맞추려 노력하면 자신감과 적극적인 태도를 가질 수 있기 때문입니다. 미래에 대한 불안이나 과거에 대한 후회로 밤잠을 설치는 일도 줄어듭니다. 비관적으로 생각했다면 포기했을 일에 도전해 유의미한 성취를 얻는 경우도 있습니다. 낙관주의의 건강상 효과는 정신건강에 국한되지 않습니다. 낙관적인 삶의 태도가 우리 몸의 영-혼-육체의 전반적인 건강에 까지 영향을 미친다고 보아야 합니다. 실제로 낙관주의자들의 신체가 비관주의자들보다 건강하다는 연구 결과까지 나온 바 있습니다. 과거 미국 일리노이대학교 연구팀은 45~84세인 성인 5,000여 명의 심장과 정신건강, 체질량지수(BMI) 등을 분석한 결과, 낙관주의와 심장 건강 간의 연관성을 발견했습니다. 낙관적인 그룹이 비관적인 그룹

보다 건강한 심장을 갖고 있을 확률이 약 2배 높았던 것입니다. 참가자들의 나이, 인종, 수입 등의 변수를 감안하더라도 결과는 달라지지 않았습니다. 신체 전반의 건강도 낙관주의 그룹이 뛰어났다고 합니다. 낙관적인 그룹의 혈당과 콜레스테롤 수치가 비관적인 그룹보다 양호했던 것입니다. 육체적 활동성 역시 낙관적인 그룹이 뛰어났다고 합니다. 담배를 피우는 비율도 낙관주의 그룹이 더 적었습니다. 연구팀은 "이 같은 심장 건강의 차이는 사망률로 연결될 수도 있다"며 "이번 연구는 국가가 국민들의 심장 건강을 개선하려면 심리적인 만족감을 주는 정책에 대해 신경 써야 한다는 점을 보여주고 있다"고 밝혔습니다. 낙관적인 사람이 되어야 자기관리를 잘 하면서 살아갈 수가 있다는 것입니다.

12. 쓸데없는 걱정은 마음을 병들게 합니다. 쓸데없는 걱정 기우(杞憂) 또는 기인지우(杞人之憂)는 일어날 가능성이 매우 희박한 일을 지나치게 걱정하고 두려워하는 행태를 가리키는 고사 성어입니다. 옛날 중국의 기나라에 걱정을 너무 많이 하는 사람이 살고 있었습니다. 이 사람은 하늘이 무너져 내릴까봐 두려워서 잠을 이루지 못하다가 신경 쇠약에 걸려 죽고 말았습니다. 이때부터 '쓸데없는 걱정'이라는 뜻의 '기우'(vain worry)라는 말이 생겨났다고 합니다. 오늘날 병의 근본적 원인을 보면 70 %는 자기 마음속 염려와 근심으로 오는 질병이라 합니다.

노먼 빈센트 필 박사는 '쓸데없는 걱정'이란 글에서 한 연구기관의 조사를 인용하여 다음과 같이 밝히고 있습니다. 사람이 하는 걱정 중에는, 절대로 발생하지 않을 사건에 대한 걱정이 40%, 이미 일어난 사건에 대한 걱정이 30%, 별로 신경 쓸 일이 아닌 작은 것에 대한 걱정이 22%, 우리가 어떻게 바꿀 수 없는 사건에 대한 걱정이 4%, 우리들이 해결해야 할 진짜 사건에 대한 걱정이 4%, 결국 사람들은 96%의 쓸데없는 걱정 때문에 기쁨도, 웃음도, 마음의 평화도 잃어버린 채 살아가고 있다는 것입니다.

13. 일을 즐기면서 살아갑니다. 어떤 목표를 세우고 항상 실패하는 사람들의 특징 중에는 그 일을 즐기지 못하는 한계점이 있다는 것입니다. 호흡을 하면서 일을 한다는 것이 즐거운 것입니다. 건강하기 때문에 일을 할 수 있으니 즐거운 것입니다. 필자는 즐겁게 일을 합니다. 무슨 일을 하든 꾸준히 즐기면서 하는 무엇 하나만 있어도 좋은 것 같습니다. 그러한 것이 자신을 살아가게 하는 힘찬 원동력이 되기 때문입니다. 무엇이든 노력을 하다보면 결과는 나오게 됩니다. 하지만 무조건 결과가 목적이 되면 삶이 너무나 피곤하고 치열해 지게 됩니다. 그런 삶이 습관이 되면 그것이 그 사람의 인생이 되는데 그런 삶이 바르게 살아가는 모습은 아니라는 것입니다. 그런 분들의 삶에는 여유가 없고 만남의 자리를 가져도 긴장을 풀지 못하고 항상 바쁘게만 살아갑니다.

각자 살아가는 삶의 방식에 대해 무어라 할 수는 없으나 인생을 바쁘게만 긴박하게 살아 온 주위 사람들이 나이 들어서 하는 말씀 중에는 "주위 좀 돌아보고 살았을 걸"이라는 후회를 가장 많이 합니다. 주위 사람들이 공간 안에 편하게 들어올 수 있는 그런 빈 자리는 비워 두었으면 좋겠습니다.

14. 시작보다는 마무리를 잘하는 습관이 중요합니다. 제가 군 생활을 하면서 체험한 바로는 중간에 낙오하는 장교들은 마무리를 못하는 장교들이었습니다. 시작은 하는데 마무리를 못합니다. 1년이 지나도 결과물을 내놓지 못합니다. 그러면 자연스럽게 동기들에게 뒤처지는 것입니다. 누구나 할 것 없이 새해가 되면 새로운 다이어리를 장만하고 거창한 계획을 세우게 됩니다.

그러나 큰 맘 먹고 세운 계획이 작심삼일이 되어버리 곤 합니다. 왜 그럴까요? 계획은 세웠으나 자신의 현실에 맞지 않는 보여주기 위한 계획이기 때문입니다. 계획을 세우되 지금 자신에게 가장 필요한 사항인지 먼저 파악하고 세워야 합니다. 그 다음은 두말할 필요 없이 끝까지 가는 실천입니다. 시작하기보다는 어떻게 끝까지 마무리 할 수 있는가를 먼저 생각해보면 좀 더 알찬 계획을 세우고 실천할 수 있는 것입니다. 또한 계획은 결코 장미 빛 아름다움이 아닌 땀과 노력의 결과로 얻어져야 한다는 것을 염두에 두어야 합니다.

결론적으로 자기관리는 어려서부터 습관이 되어야 합니다. 이렇게 하려면 어려서부터 중요성을 인식해야 합니다. 자기관리나 면역관리나 자기 자신이 실천해 나가야 하는 일이기 때문입니다. 성령님의 지배와 인도를 받으면서 스스로 터득하며 적용하며 실천해야 합니다. 누가 시킨다고 하고 시키지 않는 다고 하지 않는 과업이 아닙니다. 자신을 위하여 자신을 관리하는 습관이 되어야합니다.

7장 돈 잘 벌려면 참을성이 있어야 한다.

(약 5:7-8)"그러므로 형제들아 주께서 강림하시기까지 길이 참으라 보라 농부가 땅에서 나는 귀한 열매를 바라고 길이 참아 이른 비와 늦은 비를 기다리나니 (8) 너희도 길이 참고 마음을 굳건하게 하라 주의 강림이 가까우니라."

참을 수가 있어야 전문성을 개발하며 돈을 잘 벌수가 있는 것입니다. 그래서 하나님은 길이 참으라고 말씀하십니다. 성경에 길이 참으라는 말씀도 여러 번 나옵니다. "길이 참으라"는 말을 원문으로 보면 '마크로뒤메사테'입니다. 그 의미는 '어떤 일이 있어도 참으라.'는 뜻입니다. 이 어떤 일이라는 말에는 많은 고난과 핍박이 암시되어 있습니다. 그리고 인내란 참는 것 뿐 아니라 끝까지 열심히 하는 믿음을 가리킵니다. 어떤 시련이 있어도 열심히 신앙생활을 하라는 말씀입니다. 고난이 우리를 온전하게 하는 것은 인내로서 기도하게 하기 때문입니다. 세상에 고난당하는 자 많지만 다 하나님을 만나는 것은 아닙니다. 아무리 고난을 당해도 하나님을 찾고 부르짖고 기도하지 않으면 소용이 없습니다. 아브라함을 보세요. 히6:13-15에 "하나님이 아브라함에게 약속하실 때에 가리켜 맹세할 자가 자기보다 더 큰 이가 없으므로 자기를 가리켜 맹세하여 이르시되 내가 반드시 너에게 복 주고 복 주며 너를 번성하게 하고 번성하게 하리라 하셨더니 그가 이같이 오래 참아 약속을 받았느니라" 했습니다.

오래 참았던 것은 하나님의 시간이 늦은 것이 아니라 아브라함이 어떤 가운데서도 시험을 이기고 믿고 찬양하고 기뻐할 온전한 믿음에 도달하기를 기다리셨습니다. 모세도 40세에 사실상 사명을 받았습니다. 마음에 사명은 40세에 이미 불탔지만 40년이나 기다리게 하신 것은 그가 하나님의 동역자로서 합당한 자질이 구비되기를 기다리셨습니다.

요셉도 하나님께서 꿈으로 보여주신 통치자가 되는 약속을 받은 지 오래 되었건만 쉽게 이루어지지 않았습니다. 형들의 시기와 미움, 애굽의 보디발의 집에서 종살이에 10년, 무고한 누명을 쓰고 감옥 생활에 3년, 모두 13년을 기다려 애굽의 총리가 됩니다. 알고 보면 그 과정이 준비되는 과정입니다. 약5:11에 "보라 인내하는 자를 우리가 복되다 하나니 너희가 욥의 인내를 들었고 주께서 주신 결말을 보았거니와 주는 가장 자비하시고 긍휼히 여기시는 이시니라" 했는데 욥도 더 큰 복을 받기 위하여 환난이라는 과정을 통해 하나님을 더 깊이 만나는 과정이 필요했습니다. 고난 속에서 혹은 고난을 자청하며 더 하나님을 가까이하고 더 사랑하고 더 기도하고 찬송하시기 바랍니다. 우리 몸과 마음을 바쳐 헌신할 때 약속하신 성령을 받고 약속하신 모든 것을 받아 누리게 됩니다.

인내는 하나님을 기쁘시게 합니다. 미10:38절 "나의 의인은 믿음으로 말미암아 살리라 또한 뒤로 물러가면 내 마음이 그를 기뻐하지 아니하리라 하셨느니라" 여기 의인은 예수를 믿어 의롭다 인정함을 받은 성도들입니다. 성도가 할 일은 하나님과 그 말씀을 믿고 물러나지 않는 것입니다. 말씀을 믿는 것이 믿음입니다. 혹 말씀이 없어도 하나님이 어떤 분이신 줄 알고 믿으시기 바랍니다. 아브라함도 약속을 믿고 뒤로 물러서지 않는 믿음을 가졌습니다(롬4:17-23). 하나님이 어떤 분이신 걸 아는 이상 증거가 있든 증거가 없든 믿어야 합니다. 하나님은 그 믿음을 기뻐하십니다. 우리는 하나님께서 사랑하신다는 말씀도 좋지만 우리를 기뻐하신다는 그 말씀 듣기를 사모해야합니다. 예수님께서 그런 분이셨기 때문입니다.

그런데 이스라엘 백성들이 하나님을 원망하고 불만불평한 이유가 하나님을 믿지 못했기 때문입니다. 말씀보다 더 귀한 표적이 어디 있습니까? 말씀을 표적 삼아 믿으시기 바랍니다. 또 좋으신 하나님보다 더 귀한 표적이 어디 있습니까? 하나님과 그 말씀을 믿고 순종하시기 바랍니다. 하나님은 속이지 않으십니다. 하나님이 나를 속이신다면 속겠다는 마음으로 올인 하시기 바랍니다.

사람은 누구나 온전하지는 못하므로 상대에게 해를 끼치기도 하고 실망을 주기도 하고 내 생각과 다른 잘못된 주장을 하기도 하며 살아갑니다. 여기서 다만 우리가 할 일은 나날이 정진하면서 예수 그리스도 같은 성인들의 인격과 성품을 닮아 성숙하여 가도록 노력하는 것뿐입니다. 진리 안에서 온화하고 친절하며 상대를 최대한으로 용인하면서 지냅시다. 외유내강의 마음으로 살아갑시다. 예수 그리스도는 산상수훈에서 "온유한 자는 복이 있나니 그들이 땅을 기업으로 받을 것임이요(마태복음 5장 5절)"라고 말한 바 있습니다. "믿음이 약한 사람을 따뜻이 맞아 주고 그의 의견을 함부로 비판하지 말라"(로마서 14장 1절). 행복은 아직 나 보다 인격적인 성숙이 덜 이루어진 사람들을 받아들일 수 있는 데에서 찾아들게 됩니다. "형제들아 사람이 만일 무슨 범죄한 일이 드러나거든 신령한 너희는 온유한 심령으로 그러한 자를 바로잡고 너 자신을 살펴보아 너도 시험을 받을까 두려워하라 너희가 짐을 서로 지라 그리하여 그리스도의 법을 성취하라"(갈라디아서 6장 1-2절). 온유하다는 것은 누가 그대를 실망시킬 때 비판하기 보다는 먼저 상대를 이해하려는 마음을 품는 것입니다. 그러나 예수 그리스도도 스스로 의롭다고 하면서 남들을 비판·비난하기를 즐기는 위선자들에 대하여 크게 분노하였습니다. 어느 누구도 모든 사람을 만족시킬 수 없습니다. 심지어 예수 그리스도도 마찬가지였고 다른 모든 성현들도 마찬가지입니다. 어느 누구나 사람은 선천적으로 죄성을 지니고 있기 때문에 진리를 받아들이지 못하는 사람들이 있게 마련입니다. 그러므로 우리는 자기의 주장을 꺾지는 않되 일단 상대를 존중하는 마음을 지녀야 하니 이것이 온유함입니다. 상대를 꺾어 이기는 것이 별 의미가 없다면 상대와 싸우지 말아야 합니다.

"유순한 대답은 분노를 쉽게 하여도 과격한 말은 노(怒)를 격동하느니라"(잠언 15장 1절). 온유함이란 생각이 다른 사람을 화평하게 다루는 것으로 눈으로는 마주 응시하지 않고 손잡고 가는 것입니다. 부부간에 서로 똑같다면 한쪽은 필요 없어지며, 우리는 숟가락과 젓가락이 있어야 밥을 먹을 수 있는 것이니, 우리에게는 다양성이 필요합니다. "시기와 다툼이 있는 곳에는 혼란과 모든 악한 일이 있음이라 오직 위로부터 난 지혜는 첫째 성결하고 다음에 화평하고 관용하고 양순하며"(야고보서 3장 16-17절). 비록 우리가 악인을 만날지라도 우리는 본질적으로는 하나이며 다만 비본질적인 곳에서 다른 것으로 서로 박애심을 가져야 합니다. "주의 종은 마땅히 다투지 아니하고 모든 사람에 대하여 온유하며 가르치기를 잘하며 참으며 거역하는 자를 온유함으로 훈계할지니 혹 하나님이 그들에게 회개함을 주사 진리를 알게 하실까 하며"(디모데후서 2장 24-25절). 그러나 예수 그리스도도 위선자들과 진리를 모독하는 자들에게는 크게 화를 내시며 배척하셨음을 우리는 압니다.

하나님이 사람들에게 하신 것같이 우리가 이웃들에게 대할 때 우리는 온유한 사람으로 행복해 지는 것입니다. 온유함은 통제된 힘이니 악의 근원에 대해서는 강력한 힘을 발휘하여 이를 물리칩니다. 이는 바로 외유내강의 정신과 통하는 것입니다. 참을성이란 꾹 참고 견디는 성질을 말합니다. 앞에 나온 말씀들을 읽어 보셨다면, 참을성을 더 나타낼수록 건강이 더 좋아지고 더 나은 결정을 내리며 좋은 친구들을 사귈 가능성도 더 높아진다는 점에 아마 동의하실 것입니다. 그렇다면 어떻게 참을성을 기를 수 있습니까?

1.참을성을 기르는 법

①원인을 알아낸다. 당신이 참을성을 잃게 만드는 일이나 상황 즉 조급함을 유발하는 요인들을 파악해 보십시오. 무엇이 당신을 조급하게 만듭니까? 당신의 참을성을 시험하는 사람들이 있습니까? 아마도 배우자, 부모, 자녀가 당신의 생활에서 참을성을 잃게 만드는 주된 요인일 수 있습니다. 아니면 주로 시간과 관련된 문제 때문에 참을성을 잃게 됩니까? 예를 들어, 다른 사람을 기다려야 할 때나 시간에 쫓길 때 참을성을 잃는 경우가 많습니까? 그런

가 하면 피곤하거나 배가 고프거나 졸릴 때 또는 특정한 스트레스를 받을 때 참을성을 잃는 경향이 있습니까? 주로 집에 있을 때 참을성을 잃게 됩니까? 아니면 직장에 있을 때입니까?

이처럼 조급함을 유발하는 요인을 파악하는 것이 어떻게 도움이 될 수 있습니까? 오래전에 솔로몬 왕은 다음과 같이 썼습니다. "총명한 사람은 악을 미리 보고 자신을 숨기나, 우매한 자는 계속 가다가 벌을 받느니라."(잠언 22:3, 한글 킹 제임스 성경) 이 고대 성서 잠언과 일치하게, 참을성을 잃게 될 수 있는 상황을 '미리 본다'면 즉 예상해 본다면 참을성을 잃는 일을 피할 수 있습니다. 처음에는 참을성을 나타내기 위해 의식적으로 노력해야 할지 모릅니다. 하지만 시간이 지나면 자연스럽게 그러한 특성을 나타내게 될 수 있습니다.

②생활을 단순하게 한다. 미국 미네소타 주에 있는 세인트존스 대학교에서 컴퓨터 과학을 가르치는 노린 헤르츠펠트 교수는 다음과 같이 지적합니다. "사람은 사실 멀티태스킹을 할 수 없다. 뇌가 동시에 여러 가지 것에 집중할 수 없기 때문이다. …동시에 여러 가지 일을 하는 습관이 있으면, 집중해서 주의를 기울이는 능력이 시간이 지남에 따라 약해지며 결국 참을성, 끈기, 판단력, 문제 해결 능력과 같은 특성들도 점차 파괴된다."

해야 할 일과 가야 할 곳과 연락을 주고받을 사람이 너무 많은 나머지 스트레스를 받게 되면 참을성을 기르기가 어렵습니다. 앞 기사에서 소개된 제니퍼 하트스타인 박사는 "근본적으로, 참을성 없는 반응을 보이는 주된 원인은 스트레스"라고 경고합니다.

그러므로 삶을 즐길 여유를 가지십시오. 수많은 사람들이 얽혀 있는 그물 같은 인간관계 속에서 깊이가 없는 벗 관계를 추구할 것이 아니라 몇몇 사람들과 깊은 벗 관계를 발전시킬 시간을 가지십시오. 시간을 잘 배분하고 우선순위를 지혜롭게 정하십시오. 시간을 낭비하게 만드는 취미나 전자 기기를 조심하십시오.

생활을 단순하게 하려면 자신의 일과를 잘 살펴보아야 합니다. 좀 더 여유를 가지고 해야 할 일은 무엇이며, 하지 않아도 되는 일은 무엇입니까? 성서의 한 잠언은 이렇게 알려 줍니다. "모든 것에는 지정된 때가 있다. …지킬 때가 있고 내던질 때가 있다."(전도 3:1,6). 어쩌면 지금이 당신의 생활에서 불필요하게 시간을 빼앗아 가는 일들을 없애 버려야 할 때일 수 있습니다. 그렇게 해서 참을성을 나타내지 못할 정도로 바쁘게 되는 일이 없도록 하십시오.

③현실적이 된다. 삶에 대해 현실적인 견해를 가지십시오. 첫 번째로, 현실에서는 일들이 항상 우리가 바라는 만큼 빨리 진행되지 않습니다. 시간은 우리가 기대하는 속도로 흐르는 것이 아니라는 사실을 인정하십시오. 그렇게 하는 것이 참을성을 나타내는 것입니다.

두 번째로, 자신이 상황을 항상 통제할 수 있는 것은 아님을 기억하십시오. 지혜로운 왕 솔로몬은 이렇게 기록했습니다. "빠르다고 해서 달리기에서 이기는 것은 아니며, 용사라고 해서 전쟁에 이기는 것도 아니더라. 지혜가 있다고 해서 먹을 것이 생기는 것도 아니며, 총명하다고 해서 재물을 모으는 것도 아니며, 배웠다고 해서 늘 잘되는 것도 아니더라. 불행한 때와 재난은 누구에게나 닥친다. 사람은, 그런 때가 언제 자기에게 닥칠지 알지 못한다."(전도 9:11-12새번역). 개혁개정 성경에는 "내가 다시 해 아래에서 보니 빠른 경주자들이라고 선착하는 것이 아니며 용사들이라고 전쟁에 승리하는 것이 아니며 지혜자들이라고 음식물을 얻는 것도 아니며 명철자들이라고 재물을 얻는 것도 아니며 지식인들이라고 은총을 입는 것이 아니니 이는 시기와 기회는 그들 모두에게 임함이니라 (12) 분명히 사람은 자기의 시기도 알지 못하나니 물고기들이 재난의 그물에 걸리고 새들이 올무에 걸림 같이 인생들도 재앙의 날이 그들에게 홀연히 임하면 거기에 걸리느니라."(전 9:11-12)

자신이 통제할 수 없는 상황 때문에 참을성을 잃을 것이 아니라 통제가 가능한 것들을 파악하십시오. 예를 들면, 버스나 기차가 늦게 도착할 것임을 알고 짜증을 내기보다는 목적지로 갈 수 있는 다른 방법을 찾아볼 수 있습니다. 조급한 태도로 화를 내며 아무것도 하지 않는 것보다는 차라리 걷기라도 하는 편이 나을 것입니다. 어쩔 수 없이 기다려야 하는 상황이라면, 가치 있는 내용을 읽거나 앞으로 해야 할 일을 적어 보는 것과 같이 생산적인 일을 하는 데 시간을 보내십시오. 인정해야 할 사실은 자신이 통제할 수 없는 것들에 대해 걱정해 봐야 아무 유익이 없다는 것입니다. 적절하게도 성서에서는 이렇게 알려 줍니다. "너희 가운데서 누가 걱정한다고 해서, 제 수명을 한 순간인들 늘일 수 있느냐?"(눅12:25) 새번역.

④영성을 발전시킨다. 성경을 믿는 많은 사람들은 그 책에 들어 있는 원칙들을 적용함으로 참을성을 기를 수 있다는 것을 알게 되었습니다. 성경에 따르면 영적인 사람은 사랑, 기쁨, 평화, 온화, 자

제와 같은 중요한 특성들과 더불어 참을성도 더 잘 나타내는 경향이 있습니다. 성경는 다음과 같이 약속합니다. "아무것도 염려하지 말고, 모든 일에 감사와 더불어 기도와 간구로 여러분의 청원을 하느님께 알리십시오. 그러면 모든 생각을 능가하는 하느님의 평화가 그리스도 예수를 통하여 여러분의 마음과 정신력을 지켜 줄 것입니다."(갈라디아 5:22, 23). 성경을 연구함으로 생활의 염려를 줄이고 참을성을 더 잘 나타낼 수 있는 방법을 배워 보시기 바랍니다.

2.아이들이 참을성이 없게 되는 이유: 전문가들은 요즘 아이들이 참을성 없는 가장 큰 이유를 바로 '우리 아이는 특별하다'는 부모의 생각에서 찾습니다. 특별한 내 아이를 최고로 키우기 위해 모든 것을 해주는 부모 때문에 아이는 참을성을 배울 기회가 없다는 것입니다. 말도 못하는 아이에게 한글이며 영어를 가르치는 조급증과 내 아이를 위해서라면 무엇이든 최고로 해주겠다는 생각이 오히려 아이들을 망치고 있다는 진단입니다. 아이가 스스로 할 때까지 기다리지 못하고 선행학습을 시키거나 학습결과에만 집착하는 부모의 태도가 아이를 조급하게 만든다는 것입니다.

가. 참을성 없는 아이의 특징: 참을성이 없는 아이에게는 세 가지 성향이 나타나는데, 바로 지나친 폭력성과 과도한 의존성, 그리고 산만함입니다.

①폭력성: 참을성 없는 아이의 가장 큰 특징은 바로 폭력적인 말과 행동입니다. 누군가 자신이 원하지 않는 것을 시키거나 원하는

것을 얻지 못하는 상황이 되면 스스로를 컨트롤하지 못하고 소리를 지르며 욕을 하거나 친구를 때리는 등 폭력적인 행동을 하게 되는 것입니다. 처음에는 스스로도 죄책감을 가지지만 되풀이하다 습관이 되면 죄책감이 사라지고 부모가 타이르는 소리조차 듣기 싫어 짜증을 내거나 오히려 화를 내게 됩니다.

②의존성: 폭력적인 말과 행동 못지않게 많이 보이는 성향이 바로 과다한 의존성입니다. 자신에게 조금 낯설거나 어렵다는 생각이 들면 스스로 그 문제를 해결하려는 의지를 보이지 않고 바로 다른 사람에게 도움을 요청합니다. 그리고 이렇게 의존적인 아이는 점점 의지박약의 상태가 됩니다.

③집중력 저하: 참을성이 없는 아이는 무언가를 꾸준히 하지 못합니다. 그래서 집중력도 떨어지고 산만한 태도를 보이기 십상입니다. 장난감도 하나를 가지고 놀지 못하고 이것저것 손대며 학원도 피아노며 미술, 태권도 등 여러 곳을 다니지만 어느 것 하나 제대로 해내지 못합니다.

나. 참을성 길러주는 방법: 몸이 튼튼하면 마음도 튼튼해지게 마련입니다. 매일 일정량의 운동을 통해 아이가 스스로를 다스릴 수 있는 참을성 없는 부모가 참을성 없는 아이를 만든다고 합니다. 아이가 스스로 해낼 수 있는 의지와 인내, 끈기를 심어주려면 부모부터 육아원칙을 가지고 있어야 합니다.

①부모부터 참을성을 기른다. 무엇이든 그것이 성숙되기 위해서는 적당한 시간이 필요합니다. 부모가 먼저 아이를 기다리고 참아

주어야만 아이도 참을성을 배우게 됩니다. 너무 서두르고 안달하는 엄마 밑에서 자란 아이는 커서도 행동이 위축되거나 혹은 과도한 행동으로 나타나 정서적인 문제까지 일으킬 수 있습니다.

②아이가 원할 때 챙겨준다. 장난감이면 장난감, 간식이면 간식, 학습이면 학습…. 참을성이 부족한 아이들을 보면 모든 것을 엄마가 알아서 해주는 경우가 많습니다. 이렇게 아이가 원하지도 않을 때 미리미리 엄마가 챙겨주면 아이는 무언가를 스스로 하고 싶은 욕구도 열정도 사라지게 됩니다. 아이가 사랑스럽더라도 모든 것을 알아서 다 해주는 것은 세상에서 가장 어리석은 일입니다.

③아이 스스로 문제해결의 시간을 갖도록 해준다. 아이가 스스로 문제를 해결할 수 있는 시간을 주어야 합니다. 누구나 어려운 문제, 힘든 일은 하기 싫은 법. 숙제를 하는 아이가 천천히 한다는 이유로 혹은 제대로 못한다는 이유로 엄마가 대신 해주거나 답을 알려주면 안 됩니다. 자립심과 독립심을 길러주기 위해서는 스스로 문제를 해결하는 힘이 있어야만 합니다.

④결과보다는 과정에 주목한다. 지금 막 일어선 아이가 갑자기 뛸 수 없고, 피아노 건반에 손을 대자마자 멋진 연주를 할 수는 없는 일입니다. 뛰기 위해서는 기다가 일어서서 걷는 단계가 필요하고 피아니스트가 되기 위해서는 더듬더듬 건반을 누르는 과정이 반드시 필요합니다. 아이가 서투르더라도 엄마가 먼저 조바심내지 말고 아이를 믿고 기다려주는 태도가 필요합니다.

⑤지나친 욕심과 기대는 버린다. 아이는 부모의 욕심을 채우기 위해 태어난 존재가 아닙니다. 일류대에 들어가 의사나 변호사가

되어야만 한다는 것도, 남들이 좋다는 학원을 다 보내는 것도 모두 부모의 욕심입니다. 아이가 원하는 일을 할 수 있도록 곁에서 격려하고 지켜보는 것이 훨씬 도움이 됩니다. 참을성을 기르게 되면 부수적으로 타인에 대한 배려와 양보, 꾸준한 학습태도 등을 배울 수 있습니다. 물론 지나치게 참는 아이는 행동이 위축되거나 좌절감이 있어 또 다른 문제를 일으킬 수도 있지만 기본적으로 인내와 끈기를 가지게 되면 얻을 수 있는 많은 장점이 있습니다. 쉽게 포기하는 아이라면 다음의 방법으로 참을성을 키워주어야 합니다.

⑥규칙적인 운동으로 심신을 단련한다. 건강한 신체에서 건강한 정신이 나온다는 말이 있습니다. 몸이 튼튼하면 마음도 튼튼해지게 마련입니다. 운동은 대신 해줄 수 없는 부분입니다. 스스로 몸을 움직이고 땀을 흘려야만 가능합니다. 실현 가능한 목표를 정해두고 매일 일정량의 운동을 꼬박꼬박 하다보면 아이는 자기 자신을 다스리고 이길 수 있는 힘을 가지게 됩니다.

⑦일정 시간 노력이 필요한 놀이를 한다. 완성된 장난감보다는 블록이나 레고 등 아이의 노력이 들어가야만 완성되는 장난감이 참을성을 기르는 데 도움이 됩니다. 작은 블록을 하나씩 쌓아서 작품을 완성하는 과정은 아이에게 끈기와 인내를 배우게 합니다. 종이인형을 오리게 하는 것도 좋은 방법입니다. 선을 따라 조심스럽게 가위질을 하다보면 자연스럽게 참을성을 배울 수 있습니다. 전문가들은 참을성 있는 아이로 키우기 위해서는 부모가 먼저 참고 기다리는 모습을 보여야 한다고 조언합니다.

⑧그룹놀이를 많이 하도록 한다. 아이 혼자서 놀게 하는 것보다

는 또래 친구와 함께 게임을 하면서 노는 게 도움 됩니다. 게임을 하면 규칙을 지켜야 하고 또 자신의 차례를 기다려야 하기 때문에 인내심과 협동심을 배울 수 있습니다.

⑨많은 장난감, 과도한 학습은 피한다. 아이에게 너무 많은 장난감을 한꺼번에 사주는 것은 좋지 않습니다. 한 가지 장난감만 가지고도 몇 달씩 즐겁게 놀던 아이도 새 장난감이 많으면 금세 싫증을 내기 때문입니다. 학습 역시 마찬가지입니다. 아무리 아이가 좋아한다고 해도 피아노라는 말이 떨어지기가 무섭게 피아노학원에 보내고, 바둑이란 말이 떨어지기 무섭게 바둑교실로 보낸다면 아이는 금방 싫증을 느끼게 마련입니다. 학습 역시 절실히 배우고 싶다는 욕구가 있을 때 배울 기회를 주어야만 열정을 가질 수 있는 법입니다.

⑩쉬운 과제부터 시킨다. 참을성이 없는 아이에게 처음부터 어려운 과제를 주면 아이는 아예 학습에 흥미를 잃을 수 있습니다. 처음에는 또래 수준보다 낮더라도 쉽고 재미있는 과제를 내놓은 다음 아이가 그 과제를 잘 수행하면 그보다 조금 더 어렵고 덜 좋아하는 것으로 옮겨갑니다. 그렇게 조금씩 아이 혼자서 할 수 있는 과제를 주면 아이도 참을성을 가지게 됩니다.

⑪입으로 목표를 외우게 한다. 아이 스스로 할 수 있는 범위를 정하고 그것만큼은 끝까지 해내게 도와줍니다. 이때 아이가 세운 목표를 소리 내어 말하게 하는 것이 좋습니다. 입으로 여러 번 반복해서 말하다보면 스스로에게 한 약속만큼은 꼭 지키겠다는 굳은 의지가 생기기 때문입니다.

8장 돈 잘 벌려면 자제력이 강해야 한다.

(단 1:8)"다니엘은 뜻을 정하여 왕의 음식과 그가 마시는 포도주로 자기를 더럽히지 아니하리라 하고 자기를 더럽히지 아니하도록 환관장에게 구하니"

자제하는 능력이 있어야 전문성을 개발하고 돈을 잘 벌수가 있는 것입니다. 자제하지 못하고 방종하면 되는 것이 하나도 없을 수가 있기 때문입니다. 그래서 다니엘과 같이 자제력이 있는 자녀를 하나님께서 축복하십니다. 본문 8절"다니엘은 뜻을 정하여 왕의 음식과 그가 마시는 포도주로 자기를 더럽히지 아니하리라 하고 자기를 더럽히지 아니하도록 환관장에게 구하니" 당시 이방에 살던 충실한 유대인의 어려움은 율법에 금지된 부정한 음식과 우상에게 바친 음식을 먹는 문제였습니다. 다니엘과 세 친구들은 부정한 음식으로 자신을 더럽히지 않기로 단호하게 생명을 걸고 결심했던 것입니다.

왕의 음식들이 율법의 음식 규례(레11:2-8)에 어긋나는 피를 뿌려 잡은 고기이거나(신12:23-24), 부정한 동물의 고기(레11:10-12), 또는 우상에게 바쳤던 음식(호9:3,고전10:27-29)이었을 것으로 추측할 수 있습니다. 도저히 있을 수 없는 요구에 바벨론 환관장의 은혜와 긍휼을 얻게 하셨습니다. 우리 자녀들이 다니엘과 세 친구와 같이 자제력이 있는 자들이 되기를 바랍니다.

자제력이란 자기의 감정이나 욕망을 스스로 억제하는 힘을 말합니다. 우리 속담에 '될성부른 나무는 떡잎부터 알아본다.'는 말이 있습니다. 어린 시절에 하는 짓이나 심성 따위를 보면 훗날 어른이 돼서 어떤 모습으로 살아갈지 어느 정도 짐작할 수 있다는 뜻입니다. 장구한 세월에 걸쳐 보고 겪은 선조들의 인생 경험이 만들어낸 속담입니다. 이 속담이 주는 메시지의 핵심은 어린 시절을 어떻게 보내느냐가 전 생애에 걸쳐 큰 영향을 미친다는 것입니다.

그렇다면 어린 시절의 행동에서 훗날 직장 생활의 성패 여부를 추정해볼 수도 있을까요? "그렇소"라고 말해도 좋다는 연구 결과가 나와 눈길을 끕니다. 영국 스코틀랜드의 스털링대 연구진은 최근 미국심리과학협회(The Association for Psychological Science)가 발행하는 학술저널 〈심리과학〉(Psychological Science) 온라인 판에 '어린 시절의 성격과 성공적인 직업 생활 사이에 강력한 상관관계가 있다'는 내용의 논문을 발표했습니다.

우리와 고용 환경이 많이 다른 환경에서 사는 영국인들을 대상으로 한 연구이기는 하지만 내용은 곱씹어볼 만합니다. 이 연구는 대상자들의 고용 상황을 오랜 기간에 걸쳐 추적한 2개의 연구물을 조합한 것입니다. 첫번째 연구는 특정 연령대 집단 연구입니다. 1970년의 어느 한 주일 동안 태어난 6657명의 데이터 40년치를 이용했습니다. 두번째 연구는 16~50세에 이르는 1만107명에 대한 데이터입니다. 두 연구에서 연구진은 7살 어린 시절의 자제력(self-control) 정도를 측정했습니다. 연구진이 사용한 자제력의 개념은, 어려운 과제에 관심을 갖고 파고들며, 충동적인 행동을 억제하는 능력을 말합니다. 이를 파악하기 위해 연구진은 교사들을 통해 어린이들이 학교에서 얼마나 주의를 집중하는지, 산만한 건 아닌지, 과제를 완수할 만큼 오랫동안 관심을 유지하는지에 대한 점수를 매겼습니다. 참고로, 영국에선 만 5살부터 초등학교에 다닙니다.

첫번째 연구에서는 이 데이터를 대상자들의 1986~2008년 기간 중 고용기록과 비교했습니다. 38세가 되기까지 22년간 각 개인의 실업기간이 얼마나 되는지를 조사한 결과, 어린 시절 자제력이 낮은 사람들은 자제력이 높은 사람들보다 실업기간이 1.6배 길었습니다.

두번째 연구에서는 두 집단간의 차이가 더 컸습니다. 자제력이 낮은 사람들의 실업기간은 17.7개월로, 자제력이 높은 사람들의 5.43개월보다 실업기간이 약 3배 길었습니다. 연구를 이끈 스털링대 행동과학센터의 마이클 달리(Michael Daly) 박사는 "이번 연구는 어린 시절의 자제력이 성인 시기의 직업 생활을 전망할 수 있게 해주는 강력한 예측지표임을 말해준다"라고 말했습니다.

특히 자제력이 낮은 사람들은 1980년대 영국의 경제 침체기에 더욱 아픈 경험을 했습니다. 이들은 침체기에 가장 먼저 일자리를 잃은 그룹에 속했습니다. 또 이들은 나중에 다시 일자리를 찾는 데도 더 어려움을 겪었습니다. 물론 여기엔 다른 요인들도 있을 것입니다. 예컨대 실업으로 인해 스트레스에 민감해진데다, 경력 중단 기간이 길어지면서 업무 숙련도는 떨어지고, 불규칙한 수면 등 나쁜 생활 습관이 몸에 배인 점 등이 영향을 끼칠 수 있다고 연구진은 말합니다. 연구진은 "더욱 흥미로운 것은 사회계층, 기본 지식, 가정 환경, 건강 등 많은 요인들의 개인적 편차를 고려하더라도,

자제력은 중요한 고용 선행지표였음이 드러났다"고 밝혔습니다.

사실 이런 연구 결과가 그다지 놀라운 것은 아닙니다. 직장 생활을 하는 데 자제력이 중요하다는 것은 직장생활을 경험해본 사람이라면 누구나 알 만한 상식이라 해도 과언이 아닙니다. 채용 면접에서 자제력이 없다고 생각되는 사람을 선뜻 선택할 면접관은 별로 없을 것입니다. 설령 채용이 된다 하더라도, 자신에게 외부 자극이 가해질 때마다 책상을 박차고 일어나 버린다면 직장생활을 오래 하기는 어려울 것입니다. 달리 박사는 "어린 시절의 자제력은 개인적으로는 나중에 실업 위기에 닥쳤을 때 완충장치 역할을 할 수 있고, 사회적으로도 장기적으로 고용 률과 생산성을 높이는 데 도움이 될 수 있다."고 말했습니다.

이번 연구 결과의 또다른 의미는 아주 사소한 특성이라도 우리가 짐작하는 것보다 인생에 훨씬 더 많은 영향을 끼칠 수 있다는 점입니다. 일자리 감소 시대에 자녀의 무난한 성공을 바란다면, 달리 박사의 말대로 어린 자녀에게 자신을 조절할 줄 아는 힘을 길러주는 것이 좋을지도 모르겠습니다. 이미 어른이 된 사람들의 경우엔 어린이로 돌아갈 수는 없겠지만, 지금이라도 자기 조절 능력을 키운다면 직장생활이 좀 더 나아질 수도 있을 것입니다. 일상생활 속에서 충동성을 줄이고 자제력을 키우려면 어떻게 하면 될까요? 달리 박사는 "무술, 명상, 걷기 운동이 자제력을 향상시키는 데 도움이 될 것"이라고 권했습니다.

하지만 이번 연구결과는 구시대적인 것일 수도 있습니다. 20세기 공장형 산업자본주의에 적용해간 사람들을 대상으로 한 것이기 때문입니다. 개인의 창의성을 강조하는 21세기 디지털, 지식경제 사회에선 고정된 대규모조직보다는 유동적인 소규모조직의 중요 성이 강조되고 있습니다. 그런 사회에선 자제력이 끼칠 영향력은 과거보다 상대적으로 줄어들 수 있습니다.

1. 자제력이 중요하다. 사회적 동물인 인간에게 자제력은 중요한 생활 덕목 가운데 하나입니다. 직장 생활뿐 아니라 인간관계에서도 자제력이 필요할 때가 많습니다. 평소에 자제력을 높이는 훈련을 해놓는다면, 어려운 상황이 닥쳤을 때 좀더 현명하게 대처할 수 있을 것입니다. 어떻게 하면 자제력을 키울 수 있을까? 미국의 온라인 미디어 〈리파이너리29〉(Refinery29)에 소개된 '자제력을 키우는 방법' 5가지를 소개합니다. 나름대로 관련 학술논문들을 근거로 한 것이어서인지 설득력이 있어 보입니다.

첫째, 선택권은 나한테 있음을 명심하라. 유혹에 맞닥뜨렸을 때 자신에게 선택권이 있음을 상기하라는 것입니다. 2012년 프랑스 프로방스대 연구에 따르면, 자유의지에 대한 믿음이 약한 사람들은 자제력이 요구되는 일에서 나쁜 성과를 냈습니다. 연구진은 실험 참가자들을 두 그룹으로 나눴습니다. 한 그룹엔 자율권이 없다는 메시지를, 다른 한 그룹엔 중립적 메시지를 줬습니다. 그런 다음 각 그룹에 자제력이 요구되는 행동을 완수할 것을 요구했습니다.

자율권이 없다는 메시지를 받은 사람들은 중립 메시지를 받은 사람들에 비해 자신을 억제하는 힘이 약했고 실행력도 떨어졌습니다. 또 첫 번째 그룹은 두 번째 그룹보다 자신들의 자제력이 떨어진다고 생각했습니다. 따라서 선택권이 자신에게 있다는 점을 상기하면, 필요할 때 자신을 통제하는 일 더 쉬워집니다.

둘째, 내가 쓰는 단어가 행동을 결정한다. 자기 자신과의 내적 대화는 매우 중요합니다. 그리고 자기 자신과 대화할 때 당신이 어떤 단어를 사용하느냐에 따라 당신이 일탈하는 것을 막아줄 수 있습니다. 〈저널 오브 컨슈머 리서치〉(Journal of Consumer Research)에 실린 한 논문을 보면, 자기 자신에게 "난 안해"(I don't)라고 말하는 사람들은 "난 못해"(I can't)라고 말하는 사람들보다 운동을 귀찮다고 거르거나 정크푸드를 먹고 싶은 욕구를 더 잘 참아냈습니다.

셋째, '어떻게'가 아니라 '왜'를 생각하라. 건강에 좋은 습관을 들이려 할 때는 행동계획을 짜는 게 중요합니다. 연구자들은 '어떻게 그것을 실천할지'보다 '왜 바꾸려는지'에 초점을 맞추는 것이 성공 확률을 높인다고 말합니다. 저널 〈중독〉(Addiction)에 실린 한 연구 결과는 이를 보여주는 한 사례입니다. 골초들을 대상으로 한 실험에서, 연구진은 한 그룹에는 '건강을 유지하려고 하는 이유'를, 다른 그룹에는 '어떻게 목표를 달성할 것인지'를 물었습니다. 결과는 어떻게 나왔을까요? 전자의 질문을 받은 그룹이 더 높은 자제력을 보여 담배를 절반으로 줄였습니다.

넷째, 신체를 단련하라. 건강한 신체에 건강한 정신이 깃드는것입니다. 체력검정시험을 보던 학창시절에 자주 듣던 말입니다. 이를 유식한 말로 '체화된 인지'(embodied cognition)라고 부릅니다. 실제로 과학자들은 많은 정신적 개념들이 신체의 경험에서 나온다는 걸 알아냈습니다. 예컨대 뭔가를 잊어버리고 싶을 때 "털어버려"(shaking it off)라고 말하는 것이 한 사례가 될 수 있습니다. 5개의 관련연구들이 2011년 4월 〈저널 오브 컨슈머 리서치〉에 실렸습니다. 연구 결과를 한마디로 종합하면, 근육을 강화하면 의지력이 높아져서 고통을 견뎌내고, 유혹을 뿌리치고, 거북한 약을 먹는 능력이 좋아진다는 것입니다.

다섯째, 틈틈이 명상을 하라. 저널 〈의식과 인지〉(Conscious and Cognition)에 실린 논문에 따르면, 명상은 자제력을 회복시켜주는 단추입니다. 스트레스가 심할 때, 그러나 억제할 필요가 있을 땐 명상이 당신에게 필요한 힘을 부르는 데 도움을 줄 수 있습니다. 연구진은 참가자들을 세 그룹으로 나눴습니다. 두 그룹엔 감정을 억제하도록 요구했습니다. 혐오스런 유튜브 동영상을 보게 한 뒤 감정을 드러내지 않도록 해 자제력이 바닥 수준으로 떨어뜨렸습니다. 반면 세번째 그룹은 하고싶은 대로 하도록 내버려 뒀습니다. 그런 다음, 자제력 테스트를 하기 전에 이들 세그룹에 선을 그리거나 5분간 명상을 하도록 했습니다. 그 결과는? 5분간의 명상이 마음을 평안하게 하면서 자제력을 회복시켜 준 것으로 나타났습니다.

2.자제력을 높이기 위해 자기 훈련을 하라. 자기 훈련은 사람이 인생에서 개발할 수 있는 가장 중요한 기술 중 하나입니다. 자제력은 특정 목표나 목적을 달성하기 위해 자신의 행동과 충동을 통제하는 능력입니다. 자제력은 삶의 모든 영역에서 성공하기 위한 중

요한 요소인 집중력, 동기 부여, 체계성을 유지하는 데 도움이 됩니다. 이 블로그 게시물에서는 자기 훈련의 개념, 자기 훈련이 중요한 이유, 자기 훈련을 개발할 수 있는 방법에 대해 살펴봅니다.

가. 자기 훈련이란 무엇인가요? 자기 훈련은 자신의 행동, 생각, 감정을 통제하는 능력입니다. 여기에는 어렵거나 불편한 선택일지라도 자신의 목표와 가치에 부합하는 선택을 하는 것이 포함됩니다. 자제력을 키우려면 만족을 미루고 유혹에 저항해야 장기적인 성공을 달성하는 데 집중할 수 있습니다.

나. 자제력이 중요한 이유는 무엇인가요? 자기 훈련은 개인의 성장과 발전을 위해 필수적입니다. 자제력을 통해 목표를 설정하고 달성하며, 긍정적인 습관을 기르고, 건강한 관계를 유지할 수 있습니다. 자제력이 있으면 현명한 결정을 내리고, 자신의 행동에 책임을 지며, 자신을 가로막는 장애물을 극복할 가능성이 높아집니다.

다. 자제력을 키우는 방법. 자제력을 기르는 데는 시간과 노력이 필요하지만, 시간이 지남에 따라 배우고 개선할 수 있는 기술입니다. 다음은 자제력을 기르는 데 도움이 되는 몇 가지 팁입니다:

① 목표 설정: 자제력을 기르기 위한 첫 번째 단계는 명확하고 달성 가능한 목표를 설정하는 것입니다. 구체적인 목표를 염두에 두면 동기를 부여하고 목표를 달성하기 위해 해야 할 일에 집중하기가 더 쉬워집니다. 목표가 현실적이고 측정 가능한지 확인하여 진행 상황을 추적하고 필요에 따라 조정할 수 있도록 하세요.

② 계획 세우기: 목표를 설정한 후에는 목표 달성을 위한 계획을

세우세요. 목표를 더 작고 관리하기 쉬운 단계로 나누고 각 단계마다 마감일을 설정하세요. 이렇게 하면 체계적이고 집중력을 유지할 수 있으며, 진행 상황을 쉽게 추적하고 목표를 달성할 수 있습니다.

③ 긍정적인 습관 개발하기: 긍정적인 습관을 기르는 것은 자기 훈련의 필수적인 부분입니다. 습관은 규칙적으로 반복하는 행동으로, 긍정적일 수도 있고 부정적일 수도 있습니다. 긍정적인 습관을 기르려면 먼저 목표와 가치에 도움이 되는 행동을 파악하고 이를 일관되게 실천하기 위해 의식적으로 노력하세요. 시간이 지나면 이러한 행동이 습관이 되어 규율을 지키고 목표를 달성하기가 더 쉬워집니다.

④ 마음 챙김 연습하기: 마음 챙김은 현재에 집중하고 자신의 생각, 감정, 주변 환경을 인식하는 연습입니다. 마음 챙김을 연습하면 자기 훈련에 필수적인 자기 인식을 개발하는 데 도움이 될 수 있습니다. 자신의 생각과 감정을 알아차리면 유혹을 받거나 주의가 산만해질 때를 알아차릴 수 있고, 집중력을 잃지 않기 위한 조치를 취할 수 있습니다.

⑤ 책임감 유지하기: 책임감을 유지하는 것은 자제력을 기르는 데 중요한 부분입니다. 친구, 가족, 코치 등 자신의 행동에 대해 책임을 물을 수 있는 사람을 찾아보세요. 이들과 목표와 진행 상황을 공유하고, 정기적으로 연락을 주고받으며 어떻게 지내고 있는지 확인하도록 요청하세요. 책임질 사람이 있으면 동기를 부여하고 목표에 집중하는 데 도움이 될 수 있습니다.

⑥ 자기 관리 연습하기: 자기 관리를 실천하는 것은 자제력을 유지하는 데 필수적입니다. 충분한 수면을 취하고, 건강한 식단을 섭취하고, 규칙적으로 운동하세요. 집중력과 활력을 유지할 수 있도록 휴식과 재충전의 시간을 가지세요. 자신을 돌볼 때 절제력을 유지하고 목표를 달성할 수 있습니다.

결론입니다. 자제력을 기르는 것은 개인적인 성장과 발전의 중요한 부분입니다. 목표를 설정하고, 계획을 세우고, 긍정적인 습관을 기르고, 마음챙김을 연습하고, 책임감을 갖고, 자기 관리를 실천해야 합니다. 자제력을 기르는 데는 시간과 노력이 필요할 수 있지만, 그만한 가치가 있습니다. 자제력을 키우면 목표를 달성하고, 현명한 결정을 내리고, 방해가 되는 장애물을 극복할 수 있습니다. 그러니 시간을 내어 자신의 목표와 가치관을 되돌아보고 지금 바로 자제력을 기르기 시작하세요! 자제력은 배우고 개선할 수 있는 기술이라는 점을 잊지 마시고, 당장 결과가 보이지 않는다고 해서 낙심하지 마세요. 계속 연습하고 목표에 전념하다 보면 성취할 수 있는 것에 놀랄 것입니다.

9장 돈 잘 벌려면 목표에 집중해야 한다.

(시 119:36)"내 마음을 주의 증거들에게 향하게 하시고
탐욕으로 향하지 말게 하소서"

매사에 집중하는 능력이 있어야 전문성을 개발하고 돈을 잘 벌수가 있는 것입니다. 집중하지 못하고 산만하면 깊은 잠재력을 깨우지 못하고 이것 했다가 저것 했다가 방종하게 되어 되는 것이 하나도 없을 수가 있기 때문입니다. 하나님께서는 집중력을 가지고 세상을 살아가기를 소원하십니다. 집중력이란? "어떤 욕구를 실현하기 위해 수단과 방법을 계획하고 성공적으로 수행할 수 있도록 정신을 한 곳으로 모으는 행위"를 말합니다. 집중력은 우리가 살아가는데 있어 매우 중요한 능력 중 하나입니다. 집중력이 떨어지게 되면 학습 효율 및 작업능률도 떨어지게 되어 다양한 학교생활, 사회활동 등에서 난항을 겪게 됩니다. 세상사 무슨 일이든지 성공에 이르려면 집중(Concentration)이 필수입니다. 가정생활도 집중해야 행복합니다. 부부도 서로 집중해야 틈이 생기지 않고 금술이 좋아지고 행복합니다. 직장생활도 하는 일에 집중해야 상사에게 인정을 받으면서 성공할 수가 있습니다. 자신이 하는 사업도 집중력에 따라서 성공 실패가 결정됩니다. 하는 사업에 집중하면 기발한 지혜가 떠오르기 때문입니다. 학생들도 공부에 집중해야 성적이 올라가고 좋은 고등학교, 대학을 갈 수가 있습니다. 공부하는 학생을 성생님께 집중해야 공부를 잘 할 수가 있습니다.

집중력이란 무엇일까요? 집중력이란 우리가 하고자 하는 일에 주의를 집중하고, 다른 자극이나 방해요소에 빠르게 흔들리지 않는 역량이라고 합니다. 집중력이 높으면 공부도 최대한으로 하고 일도 최대한으로 할 수 있습니다. 맞바꿔서 집중력이 낮으면 공부나 일에 흥미를 잃고, 빠르게 지루해지고, 효율이 떨어질 수 있습니다. 집중력은 우리가 원하는 목표를 달성하기 위해 필수적인 요소입니다. 우리가 집중력을 발휘하면, 우리의 능력과 역량을 최대한 발휘할 수 있습니다. 집중력은 일과 공부뿐만 아니라 운동, 예술, 취미 등 여러 분야에도 필요한 요소입니다. 따라서 좋은 집중력을 갖추는 것은 개인적인 성공에도 크게 영향을 미칠 수 있습니다.

고정된 습관과 연습을 통해 한 가지의 주제를 완전히 정복할 때까지 그 주제를 집중하는 능력으로 말하자면, 자신의 주의를 통제하여 주어진 문제를 해결할 수 있을 때까지 초점에 집중할 수 있는 능력인 것입니다. 집중력을 발휘하면 보통사람보다도 뛰어난 성과를 얻을 수 있습니다. 흔히 어린아이나 동물들의 관심을 수동적 집중이라고 하며, 이와 반대로 의지력이 발휘된 집중을 능동적 집중이라고 합니다. 의지력은 산만한 대상을 물리치려는 힘 안에 존재합니다. 의지력이 발휘된 능동적 집중은 개인적 노력의 결과이자 훈련의 산물입니다. 개인의 노력과 의지에 따라 집중력이 달라지기 때문입니다. 집중력은 주변의 여러 방해 요소들 때문에 쉽게 깨질 수 있으므로 집중력을 높이고 싶다면 가능한 모든 방해요소를 제거해야 합니다. 방해요소 중에는 자신의 내면에서 무의식에서 올라오는 것들도 있다는 것을 알아야 합니다. 이를 산만함이라고 합니다. 어떤 일이든 강력한 동기가 될 만한 것들이 있어야 만 집중력은 긍정적으로 발휘됩니다.

집중력이 강한 심리적 에너지를 가진 사람 중에 세계적인 지휘자인 토스카 니니를 들 수 있습니다. 토스카 니니는 심한 근시안이었기에 악보를 잘 볼 수 없어 언제나 악보 전체를 암기하고 있었기에 기회가 찾아왔을 때 지휘의 능력을 보일 수 있었습니다. 자신의 환경을 탓하지 말고 자신이 속한 일에 전심전력할 때 그 시대가 필요로 하는 성공 자가 될 수 있습니다.

또 한 사람 하비토먼은 29세에 회사를 설립해서 52세에 첫 이익을 낸 미국의 대 홈쇼핑 판매화장품 업체 하이드론 테크놀로지로 발전시킨 사람입니다. 그는 늘 이렇게 말했다고 합니다. "나는 머릿속에 어떤 부정적인 생각이나 힘이 개입되지 않도록 했습니다. 누구든지 네게 부정적인 영향을 미치는 사람과는 대화를 하지 않습니다. 나는 우리가 하고 있는 일에 오직 그 일 자체에 100% 집중력을 쏟아 부어야 한다는 것을 알고 있습니다. 당신은 지금 여행을 시작하려는 것입니다. 여행 도중에 상처를 입게 될 것입니다. 그러나 터널 끝에 있는 불빛에서 당신의 눈을 떼지 마십시오. 당신은 과도할 정도의 강한 의지를 가져야 합니다. 그렇지 않으면 당신은 세상에서 흔적도 없이 사라지게 될 것입니다."라고 집중력을 강조합니다. 또 한사람 앤드루 카네기는 "젊은 사람이 사업에 실패하는 가장 큰 원인은 집중력의 결여이다"라고 말했다고 합니다. 이와 같이 집중력은 참으로 중요합니다.

집중력 때문에 고민이 이만저만 아니신 분들이 많습니다. 나이가 먹어감에 따라 집중력을 노화로 인해 떨어지는 경우가 많으며 나이가 들지 않으신 분들도 집중이 되지 않아 고민이 이만저만이 아니신 분들도 많은데요. 집중력이 높아지게 되면 작업 능률도 훨씬 높아질 뿐더러 내가 해야 할 일도 목표에 맞게 행할 수가 있게 됩니다. 학교를 다니는 학생들도 집중력에 따라 학업성과가 나옵니다. 요즘 교내에서 스마트폰과 태블릿이 허용되어 학생들의 수업시간에 대한 집중력이 상당히 낮아졌다고 합니다. 한곳에 집중하지 못하고 매우 산만합니다. 그래서 나는 공부를 할 때나 수업시간에서는 스마트폰을 멈추고 집중을 해야 한다고 생각합니다. 수업시간에 집중하고 공부하는 분위기가 형성되지 않으면 자연스럽게 성적도 내려가게 될 것입니다.

집중력이 낮아지는 이유는 일단 인기는 다양한 기관을 통해 시각, 청각, 촉각 후각, 미각 등의 지속적인 정보를 받아들이고 이 정보를 뇌가 처리하게 되는데 멀티태스킹을 할 수 없기 때문에 모든 정보를 처리하는 과정에서 정보가 뚜렷하게 인지되지 못합니다. 그래서 중요하다고 생각하는 몇 가지 정보만 선택적로 뚜렷하게 인지하게 되는데 바로 이러한 원리에 의해 집중력을 하느냐 못하느냐가 결정됩니다. 그래서 한 번할 때 집중을 하면 기억이 오래간다고 합니다. 그러므로 이렇게 반복학습을 집중해서 하면 성적이 안 오를 수가 없습니다. 집중력을 높이는 방법은 짧고 굵게 공부하는 것입니다.

일단 일어나서 무조건 아침식사를 챙겨야합니다. 아침식사를 하는 학생들의 두뇌활동에 필요한 혈당이 충분히 공급되어 집중력을 향상시킵니다. 그리고 활발한 복식호흡 등의 활동으로 스트레스를 풀어야합니다. 스트레스를 참고 견디면 공부를 하는 것이 있어서 효율성이 저하될 수밖에 없습니다. 마지막으로 공부계획을 짜는 것입니다. 효율적으로 공부하는 것이 있어서 빠질 수 없는 것입니다. 아침 일찍부터 느긋하게 밤늦게까지 아무계획 없이 공부하는 것 보다 계획을 짜서 공부한다면 집중력 또한 올라가게 됩니다.

결국 우리는 주의집중력을 올려야하는 것인데 주의집중력에도 종류가 있습니다. 선택적 주의집중력과 자기통제력 지속적인 주의집중력이 대해 알아야합니다. 선택적 주의집중력이란 외부에서 전해오는 자극에 대하여 방향을 정해 주어진 시간 안에 얼마큼 많은 과제를 해결했는가를 나타내는 것과 관계가 있습니다. 자기 통제력은 비 집중적인 행동은 피하고 정해진 시간 안에 과제가 주어질 때 정확성과 속도와의 관계 속에서 얼마나 효율적으로 원하는 목적을 달성했는가를 중점에 두는데, 이것은 인지의 상위능력인 주의의 기능을 포함하고 있습니다. 지속적인 주의집중력은 어떠한 일에 몰두하다가 시간이 흘러도 특정 자극이 대해 주의력을 계속적으로 유지하는 것을 말합니다. 이것은 통합적인 능력, 각성, 활성 역과 같은 뇌의 에너지 활성수준과 밀접한 관련이 있습니다. 아무튼 학생은 교과 수업시간에 이건 나중에 따로 공부해야지라고 하지 말고, 그 시간에 다 끝낸다는 마음가짐과 집중력이면 효율도 올라가고 성적도 올라갈 것입니다

필자가 깨달은 것이 있습니다. 뭔가에 집중하려고 할 때마다 나는 이것저것을 떠올리고 몇 가지는 행동으로 하게 됩니다. 그러면

서 집중이 깨지고 산만해집니다. 이것이 내가 하는 일에 대한 스트레스로 회피하려는 방어기제 때문이라고 생각합니다. 지금하고 있는 일이 즐겁지 않다는 것입니다. 그래서 일을 즐겁게 즐기면서 하는 것이 집중력을 높이는 것입니다. 즐겁게 한다는 것은 부담이 아니라, 몸과 마음이 따라주도록 일을 하는 것입니다. 지금까지 내가 기도를 하거나 책을 읽거나 공부를 하거나 글을 쓰려고 할 때마다 이 방어기제가 작동해서 나를 산만하게 만들었습니다. 이 사실을 조금 더 일찍 알았다고 해도 뭔가가 달라졌을 것 같지는 않지만, 이제라도 알게 되어서 다행인 것 같습니다.

깨달은 것이 하고 싶은 일이 떠오를 때마다 종이에 기록하는 것이 참 좋은 방법이라는 걸 알았습니다. 강대상에서 예배를 준비하며 기도할 때도 떠오르는 생각들이 있습니다. 그러면 종이에 적습니다. 단지 적기만 했는데도 그 욕구가 사라졌습니다. 마음을 알아차리는 것만으로 마음을 객관적인 눈으로 볼 수 있게 되는 것처럼 욕구를 종이에 쓰고 나면 그 마음과 거리가 생기게 되는 것 같습니다. 이 방법을 이용하면서부터 점점 집중력이 좋아지고 있습니다. 내게 의지가 부족했던 것이 아니라 마음을 다루는 방법을 알지 못했다는 것입니다. 그리고 내가 산만한 게 아니라 꼭 해내야 한다는 완벽주의에서 오는 부담감과 스트레스를 회피하기 위한 시선 돌리기 때문에 산만해졌다는 걸 알게 되었습니다. 필자가 깨달은 집중력을 높이는 방법은 이런 것이 있습니다.

1.성령으로 세례를 받아야 한다. 예수를 믿었다고 집중력이 좋아지는 것이 아닙니다. 성령으로 세례를 받아야 성령의 역사로 무

의식이 정화되면서 집중력이 행상되는 것입니다. 일반적으로 성령 세례는 두 가지 의미로 쓰인다고 봅니다. 첫째가 성령의 내주하심입니다. 우리가 예수님을 믿게 되면 성령께서 우리 안에 들어오셔서 우리와 함께 동행하시게 되는데 이것을 성령이 내주하심이라고합니다. 또한 이것은 성령 세례라고 하기도 합니다. 바로 우리가 예수님을 믿고 하나님의 자녀가 됨으로 말미암아 성령과 연합되는 것입니다. 성령으로 거듭난다는 뜻이 바로 우리가 예수님을 믿음으로 하나님의 자녀가 되는 사건을 의미하는 것입니다. 이런 경우 성령세례란 우리의 일생에 딱 한번 있는 단회적인 사건이 되는 것입니다.

두 번째가 우리가 예수님을 믿고 나서 특별한 경험을 하는 경우입니다. 성령의 특별하고 강력한 역사로 말미암아 **뼛**속까지 회개하는 경험도 하게 됩니다. 방언을 받게 되는 경우도 있고 성령과 친밀한 교제를 하게 되는 경우도 있습니다. 하늘의 권능을 받는 것입니다. 권능 있는 삶을 살아가는 계기가 됩니다. 자신은 없어지고 성령님이 주인 된 삶을 살아가게 됩니다. 이런 경험을 성령세례라고 칭하는 경우도 있습니다. 이런 경우 성령세례란 우리의 일생에 한번 체험할 수 있는 사건이 될 수 있습니다. 성령의 세례를 체험하고 나면 성령에 강하게 사로잡힐 때마다 성령의 역사를 체험하게 된다는 뜻입니다.

성령으로 세례를 받은 다음에 성령 안에서 온몸으로 기도하며 마음을 치유할 수 있게 되는 것입니다. 성령으로 깊은 영의기도를 하므로 성령의 불이 임하고, 마음속에서 성령의 불이 올라오는 온

몸 기도를 할 수 있는 것입니다. 성령의 세례는 성령의 불로 사로 잡히는 것이기 때문입니다.

2.마음의 상처를 치유해야 한다. 요즈음 중학교 2학년 학생들이 부모님의 말을 듣지 않고 반항을 한다고 합니다. 원인은 혈기와 분노와 마음의 상처입니다. 상처가 있으니 마음이 평안하지 못하니 일어나는 현상입니다. 성령의 역사로 밖으로 발산하도록 해야 합니다. 이런 아이들을 성령으로 안수하며 집중치유하면 깊은 곳의 상처가 떠나가니 반항을 멈추고 순종하는 아이가 됩니다. 충만한 교회에서 매주 토요일에 실시하는 집중치유에 예약하여 2-3회만 받으면 성령으로 충만한 자녀가 됩니다. 마음이 편안해집니다. 그리고 안정한 심령이 되어 집중이 잘되니 공부도 잘하게 됩니다.

마음의 상처로 산만한 경우가 많습니다. 어른도 심리적으로 불안하면 손끝으로 책상을 탁탁 두드리거나 발을 떠는 것처럼 심리적으로 불안한 아이들은 산만한 행동을 보입니다. 아이가 왜 불안한지 생활적인 면을 자세히 검토해보아야 합니다. 부모에게 충분한 사랑을 받지 못했을 때나 학교생활에 어려움이 있을 때 심리적 불안이 생길 수 있습니다.

이는 무의식에 상처가 있어서 산만한 행동을 하는 경우가 많습니다. 태중에서나 유아시절에 상처로 인하여 산만하기 때문에 주변에 성령 충만한 목회자를 찾아가서 안수기도를 받으면 무의식이 성령으로 정화되기 때문에 서서히 산만함이 없어지고 집중력이 좋은 사람이 될 것입니다. 이 방법이 집중력을 향상시키는 제일 좋은 방법인 것입니다. 이는 깨달아 알아야 적용하고 빨리 산만함을 정리하고 집중력이 있는 사람이 될 것입니다. 마음의 상처치유에 대하여 전문적으로 알고 싶은 분은 "마음상처 투시와 완전치유" 책을 참고하시기를 바랍니다.

3.성령 안에서 온몸으로 집중 기도를 오래하라. 무엇보다도 집중력은 성령 안에서 온몸으로 기도를 오래 해야 집중력이 좋아집니다. 우리 충만한 회에서는 매주 월.화.금.토요일 2시간 이상씩 집중온몸 치유기도를 합니다. 이렇게 기도를 오래하면 집중력도 좋아지고 인내력도 좋아지고 무엇보다도 마음의 상처와 스트레스가 정화되어 건강한 생활을 할 수가 있습니다. 집중치유기도에 대하여 자세하게 알고 숙달하시고 싶은 분은 "성령 안에서 온몸기도 하는 법" 책을 참고하시기를 바랍니다.

4.예수님의 이름을 부르며 명상하라. 명상은 뇌기능을 향상시키고 집중력도 개선시킵니다. 명상은 여러 가지 복잡한 생각을 없애고 정신을 평온하게 해 한 번에 한 가지 일에 집중할 수 있도록 합니다. 명상을 통해 잡념을 없애고 힘든 업무를 다룰 때 걱정과 부정적인 감정을 줄일 수 있습니다. 이렇게 되면 업무를 끝마칠 때까지 오래 집중할 수 있게 됩니다. 명상기도에 대하여 상세하게 알고 싶은 분은 "성령 안에서 온몸기도 하는 법" 16장 명상 기도하는 법을 참고하시기를 바랍니다.

5.성령 안에서 성경을 읽으며 암송하라. 성령 안에서 성경을 읽으면 집중력이 향상됩니다. 성령 안에서 성경 암송은 집중력과 기억력 향상에도 도움이 됩니다. 암송은 처음에는 더디지만 몇 차례 외우고 나면 외울수록 속도가 빨라지고 기억력이 눈부시게 발달됩

니다. 그러면 우리의 소원인 공부 잘하는 것도 덤으로 따라옵니다. 성경암송은 젊어서 할수록 좋습니다. 늙을수록 기억력이 현저히 감퇴됩니다. 젊어서 암송한 말씀은, 다 기억이 나는데, 30년 전 것도…. 중년이 지나서 암송한 것은, 기억이 덜 납니다. "공부는 젊어서 해야 한다"는 말이 있는데, 성경암송도 마찬가지로 나이가 들어가면 힘이 배로 듭니다. 그러나 성경말씀 암송에 힘이 들어도 암송해야 합니다. 나이가 들었더라도 말씀을 암송해야 합니다.

6.집중이 안 되면 걸으며 산책하며 마음을 다스리라. 걷기는 우리 몸에 심혈관 건강을 개선하는데 큰 도움을 줍니다. 산책은 생각 속의 잡념을 정리하고 심박 수를 증가시키고, 혈액 순환을 개선해 심장 기능을 강화시키는 데 도우며 근육을 강화시키고 뼈의 밀도를 높여주며 골다공증의 위험을 감소시켜줍니다. 우리 뇌속 해마는 1년마다 1%씩 감소됩니다. 그래서 인지능력이 줄어들기 때문에 산책을 규칙적으로 하면 뇌 속 해마 크기가 다시 키워지도록 도움을 주기 때문에 치매예방에 효과적입니다. 따라서 집중력도 향상이 됩니다. 요즘 많은 분들이 불면증으로 고생이신데, 걷기 산책을 규칙적으로 하시면 수면의 도움이 될 것입니다. 그 이유는 두 가지인데 첫 번째로 산책을 통해 우리는 실외 활동과 적당한 자외선을 받으며 이는 체내 시계를 조정하고 자연스러운 수면 패턴을 유지하는 것에 도움이 됩니다. 두 번째 이유로는 멜라토닌이라는 물질을 분비하고, 이 호르몬은 불면증을 예방해주며, 보다 질 높은 수면을 취할 수 있도록 도와주는 호르몬입니다.

정기적인 운동은 뇌 건강에도 매우 도움이 된다고 합니다. 이는 운동을 할 때에 스트레스를 해소하여 주며 기분을 좋게 만들어 주는 엔도르핀을 증가시키게 만들어 주어 뇌의 집중력을 높이는데 도움을 준다고 하는데요. 또한, 뇌 의 더 많은 혈액과 산소를 공급하여 주어 뇌 건강에도 도움이 된다고 하니 규칙적인 운동 하여 보시기 바랍니다.

7. 잠을 잘 자야 한다. 충분한 수면은 우리가 집중력을 키우는데 기억력, 인지능력, 판단력 등 뇌기능을 활용하는데 있어서 가장 중요한 부분 중 하나입니다. 이는 수면을 취함으로써 뇌가 휴식을 취하고 회복을 하는 시간을 가질수 있기 때문인데요. 이렇게 수면으로 충분히 휴식을 취하게 되면 집중력을 크게 향상시킬수 있을뿐더러 뇌에 발생되었던 스트레스도 해소가 되며 우울증, 불안장애 같은 증상들도 개선 및 예방이 된다고 하니 충분하 수면 꼭 취해주시는 습관 가져 주시기 바랍니다.

8. 인지훈련을 하는 것도 좋습니다. 평소 두뇌에 도움이 되는 게임이나 읽기, 쓰기, 퍼즐 같은 것들은 집중력을 향상시키며 인지능력 및 기억력에 도움이 된다고 하는데요. 이를 통해 뇌를 훈련시키고 단련시킬 수 있다고 하니 인지훈련을 통해 집중력 높여보시기 바랍니다. 바둑이나 장기, 체스와 같은 게임들이나 뇌를 증강시킬 수 있는 온라인 게임 등은 문제나 수수께끼를 풀게 하고 기억력을 사용하게 함으로써 집중력이 향상되는 효과가 따라오게 됩니다. 이런 두뇌 게임은 더 좋은 점수를 얻기 위해 게임을 즐기면서 하다 보면 자신도 모르는 사이에 생활의 다른 영역에서도 집중력이 향상된다는 것입니다. 주의 집중 시간이 감소하는 주요 원인 중 하나

는 뇌의 도파민 수치가 부족하기 때문인데 게임을 하면서 성취감과 함께 도파민 분비가 증가할 수 있습니다.

9.산만하면 여행을 하며 마음을 다스리라. 산만해서 직장 일이나 공부에 집중이 안 된다면 하루나 1박2일 정도 여행을 하는 것도 도움이 도힙니다. 산에 올라가서 멀리 펼쳐지는 산과 광야를 바라보면서 마음과 생각을 정리하면 산만한 것들이 정리가 되고 집중력이 향상될 것입니다. 그리고 가까운 바다에 가서 멀리서 출렁이는 바다를 바라보면서 산만한 마음과 생각을 정리하면 집중력이 향상 되는데 도움이 될 것입니다. 집중이 안 된다고 끙끙 대면서 억지로 집중하려고 하면 시간만 낭비하게 됩니다. 산만한 마음과 생각을 다스리려는 적극적인 활동을 생각하고 실행해야 합니다.

10.건강에 문제가 있어도 집중이 안 된다. 체력이 중요하다는 말입니다. 건강에 관심을 가져야 합니다. 집중력을 향상시키는 음식을 먹는 것도 좋은 방법입니다. 바나나는 뇌 기능 활성화에 좋은 과일입니다. 연구에 따르면, 시험 전에 바나나를 먹은 학생들은 먹지 않은 학생들보다 훨씬 좋은 성적을 거둔 것으로 나타났습니다. 시금치는 '두뇌 식품'으로 알려져 있습니다. 시금치에는 루테인과 엽산, 베타카로틴이 풍부하게 들어있는데 이 영양소들은 두뇌를 활성화해 치매를 예방하는 것으로 알려져 있습니다. 오메가-3 지방산 계열의 고도불포화지방산인 DHA가 많이 들어있는 달걀도 집중력 향상에 도움을 준다고 합니다. 오메가-3 지방산이 풍부한 연어와 정신적인 각성과 집중력을 향상시키는 성분인 테아닌이 들어있는 녹차 등도 집중력 향상에 좋은 식품들입니다.

10장 돈 잘 벌려면 인내력이 있어야 한다.

(약 5:7-11) "(11) 보라 인내하는 자를 우리가 복되다 하
나니 너희가 욥의 인내를 들었고 주께서 주신 결말을 보았거
니와 주는 가장 자비하시고 긍휼히 여기시는 이시니라"

사람이 인내하는 능력이 있어야 전문성을 개발하고 돈을 잘 벌
수가 있는 것입니다. 인내하지 못하고 이것 했다가 저것 했다가 방
종하게 되면 하나님께서 자기에게 주신 깊은 곳의 하나님의 재능
을 끄집어내서 사용할 수 없어서 돈을 벌지 못하고 되는 것이 하나
도 없을 수가 있기 때문입니다. 돈은 자기 속의 잠재력을 끄집어내
야 벌수가 있기 때문입니다. 돈을 잘 벌려면 인내해야 합니다.

인내력이란 참고 견디는 힘을 말합니다. 인내력의 특징이란 여
러가지를 말할 것이 없고 한 가지가 정확합니다. "인내력은 당장에
보상이 없더라도 꾸준히 어떤 일을 해 나가는 사람"입니다. 오늘
야고보서 5장 7절에서부터 11절의 말씀은 바로 그러한 사실에 바
탕을 두어서 우리 성도들을 향해서 주시는 권면의 말씀입니다. 성
도들을 향해서 뭐라고 권면하고 있습니까? 오늘 말씀을 보면, "인
내하라. 참으라." 권면하고 있습니다. 인내하는 자가 복이 있다고
가르쳐주고 있는 것이죠. 야고보서 5장 7절 8절 말씀 이렇게 기록
되어 있습니다. "그러므로 형제들아 주께서 강림하시기까지 길이
참으라. 보라 농부가 땅에서 나는 귀한 열매를 바라고 길이 참아,
이른 비와 늦은 비를 기다리나니, 너희도 길이 참고 마음을 굳건하
게 하라. 주의 강림이 가까우니라."

마치 농부가 열매를 얻기 위해서 기다리듯이, 씨를 뿌릴 때는 땅바닥에 아무것도 보이지 않아요. 씨를 땅에 심어 놓으면 흙만 보이지 씨가 보이지 않습니다. 그런데 기다리다 보면, 그 땅에서 싹이 솟아나는 것을 보게 되는 것이고, 그 연약한 싹에서 무슨 열매가 있을 수 있겠는가 생각이 되었는데, 그것이 자라면서 비를 맞고, 해를 맞으면서 자라나다가, 결국 때가 되면, 열매를 맺는 것이죠. 시간이 지나면 열매를 맺는 그 열매를 농부가 알기 때문에, 인내하고 기다리게 되는 것입니다.

이와 마찬가지로 우리 성도들은 어떻게 해야 하는가? 마음을 강하게 먹으면서, 참고 기다리라 하는 것이 오늘 본문에서 우리들을 향해서 주시는 권면의 말씀입니다. 농부가 참고 기다리게 되면, 열매를 맺게 되듯이, 결국 하나님께서 악인들은 심판하시고, 그리고 성도들의 눈에서는 눈물을 닦아주시고, 억울함을 풀어주시고, 그리고 우리가 수고하며 애쓴 그 선한 일들에 대해서는 하나님께서 보상해 주실 그날이 있기 때문에, 지금 당장 악한 자가 승리하는 것처럼 보이고, 믿음의 사람들은 고난을 당하는 것처럼 보이고, 억울한 일이 계속되는 것처럼 보이는 이런 황당한 상황 가운데서도, 참고 기다리며 믿음을 가지고 있으라 하는 것이 오늘 본문에서 우리 모두를 향해서 주시는 권면의 말씀입니다.

사람들은 흔히 어려운 일을 만나게 되면 세 가지 F 반응을 보인다고 합니다. 그 세 가지 F 반응이 무엇이냐 하면, 첫 번째는 Fight 죠. 싸우는 반응을 보이는 겁니다. 두 번째는 Fear, 두려움입니다. 세 번째는 Flight, 도피하는 것이죠. 도망가는 반응입니다.

먼저 첫 번째로 우리는 싸우는 반응을 보일 때가 얼마나 많은지 모릅니다. 어떤 어려움을 당하게 되면, 그 어려움과 더불어 싸워 이긴다고 한다면 좋겠지만, 안타깝게도 그런 어려움을 당할 때 우리가 제일 먼저 보이는 반응이 무엇이냐면, 동료들과 싸워요. 같은 편끼리 싸우는 겁니다. 남편과 아내가 서로 싸우게 되는 것이죠. 어떤 어려움이 오게 되고, 재정적인 문제가 생기고, 자녀들 때문에 문제가 생기면, 서로가 서로를 원망하면서, 남편과 아내가 싸우는 일들을 보여주게 되는 것입니다. 그게 바로 죄성으로 가득한 우리 인생들이 보여주는 일반적인 반응이라고 할 수가 있습니다. 서로 책임을 상대방에게 떠넘기면서, 예전에 그랬으니까, 우리 아이가 이렇게 잘못되었다고 남편을 원망하고, 아내가 잘못한 것을 지적하며, 그래서 서로 원망하는 가운데 그 가정은 깨어져 버리는 경우가 있는 것입니다. 공동체도 역시 마찬가지인데요. 공동체가 어떤 어려움을 겪게 된다고 한다면, 그때부터 지도자를 향해서 원망하고 불평하기 시작하는 겁니다. 함께 힘을 모아도 힘들고 어려운 것인데, 서로 같은 편끼리 서로 욕하고 비난하면서, 싸우면서 자중지란이 일어나게 되는 경우를 우리는 우리 주변에서 얼마나 많이 경험하게 되는지 모릅니다. 그런데 바로 이것이 사탄이 노리는 모습이라고 할 수가 있겠습니다.

이스라엘 민족이 애굽 땅에서부터 나와서 홍해 바다라고 하는 암초를 만났을 때였습니다. 앞에는 홍해 바다가 가로막혀 있어서 도무지 건널 수 없고, 뒤에는 애굽 군대가 추격해 와서 이제는 독 안에 갇힌 쥐처럼 되게 되었을 때, 이스라엘 백성은 그 순간에 모세를 향해서 원망하기 시작해요. 모세를 향해서 원망하기 시작하는 겁니다. 모세를 원망하면 문제가 해결되는 것이죠? 해결되지 않아요. 모세를 원망한다고 해서 전혀 해결이 되는 것이 아닌데, 놀랍게도 이스라엘 민족은 그 순간에 모세를 향해서 원망하는 일을 하기 시작하는 겁니다. 싸우기 시작하는 겁니다.

하나님께서 우리를 부부로 붙여주신 이유가 있다고 한다면, 혼자 살아가는 것이 좋지 못하고, 남편과 아내가 함께 만나 살아가게 만드신 이유가 있다고 한다면, 힘들고 어려운 일이 있을 때 서로 위로하고 격려하게 만들기 위해서입니다. 서로 원망하고 비난하게 하는 것보다는, 그런 일을 하라고 같이 있게 만든 것이 아니라, 서로 낙망하고 있는 배우자를 향해서 위로해 주고 격려하며, 힘을 북돋아주라고, 함께 만나게 만들어주신 것입니다. "괜찮아. 힘내" "이거 아무것도 아니야. 괜찮아." 서로 말하면서, "내가 힘 더 써볼게. 내가 더 노력해 볼게." 말하면서, 서로가 서로를 바라보면서, 위로를 받고 의지하라고, 하나님께서 남편과 아내를 붙여주신 것입니다. 한 사람이 넘어지면 이렇게 세우고, 한 사람이 병에 걸리면 간호해 주고, 어려운 일이 있으면 함께 도와서, 함께 그 어려움을 극복해 나갈 수 있게 만들기 위해서, 하나님께서 남편과 아내로 붙여주신 것이라고 할 수가 있겠습니다.

하지만 사탄은 우리들의 죄성을 자극시켜서, 정말 위로가 필요하고 사랑과 격려가 필요한 사람을 향해서, 비난하고 원망하고 싸우게 만드는 일이 있는 것입니다. 싸우게 된다고 하면 문제가 해결되는 것이 아니라, 오히려 기운만 빠지는 것일 수밖에 없는데, 놀랍게도 우리는 어떤 선택을 하는가? 싸우는 선택을 할 때가 너무나도 많이 있습니다. 오늘 읽은 야고보서 5장 9절 말씀은 그러니까 이렇게 권면하고 있습니다. "형제들아. 서로 원망하지 말라." 원망하지 말라. 문제가 있으면 원망하지 말라. "그리하여야 심판을 면하리라. 보라. 심판주가 문 밖에 서 계시니라"라고 말씀해 주고 있습니다.

두 번째로 우리들이 보여주는 일반적인 반응이 있다고 한다면, 그것은 두려워하는(fear) 반응입니다. 무서워하는 것이죠. 정말 우리 앞에 놓여 있는 엄청난 장애물 어려움을 만나게 될 때, 그리고 그것을 우리의 힘으로 극복할 수 없을 것처럼 생각이 될 때, 우리는 갑자기 두려움에 휩싸이게 되는데요. 어쩌면 그것이 우리들이 흔히 보여줄 수 있는 가장 자연스러운 반응이라고도 할 수가 있겠습니다. 이스라엘 민족이 힘들고 어려운 일을 만나게 될 때, 두려움 가운데 빠지게 되었습니다. 가나안 땅을 정탐했던 12명의 정탐꾼들 가운데서, 10명의 정탐꾼들이 돌아와서 보고하기를, "우리는 저 가나안 땅을 싸워서 이길 수 없다"라고 이야기했습니다. 그때 이스라엘 민족들은 그 정탐꾼의 말을 듣고 두려워하기 시작했습니다. 저 가난한 민족이 너무나도 커 보여서, 그 강한 군사들을 보고, 더 이상 그들과 싸울 수 없다고 하는 생각 때문에 두려운 마음이 든 것입니다.

엘리사 선지자를 공격하기 위해서 아람 민족이 도단성을 에워싸게 되었을 때, 엘리사의 종은 그 둘러싼 군인들을 바라보면서 무서워하기 시작했습니다. "선지자여, 어떡하면 좋습니까? 큰일 났습니다. 우리 성을 저 아람 군대가 둘러싸고 있습니다." 그 군대들을 바라보면서 두려움에 휩싸이게 된 것입니다.

예수님과 함께 호수를 건너려고 했던 그 제자들은 그 호수 가운데 풍랑이 이르게 되는 그 순간이 되었을 때, 그래서 그 바다 가운데 빠져 죽게 되었을 때, 두려운 마음이 들게 되었습니다. 풍랑을 바라보게 될 때 이제는 꼼짝없이 물에 빠져 죽을 수도 있겠다고 하는 그 두려움이 그들에게 엄습하게 되었을 때, 그들은 두려운 마음이 들기 시작했던 것입니다.

어쩌면 이것이 우리들이 만나게 되는 가장 자연스러운 반응일 수가 있겠지만, 하지만 결코 바람직한 반응은 아닙니다. 전후좌우가 다 막힌다고 할지라도, 모든 면이 다 꽉 막힌다고 할지라도, 우리는 하나님을 볼 수 있어야 되고, 군인들만 볼 것이 아니라, 우리를 에워싸고 있는 저 천군 천사들을 바라봐야 하는 것이고, 가나안 땅에 정탐했던 그 12명의 정탐꾼들 가운데, 10명의 정탐꾼들의 말만 들을 것이 아니라, 하나님의 약속을 기억해야 되는 것이죠. 하나님의 약속은 허허벌판 아무것도 없는 곳으로 인도하겠다고 말씀하신 것이 아니라, 그곳에 가나안 민족이 있고, 브리스 족속이 있고, 암몬 족속이 있고, 모든 민족들이 있는 그 땅으로 하나님께서 인도하셨다고 했으니까, 그곳에 장대한 민족이 거주하고 있다고 하는 사실을 보면서, "하나님이 약속하신 땅이구나" 하나님의 약속을 생각했어야 하는 것이죠. 제자들이 그 갈릴리 호수에 배를 타고 가다가 풍랑이 일어났을 때, 그 풍랑만 바라볼 것이 아니라, 예수님께서 하셨던 말씀을 기억해야 되는 것이죠. "우리가 함께 건너가자"라고 말씀하셨던 그 예수님의 말씀을 기억하면서, 두려움을 이겼어야 했을 것인데, 우리들은 너무나도 연약해서 조금만 어려움이 있으면 두려움의 반응을 보일 때가 있습니다.

시편 42편 5절 말씀에서는 이렇게 기록합니다. "내 영혼아, 내가 어찌하여 낙심하며 어찌하여 내 속에서 불안해하는가? 너는 하나님께 소망을 두라. 그가 나타나 도우심으로 말미암아 내가 여전히 찬송하리로다." 우리의 마음 가운데 낙심이 생기고, 두려운 마음이 들 때, 우리가 현상을 바라보면서 두려운 마음이 들 때, 그것만을 바라보는 것이 아니라, 우리를 도우시는 하나님을 바라볼 수 있기를 주님의 이름으로 축원합니다.

뿐만 아니라 우리와 함께하시는 주님을 바라보아야 할 것입니다. 예수님께서 이런 말씀을 해 주셨습니다. 요한복음 14장 1절의 말씀에 "너희는 마음에 근심하지 말라. 하나님을 믿으니 또 나를 믿으라." 우리를 먹이시고 입히시는 그 하나님을 바라보면서 두려워하는 반응을 보일 것이 아니라, 그 어떠한 상황 가운데서도 담대하게 믿음으로 승리해야 될 줄로 믿습니다. 마태복음 6장 30절 말씀에서 이렇게 말씀합니다. "오늘 있다가 내일 아궁이에 던져지는 들풀도 하나님이 이렇게 입히시거든, 하물며 너희일까 보냐? 믿음이 작은 자들아." 하나님께서 세심하게 새들을 먹이시고, 하나님께서 세심하게 그 들풀도 입히시는 그 모습을 보면서, 그것들보다도 훨씬 더 소중한 하나님의 아들을 십자가에 내어주시기까지 사랑하신 우리를 하나님께서 내 팽개쳐 두겠는가? 하나님께서 우리를 사랑하신 그 사랑을 가지고 계신데, 우리를 그냥 방치해 두겠는가? 생각하면서, 주님을 바라보고 담대하게 믿음으로 승리하는 우리 모두가 다 될 수 있기를 주님의 이름으로 축원합니다.

사람들이 보이는 세 번째 반응이 있다고 한다면 그것은 도피하는(flight) 것입니다. 도망가 버리면 문제가 해결되는 것은 아니지 않습니까? 문제는 그대로 있고, 문제를 잠깐 피해 가는 것뿐입니다. 도피하는 것뿐입니다. 하지만 놀랍게도 수많은 사람들이 도피의 방법을 사용해 버립니다. 잠에 빠져버린다든지, 술에 취해서 잊어버리기를 원한다든지, 마약에 취해서 그냥 좋은 기분만 가지고 살려고 한다든지, 아니면 그 문제의 자리를 떠나버려서 문제를 보지 않음으로 말미암아 해결했다고 생각할 때가 너무나도 많이 있습니다. 하지만 문제는 도망간다고 해서 해결되는 건 아닙니다.

우리 가정에 문제가 있으면 그 문제를 내버려 두고 산속으로 혼자 도망가서 혼자 참선을 하면서, 속세를 버리고, 아무런 내 마음을 괴롭게 하는 모든 것들을 다 내 팽개쳐 버리고, 저 산속에서 들어가서 혼자 도피 생활하고 있으면, 보지 않으니까 마음이 편한 것 같고, 보지 않으니까 문제가 해결된 것 같고, 내 마음이 괜찮은 것 같으니까, 괜찮은 것 같지만, 그러나 그 문제가 이 속세의 문제가 해결된 것이 아니라, 남아 있는 자들은 계속해서, 고통과 아픔 가운데 살아가는 것이죠. 그것을 내가 억지로 잊으려고 하고 있으니까, 잊어지는 것처럼 보이지만, 그것을 잊는다고 해서 잊어지는 것이 아니라고 하는 것을 기억해야 할 것입니다.

너무나도 어리석은 선택인 것이죠. 도피는 문제를 해결하는 것이 아니라, 사실은 더 크게 만드는 것이고, 그 자리를 떠나가 버리면 문제가 안 보이는 것 같아서 행복한 것 같지만, 사실은 그렇게 도피해버려서 해결되는 것이 아니라, 문제는 대면하고, 그리고 그것을 복음으로 해결하고, 그리고 화해하고, 사랑으로 감싸고 회복시키는 것이 바른 해결책이라고 하는 것을 기억해야 될 줄로 믿습니다. 그렇다고 한다면 이러한 잘못된 F 반응, 우리가 싸우거나(fight) 두려워하거나(fear) 아니면 도피(flight)하는 그런 반응이 아니라, 참된 F 반응이 있다고 한다면 그것이 무엇이겠습니까? 그것은 바로 Faith, 믿음의 반응입니다. 우리는 모든 것들을 다 믿음의 반응으로 보여야 합니다.

어떻게 믿음의 반응을 보일 수가 있겠습니까? 야고보서 5장 8절 말씀 이렇게 기록하고 있습니다. "너희도 길이 참고 마음을 굳건하게 하라. 주의 강림이 가까우니라." 어려운 문제를 만났을 때, 참된 믿음의 반응은 무엇이냐면, 참고 인내하는 것입니다. 어떻게 우리는 인내할 수가 있겠습니까? 그것은 하나님의 심판이 있기 때문에 그렇습니다. 악한 자들이 자꾸만 승리하는 것처럼 보이잖아요? 악한 자들은 아무런 제재를 받지 않는 것처럼 보이잖아요? 영원히 그 세력이 끝까지 계속될 것처럼 보이지만, 우리가 분명하게 믿어야 될 것이 있다고 한다면, 하나님께서는 심판하신다는 거예요.

결국은 그들의 심판대 앞에 세울 것이라고 하는 사실을 믿어야 하는 것이고, 더 나아가서 우리의 수고가 헛된 것처럼 보일 겁니다. 인내하는 우리들의 모습, 정말 하나님의 말씀대로 사는 그 모습, 이것은 사람들이 알아주지도 않고, 인정받지도 못하고, 우리의 수고는 정말 보잘것없는 것처럼 그렇게 보인다고 할지라도, 성경의 약속은 무엇이냐면, 결국 그 우리의 수고가 헛된 것이 아니라, 열매를 맺게 될 것이다.

갈라디아서 6장 9절의 말씀에 기록하고 있는 것처럼 "우리가 선을 행하되 낙심하지 말지니, 포기하지 아니하면 때가 이르매 거두리라"라고 하는 말씀을 기억하면서, 인내해 나가다가, 농부의 인내를 배우다가, 인내하는 가운데 믿음의 승리를 해나가는 우리 모두가 다 될 수 있기를 주님의 이름으로 축원합니다.

그런데 이런 인내의 싸움은 나 혼자만 하는 게 아닙니다. 인내의 싸움은 지금까지 수많은 신앙의 선조들이 해왔던 싸움입니다. 수많은 믿음의 선조들은 어려운 일들을 만나지 않아서 믿음을 잘 지켰던 것이 아니라, 지금까지 수많은 믿음의 선조들도 정말 많은 어려움을 겪어왔습니다. 하지만 그런 어려움을 겪었을 때 믿음에 인내를 해왔는데요. 첫 번째는 우리가 그런 선지자들을 바라보아야 하는 겁니다. 믿음으로 인내했던 선지자들을 바라보아야 되는데, 야고보서 5장 10절 말씀에서 이렇게 기록합니다. "형제들아. 주의 이름으로 말한 선지자들을 고난과 오래 참음의 본으로 삼으라."

선지자들은 정말 힘든 상황 가운데서 사역을 했어요. 선지자들은 정말 완고한 이스라엘 민족들 가운데서 사역을 한 것이죠. 하나님의 말씀을 가지고 이스라엘 민족 가운데 선포하는 겁니다. 하나님의 말씀을 전파하는 겁니다. 하지만 하나님의 말씀을 전파할 때 이스라엘 민족은 귀를 닫아버리고, 전혀 그 선지자의 말에 귀를 기울이지 않았습니다. 하나님의 말씀을 선포할 때 환영하고 박수 쳐준 것이 아니라, 그 선지자들을 감옥에 가두었습니다. 전혀 반응이 없고, 오히려 고난만 당하는 그런 선지자들이 아무런 열매가 보이지 않고, 아무런 회개의 반응이 보이지 않아서, 그래서 낙망스러울 상황밖에 없었지만, 그러나 그 상황 가운데서도 선지자들은 참고 인내하며 믿음을 지켰던 것인데, 그런 선지자들의 모범을 우리가 모범으로 삼아서 믿음을 지켜야 될 줄로 믿습니다.

야고보서 5장 11절의 말씀에서도 이렇게 말씀하고 있는데요. "보라. 인내하는 자를 우리가 복되다 하나니, 너희가 욥의 인내를 들었고, 주께서 주신 결말을 보았거니와, 주는 가장 자비하시고 긍휼히 여기시는 이시니라." 어쩌면 욥이 가장 큰 고난을 당한 사람이라고 말할 수 있을 겁니다. 믿음을 가지고 살다가 욥처럼 고난을 당한 사람을 찾기는 어려울 겁니다. 모든 재산도 잃어버렸고, 자녀들도 잃어버렸고, 그리고 육신마저도 완전히 망가져버린 그 상황 가운데서, 그 욥이 당한 그 엄청난 힘들고 어려운 고난의 상황 가운데서, 욥은 인내하고 참았던 것이죠. 그 참고 힘들게 살았던 믿음의 길이, 그런데 결국은 하나님께서 어떻게 해주셨는가? 하나님께서 그 욥에게 회복시켜주는 것을 욥기서의 말씀 가운데서 읽게 되는 것입니다.

우리가 인내해야 되는 이유가 무엇입니까? 그것은 우리의 인내가 헛된 것이 아니라, 결국 소망 가운데 열매를 얻게 될 것임을 믿기 때문인 줄로 믿습니다. 사랑하는 성도 여러분. 믿음으로 사는 것은 지금까지 한 번도 쉬워본 적이 없습니다. 믿음으로 사는 것은 십자가의 길이고, 믿음으로 사는 것은 정말 고통스러운 일일 수밖에 없습니다. 믿음이 아닌 길로 간다고 하면 쉬워요. 넓은 길이에요. 그냥 내가 하고 싶은 대로 세상이 원하는 방식대로 살아가기만 하면 되기 때문에 쉽고 간단한 겁니다.

하지만 믿음의 길은 어떤 길입니까? 어려운 길이에요. 고난을 당해도 원수를 갚을 수가 없어요. 어려운 일을 당해도 내가 원망할 수 없어요. 믿음의 길이라고 하는 것은 정말 힘들고 어렵고 고통스러운 길일 수밖에 없는 겁니다. 하지만 그 믿음의 길을 우리가 참고 인내하며 승리해야 되는 이유가 무엇이냐면, 결국에는 하나님께서 그 인내를 보시고, 인정해 주시고, 갚아주시며 믿음을 지키는 자들 가운데 생명의 면류관이 약속되어 있는 줄로 믿습니다.

우리는 어려서부터 인내력이 강한 사람이 되어야 합니다. ①인내력이 높은 사람은 꾸준합니다. 때문에 주변에서 ②성실하다는 이야기를 많이 듣죠. ③실패 속에서도 쉽게 포기하지 않고 ④또 다시 새롭게 도전합니다. ⑤일반적으로 목표가 분명한 사람들이 많고 ⑥끝까지 가기 때문에 어쩌면 우직해보이기 까지도 하죠. 인내가 높기 때문에 ⑦일을 어설프게 끝내지 않고 어쩌면 ⑧완벽주의적인 집착을 보일지도 모르겠습니다. 주변과의 관계를 잘 해내는 사람이 인내력까지 높다면 ⑨포용력이 높을 수 있고 자기 인내력만 높을 뿐 다른 사람에게 이러한 내용을 요구하는 사람이라면, ⑩어른들이 말하는 나 때는 다 참았다고 말하는 꼰대가 될 수도 있겠습니다.

인내력이 강하다는 것은 어떤 상황에서도 인내심을 갖고 참을 수 있는 능력을 의미합니다. 인내력이 강한 사람들은 일상적인 어려움이나 스트레스 상황에 더 잘 대처할 수 있을 수 있습니다. 하지만 인내력이 강하다고 해서 모든 것을 느끼지 않는다거나 무감각하다는 것은 아닙니다.

인내력이 강한 사람들도 여전히 감정을 느끼고 상황에 대한 불편함이나 스트레스를 경험할 수 있습니다. 다만, 그들은 이러한 감정과 어려움에 더 탄력적으로 대처할 수 있는 능력을 갖추고 있을 뿐입니다. 인내력을 키우는 것은 스트레스 관리, 자기 관리, 긍정적인 사고방식을 개발하는 데 도움이 될 수 있습니다. 정기적인 신체 활동, 명상, 스트레스 관리 기술 등을 통해 인내력을 향상시킬 수 있습니다. 또한, 자신의 감정을 이해하고 표현하는 것, 어려운 상황에서 긍정적인 측면을 찾는 것, 지원을 구하는 것도 중요합니다.

그러나 인내력이 강하다고 해도 모든 상황에서 완벽하게 무감각하거나 모든 어려움을 감내할 수 있는 것은 아닙니다. 인내력은 개인의 성격과 경험에 따라 다를 수 있으며, 각자가 자신의 감정과 어려움을 인정하고 적절히 대처하는 것이 중요합니다. 인내력이 강한 경우 스트레스와 부정적 상황을 더 잘 견딜 수 있으며, 조금 더 차분하게 상황에 대처할 수 있습니다. 그러나 기분 전환 능력은 인내력뿐만 아니라 정신적 유연성, 스트레스 극복 방법 등 여러 요소에 영향을 받습니다. 인내력 강화와 함께 다양한 기분 전환 전략을 사용하면 더 효과적일 수 있습니다.

인내력이 강하면 록펠러와 같이 예순님의 복을 받으며 살아갈 수가 있습니다. 록펠러도 경제적인 위기의 순간이 있었습니다. 젊은 시절 그는 친구의 권유로 광산업을 시작했다가 사기를 당하는 바람에 원금을 모두 날렸습니다. 광부들은 폭도로 변해서 밀린 임금을 요구했고 빚쟁이들은 날마다 찾아와 돈을 갚으라고 횡포를 부렸습니다. 록펠러는 너무나 괴로워서 자살까지 생각했었습니다. 록펠러는 평소 하나님을 의지했던 사람인데 황량한 폐광 옆에 엎드려 간절히 기도했습니다. "하나님! 하나님의 말씀은 일점일획도 변함이 없음을 믿습니다. 저는 지금까지 온전한 십일조를 드려왔습니다. 하나님은 온전한 십일조를 드리는 자에게 복을 주신다고 약속했는데 오늘날 저에게는 복 대신 시련만 다가왔습니다. 저는 이 절망을 이겨낼 수가 없습니다. 하나님이 이제 안도와 주시면 나는 자살할 수밖에 없습니다. 전능하신 하나님이여 이 문제를 해결해 주옵소서."

그렇게 기도하는데 마음속에서 성령께서 감동하시기를 "인내하

라. 인내하라” 참고 인내하며 “더 깊이 파라. 더 깊이 파라”고 그럽니다. 폐광이 된 곳에 빚더미 위에 올라앉아서 절망 중에 부르짖는데 더 파라니 어떻게 합니까? 하나님 어떻게 해야 합니까? 하며 물어볼 때 마다 자꾸 ‘더 깊이 파라.’ ‘더 깊이 파라.’ 그러시는 것입니다. 그래서 하나님의 음성을 믿기로 작정했습니다. 록펠러는 빚을 더 내어서 광산을 깊이 파기 시작했습니다. 사람들은 그를 보고 드디어 이제는 미쳤다고 수군거렸습니다. “록펠러가 완전히 돌았다. 망하려고 작정을 했다.” 하면서 비난을 했습니다.

록펠러는 사람의 소리에 귀를 기우리지 않았습니다. 사람들이 나보고 돌았다고 해도 하나님에게만 집중하였습니다. 사람들이 하는 말에 개의치 않고 인내하며 광산을 계속해서 팠습니다. 그 결과 얼마 지나지 않자 광산에서 황금대신 검은 물이 분수처럼 솟아올랐습니다. 광산 깊은 곳에 유전이 담겨 있었던 것입니다. 기름이 분수처럼 솟아올랐습니다. 그래서 그는 문자 그대로 검은 황금을 캐낸 록펠러 그는 미국의 최고가는 부자가 된 것입니다.

하나님은 이렇게 역사하십니다. 록펠러같이 하나님의 복을 받기를 원하십니까? 록펠러같이 성령의 음성을 듣고 인내하며 순종하십시오. 인내해야 합니다. 주변 사람이 무슨 말을 하더라도 침묵을 하고 하나님이 하라는 대로 하시기를 바랍니다. 그러면 하나님이 응답을 하십니다. 하나님의 축복을 받으며 성령님의 역사를 따라가는 성도는 절대로 사람을 의식하거나 사람의 이론을 따라가면 하나님의 역사를 이룰 수가 없습니다. 하나님의 생각은 사람의 생각과 정반대 일수가 있기 때문입니다. 부디 믿음을 가지고 인내력을 길러서 록펠러와 같은 하나님의 복을 받으시기를 바랍니다.

11장 돈 잘 벌려면 목표의식이 뚜렷해야 한다.

(눅 2:52)"예수는 지혜와 키가 자라가며 하나님과 사람
에게 더욱 사랑스러워 가시더라"

돈을 잘 버는 사람은 목적의식 목표의식이 뚜렷한 사람이 되어야 돈을 잘 벌수가 있는 것입니다. 목표의식이 없으면 목표를 향하여 전진하며 인내하지 못하고 이것 했다가 저것 했다가 방종하게 되어 돈을 벌수가 없는 것이기 때문입니다. 목표 의식은 우리가 원하는 목적을 설정하고 그것을 달성하기 위해 노력하는 의지와 결심력을 의미합니다. 자신이 추구하는 목표를 달성하기 위하여 새로운 지식이나 기술을 배우는 데 거리낌이 없으며, 자신의 전문성을 향상시키기 위해 계속 공부합니다. 목표를 구체적으로 정의하고 계획합니다. 실현 가능하고 측정 가능한 목표를 세우며, 그것을 달성하기 위한 단계와 방법을 구상합니다. 자신의 강점과 약점을 잘 알고 있습니다. 자신이 잘하는 것과 개선할 필요가 있는 것을 인식하며, 스스로에게 진실 되고 친절하게 대합니다. 정신적으로 강인합니다. 어떤 장애물이나 어려움 앞에서도 회복력을 보이며, 자신의 운명을 통제하고 성공할 수 있다고 자신감을 가집니다. 목표 없는 목적 있고, 목적 없는 목표 있지 않습니다.

1. 성공하려면 뚜렷한 목표부터 설정: 성공이란 해가 동쪽에서 떠서 서쪽으로 지는 것처럼 예측 가능한 일이라고 한다. 내 삶의 여러 분야에서 성공을 하겠다고 지금 결심하고 성공한 사람으로부

터 내가 원하는 성공을 어떻게 성취하는 지 배운다면 성공은 예측 가능한 일이라는 것이다.

따라서 먼저 성공을 하려면 정확한 목표를 세워야 한다. 목표가 정확한 사람은 아무리 거친 길에서도 앞으로 나아갈 수 있다고 한다. 그렇다면 성공하기 위해서는 어떻게 해야 할까요?

첫째, 간절히 원해야 한다. 정말 원하고 갖고 싶고 하고 싶은 것에 대해 철저하게 솔직해야 한다.

둘째, 자신에게 질문해야 한다. "내가 왜 이것을 원하는가?" 원하는 목표를 이루고자 하는 이유를 목록에 적어 보는 것도 방법이다.

셋째, 현실적인 목표를 세워야 한다. 목표는 믿을 수 있고 현실적인 것으로 세워야 한다.

넷째, 목표를 글로 적어야 한다. 목표를 정확하고 자세하게 글로 적으면 목표의식이 확고해 진다.

다섯째, 결과를 구체적으로 상상하다. 목표를 마음속으로 생각하고 입으로 말하고 머릿속으로 구체화시켜라.

여섯째, 목표를 이루기 위해 나에게 필요한 것이 무엇인지 알아야 한다. 현재 나의 위치를 분석하고 목표를 달성하기 위해 나에게 필요한 것이 무엇인지를 알아야 한다.

일곱째, 계획을 세우고 기한을 정해야 한다. 목표 달성에 필요한 행동을 목록으로 만들어라. 행동 계획에 입각하여 마감 기한을 정하고 실행하는 것이 중요하다. 목표를 설정한 후에는 성공을 그려봐야 한다. 마르쿠스 아우렐리우스는 꿈을 크게 가져라. 오직 큰 꿈만이 영혼을 감동시킬 수 있다고 말했습니다.

성공을 그려보기 위해서는 이렇게 해보시기를 바랍니다. △내가 이루고자 하는 것은 △금년에 이루어야 할 것은 △5년 이내에 이루고자 하는 것은 △10년 이내에 이루고자 하는 것은 △은퇴 전까지 이루어야 하는 것은 △은퇴 후부터 죽을 때까지 이루어야 하는 것은 △내가 부러워하는 가장 성공한 사람에게서 배우고 싶은 것은 △내가 성공하기 위해 거쳐야 하는 가장 어려운 난관은 △내 인생에서 꼭 이루고 싶은 가장 높은 꿈은 무엇인지 먼저 생각해야 합니다. "오직 내가 도달할 수 있는 높이까지만 나는 성공할 수 있다. 오직 내가 추구하는 거리까지만 나는 갈수 있다. 오직 내가 살펴볼 수 있는 깊이까지만 나는 볼 수 있다. 오직 내가 꿈을 꾸는 정도까지만 나는 될 수 있다."

2. 인생을 성공하려면: 성공하려면 목표의식이 뚜렷해야 합니다. 목표의식이 뚜렷한 사람은 방황하지 않기 때문입니다. 목표를 이루기 위하여 의지를 가지고 노력하고 집중하기 때문입니다.

가. 꿈을 품어야 합니다. 성경에는 잠언서 29장 18절에 꿈이 없는 백성은 망한다고 했습니다. 우리 한국어 번역에는 "묵시가 없으면 백성이 방자히 행하거니와 율법을 지키는 자는 복이 있느니라" 했습니다. 이삭의 첫째 아들 에서는 묵시가 없습니다. 꿈이 없습니다. 꿈이 없으므로 방자하게 행하고 그는 결국 하나님께로부터 버림을 당하고 만 것입니다. 가슴 속에 꿈을 가지는 것과 꿈을 가지지 않은 것은 천양지차가 있습니다. 하나님께서는 꿈이 없는 개인이나 꿈이 없는 백성은 버리시는 것입니다.

야곱의 12 형제 중에 유독 요셉만이 꿈이 있었습니다. 열한 형제들은 그냥 짐승치고 먹고 사는 것만 즐거워했지 그 가슴속에 내일의 꿈이 없었으나 하나님은 요셉에게 내일에 대한 원대한 꿈을 넣어 주었습니다. 그 결과로 그들은 요셉을 죽이려고 했으나 꿈은 하나님의 전능한 능력으로 꿈을 가진 사람을 보호하고 만들어가고 이끌어 가는 것입니다. 그가 형들에게 버림을 당하고 종으로 팔리고 보디발의 집에서 잔뼈가 다 굵도록 고생을 하며 종살이 했지만, 그리고 그 억울한 누명을 쓰고 감옥에 들어갔으나 꿈을 가슴속에 품고 있는 이상 결코 그는 소화될 수 없고 버림을 받을 수가 없었습니다. 결국에는 그의 가슴에 품은 꿈대로 그는 애굽의 국무총리가 되었던 것입니다. 꿈을 품은 자녀가 방황하지 않습니다. 꿈을 이루기 위하여 노력하는 것입니다.

나. 긍정적인 사람이 되어야 합니다. 우리의 자녀들을 긍정의 사람이 되게 지도해야 합니다. 긍정의 사람이 되었을 때 잠재력을 발견하여 개발하는 자녀가 됩니다. 그래서 하나님에게 쓰임을 받고 인생을 성공하게 됩니다. 우리의 자녀가 생각과 말의 힘을 발견하고 항상 긍정적인 생각과 긍정적인 말을 할 때 놀라운 일을 이룰 수가 있는 것입니다. 생각한대로 됩니다. 이 세상을 살면서 어두운 눈으로 보면 온 세상이 어둡게 보입니다. 생각하는 대로 되고, 꿈꾼대로 되고, 믿음대로 되고 말하는 대로 됩니다. 보통 우리가 말을 하잖아요. 아무 관심 없이 부정적인 말, 비평적인 말, 손가락질 하는 말을 합니다. 그러나 나중에 보면 말하는 대로 됩니다.

그것이 그 생활에 다가오도록 환경에 변화를 끌고 오는 것입니다. 결국에는 내가 집요하게 생각하는 대로 되고, 늘 마음속에 소원을 하고 바라보는 대로 되고 내 믿음대로 되는 것입니다. 믿음대로 되고 말하는 대로 되는 것입니다. 그러므로 생각을 긍정적으로 하고 항상 긍정적인 꿈을 꾸고 긍정적인 믿음을 가지고 긍정적인 말을 하면 긍정적인 생활의 결과를 얻게 되는 것입니다.

죽고 사는 권세가 우리 속에 주어주신 달란트에 있는 것입니다. 하나님은 우리를 통해서 역사하시는 것입니다. 믿음도 하나님이 우리에게 믿음을 주셨기 때문에 믿어야 역사가 나오지 안 믿으면 안 됩니다.

그러므로 주님께서 내가 너를 고쳤다고 말 안하시고 '네 믿음대로 될지어다.' 라고 말씀하셨습니다. 이미 하나님은 믿음을 주셨기 때문에 믿음을 우리가 사용해야 되는 것입니다. 믿음, 소망, 사랑, 의, 평강, 희락은 이미 주어진 은사인 것입니다. 하나님이 주셨기 때문에 평안 하라. 담대해라. 두려워하지 말라. 하십니다. 왜 그렇습니까? 이미 그런 은사가 마음속에 주어져 있기 때문인 것입니다.

다. 건강한 자화상을 갖아야 합니다. 우리 자녀들에게 주안에서 건강한 자화상을 갖도록 지도해야 합니다. 내가 못나고 사람들에게 무시당하고 천대받고 박대 받는 자기 모습을 생각하면 안 됩니다. 하나님의 사랑을 받고 사람들에게 인정을 받고 자기 꿈이 이루어지는 승리의 자화상을 가지라는 것입니다. 사람들은 흔히 관상이나 팔자는 타고난 것이라고 말을 합니다. 그러나 그렇지 않습니다. 관상이나 팔자는 타고 나는 것이 아니라, 스스로 만들어 가는 것입니다.

옛날 중국 오나라시대에 20살의 청년 베도가 관상을 보러 갔습니다. 그의 관상을 봐준 사람은 뜻밖에 그가 죽을상이니 결혼도 하지 말고 좋은 일이나 하면서 살라고 말하는 것입니다. 그래서 그는 관상쟁이의 말을 듣고 결혼도 하지 않고 궂은일을 하고 남을 도와주며 10여 년을 살았습니다.

어느날 그가 길을 쓸고 있는데, 한 사람이 지나가다가 그 사람을 보더니 그의 얼굴에 광채가 남을 보고 놀라 다가옵니다. 그 사람은 길을 쓸고 있는 사람에게 '당신의 관상은 오나라를 책임져줄 관상이다'라고 말하는 것입니다. 베도가 고개를 들고 보니 그 관상쟁이는 바로 10년 전 자기에게 죽을상이니 결혼도 하지 말라고 말한 그 사람이었습니다.

베도는 '당신은 10년 전에 나보고 죽을상이니 결혼도 하지 말라고 해놓고, 이제는 오나라를 책임질 관상이라고 말하는가?'고 묻자, '아닙니다. 분명히 오나라를 책임질 관상입니다.'라고 말하는 것입니다. 그리고 그는 실제로 33살에 오나라 제상이 됩니다.

이것은 무엇을 말합니까? 바로 베도의 관상이 바뀐 것입니다. 당신은 어떠한 관상을 만들어 가고 있습니까? 어떤 팔자를 만들어 가고 있습니까? '내 팔자야'하며 팔자타령만 하고 스스로 실패할 관상, 실패할 팔자를 만들어 가고 있지는 않습니까? 관상은 타고나는 것이 아니라 바꾸는 것입니다. 관상은 자기가 책임지는 것입니다. 관상을 바꾸십시오. 근심어린 관상, 실패할 관상을 버리고, 행복하고 성공할 관상을 만드시길 바랍니다. 자아상도 마찬가지입니다. 부정적이고, 실패할 자아상을 버리고, 긍정적이고, 성공할 자아상을 만드시기 바랍니다.

라. 자립심을 길러야 합니다. 미국은 갓 태어난 아기를 아기방 아기침대에서 따로 재우는 것을 당연하게 여겨 왔습니다. 어린 아이들을 따로 재우는 이유는 아이의 자립심을 기르기 위해서라고 합니다. 미국에서는 학교도 아이들에게 혼자 힘으로 연습할 수 있는 기회를 수없이 제공합니다. 미국 학교의 학예회나 작품전시에 가보면 우리 눈에는 너무나 장난 같은 작품들이 버젓이 발표되는 것도 이 때문입니다. 이 시기는 결과보다 과정을 배우는 시기이기 때문에 어른의 도움이 들어가 완성도가 높아진 작품보다는 아이들의 수준에서 서투른 노력이 엿보이는 작품들이 더 당당하게 여겨집니다.

우리 부모들도 아이에게 자립심을 길러 주길 원합니다. 그러나 과정이 중요한 때조차도 결과에 집착합니다. 과외에 바쁜 아이들을 위해 부모가 인터넷을 뒤지며 숙제를 해주고, 심지어 봉사활동도 대신 해줍니다. 초등학생들의 과제물은 부모님들의 실력겨루기 경연이 된지 이미 오래입니다. 이렇게 혼자 힘으로 연습하는 과정을 거치지 않고 자라난 아이들이 갑자기 자립하기란 쉽지 않습니다. 러시아의 심리학자 비고스키는 교육에서 부모의 역할을 강조했습니다. 비고스키에 따르면 아이들이 혼자서는 문제를 해결하지는 못하지만 거의 해결하기 일보 직전까지 와 있을 때가 있습니다. 이때 부모가 약간의 힌트만을 주면 아이는 문제를 해결할 수 있고 다음에는 혼자서도 문제해결이 가능해진다고 합니다. 이 때 아이가 도약할 수 있도록 발판을 만들어 주는 것이 어른의 역할입니다.

아이를 대신하여 요리를 하기보다 마지막의 한 방울로 아이의 요리를 완성시키는 참기름과 같은 존재가 부모의 역할이 아닐까요?

자립심을 길러주려면 스스로 생각하고 배우며 행동하도록 도와만 주어야 합니다. 과보호는 나약하고 의존적인 인간을 만듭니다. 아이들을 지나치게 사랑한 나머지 아이들이 원하는 것이 있으면 무엇이든지 충족시켜 주고 있습니다. 이미 기성세대들은 경제적으로 궁핍했던 시절 이였기에 풍족함이 그때는 자신감의 표상이요, 꿈을 꿀 수 있는 재료이기도 했었습니다.

또는 아이들을 보호한다는 구실로 아이들의 행동을 일일이 간섭하고 통제를 하게 됩니다. 의존적 성격은 결코 선천적이 아니며 어린 시절에 어떤 교육을 받았느냐에 따라서 결정된다고 합니다. 아이들은 네다섯 살 때에 자립심이 왕성하게 싹트기 시작한다고 합니다. 물론 이때의 자립심은 혼자 살 수 있는 것을 의미하는 것이 아니고, 부모에게 의존해야 할 수 있었던 일들 즉, 일어나 걷기부터… 혼자서 밥 먹기… 대소변 가리기… 옷 입기 등등을 스스로 해보는 것을 의미합니다.

이때는 잘하는 것이 목적이 아니기 때문에 자녀가 스스로 하도록 기회를 주는 것입니다. 그리고 혼자 해냈다는 경험이 중요하므로 잘못했다고 야단치거나 똑바로 하라고 충고는 하지 말아야 도전에 대한 두려움이 생기지 않습니다. 아이들은 어려운 일을 혼자 해냈을 때 자신감이 생기고 자립심이 크게 강화되는 것입니다.

성장기의 아이들에게는 사물에 도전하는 힘을 키워 줘야 합니다. 누구나 넘어지면서 일어서는 법을 배우고 다치면서 조심하는 법을 배우는 과정을 거치면서 육체적으로나 정신적으로 건전하게 성장할 수 있습니다. 아이들이 힘들어 하고 아무리 느리게 하더라도 효율성이란 유혹에 부모님이 끼어들지 말아야 아이는 적극성을 배울 수 있습니다.

마. 끝을 보는 습관을 길러야 합니다. 시작한 일에 끝을 보는 것은 앞으로 인생을 살아가면서 중요한 습관 중의 하나입니다. 이런 습관은 그를 가장 고집스런 인간을 만들면서 인생에서 성공을 보장하는 열쇠이기도 합니다. 되도록 자녀들에게 할 일은 메모하는 습관을 들이도록 지도하세요. 스스로 할 일들은 꼼꼼하게 챙기고 반드시 완수하도록 지도하세요. 하나를 마무리하고 다음 일을 시작하는 습관을 갖게 하세요. 이것 했다가 저것 했다가 하면 되는 것이 하나도 없습니다. 인생은 그렇게 하루하루 최선을 다하는 속에 성공을 보장합니다. 하루아침에 모든 것을 이루려 하는 것은 부질없는 욕심입니다. 계획성 있게 하루하루 마무리를 잘하면서 사는 것이 성공을 보장하는 것입니다.

옛날 명언에 이런 글귀가 있습니다. '앞으로 한 자만 더 파면 나올 우물물을 파지 않고 근심만 하고 있도다.' 이제 한 자만 더 파면 물이 콸콸 나오게 될 텐데 그만 도중에 단념해 버립니다. 이런 상태에서는 지금까지의 노력이 모두 수포로 돌아간다는 교훈입니다. 여기서 '우물을 파다'는 '일을 완수하다'로 바꾸어서 해석해야 한다고 생각합니다. 무슨 일이든 계속 노력함으로써 이루어지게 됩니다. 정말 중요한 것은 재능이 아니라 끈기라고 말할 수 있을 것입니다. 어떤 일이든지 시작하기란 쉬운 일이지만 그것을 단념하지 않고 계속하기란 결단코 쉬운 일이 아닙니다.

어째서 계속할 수 없는 것일까요? 도중에 싫증이 나기 때문이라고 생각합니다. 혹은 나태한 마음에 사로잡히기도 할 것입니다. 도중에 자신의 한계나 어려움을 느끼고 내팽개치게 되는 경우도 있으리라 여깁니다. 저는 어려서 부터 좌우명이 있습니다. "일을 시작했으면 끝을 보아야 한다." 그래서 군 생활하면서도 저 나름대로 성공적인 군 생활을 했다고 자부합니다. 일이 떨어지면 반드시 끝을 보았기 때문입니다. 다른 한 가지는 "어려운 과제가 떨어지더라도 못한다고 하지말자. 그냥 하다가 보면 하나님께서 할 수 있도록 지혜를 주신다." 저는 참으로 하나님의 사랑을 많이 받은 목사입니다. 군대에서 병과가 보명이지만 23년 군 생활 중에 참모생활을 15년을 했습니다. 참모 생활을 오래할 수 있었던 것이 어떤 일이 저에게 주어지더라도 할 수 있다고 생각하니까, 과제를 지혜롭게 해결하니 지휘관들이 저를 써주셨기 때문입니다. 이런 생활이 몸에 배여서 지금 목회에도 유용하게 사용하고 있습니다. 필자의 잠재력입니다.

이것은 우리 자녀들 인생에 있어서도 재산이라고 생각합니다. '이 세상의 모든 일은 끈기에 달려 있습니다. 끈기가 강한 자만이 최후의 승부를 얻는다.'라는 말이 새삼 절실해집니다. 자신을 채찍질하면서 '계속'이라는 자기지배력이 끈기를 지속시키는 포인트입니다. 일상생활 속에서의 사소한 일일지라도 하겠다고 마음을 먹었으면 계속하는 일이 무엇보다 중요합니다. 이 '계속 한다'는 기력을 가리켜 끈기라고 하는 것입니다. 일을 시작했으면 끝을 보는 습관을 어려서부터 길러야 합니다. 그래야 직장에서나 가정에서 학교에서 살아갈 때 남에게 뒤떨어지지 않습니다.

바. 포기하지 않는 습관을 들여야 합니다. 세상에서 인생을 살아가노라면 여러 가지 예상하지 못한 험로와 난관에 봉착하게 됩니다. 자기 힘으로 해결하지 못하는 난관에 봉착하더라도 포기하지 않고 하나님에게 기도하여 난관을 뚫고 나가는 의지력이 중요합니다. 저는 지금 인생의 육십 고개에 들어선 목사입니다. 세상에서 공직생활도 해보았습니다. 그런데 지금 저의 인생의 뒤를 돌아보면 여러 가지 어려운 난관에 봉착한 경우가 한 두 번이 아닙니다. 저는 군대생활에 모든 것을 걸고 몰두했습니다. 처음에는 우수한 분들 밑에서 근무를 해서 청렴결백한 공직생활을 배웠습니다. 제가 항상 외치는 공명정대 광명정대의 논리가 통하지 않아서 군대에서 더 이상 승진할 수가 없게 되었습니다. 희망이 없어진 것입니다.

그러나 저는 좌절하거나 인생을 포기하지 않았습니다. 반드시 군대에서 보다 더 귀하게 쓰임을 받는 일이 있다는 믿음이 생겼습니다. 군대에서 전역한 다음 코스가 예비군 관련 일을 하는 것입니다. 제가 아무리 기도를 해보아도 예비군 관련 일을 하면 인생이 끝이 난다는 생각이 저를 주장했습니다. 그래서 기도를 하니 하나님이 목회자가 되라는 감동을 주셨습니다. 저는 주저하지 않고 저의 잠재력을 개발하기 위하여 도전한 것입니다. 40대 초반에 말입니다. 세상에서 쓰는 말로 표현하면 인생을 투기한 것입니다. 좋은 표현으로 말한다면 도전한 것입니다. 그것이 바로 신학을 하여 목회자가 되는 것입니다. 정말 생소한 일입니다. 그러나 반드시 군에서 보다 더 잘 된다는 확신이 생겼습니다. 그래서 희망이 없는 군대에서 명퇴하고 나오면서 많은 분들에게 나는 더 큰 일을 위하여 공부를 선택한다고 선포하고 군문을 나온 것입니다. 그 당시 모두 무모한 도전이라고 했습니다. 나이가 많다는 것입니다. 한마디로 안 된다는 것입니다.

저는 하나님의 뜻(말씀) 만을 믿고 신학을 해서 지금 이렇게 목회를 잘하고 있는 것입니다. 아주 귀하게 쓰임을 받고 있습니다. 제가 권면하고 싶은 것은 자신이 전력을 가지고 투자했던 것이 마음대로 되지 않았다고 쉽게 포기하지 말라는 것입니다. 좌절하지 말라는 것입니다. 반드시 하나님이 예비하신 다른 길이 있다고 믿어야 합니다.

그리고 자신의 잠재력을 길러야 합니다. 절대로 현실 안주는 자신을 패망하게 합니다. 도전하면 길은 열립니다. 절대로 나이를 생각하지 마십시오. 단지 나이는 인생을 살아온 년 수에 불과한 것입니다. 인생을 포기하지 말고 과감하게 현재보다 나은 것을 찾아 도전하십시오. 하나님은 창조의 하나님이십니다. 절대로 포기하지 마세요. 잠재력을 기르면서 도전하세요. 도전하면 인생은 반드시 성공합니다. 도전을 해야 자신의 잠재력을 알게 됩니다. 자녀들의 잠재력을 깨워야 합니다.

12장 돈 잘 벌려면 기억력이 좋아야 한다..

(전 12:1-2)"너는 청년의 때에 너의 창조주를 기억하라 곧 곤고한 날이 이르기 전에, 나는 아무 낙이 없다고 할 해들이 가깝기 전에 (2) 해와 빛과 달과 별들이 어둡기 전에, 비 뒤에 구름이 다시 일어나기 전에 그리하라."

기억력은 집중하는 능력입니다. 돈을 벌여야겠다고 마음을 먹고 돈 버는 일에 집중하니 기억력이 좋아지고 하나님께서 돈을 잘 버는 지혜를 주심으로 순종할 때 돈을 버는 것입니다. 하나님은 "너는 청년의 때에 너의 창조주를 기억하라"고 말씀하십니다. 기억력은 잠재력 중에 하나라고 생각합니다. 좋은 기억력을 가지기 위해서 훈련해야 합니다. 노력함으로 기억력이 살아나고 좋아지기 때문입니다. 기억력이란 어떤 시점에서의 지각, 체험, 의식내용 등을 등록하고 그것을 저장해 필요에 따라서 회상하는 능력을 말합니다. 개인차가 있고 지능과 반드시 상관이 있는 것은 아닙니다. 기억의 기전에 대해서는 불확실한 점이 많은데 단기기억은 뉴론회로망의 활동성, 장기기억은 RNA 등의 신경화학물질이 관여하고 있다고 합니다. 기억의 관련기관으로는 대뇌변연계, 특히 해마(海馬)와 측엽이 밀접한 관계가 있습니다.

열쇠를 어디에 두었는지 잘 잊어버리는 사람도, 오래 전에 본 영화 내용은 잘 기억합니다. 그 이유는 무엇일까요? 최근 미국의 하버드 대학과 스탠퍼드 대학 연구원들은 〈사이언스〉 최신호에 발표한 연구 논문에서, 어떤 사물을 보았을 때 뇌의 전두엽 앞부분과 해마 피질 부분이 오래 자극을 받으면, 쉽게 잊어버리지 않는다는 사실을 밝혔습니다. 오래 전부터 과학자들은 어떤 경험이 잘 기억되느냐, 쉽게 잊히느냐는 그 경험이 뇌에 들어왔을 때 얼마만큼 각인되느냐에 달린 것으로 생각해왔습니다.

건망증은 뇌세포 손상으로 발생하는 치매와는 다릅니다. 일반적으로 한꺼번에 많은 정보를 입력하면 기억으로 저장되는데, 상호 간섭이 일어나므로 입력이 잘 안 되는 것입니다. 된다 하더라도 견고하게 저장이 잘 안되므로, 강한 자극이 들어오면 쉽게 빠져나가 잊어지는 것입니다. 모든 사람이 가장 흔하게 경험하는 건망증은 치매처럼 독성 단백질에 의해 뇌 세포가 손상되었기 때문에 나타나는 것이 아니라, 한꺼번에 많은 정보를 입력시키거나 주의 집중을 하지 않고 대충 입력시키기 때문에 나타납니다. 따라서 건망증을 방지하기 위해서는 주의를 집중해서 한 번에 하나씩 입력하는 것이 좋습니다. 또한 이해를 하지 않고 무조건 반복적으로 많은 것을 암기하는 것은 좋은 기억력을 유지하는 데 도움이 되지 않습니다.

기억력은 일상생활에서 필수적인 능력 중 하나입니다. 급격한 정보 폭풍과 복잡한 일상에서 효과적인 기억력은 현명한 결정과 생산성 향상에 결정적인 역할을 합니다. 기억력 향상은 단순히 정보를 기억하는 능력뿐만 아니라 창의성, 문제 해결 능력 등 다양한 두뇌 기능에도 긍정적인 영향을 미칩니다. 이 글을 통해 독자들은 자신만의 기억력 향상 전략을 찾고, 더 나은 두뇌 건강을 향한 여정을 시작할 수 있을 것입니다. 기억력을 향상할 수 있는 요소들은 다음과 같습니다.

1. 규칙적인 운동하기: 규칙적인 운동이 기억력에 미치는 다양한 긍정적인 영향은 다음과 같습니다.

가. 신경 세포의 생성과 연결 강화: 운동은 뇌에서 신경 세포의 생성을 촉진하는데 중요한 역할을 합니다. 특히, 운동은 해마 (hippocampus)라는 뇌 부위에서 새로운 뉴런의 형성을 촉진하고, 이는 기억력과 학습에 관련된 부분입니다. 즉, 규칙적인 운동은 뇌의 생물학적 기능을 개선하고 새로운 기억의 형성을 지원합니다.

나. 뇌 혈류 증가와 산소 공급 증진: 운동은 심폐 기능을 향상시켜 뇌 혈액 순환을 촉진합니다. 뇌는 산소와 영양소를 필요로 하며, 충분한 혈류는 이러한 물질들을 효율적으로 전달할 수 있게 도와줍니다. 특히, 운동으로 인한 혈액 순환 증가는 뇌의 세포에 산소와 영양소를 더 많이 공급함으로써 뇌 기능을 최적화합니다.

다. 신경 세포의 보호와 증식: 운동은 뇌에서 신경 세포를 보호하고 증식시키는데 기여합니다. 뇌에서 발생하는 활성산소 종자 (reactive oxygen species)에 의한 손상을 줄여주고, 동시에 뇌에서 신경 세포의 연결을 강화시킵니다. 이는 노화로 인한 뇌 기능 감소를 방지하고, 더 높은 수준의 인지 기능을 유지하는 데 도움이 됩니다.

라. 뇌에서 뇌 성장 인자 발생 촉진: 운동은 뇌에서 뇌 성장 인자

(BDNF)라는 단백질을 증가시킵니다. BDNF는 뉴런의 생성, 생존, 연결 강화 등에 핵심적인 역할을 합니다. 특히, BDNF의 증가는 학습과 기억에 긍정적인 영향을 미치며, 이는 운동이 뇌 기능을 지속적으로 향상시키는 데 기여합니다.

마. 스트레스와 우울증 감소: 규칙적인 운동은 스트레스 호르몬의 분비를 감소시키고 쾌적한 신체 상태를 유지하는 데 도움을 줍니다. 스트레스와 우울증은 뇌 기능에 부정적인 영향을 미칠 수 있으며, 이에 따라 운동은 신경 안정성을 유지하고 뇌 기능을 최적화하는 데 기여합니다.

바. 수면 향상과 뇌 기능 회복: 규칙적인 운동은 수면의 질을 향상시키고 뇌 기능을 적절히 회복하는 데 도움을 줍니다. 특히, 노른자색에서 분비되는 호르몬은 수면을 촉진하고, 운동은 이 호르몬의 분비를 증가시켜 자연스럽게 더 깊은 수면을 유도합니다.

사. 인슐린 민감성 증가와 혈당 관리: 운동은 인슐린 민감성을 향상시켜 혈당 관리를 돕습니다. 안정된 혈당 수준은 뇌 기능을 유지하고, 당뇨병과 같은 대사 질환으로부터 뇌를 보호하는 데 중요합니다.

2. 올바른 식습관: 기억력을 향상시키기 위해서는 올바른 식습관이 중요합니다. 특정 음식은 뇌 기능과 기억력에 긍정적인 영향을 미칠 수 있습니다.

가. 과일과 채소: 과일과 채소는 항산화물질이 풍부하여 뇌를 산화 스트레스로부터 보호하고 염증을 감소시킬 수 있습니다. 특히

블루베리는 기억력과 학습 능력을 향상시키는 데 도움이 되는 것으로 알려져 있습니다.

나. 해산물: 오메가-3 지방산이 풍부한 해산물은 뇌 세포의 구조를 유지하고 뇌 기능을 지원합니다. 살몬, 고등어, 갈치 등의 해산물은 특히 기억력에 도움이 됩니다.

다. 검은 콩과 견과류: 검은 콩과 견과류는 식이 섬유와 미네랄, 비타민이 풍부하여 뇌 기능을 증진시키고 혈액 순환을 도와줍니다. 호두, 아몬드, 캐슈넛 등을 섭취하는 것이 좋습니다.

라. 채소와 녹차: 채소는 비타민 K와 베타 카로틴 등을 제공하여 뇌 건강에 도움을 줍니다. 녹차에는 카페인과 함께 L-테아닌이라는 아미노산이 함유되어 집중력을 높이고 스트레스를 완화하는데 도움을 줄 수 있습니다.

마. 달걀: 달걀은 콜린이라는 영양소를 품고 있어 기억력과 학습 능력을 향상시키는 데 기여할 수 있습니다. 특히 노른자에 많이 함유되어 있습니다.

바. 양파와 마늘: 양파와 마늘은 항염증 효과가 있어 뇌의 염증을 줄여주고 기억력을 개선하는 데 도움을 줄 수 있습니다.

사. 유기농 유제품: 유기농 유제품은 비타민 B12와 칼슘 등을 제공하여 뇌 기능을 유지하고 기억력을 강화하는 데 도움을 줄 수 있습니다.

아. 검은 쌀과 퀴노아: 검은 쌀과 퀴노아는 식이 섬유와 단백질이 풍부하여 혈당을 안정시키고 뇌 기능을 개선하는 데 도움이 됩니다.

자. 어두운 초콜릿: 코코아에 함유된 플라보놀은 혈액 순환을 촉진하고 뇌 기능을 향상시킬 수 있습니다. 단, 적당한 양에서 즐겨야 합니다.

차. 물(생수): 수분은 뇌의 대부분을 차지하고 있어 수분 섭취는 뇌의 올바른 기능을 유지하는 데 중요합니다. 충분한 물을 마시는 것이 기억력 향상에 도움이 됩니다.

기억력 향상을 위해서는 이러한 음식을 다양하게 섭취하고 균형 있는 식습관을 유지하는 것이 중요합니다. 또한 각 음식의 양을 적절히 조절하여 적정한 영양 섭취가 이루어져야 합니다.

3. 충분히 잠을 자기: 충분한 수면은 기억력과 뇌 기능에 매우 중요한 영향을 미치는데, 다양한 생리적 및 신경학적인 프로세스들이 수면 중에 일어나기 때문입니다.

가. 기억 정리와 강화: 수면 중에 뇌는 일상에서 받은 다양한 정보들을 정리하고 강화하는데 주력합니다. 이것은 주로 해마(hippocampus)라는 뇌 부위에서 이루어지는데, 이 지역은 새로운 정보를 학습하고 장기 기억에 저장하는 역할을 합니다. 수면 동안 해마는 신경 회로를 조직화하고 기억을 강화하는 데 도움을 줍니다.

나. 신경 연결 강화와 뇌 플라스티시티: 수면 중에는 뇌의 신경 회로가 강화되고 연결성이 조절됩니다. 뇌 플라스티시티(plasticity)는 뇌가 변화하고 적응할 수 있는 능력을 나타냅니다. 수면 중에 뇌는 이러한 플라스티시티를 최적화하여 새로운 경험과

정보에 대한 적응을 도모합니다. 이로써 학습 능력과 기억력이 향상될 수 있습니다.

다. 신경전달물질의 균형 조절: 수면 중에는 신경전달물질의 균형이 조절됩니다. 특히 수면 중에는 노르에피네프린과 셀레놈이 감소하면서 뇌가 휴식 상태로 전환됩니다. 이는 균형 잡힌 기억 형성과 집중력을 위해 중요합니다.

라. 스트레스 호르몬 감소: 수면 중에는 스트레스와 관련된 호르몬인 코르티솔의 분비가 감소합니다. 깊고 풍부한 수면은 신체와 마음을 적절하게 회복시키고, 이는 스트레스에 대한 뇌의 민감성을 낮추어줍니다. 스트레스 감소는 기억력에 긍정적인 영향을 미칠 수 있습니다.

마. 학습 후 수면의 중요성: 학습한 내용을 수면 전후에 비교해 보면, 학습 후 적절한 수면을 취한 경우에는 정보의 보존 및 학습 효과가 훨씬 높게 나타납니다. 학습한 내용이 잠을 통해 안정화되고 강화되기 때문입니다.

바. 뇌 청소 및 독소 제거: 수면 중에는 뇌와 척수를 둘러싼 뇌척수액의 흐름이 증가하여 뇌 내 독소와 노폐물을 효과적으로 제거합니다. 이는 뇌 건강과 기능에 도움을 줄 수 있습니다.

사. 수면 단계와 기억력 간의 연관: 수면은 여러 단계로 나뉘며, 특히 REM 수면(빠르고 눈이 움직이는 수면)은 꿈을 꾸고 정보를 처리하는 데 중요합니다. 이 단계에서는 뇌가 과거의 경험을 새로운 정보와 연결하며, 창의성과 기억력을 향상시킬 수 있습니다.

아. 수면 부족과 기억력 감소: 수면 부족은 주의력, 집중력, 문제

해결 능력, 기억력 등에 부정적인 영향을 미칩니다. 만약 충분한 수면을 취하지 않을 경우, 뇌의 정상적인 작동이 방해되어 기억력이 감소할 수 있습니다.

4. 일상생활에서 훈련을 하기: 기억력은 우리의 일상에서 핵심적인 역할을 하며, 기억력 향상을 위한 훈련은 더 나은 학습과 생활을 가능케 합니다. 다양한 기억력 훈련 방법을 통해 뇌를 활성화하고 기억 능력을 강화하는 방법은 다음과 같습니다.

가. 일기 쓰기 및 기록: 일기를 쓰는 것은 기억력 향상에 도움이 될 뿐만 아니라 감정을 조절하고 스트레스를 해소하는 데에도 도움이 됩니다. 매일 느낀 감정, 경험, 사건을 적어나가면서 뇌를 자주 활용함으로써 기억력을 강화할 수 있습니다.

나. 퍼즐과 두뇌 게임: 수학 퍼즐, 크로스워드 퍼즐, 스도쿠와 같은 퍼즐은 뇌를 활용하며 논리적 사고를 촉진시키는 데 도움이 됩니다. 또한 두뇌 훈련 어플리케이션을 활용하여 다양한 게임을 통해 기억, 집중력, 판단력을 강화할 수 있습니다.

다. 언어 학습과 독서: 새로운 언어를 학습하거나, 다양한 주제의 책을 읽는 것은 뇌의 다양한 영역을 자극하여 기억력을 향상시킵니다. 또한 학습한 내용을 정리하고 다시 설명하는 것은 기억력을 더욱 굳건하게 만듭니다.

라. 계획 세우기와 일정 관리: 계획을 세우고 목표를 달성하는 과정에서 다양한 정보를 기억하고 활용하게 됩니다. 효율적인 일정 관리와 계획 수립은 뇌를 자주 사용하며 기억력을 강화합니다.

마. 미술 및 창작적 활동: 미술, 음악, 글쓰기와 같은 창작적인

활동은 뇌의 오른쪽과 왼쪽 반구를 모두 활용하며, 새로운 아이디어를 생성하고 기억력을 증진시킵니다. 자유로운 상상력을 발휘하는 것이 중요합니다.

바. 시각적 기억 강화를 위한 기술 활용: 사진, 그림, 그래픽과 같은 시각적 자료를 활용하면 기억력을 강화할 수 있습니다. 간단한 정보를 시각적으로 기억하는 습관을 키우면 기억력 향상에 도움이 됩니다.

사. 명상 및 근육 이완: 스트레스는 기억력에 부정적인 영향을 미칠 수 있습니다. 명상과 근육 이완을 통해 마음과 몸을 안정시키고, 스트레스를 줄일 수 있습니다. 특히 명상은 집중력과 기억력을 향상시킬 수 있는 효과가 있습니다.

아. 다양한 경험 쌓기: 새로운 장소를 방문하거나 새로운 활동에 도전함으로써 뇌는 다양한 경험을 쌓을 수 있습니다. 새로운 환경에서의 경험은 기억력과 연관성을 높여줄 수 있습니다.

자. 수면의 중요성: 이미 언급했듯이 충분한 수면을 취하는 것은 기억력 향상에 있어서 핵심적입니다. 꾸준한 수면 패턴을 유지하고, 휴식을 충분히 취함으로써 뇌가 최적의 상태로 기능할 수 있도록 도와줍니다. 피곤할 때 공부를 하는 것은 내용을 기억하는데 도움이 되지 않습니다.

유명한 헵(Hebb) 시냅스를 처음 제시하고 기억 연구로 유명한 도널드 헵(Donald Hebb) 박사는 한창 열심히 일하던 47세 때 심각한 기억력 감퇴를 경험했습니다. 논문을 읽으면서 필요한 내용을 기록해 두어야겠다고 생각해 노트를 펼쳤는데, 이미 그 내용이 글씨로 기록되어 있음을 발견하고 충격을 받았다고 합니다. 그러나 밤에는 일을 중단하고 쉬면서 충분한 수면을 취하고 영양을 보충한 결과 기억력이 되살아났다고 합니다.

여러 연구팀에서 수면이 기억을 강화한다는 사실을 보고하였습니다. 기억 중의 하나인 시각구조구별 작업기억(Visual texture discrimi nation task)은 렘과 서파수면 시간이 길면 더 오래 기억을 하였고, 운동순서 작업기억(Motor sequence task)은 수면 2단계인 비렘수면(nREM) 시간에 비례하여 기억력이 오래 지속되었습니다.

또한 운동적응 작업기억(Motor adaptation task)은 수면 4단계인 서파수면에 비례하여 기억력이 강화되었습니다. 이처럼 뇌의 피로를 줄이면 기억을 오랫동안 유지할 수 있습니다. 그러기 위해서는 중간 중간 일을 중단하고, 적절한 휴식을 취하며 충분히 자는 것이 좋습니다. 즉 피곤할 때 억지로 많은 것을 기억하려 하지 말고, 뇌의 저장 공간을 생각하여 적당히 주입시키는 것이 오히려 기억이 잘 되게 하는 방법입니다. 여러 종류의 기억력과 그에 영향을 주는 수면 시간 사이에는 비례 관계가 있습니다.

차. 사회적 상호작용: 사람들과의 대화와 소통은 뇌를 활성화시키며, 다양한 정보를 주고받는 과정에서 기억력을 강화합니다. 친구, 가족과의 소통을 즐기면서 사회적 관계를 유지하고 확장하세요. 일방적으로 전달만 하는 TV를 오래 보면, 기억력이 떨어지게 됩니다. 호주에서 시행한 한 조사에서 기억력과 생활습관과의 관계를 분석한 결과, 하루 한 시간 이하의 TV를 시청한 사람들이 많

은 시간 TV를 시청한 사람보다 이름이나 얼굴·직업 떠올리기·시장 보기·목록 외우기 등 모든 부문에서 기억력이 좋았습니다. 또한, 소설을 읽고 식단에 신경 쓰는 등 적극적인 생활을 하는 사람들이 그렇지 못한 사람보다 기억력이 좋았음이 밝혀졌습니다.

많은 시간 일방적으로 전달만 하는 TV에 정신을 뺏길 정도로 시청하게 되면, 너무 많은 일방적 정보에 뇌신경 세포가 쉽게 지치게 됩니다. 그뿐만 아니라 수동적으로 TV 내용에 좌우 받게 되어 능동적으로 다양한 생각을 하기 힘들게 됩니다. 따라서 뇌 신경세포에 다양한 정보 전달이 잘 안 되어 기억력이 떨어질 수밖에 없게 된다는 사실을 명심하고 적절히 시청시간을 조절하는 것이 좋은 기억력을 유지하는 데 좋습니다.

끊임없이 머리를 굴려야 뇌가 싱싱해집니다. 눈·귀·코·입이 즐거우면, 뇌에도 좋습니다. 보기에 좋은 것을 많이 보고, 즐거운 것을 많이 듣고, 맛있는 음식을 자주 먹고 내가 즐겁고 내가 행복하다 느끼면 뇌에 좋다는 의미입니다. 시력을 잃으면 사물을 잃고, 청력을 잃으면 사람을 잃는다는 말이 있듯이, 뇌는 시력과 청력의 자극으로 움직입니다. 청력이 떨어지면 보청기로 만회하고, 시야가 뿌예지면 백내장 수술 등으로 청력과 시력과 시야를 회복시켜야 합니다. 모두 뇌를 위해서입니다. 맛을 음미하며 씹어 먹는 식사가 뇌를 크게 자극합니다.

이를 위해 위아래 맞물리는 저작운동과 치아를 최대한 많이 보존해야 합니다. 치아를 잃었으면 임플란트로 채워, 씹는 능력을 유지해야 합니다. 호기심은 뇌를 끝까지 작동시키는 온(on) 스위치입니다. 매일 다니던 길거리를 산책 하더라도 평소와 다르게 새로 바뀐 게 있는지 유심히 관찰하며 다니는 게 좋습니다. 평상시 다니던 길 아닌 다른 길로도 다니는 것이 좋은 것입니다. 새로 생긴 가게가 있으면 들러보고, 어디서 어떤 물건이나 식품이 싸고 좋은 것을 파는지 알아보러 다니면 뇌 기능이 활성화됩니다.

다양한 책 읽기와 쓰기, 그림 보기 그리기 음악 감상 습득 등 예술적 경험은 새로운 신경망을 만들어 생각을 풍부하게 하고, 사고를 유연하게 만듭니다. 외국어 같은 처음 접하는 학습은 깨어 있는 뇌세포를 늘리는 데 가장 좋습니다. 매일 하던 것을 아무 생각 없이 반복하는 생활은 뇌세포를 오프(off)로 만들어 노화를 촉진합니다. 카드놀이, 낱말 맞추기, 산수 풀이 등 일부러 시간 내어 머리 쓰기를 꾸준히 하는 게 좋습니다.

여러 사람과 지속해서 교류하는 것도 뇌를 깨웁니다. 대화에 참여하려면 뉴스도 자세히 보게 되고, 바깥출입 하려면 옷매무새도 챙기게 됩니다. 거동이 불편해지는 초고 령에서는 멀리 있는 친구나 가족보다 동네서 어울리는 사람들이 더 소중합니다. 나이가 많이 들수록 학연·혈연·직장 등 연고 중심의 어울림보다, 지역 중심 어울림을 늘려야 합니다.

뇌는 저수지와 같습니다. 평소에 저수지에 물이 충분히 차 있으면 가뭄이 와도 버팁니다. 일상에서 머리를 끊임없이 굴리고 오감을 즐겁게 하며 살면 뇌가 싱싱해집니다.

뇌를 활성화시키려면 새로운 경험과 학습이 필요합니다. 새로운 환경에서 노출되고 새로운 기술을 배우는 것은 창의성을 증가시키고 뉴런 연결성을 향상합니다. 새로운 언어를 배우거나 취미를 개발하면 뇌를 활성화시키고 새로운 신경 경로를 형성할 수 있습니다. 새로운 경험은 우리의 지적 호기심을 자극하고 뇌의 능력을 향상하는 데 도움이 됩니다. 새로운 것에 도전하라는 것입니다.

명상은 뇌의 활동을 안정시키고 스트레스를 줄이는 데 도움을 줍니다. 명상을 통해 우리는 정서적 안정을 유지하고 집중력을 향상할 수 있습니다. 명상은 뇌의 신경 회로를 재설정하고 불안과 스트레스를 완화시키는 데 도움이 됩니다. 정기적인 명상 습관을 현성하면 뇌의 기능을 최적화하는 데 도움이 될 것입니다.

결론적으로 기억력은 우리 일상에서 핵심적인 능력 중 하나로, 이를 향상시키는 것은 지속적인 뇌 활동과 관리된 라이프스타일의 일부입니다. 다양한 기억력 훈련 방법을 통해 우리는 뇌를 활성화시키고 뛰어난 기억력을 가질 수 있습니다. 중요한 것은 꾸준함과 다양성입니다.

또한 충분한 휴식과 수면, 건강한 식습관, 정기적인 운동, 사회적 상호작용 등이 뇌 건강을 유지하고 기억력을 강화하는데 큰 역할을 합니다. 이러한 노력들은 개인의 학습, 업무, 일상생활에서 큰 차이를 만들어냅니다. 자신에게 맞는 방식을 찾고 꾸준한 노력을 통해, 우리는 뛰어난 기억력을 향해 나아가며 보다 풍요로운 삶을 살아갈 수 있을 것입니다. 그러므로, 지속적인 노력과 관심을 기억력 향상에 기울이며, 더 나은 미래를 향해 나아가기를 바랍니다. 기억력 향상을 위한 여정에서 성공과 만족을 경험하시길 기대합니다.

13장 돈 잘 벌려면 관심이 중요하다.

(사 5:12-13)"그들이 연회에는 수금과 비파와 소고와 피리와 포도주를 갖추었어도 여호와께서 행하시는 일에 관심을 두지 아니하며 그의 손으로 하신 일을 보지 아니하는도다 (13) 그러므로 내 백성이 무지함으로 말미암아 사로잡힐 것이요 그들의 귀한 자는 굶주릴 것이요 무리는 목마를 것이라."

돈을 벌어야 세상을 살 수 있다고 생각하면서 돈을 버는 일에 관심을 가지니 하나님께서 돈을 잘 버는 지혜를 주심으로 순종할 때 돈을 버는 것입니다. 예수를 믿고 성령으로 거듭난 성도는 하나님의 행하시는 일에 관심을 두어야 합니다. 관심은 참으로 중요한 것입니다. 자신이 관심의 정도에 따라 흥하고 망하기 때문입니다. 식물을 잘 기르는 사람은 식물에게 관심을 기울입니다. 식물을 잘 키우지 못하는 이유는 식물에 관심을 주지 않기 때문입니다. 어디에 관심을 가지느냐에 따라 삶이 결정됩니다. 관심(關心)이란 어떤 것에 마음이 끌려 주의를 기울임, 또는 그런 마음이나 주의를 말합니다. 다른 표현은 주의력이나 흥미가 특정한 사물로 향하고 있을 때의 심적 태도나 감정이라고 합니다.

우리가 인생을 살아가면서 발견과 깨달음은 좋은 머리에서 얻어지는 것이 아니라 평소에 얼마나 큰 관심과 문제의식을 가지고 사느냐에 따라 얻어지는 것입니다. 이렇게 작은 차이가 결과적으로 그렇게 큰 차이를 가져오게 되는 것입니다.

프랑스의 사상가 베유는 1909년 파리에서 지독하게 세속적이고 매우 지적인 가족의 딸로 태어났습니다. 어린 나이부터 자신의 책에서 위안과 영감을 찾았다고 합니다. 열네 살에는 블레즈 파스칼의 〈팡세〉 대부분을 암기했다는 것입니다. 밥도 안 먹고 잠도 안 자고 한 번에 며칠씩 보낼 수 있었다고 합니다.

학교에서도 뛰어난 성적을 받았지만 베유가 지식 그 자체를 중요하게 여긴 적은 한 번도 없었다는 것입니다. "학교 공부의 유일하게 진지한 목적은 관심을 기울이는 법을 훈련하는 것이다."라고 베유는 말했습니다. 그는 [관심은 제멋대로 퍼져 나간 베유의 철학과 삶을 하나로 묶어주는 끈이었다. 관심을 기울이는 능력은 우리를 인간답게 만들어주는 능력 중 하나다. 모든 눈부신 과학적 발견과 모든 뛰어난 예술작품, 모든 친절한 태도의 근원에는 순수하고 사심 없는 관심의 순간이 있다.

관심은 중요하다. 다른 무엇보다도 더, 관심은 우리의 삶을 형성한다. 미국의 철학자 윌리엄 제임스는 '지금 당장 우리가 주의를 기울이고 있는 것이 바로 현실이다.'라고 말했다. 우리가 주의를 기울인 것만이 우리 앞에 존재한다. 이건 은유가 아니다. 사실이다. 많은 연구에서 나타나듯이 사람은 자신이 관심을 기울이지 않은 것을 보지 못한다.

관심의 질이 삶의 질을 결정한다. 어디에 관심을 기울이기로 결정했느냐, 더 중요하게는 어떻게 관심을 기울이느냐가 곧 그 사람을 보여준다. 지난 삶을 돌아볼 때 어떤 기억이 표면 위로 떠오르는가? 어쩌면 결혼식처럼 커다란 사건일 수도 있고, 우체국의 말도 안 되게 긴 줄에서 뒤에 선 사람과 나눈 뜻밖의 다정한 대화처럼 작은 사건일 수도 있다. 하지만 그 기억은 가장 주의를 기울인 순간일 확률이 높다. 우리의 삶은 가장 열중한 순간들의 총합 그 이상도 이하도 아니다. 베유는 "가장 큰 희열은 가장 온전하게 주의를 기울였을 때 찾아온다."고 말했다.

이런 드문 순간에 우리는 베유가 "극도의 관심"이라고 부르고 미하이 칙센트미하이가 "몰입"이라 부른 정신 상태에 진입한다. 몰입 상태가 되면 자의식이라는 허울이 사라지고 전과 다른 시간 감각과 더욱 고조된 현실감을 경험한다. 모든 것이 현실보다 더 생생하다. 대부분의 삶과 달리 몰입은 "그 자체를 계속 추구하게 될 정도로 매우 보람 찬 상태"라고, 칙센트미하이는 말한다. 몰입을 경험하기 위해 보트로 대서양을 항해하거나 에베레스트산을 오를 필요는 없다. 그저 주의를 기울여야 할 뿐이다.] 에릭 와이너 〈소크라테스 익스프레스〉, p.221~223 발췌

사람이 살아감에 있어서 관심은 참으로 중요합니다. 내 관심을 어디에 둘 것인가가 중요합니다. 이 세상에 지혜로운 자들만 있다면 얼마나 좋을까요? 그러나 현실은 지혜 자와 미련한 자들이 공존하도록 하나님께서 허락해 두셨습니다(잠29:13). 그러나 그렇다고 하나님이 악인의 창궐이나 죄악의 만연에 대한 책임이 있다는 말은 아닙니다. 의인이 많아지면 백성이 즐거워할 것입니다(잠29:2). 그러나 안타깝게도 악인이 권세를 잡고 있어서 백성이 탄식하는 경우가 훨씬 더 많습니다(잠29:2). 지식이 없는 악인(7잠29:), 거만한 자(잠29:8), 다투기를 좋아하고(잠29:9), 피흘리기를 좋아하고

(잠29:10), 자기의 노를 다 드러내고(잠29:11), 훈육을 제대로 하지도 받지도 않는 자들이(잠29:17) 다 미련한 자들입니다. 그들은 묵시가 없어 방자히 행합니다(잠29:18).

율법을 지키는 자가 복이 있습니다(잠29:8). 하나님을 경외하고 하나님의 말씀을 듣고 읽고, 묵상하고 순종하는 자들이 바로 지혜로운 자요, 의인이요, 슬기로운 자입니다. 본문에 나오는 가난한 자들도 다 이와같은 자들입니다(잠29:7,13,14). 그러므로 우리 주변의 환경이나 배경, 내 지위나 학식이 전부가 아님을 깨닫게 됩니다. 내 관심을 어디에 둘 것인가가 중요합니다.

하나님의 묵시, 비전, 하나님이 주신 꿈을 품을 품으면 살아갑시다. 그렇지 않으면 말씀이 없어 기준이 없고 자기 좋을 대로 행하게 됩니다. 지혜로운 자는 결국 하나님의 뜻과 계획대로 살아가고, 하나님의 나라를 꿈꾸고 현실로 이루는 자들입니다. 반면 어리석고 미련한 자들은 애써 하나님의 뜻과 계획에 무관심해 합니다.

대적하는 원수보다도 더 무서운 것은 은근히 하나님의 뜻과 계획에 비협조적인 사람들입니다. 패배의식, 불신앙, 염세적인 생각들 등이 합리적이고 현실적이라는 이유로 하나님의 말씀처럼 둔갑되어 우리 생각과 마음을 지배할 때가 많습니다.

절망적이고, 위기의 순간이고, 희망이 보이지 않는 이때 하늘로부터 들리는 말씀을 받들며 살아갑시다. 불신자들과 괜히 논쟁할 필요가 없고, 교회 내 비복음적이고, 비성경적인 사람들과 다툴 필요도 없습니다. 우리 복음전도자들은 묵묵히 누가 보나 안보나 우리의 일을 하면 됩니다. 결국 승리하는 쪽은 정해져 있습니다.

주여! 현실을 보지 않고, 참고는 하되 거기에 메몰 되지 말고 현실 너머의 세계인 비전의 세계, 묵시의 세계에 관심을 가지고 바라보게 하소서! 말씀과 하나님의 나라, 예수 그리스도 복음에 대한 확고한 비전과 꿈과 묵시를 마음에 품게 하소서! 그 일에 힘쓰는 우리 교회와 가정, 우리 한 사람 한 사람이 되게 하소서(잠 29:25,26).

평소 자신의 관심이 "어디를 향하고 있는 지 살펴보세요. '관심'을 주고받는다는 말에는 마음이 오고 간다는 뜻이 있습니다. 지금 이 순간, 여러분의 관심은 어디에 있나요? 관심을 통해서 시선이 달라지고 생각이 달라지고 말이 달라지고 행동이 달라집니다. 평소 나의 '관심'은 어디를 향하고 있는지 살펴보십시오. 그래야 나를 알아차릴 수 있고 깨어 있을 수 있습니다. 행복해지고 싶다는 열망은 있지만 우리는 불안, 화, 갈등에 관심과 마음을 둘 때가 많습니다. 그래서 늘 답답하다고 느끼는 거지요. 관심의 방향을 바꾸십시오. 마음의 나침반을 예수님께로 향해 보십시오. 행복을 위한 첫걸음은 관심의 방향을 올바르게 설정하는 것입니다.

내가 관심을 기울이는 것 3가지를 찾아봅시다. 휴식, 여행, 도반. 이렇게 3가지를 적는다면 그 3가지가 지금 이 순간 나의 모습입니다. 앞으로 관심을 가져야겠다고 생각되는 것을 3가지 적어봅시다. 예수님, 온몸기도, 건강. 이렇게 3가지를 적는다면 그것이 나침반이 되어 나를 내 인생의 주인공으로 행복의 씨앗을 심고 꽃피우며 살아갈 수 있도록 이끌어 줄 것입니다. 우리가 관심을 가져야 할 것은 다음과 같습니다. 이런 것들에 관심을 기울이는 것이 행복의 원천입니다.

▷예수님께 관심을 가져야 한다. 관심이란 어떤 것에 마음이 끌려 주의를 기울이는 것입니다. 사람들은 자신들이 좋아하는 것을 바라보게 됩니다. 신앙생활은 하나님께 관심을 가지고 하나님을 바라보는 것입니다. 그런데 하나님을 만나지 못한 자들은 자신들이 좋아하는 것들에 취해서 그것만 바라보기 때문입니다.

각양각색의 모든 좋은 것들이 다 하늘로부터 내려오는데 땅 위에 있는 것들만 바라보고 쫓아가는 자들은 천하에 어리석은 자들입니다. 우리의 도움은 천지를 지으신 하나님께로부터 오는 것입니다. 사람을 보고 세상을 바라볼 때는 만족함이 없습니다. 하나님만이 우리에게 만족함을 주실 수가 있습니다. 하나님을 바라보는 것이 올바른 신앙생활의 기본입니다.

세상을 재미로 살아가는 사람들은 모든 일에 금방 흥미를 잃게 되어 중도에 포기하게 됩니다. 그런데 어떤 일이라도 그 일에 심취하게 되면 재미를 뛰어 넘어 참된 기쁨과 즐거움을 느끼게 됩니다. 명작은 열정의 산물입니다. 대충대충 흉내만 내는 사람은 짝퉁도 만들어 내지 못합니다. 신앙생활도 열심을 품고 주님을 섬기는 자들에게는 세상이 줄 수 없는 참된 평안과 기쁨이 있고 명품 인생을 살아가게 됩니다. "네 마음을 다하고 목숨을 다하고 뜻을 다하여 주 너의 하나님을 사랑하라."고 예수님께서 친히 하신 말씀입니다.

세상에서 돈을 버는 일에는 혈안이 되어 있고, 성공을 위하여 자존심까지 버리고 살아가지만 하나님께는 관심이 없습니다. 옛말에 잔치 집에 가면 음식을 따라다니지 말고 어른을 따라다니라는 말이 있습니다. 음식은 금방 떨어질 수 있지만 어른을 따라다니면 맛있는 음식이 끊이지 않고 계속 나오기 때문입니다. 어른 중에 최고의 어른은 우리 하나님 아버지입니다. 만왕의 왕이신 하나님께 관심을 가지고 그 분과 함께 동행한다면 "내게 부족함이 없다."는 다윗의 고백이 우리의 고백이 될 것입니다.

예수 믿는다고 하는 사람들의 대표적인 특징이 무엇인지 아십니까? 예수에게 관심이 없다는 것입니다. 예수는 믿는 그에게는 관심이 없습니다. 자신들의 관심은 오로지 "자기 자신들"입니다. 예수는 믿는데 관심은 "나에게로"입니다. 이것이 예수 믿는 자들의 특징입니다.

아주 큰 문제입니다. 더 큰 문제는 무엇인 줄 아십니까? 예수께 관심을 두지 못하게 만든다는 것입니다. 오늘날 수많은 설교의 관심거리는 모조리 "인간"에게 향해 있습니다. 행복, 희망, 비젼, 위로, 치유, 가정 등등... 그래서 교회에서 금기시 되는 것이 "예수 이야기" 하는 것입니다. 예수 이야기를 하면 귀를 막습니다. 여러분 스스로 생각해 보십시오. 여러분들은 과연 예수께 관심이 있는 예수 믿는 자입니까? 아니면 나에게 관심이 있는 자입니까?

▷**가정에 관심을 가져야 한다.** 우리는 가정에 특별한 관심을 가져야 합니다. 우리의 금쪽같은 신앙을 돌보고 자녀에게 전달하는 장소로서 가정은 무엇으로도 대체 불가한 성스러운 곳입니다. 가정이야말로 육적인 생명만이 아닌 영원한 생명이 탄생하고 양육되며 전달되는 신비로운 장소이기 때문입니다.

교회 역사를 볼 때 가정은 기도하는 곳, 전례가 이루어지는 곳이었습니다. 초대 교회부터 가정을 중심으로 신자들이 모임을 가졌습니다. 또한 가정의 중요성은 쉼 없이 강조되었습니다. 그것은 가정이 신앙 돌봄과 전수를 위한 최적화된 장소이기 때문입니다. 한국 교회도 다르지 않았습니다. 특히 박해를 피해 교우촌을 이루며 살던 시절, 가정은 신자들 모임의 장소였으며, 신앙 전수의 장으로서도 중요한 역할을 했습니다. 이런 측면에서 가정은 단순히 장소의 의미를 넘어 교회적 차원의 의미를 지니고 있다고 말할 수 있습니다. 가정은 작은 교회로서 신앙의 전수가 이뤄지고 선교의 출발점이 되는 곳입니다. 가정 없이 교회는 존재할 수 없습니다. 교회는 가정을, 가정은 교회를 서로 필요로 합니다.

한 생명이 탄생해 인격적 주체로 성장하며 새 생명을 탄생시키기까지의 전 과정은 놀랍고 신비롭습니다. 인간 스스로 해내거나 인위적으로 만들어낼 수 없는, 오직 하나님께서 인간을 통해 하시는 일이라고밖에는 설명할 수 없습니다. 가정은 '나'라는 인간이 태어나 삶을 시작하고 성장한 곳, 나약한 생명을 돌보고 양육시켜 자라게 한 곳, 그 생명이 떠나 새로운 생명을 위해 새로운 가정을 만들도록 한 곳입니다.

가정은 그처럼 생명이 전달되며 하나님 창조 및 구원 사업이 실현되는 놀랍고 성스러운 곳입니다. 그러한 놀라운 일이 가정에서 일어나기에, 가정은 거룩한 곳이며, 그 거룩함을 지키는 것이야말로 교회와 가정에 맡겨진 사명일 것입니다. 우리보두 가정에 관심을 가지고 돌보며 지내시기를 바랍니다.

▷**건강에 관심을 가져야 한다.** 건강은 인생에서 최고로 중요합니다. 인생에서 청소년이 선택할 수 없는 것이 몇 가지 있습니다. 부모, 형제자매, 사는 곳 등이 그러합니다. 하지만 건강과 관련해서는 문제가 다릅니다. 건강은 유전적 요인에 영향을 받기도 하지만 자신이 선택하는 생활 방식에 좌우되는 경우가 많습니다. '나이도 어린데 무슨 건강 걱정이야!' 하는 생각이 들지 모릅니다.

건강은 건강할 때 지켜야 합니다. 건강할 때는 남들 챙기느라, 돈 버느라고, 하루하루 살아가기에 바빠서 정작 자신은 뒷전이 되고, 나중에 아프다한들 식구 누구 하나 반기는 사람이 없습니다. 자기 몸은 스스로가 챙겨야 합니다.

17세 인 앰버는 "항상 통밀이나 저지방 무설탕 식품만 먹고는 절대 못 살 것 같아요!"라고 말합니다. 어쩌면 당신도 앰버의 말에 공감할지 모릅니다. 그렇다고 해서 걱정할 필요는 없습니다. 단것을 아예 먹지 않거나 매주 엄청난 거리를 뛰어야 하는 것은 아닙니다. 간단히 몇 가지만 바꾸어도 외모가 개선되고 기분이 좋아지며 능률이 향상될 수 있습니다.

건강을 돌보기 위해 몇 가지 간단한 사항을 실천에 옮기면 많은 것을 얻게 됩니다. 좋은 건강은 외모를 개선하고 기분을 좋게 하고 능률을 향상시키는 데 도움이 된다는 것을 기억하십시오. 인생에는 마음대로 할 수 없는 것들이 있지만 신체 상태는 어느 정도 조절이 가능합니다. 열아홉 살인 에린은 이렇게 말합니다. "결국 건강은 단 한 사람, 바로 자신에게 달려 있지요."

▷**노후에 관심을 가져야 한다.** 노후 준비를 해야 하는 이유는 최근 고령화와 저금리 시대에 돌입을 하게 되면서 한계를 들어내고 있기 때문이라고 합니다. 그렇기에 은퇴를 하시는 분들도 자금을 만들기가 쉽지 않다고 하는데요. 또한, 예전과 다르게 수명이 급격하게 늘어났기 때문에 100세 시대가 되어 퇴직 한 후 생활하는 시간이 30에서 40년 이 예전보다 늘어나게 되었다고 합니다. 이 때문에 만약 노후 준비를 철저히 하시지 않는다면 말년을 힘들게 보낼 수도 있다고 하는데요. 만약 내가 80세까지 살았다고 가정할 경우에 60세의 은퇴하여 월 200만원으로 생활을 하게 된다면 4억 8천만 원의 노후 준비를 하면 되지만 100세 까지 살아있는 다고 가정할 경우에는 자금은 2배의 금액으로 늘어나게 되어 그만큼 많은 돈이 들어간다고 할 수 있습니다. 이 때문에 현금흐름을 잘파악하여야 하며 노후 준비를 철저하게 세워야 합니다.

노후를 준비하기에 앞서 가장 소득이 많은 시기는 40대에서 50대 사이라고 하는데요. 이때에는 자녀교육비, 집 평수 늘리기, 자녀결혼 등 돈이 가장 많이 드는 시기이기도 합니다. 그래서 노후를 준비하는데 큰 장애물들이 많다고 하는데요. 조사의 의하면 은퇴를 하지 않은 가구 10개 중 6가구는 노후 준비가 잘 되어 있지 않다고 합니다. 그리고 노후 준비가 잘되 있는 가구는 8.8% 이며 노후 준비가 전혀 되지 않은 가구는 무려 19.3% 라고 하는데요. 아래에서 누후 준비 5가지를 알려드리겠으니 노후 준비 미리 해보시기 바랍니다.

-국민연금으로는 노후 준비가 부족할 수 있습니다. 이 때문에

추가로 다양한 연금에 가입을 하시는 것이 도움이 될 수 있는데요. 갈수록 세재 혜택이 있는 상품이 줄어든다고 합니다.

-만약 부부 모두 국민연금에 가입을 하지 않으셨다면 한분이 외벌이여도 같이 가입을 하시는 것이 바람직한데요. 그 이유는 외벌이의 경우 배우자도 국민연금에 임의 가입을 통해 수령자격을 획득할 수 있기 때문이라고 합니다.

특히 국민연금의 경우 가입기간에 따라 연금액 차이가 매우 크기 때문에 빨리 가입하시면 하실수록 훨씬 유리할수 있다고 합니다. 이때문에 되도록 빨리 가입하시기 바라며 매년 물가상승률이 반영이 되게 되기 때문에 연금액이 늘어날수 있을 뿐더러 소득 재분배 효과가 있어 소득이 낮을수록 더 높은 급여율을 제공하여 수익이 높아질 수 있기 때문에 빠르게 가입 부부모두 해보시길 바랍니다.

-노부부 분들께서는 대부분 자녀들이 혼인을 해 출가를 한 경우가 많습니다. 그렇기에 큰 집에 살고 계시다면 좀 작은 집으로 이사를 하시는 것도 하나의 방법이 될 수 있을 것 같은데요. 이는 이사를 하여 남은 차액을 노후 준비를 위해 다른 곳에 투자를 하여 생활비를 늘려 가실 수 있기 때문입니다. 또한, 넓은 집의 경우 재건축을 기대할 수 없는 경우 재건축 정보는 알아보거나 새 아파트에 투자를 하여 매입 후 전세나 임대를 놓으면 또 다른 수익을 창출할수 있으니 이도 기억을 해보시면서 재테크 중 부동산 쪽에 관심을 기울여보시는 것도 도움이 되실 것 같습니다. 이외에도 주택연금제도도 있으니 안정적인 것을 원하신다면 이도 같이 이용하여

보시기 바랍니다.

-퇴직연금은 노후를 위해 들어 두시는 것이 도움이 되는데요. 연금은 노후를 준비하기 위해 모든 국민들이 알정도로 매우 유용한 수단입니다.

-대부분 정년퇴임은 60세에서 65세 라고 하는데요. 헌데 요즘은 100시대이기 때문에 퇴직을 하여도 내가 살아갈 세월이 40년이 됩니다. 그렇기에 그 전에 제 2의 인생을 준비하시는 것이 바람직하다고 하는데요. 이 때문에 아직 노후 준비를 끝내지 못하셨다면 재취업을 위해 자격증 미리미리 준비하시면서 따보시기 바랍니다.

나이가 들면서 주변에 노후 준비에 관심을 가지는 사람들이 많아졌습니다. 이것저것 따져 최소한 매월 200만 원은 있어야 손 벌리지 않고 안정된 노후를 살 수 있다고 합니다. 그래서 많은 사람들이 지금 당장 여유가 없더라도 미래의 노후를 위해서 적금이나 연금을 조금씩 넣는다고 합니다. 그런데 많은 사람들이 이처럼 노후를 열심히 준비하는 만큼 자신의 '사후'도 준비하고 있을까요? 이 땅에서의 잠깐의 풍요를 위한 노후 준비는 열심히 하면서 영원한 천국에서의 사후 준비에는 소홀하지는 않으신가요?

▷**물질(돈)에 관심을 가져야 한다.** 저축과 투자는 경제적 자립의 필수 요소입니다. 정기적으로 수입의 일부를 저축하는 습관을 기르십시오. 위험 허용 범위 및 재무 목표에 맞는 투자 옵션을 탐색하십시오. 주식, 부동산, 뮤추얼 펀드 등 현명한 투자는 소극적 소

득을 창출하고 재정적 자유를 향한 여정을 가속화할 수 있습니다.

　재정 관리는 자신이 직접 해야 할 이유입니다. 재정 관리를 잘하기 위해서는 먼저 자신의 수입과 지출을 파악해야 합니다. 수입과 지출을 파악한 후에는 지출을 줄이고, 저축을 늘려야 합니다. 지출을 줄이기 위해서는 불필요한 지출을 줄이고, 저축을 늘리기 위해서는 저축 목표를 세우고, 규칙적으로 저축해야 합니다. 통장은 누구에게도 맡기면 안 됩니다. 영원한 천국에 갈 때까지 직접 관리하셔야 합니다.

　단일 수입원에만 의존하는 것은 위험할 수 있습니다. 진정한 경제적 독립을 달성하려면 수입원을 다양화하는 것이 중요합니다. 부업, 소극적 소득 및 투자 기회를 탐색하십시오. 소득을 다양화함으로써 탄력적인 재정 기반을 만들고 수입 잠재력을 높일 수 있습니다. 철저하게 30대부터 깨달아 알고 준비하고 대비해야 합니다. 직장생활을 하더라도 정년퇴직 후에 무엇을 할지 생각해야합니다.

　▷**말과 행동에 관심을 가져야 한다.** 우리가 관심을 가져야 할 것은 말과 행동입니다. 생각이든, 말이든, 행동이든, 그런 것들은 가치 판단의 기준이 됩니다. 좋은 생각도, 나쁜 말도, 좋지도 나쁘지도 않은 행동이 있다는 것입니다. 허나 아무리 좋은 생각이더라도 말과 행동이 그에 일치하지 않으면 무의미하며, 흔히 그것을 잘못된 것이라 합니다. 말이나 생각도 이와 다르지 않습니다. 우리는 끊임없이 이 세 가지를 바탕으로 인격을 평가합니다. 개중에 생각과 말과 행동이 일치한 자를 "진리에 도달한 자"라고 할 것입니다.

①생각만 해서는 망상에 빠지기 쉽다. ②말만 해서는 기만하기 쉽다. ③행동만 해서는 실수하기 쉽다. ④생각과 말만 하는 사람은 입만 산 사람이다. ⑤말과 행동만 하는 사람은 치기 어린 젊은이다. ⑥행동과 생각만 하는 사람은 위대하나 잊히기 십상이다. ⑦위대한 인물로 기억되는 사람은 결국 삼위일체다.

생각과 말과 행동 중 가장 중요한 것은 무엇일까요? 이는 개인의 성향과 기질, 특성에 따라 다를 수 있습니다. 생각이란, 내밀한 자아의 세계를 밝히는 일입니다. 반면 행동은, 실제 세계에 의미와 가치를 창출하는 일입니다. 말은 두 세계를 잇는 징검다리입니다. 인간은 생각으로써 '나'를 찾아가고, 행동으로써 '나'의 의미나 가치를 '세계'에 부여하며, 말로써 서로 다른 이들끼리 소통하며 각자의 세계관을 공유합니다. 이러한 세 원리 중 무엇 하나가 제일 중요하다고 하는 것은 곤란한 일입니다. 유기적 조화가 최선입니다. 말과 행동에 관심을 가지는 습관이 중요합니다.

▷**이웃에 관심을 가져야 한다.** 이웃을 사랑한다는 것은 다른 사람들에게 세심하고 그들의 필요에 관심을 기울이고 그들에게 실질적인 도움을 주는 것을 의미합니다. 이웃에게 간심을 가져야 좋은 이웃이 되는 것입니다. 이웃 사랑은 연대와 나눔을 의미합니다. 무엇보다 먼저 이웃을 사랑한다는 것은 그들에게 마음을 열고 그들을 받아들인다는 것을 말합니다. 이웃을 사랑해야 자신도 이웃에게 사랑을 받습니다. 이웃사촌입니다. 비록 남남끼리라도 서로 이웃하여 다정하게 지내면 사촌과 같이 가깝게 지내게 되는 것입니다.

14장 돈 잘 벌려면 지혜로워야 한다.

(약1:5)"너희 중에 누구든지 지혜가 부족하거든 모든 사
람에게 후히 주시고 꾸짖지 아니하시는 하나님께 구하라
그리하면 주시리라"

지혜로워야 세상을 살아가면서 돈을 벌수가 있는 것입니다. 사
람은 사회적인 동물이기 때문에 혼자 살아갈 수가 없습니다. 주변
사람들에게 인심을 얻어야 돈도 벌고 살아갈 수가 있습니다. 세상
사람들에게 인심을 얻으려면 지혜로워야 합니다. 지혜로우려면 하
나님께 예배하고 기도해야 합니다. 예배하고 기도할 때 하나님께
서 지혜를 주십니다. 지혜란 문제를 해결하는 능력입니다. 지식이
없어도 지혜가 있으면 어려운 문제를 지혜롭게 해결하며 인생을
살아갑니다. 하나님은 우리가 하나님에게 기도하여 하나님의 지혜
의 말씀을 받아 문제 해결하기를 원하십니다. 지혜의 말씀은 문제
를 해결할 수 있는 깨달음의 말씀입니다. 어떻게 할까요? 하면서
믿음으로 간구하면 이 지혜의 말씀은 반드시 내게서 나타납니다.
이미 받은 지혜의 말씀이 내게서 나타나도록 성령께 간구해야 합
니다. 문제가 있으면 반드시 해결 방법이 있습니다. 이 해결 방법
은 하나님만이 알고 계십니다. 영의 상태에서 하나님에게 기도하
여 지혜의 말씀을 듣고 문제를 해결하기를 바랍니다.
지혜란 이 세상의 사물의 이치를 제대로 깨닫고 그것으로 자신
의 행복을 만들어 나갈 수 있는 우리 인간들의 지적능력을 말하는

것이기도 합니다. 지혜는 올바르게 판단하고 최선의 행동방침을 따르는 능력으로 정의 할 수 있습니다. 여기에는 올바른 통찰력, 올바른 판단력 건전한 의사결정이 포함됩니다. 지혜는 단순히 지식에 고나한 것만이 아니라 그 지식을 실체상황에 적용하는 능력도 포함됩니다. 지혜란 이세상의 삶의 등불이며 우리는 지혜가 있기 때문에 이 세상의 어둠을 걷어내고 제아무리 어렵고 힘든 장애물이라고 하더라도 극복해 넘을 수가 있는 것입니다.

지혜를 성경에서는 지혜의 말씀이라고 합니다. 지혜의 말씀은 그리스도인이 지식의 말씀으로 깨달은 문제나 계획을 풀 수 있는 지혜입니다. 또 앞으로 일어날 일에 대해 해결하고 준비할 것을 아는 지혜입니다. 이는 인간의 지혜가 아닌 하나님의 초자연적인 지혜입니다. 우리는 성령께서 주시는 지혜로 행동해야 하는데, 자신의 감정으로 행동함으로 실수를 하게 됩니다. 하나님의 사람들은 감정으로 무엇을 해서는 안 됩니다.

감정은 육의 상처에서 나오는 것이기 때문입니다. 고로 성령의 사람은 성령께서 주시는 지혜로 문제를 풀어가야 합니다. 이것이 바로 믿음으로 하는 것입니다. '믿음으로' 라는 말은 '성령으로'라는 말과 같은 것입니다. 성령께 지혜를 간구하면 속에서 물방울처럼 지혜가 속에서 올라오는 것을 느끼게 됩니다. 지혜롭지 못한 은사사역에는 마귀가 틈을 탑니다. 하나님은 지혜로우신 분이고, 마귀는 어리석은 존재입니다.

하나님의 지혜가 없으면 마귀의 역사로 말미암아 성령사역이 오염되기 쉽습니다. 성령의 사역은 지혜의 말씀의 은사에서 시작이 됩니다. 이것이 바로 은사 중에 지혜의 말씀의 은사가 가장 먼저 거론되는 이유입니다. 지혜의 말씀과 지식의 말씀은 연결됩니다. 지혜의 말씀은 마음 쪽에서 오는 것이고 지식의 말씀은 생각 쪽에서 오는 것입니다. 지식의 말씀을 지혜의 말씀으로 표현하는 것입니다. 지식의 말씀으로 받은 것을 지혜롭게 표현하고 전달하는 것입니다. 지식의 말씀으로 깨닫고, 예언의 말씀으로 받은 내용을 상대방에게 부드럽게, 거부감 없이 받아들이고 깨달을 수 있게 전하는 수단이 바로 지혜의 말씀입니다.

소금으로 고르게 함 같은 말, 골고루 베어들게 하는 말, 포근히 안겨주는 말, 편안하게 던져주는 말이 바로 지혜의 말씀입니다. 성령사역은 부드러움과 온유함과 순결함이 생명입니다. 성령님은 부드러우신 분이십니다.

예수 믿는 그리스도인들은 성령으로 지혜의 말씀이 와야 합니다. 하나님의 지혜를 구하세요. 하나님께서 성령님을 통하여 우리에게 지혜를 주십니다. 지식의 말씀만으로는 어렵습니다. 지식의 말씀만으로는 사람의 마음을 건드릴 수가 없습니다. 변화시킬 수가 없습니다. 지식의 말씀은 문제를 알게만 하는 것이기 때문입니다. 지혜의 말씀을 구하시기 바랍니다. 하나님으로부터 나오는 지혜의 말씀을 구하는 것입니다. 인격적인 분에게 구해야 주십니다. 성령님은 기계적인 분이 아닙니다. 인격적인 관계를 가지고 하나님께 말씀을 구하세요. 하나님 어떻게 할까요? 하면서 구하세요.'지혜로운 자와 동행하면 지혜를 얻고' 라는 말은 하나님과 동행하라는 말씀이요, 하나님께 구하면서 교제하라는 말씀입니다.

"지혜로운 자와 동행하면 지혜를 얻고 미련한 자와 사귀면 해를 받느니라"(잠13:20).

지혜의 말씀은 성령의 초자연적인 능력으로 환란과 풍판에 대한 특별한 통찰, 상담, 인도를 하게 함으로 삶을 변화시키거나 문제를 해결하는 능력입니다. 사람들은 이 말씀에 대해 보통 "어떻게 그런 지혜로운 생각을 하셨지요? 제가 바로 그 말씀을 들어야 했어요. 감사합니다. 문제가 풀렸습니다"라는 반응을 하게 됩니다. 지혜의 말씀과 지식의 말씀과 영분별을 성령의 은사로 표현한다면 계시의 은사입니다. 이 계시의 은사들은 서로 연관되어 있으므로 예언 시에는 지식의 말씀, 지혜의 말씀과 예언의 은사를 다 사용하게 됩니다. 예언의 말씀을 통해 사람들은 교훈과 도전을 받고 용기를 얻고 방향을 정하게 됩니다.

지혜의 말씀은 성경에 기록된 하나님의 계시된 뜻을 나타내는 것이 아니라, 성경에 계시되지 않은 말씀 외에 가려져 있는 문제를 풀 수 있는 지혜와 목적을 드러내는 것입니다. 지혜의 말씀은 삶의 지혜이며, 학문적 통찰을 위한 지혜가 아닙니다. 지혜의 말씀은 실용적입니다. 하나님의 영광을 위하여 사용되는 것입니다. 이것은 지혜의 은사가 아니라 지혜의 말씀의 은사입니다. 일반적인 지혜는 구하는 우리 모두에게 가능한 것입니다(약1:5).

그러나 은사로서의 지혜의 말씀은 성경을 통해 하나님으로부터 오는 말씀입니다. 지혜의 말씀은 보통 우리에게 일어나지 않는 어떤 일을 우리가 하도록 인도합니다. 대체로 지혜의 말씀은 미래의 지시에 관한 것으로서 우리가 하나님의 영원하신 목적과 적절한 관계를 맺도록 작용합니다. 그것은 예언과 중복되며, 그 중심은 주님께 대한 경건함이며, 모든 사실과 상황을 지혜롭게 고려한 보다 나은 것입니다. 그것은 우리가 알고 있는 모든 사실과 하나님과 관계를 맺고 있는 모든 것을 느끼도록 우리 마음속에 두신 것입니다.

1. 성경에 지혜의 말씀이 사용된 예

1) 창세기 41장: 요셉이 지혜의 말씀을 통해 바로의 꿈을 해석합니다. 진정한 해석을 하기 위해 하나님의 심장과 같은 계시가 필요했습니다. 지혜의 말씀을 통해 앞으로 있을 7년의 흉년에 대해 그가 바로에게 말한 것입니다. 그 말을 들은 바로가 감동하여 요셉을 애굽의 총리로 삼은 것입니다.

2) 출애굽기 3장: 이스라엘 백성을 애굽에서 끌어내어 인도하면서 많은 상황속에서 모세는 지혜의 말씀이 있어야 했습니다. 모세는 하나님에게 기도하여 지혜를 구하여 일을 추진하였습니다. 하나님은 하나님의 일을 성공적으로 수행하기 위하여 하나님에게 지혜의 말씀을 구하면 알려주십니다.

3) 열왕기상 3:16-18: 솔로몬은 지혜의 말씀으로 두 여자의 동기를 알았습니다. 참 어머니는 아이를 사랑하여 아이를 죽이는 것보다 거짓 어미에게 주기를 원했습니다.

4) 창세기 6:14-18: 노아는 지혜의 말씀을 통해 하나님의 심판으로부터 가족을 구하기 위해 배를 만들라는 지시를 받았습니다. 받은 지혜의 말씀을 그대로 순종하여 가족이 구원을 받았습니다.

5) 창세기 19장: 롯은 소돔의 멸망에 대해 경고를 받았습니다.

경고를 받고 순종한 롯과 그 딸들은 구원을 받았으나 순종하지 않은 롯의 아내는 소금기둥이 되었습니다. 지혜의 말씀을 받고 순종하는 것이 아주 중요합니다. 성경에는 순종이 제사보다 낫다고 했습니다.

6) 출애굽기 30-40장: 하나님께서 모세에게 장막을 세우고 지파들에게 어떻게 지시할 것인가를 알게 하셨습니다. 모세는 그대로 순종하였습니다. 모세는 이스라엘 백성들을 이끌고 애굽에서 광야로 나와 많은 지혜의 말씀이 필요했습니다. 그럴 때마다 모세는 하나님에게 기도하여 하나님의 지혜로 문제를 해결했습니다. 우리도 하나님에게 기도하는 습관을 들여야 합니다.

7) 사도행전 27:21-25: 바울은 선원들에게 아무도 죽지 않을 것이라고 천사를 통해 받은 지혜의 말씀을 전합니다. 순종하여 선원들이 죽지 않았고 배도 파선하지 않았습니다. 우리는 어떠한 위급한 상황이 닥치더라도 당황하지 말고 하나님의 지혜를 구해야 합니다. 하나님은 우리 예수를 믿는 그리스도인들이 천국을 향해가는 행로에 닥치는 모든 문제를 알고 계시고, 또한 해결할 방법도 미리 준비 하셨습니다.

8) 바울이 암초에 걸릴까 하여 두려워하는 사공들이 배를 버리지 않도록 선장에게 미리 알려 주었습니다(행27:31-32). 바울이 전한 하나님의 지혜의 말씀을 믿고 순종하여 배를 버리지 않고 구원을 받게 됩니다. 우리는 언제나 하나님과 영의 통로가 열린 사람의 말을 순종하는 것이 좋습니다.

9) 아나니아가 사울을 치유하도록 하였으며, 이와 더불어 그의

장래에 대한 예언을 하게 하였습니다(행9:10-19). 사울이 예수인들을 죽이는 만행을 저질렀지만 아나니아는 예수님의 말씀에 순종하여 바울을 치유합니다. 그리고 예언도 해줍니다. 그리스도인은 하나님의 일을 하는데 절대로 사심이 결부되면 안 됩니다. 그래서 상처를 치유하라고 하는 것입니다.

10) 유대인의 관례와 이방인들과의 관계에 어려운 문제가 야기되었을 때, 야고보는 예루살렘 장로회 의장으로서 지혜로운 말을 하였습니다(행15:13-21). 또한 바울은 하나님의 많은 백성이 고린도에 머물도록 지시할 수 있는 지혜의 말씀을 갖게 되었습니다(행18:9-11). 이러한 신적인 말은 우리들의 매일 삶 속에 실용적 상황 가운데 개인적 혹은 교회를 통해서 옵니다. 그것은 어두운 상황에 빛을 던지는 것이며, 그리고 하나님의 보이지 않는 목표를 향해서 올바른 선택을 결정하도록 우리를 만들 것입니다.

3. 지혜의 말씀의 유익: 지혜로운 사람은 행동으로 말을 증명하고 어리석은 사람은 말로 행위를 변명합니다. 지혜로운 사람의 노년은 황금기이지만 어리석은 사람의 노년은 겨울입니다. 지혜로운 사람은 일단 실행해 보고 결과를 기다리지만 어리석은 사람은 해보지도 않고 실패할 걱정부터 합니다. 지혜로운 사람은 자신이 새벽을 깨우지만 어리석은 사람은 새벽이 오기만을 기다립니다. 지혜로운 사람은 만나는 모든 사람에게 무엇인가 배우려 하지만, 어리석은 사람은 그에게서 이익을 취하려 합니다.

지혜로운 사람은 자기의 결점을 장점으로 승화시키려 노력을 하지만 어리석은 사람은 자신의 결점만 걱정합니다. 지혜로운 사람은 자신이 어디를 가야 하는지 알지만, 어리석은 사람은 자기가 어디에 있는지만 압니다. 지혜로운 사람은 자기가 아는 것이 최대의 지혜라 여기지만, 어리석은 사람은 남을 이기는 것을 최고로 여깁니다.

1) 생명을 살립니다. 성경에 보면 죽은 자를 기도하여 살린 경우가 많이 기록이 되어 있습니다. 우리도 고통을 당하는 이웃을 만났을 때 기도하여 하나님의 지혜를 들어 시행함으로 생명을 살리는 일에 쓰임을 받으시기를 바랍니다.

2) 자기 영혼을 살립니다. 하나님에게 지혜를 구하기 위하여 기도함으로 성령으로 충만해지는 것입니다. 성령으로 충만해지니 영혼이 깨어나 영혼을 살리는 것입니다.

3) 악으로부터 지킴을 받습니다. 골리앗이 이스라엘 군사들에게 나타나 소리를 지르니 모두 사시나무 떨듯이 떨었습니다. 성령으로 충만한 다윗은 하나님의 감동을 받아 골리앗을 물리칩니다. 우리도 이러한 상황에 봉착하지 말라는 법이 없습니다. 이럴 때 기도하면 하나님이 지혜를 주셔서 악으로부터 구원을 받게 하십니다.

4) 능력 있는 삶을 살게 합니다. 성도가 하나님에게 기도하면 할수록 성령으로 충만하여 초자연적인 권능이 임합니다. 하나님에게 지혜를 구하세요. 지혜를 구하려면 기도해야 하고 성령으로 충만해야 합니다. 기도하여 성령으로 충만하니 권능 있는 삶을 살수가 있는 것입니다.

5) 사업장, 교회가 부흥됩니다. 하나님에게 지혜를 구하여 행동

에 옮기니 하나님이 사업을 이끌어 가십니다. 교회도 하나님이 이끌어 가십니다. 하나님이 친히 이끌어 가시므로 사업장과 교회는 부흥하는 것입니다.

6) 시험도 이깁니다. 시험이 올 때마다 하나님에게 기도하여 하나님의 지혜로 문제를 해결하게 되니 시험이 와도 겁내지 않습니다. 시험이 오면 하나님에게 기도하여 지혜를 받아 해결하면 되기 때문입니다.

7) 재물을 얻습니다. 하나님에게 지혜를 구하여 하나님이 하라는 대로 하니 아브라함의 복이 임하는 것입니다. 성도가 하는 모든 사업이나 직장 생활은 하나님의 일입니다. 하나님에게 맡기니 하나님이 운영을 하시어 재정적인 복을 받게 하는 것입니다. 성도가 재정적인 복을 받아야 하나님의 나라확장에 재물을 투자할 수 있기 때문입니다. 하나님에게 기도하여 하나님의 지혜로 매사를 시행하면 잘 되게 되어있습니다.

4. 지혜의 말씀이 역사하는 모습

1) 성령께서 감동을 주십니다. 주신 감동을 행동에 옮기려면 믿음이 있어야 한다는 것입니다. 왜 믿음이 필요 하느냐. 자신이 생각하지도 못한 지혜가 떠오르기 때문에 행동에 옮기려면 믿음이 필요한 것입니다. 그러므로 하나님의 지혜를 받아 행동에 옮기려면 먼저 성령의 임재가운데 성령의 음성을 들어야 합니다. 그 다음에 믿음으로 행동에 옮겨야 하나님의 역사가 일어나는 것입니다.

2) 생각에 섬광처럼 스치는 계시, 비전, 머리에 비추는 인상이나

예언의 말로 역사 합니다. 이것도 성령께서 주시는 계시이고 사람의 이론이 아닙니다.

3) 사람의 이론을 사용하면 하나님의 계시를 받을 수 없습니다. 사람의 생각과 하나님의 지혜는 다릅니다. 하나님은 사람을 말을 의지하고 따라가는 자와 상관하지 않습니다.

4) 모든 은사와 같이 이것도 사용함으로써 개발됩니다. 성령의 은사는 사용해야 깊어지는 것입니다. 모든 은사는 사용함으로 개발이 되는 것입니다.

5. 지혜의 말씀을 주시는 목적: 닥쳐올 위험에서 건지기 위해 경고하여 기도하게 하십니다. 하나님은 성도가 위험에 빠져서 고통을 당하는 것을 좋아하지 않습니다. 선교의 부름을 알게 하거나 확인시키십니다. 성도가 하는 모든 일은 하나님의 일입니다. 선교를 나가려고 해도 하나님의 지혜의 말씀을 받아야 합니다. 앞으로 올 축복이나 심판을 알게 하십니다. 하나님은 성도들에게 모든 것을 알게 하십니다. 기도할 때 알려주십니다. 그러므로 성도는 무시로 성령 안에서 기도해야 합니다. 과거를 알게 하십니다. 특별히 마음의 상처의 원인과 치유방법을 알게 합니다. 저는 내적치유를 할 때 성령님에게 질문하여 원인을 찾아 내적치유를 하고 있습니다. 특별한 상황에서 개인적으로 인도하시기도 합니다. 평상시 상식적인 판단으로 되는 것을 돕기 위함은 아닙니다. 하나님의 일을 하기 위해서 부르시는 인도입니다.

6. 지혜의 말씀를 나타내는 원리

1) 지혜의 말씀은 하나님께서 당신의 주권으로 베풀어주십니다. 우리는 단지 자기에게 그것이 주어졌음을 알게 될 뿐입니다. 우리의 주인이신 성령님께 물어보면 알려주십니다.

2) 우리는 지혜의 말씀을 주시기를 하나님께 간구할 수 있습니다. 하나님에게 끊임없이 기도해야 합니다. 하나님과 인격적인 관계가 되도록 성령님을 인정하고 그분에게 기도하여 매사를 행하는 습관을 들여야 합니다. "구하라 그러면 너희에게 주실 것이요 찾으라 그러면 찾을 것이요 문을 두드리라 그러면 너희에게 열릴 것이니"(마7:7).

3) 지혜의 말씀은 그 은사를 지니고 있는 사람이 다른 사람에게 나누어 줄 수 있는 것입니다. 성령의 은사는 전이가 됩니다. 은사가 있는 사람이 다른 성도에게 안수할 때 은사가 전이되는 것입니다. 이에 관하여 바울은 이렇게 기술하고 있습니다. "내가 너희 보기를 심히 원하는 것은 무슨 신령한 은사를 너희에게 나눠 주어 너희를 견고케 하려 함이니"(롬1:11)

8. 하나님에게 지혜의 말씀을 받는 방법

1) 대상이나 문제나 해결해야 할 과제를 정합니다. 이는 지식의 말씀으로 받은 문제를 말합니다.

2) 깊은 기도를 하여 성령의 깊은 임재 가운데로 들어갑니다. 성령의 임재 하에 하나님의 지혜를 받을 수 있기 때문입니다. 하나님은 영이시기 때문에 우리가 영적이 되었을 때 음성이 들리는 것입

니다.

3) 하나님에게 질문을 해야 합니다. 물어보아야 합니다. 하나님 이일을 어떻게 처리해야 합니까? 어떻게 해야 합니까? 성령의 임재 하에 자꾸 물어보아야 합니다.

4) 하나님의 지혜의 말씀을 기대해야 합니다. 하나님은 성도의 문제를 해결하여 주시기를 원하십니다. 성도의 문제에 대한 해답은 하나님이 가지고 계십니다. 마라의 쓴물이 나타났을 때 모세가 기도할 때 한 나뭇 가지를 지시하여 나뭇가지를 물에 던져 넣으니 물이 달아졌습니다. 성도가 성령의 인도를 받으며 하나님을 따라가다가 당하는 문제에는 하나님의 해답이 있습니다. 하나님에게 기도하면 하나님이 지혜를 주셔서 해결하게 하십니다.   5) 하나님께서 자신에게 들려준 것에 대하여 조치와 응답을 해야 합니다. 하나님께서 지팡이를 내밀어라 하면 지팡이를 내밀어야 합니다. 여리고 성을 돌라면 돌아야 합니다. 소리를 지르라고 하면 질러야 하나님께서 역사를 하십니다.

6) 확신을 주는 사건들을 주의하여 살펴보아야 합니다. 하나님이 주신 지혜의 말씀을 선포하면 반드시 보이는 역사가 나타납니다. 이것을 보증의 역사라고 합니다. 환경으로 하나님의 역사가 나타난다는 것입니다. 엘리야가 갈멜산에서 비가 내리기를 기도할 때 손바닥만 한 구름이 나타나니 엘리야가 비온다고 한 것을 우리는 이해해야 합니다.

7) 말씀을 주신 하나님께 감사하고, 늘 하나님께 지혜의 말씀을 들려 달라고 간구하고 인격적인 관계를 유지해야 합니다.

15장 돈 잘 벌려면 자립정신이 강해야 한다.

(출 3:14)"하나님이 모세에게 이르시되 나는 스스로 있
는 자이니라 또 이르시되 너는 이스라엘 자손에게 이같이
이르기를 스스로 있는 자가 나를 너희에게 보내셨다 하라"

돈을 잘 벌려면 자기가 할 수 있는 일을 통해 돈을 벌겠다는 생
각을 가지고 접근해야 합니다. 자기가 가지고 있는 재능이나 기술
이나 능력이나 자격증을 가지고 돈을 벌려고 해야 한다는 것입니
다. 자기의 능력으로 할 수 있는 것으로 돈을 벌려고 하라는 것입
니다. 은행이나 남의 돈을 빌려다가 투자해서 돈을 벌겠다는 생각
은 일찍 접는 것이 좋습니다. 이런 생각을 가지고 돈을 벌겠다고
덤비면 거지되기 십상입니다. 돈을 벌려면 혼자로서 독립하며 자
립하려는 의식이 강해야 합니다. 의존성이 있는 사람은 돈을 벌지
를 못할 것입니다. 이유는 어려우면 자꾸 주변사람에게 기대려는
생각을 가지고 있기 때문에 자기 안에 있는 돈을 버는 잠재력을 끄
집어내지 못하기 때문입니다. 혼자 스스로 독립하여 자립하려는
의지를 가지고 기도하며 노력할 때 자립할 수 있는 능력이 자기 안
에서 나오기 때문입니다.

자립정신(自立精神)이란 남에게 예속되거나 의지하지 아니하고
스스로 서려는 정신을 말합니다. 하나님은 자립심을 기르기 위하
여 일정한 시가가 되면 부모에게서 떨어지게 하십니다. 왜냐하면
하나님께서는 순종하는 하나님의 사람을 통하여 이 땅에 하나님의

나라를 건설하시기 때문입니다. 하나님의 사람을 통하여 하나님의 나라를 건설하려면 하나님의 뜻과 마음과 하나님과 같은 담대함이 있어야 가능하기 때문에 하나님께서 직접 훈련하시기 위하여 광야로 불러내시는 것입니다. 이는 아브라함, 야곱, 요셉, 모세, 다윗 등을 통해 깨달을 수가 있습니다. 하나님은 "하나님이 모세에게 이르시되 나는 스스로 있는 자이니라 또 이르시되 너는 이스라엘 자손에게 이같이 이르기를 스스로 있는 자가 나를 너희에게 보내셨다 하라."(출3:14). 모세가 사십 년 동안 미디안 광야에서 도망자로 살고 있을 때, 하나님께서 호렙 산에서 모세를 불러, 애굽으로 돌아가 이스라엘 민족을 인도해 나오라고 명하십니다. 이에 모세는 이스라엘 장로들이 자기를 보낸 하나님의 이름이 무엇이냐고 물으면 무엇이라고 대답해야 하냐고 질문합니다. 이 질문에 대해 하나님께서 모세에게 주신 대답이 "나는 스스로 있는 자이니라." 라는 말씀입니다.

구약 성경 중 가장 뜻깊은 구절 가운데 하나는 출 3:14절로써 이는 하나님께서 인간에게 당신의 성호를 친히 나타내신 구절입니다. 여기서 하나님은 당신 자신을 '스스로 있는 자'로 표현하십니다. 애굽에서 고통당하는 이스라엘 백성은 다신교 숭배가 만연한 애굽에서 430년을 지내는 동안 '우리를 이끌어 내겠다는 그 신의 이름이 무엇이냐'(출3:13절)고 물을 정도로 하나님을 알지 못하고 잡심들을 섬김으로 영적인 수준이 낮아졌습니다. 그래서 모세가 그들 앞에 서고 그들이 물을 때 '하나님을 어떻게 소개해야 합니까'라고 물은 것입니다. 이에 하나님은 '스스로 있는 자'(14절)라고 자신의 이름을 알려주십니다. '스스로 있는 자'를 히브리어로 직역하면 '나는 있는 자다' 또는 '나는 나인 존재다'라는 뜻입니다.

이는 영원부터 영원까지 언제나 존재하시는 하나님의 영원성과 아무 것에도 의존하지 않고 스스로 만물의 근원되시는 하나님의 절대성을 나타내는 표현입니다. 하나님 자신에 대한 소개는 하나님께서 인간의 모든 사고와 상상을 초월하여 존재하시며 인간 역사는 오직 당신의 뜻과 의지에 의해서만 움직여질 수 있다는 사실을 나타냅니다. 그 하나님께서 그들의 조상 아브라함, 이삭, 야곱을 인도했노라고 말씀하십니다(15절). 우리도 애굽 같은 세상에 살면서 자기 소견에 옳은 대로 행하느라 하나님이 어떤 분이신지 잊고 살 때가 많습니다. 그러나 하나님은 이런 우리에게 늘 말씀으로 찾아와 당신이 누구이며 어떤 분이신지를 알려주십니다. 그러므로 우리는 날마다 말씀을 묵상하며 하나님이 어떤 분이신지를 알아가는 것이 중요합니다. '스스로 있는 자'이신 하나님께서 모세에게 애굽의 바로에게 가서 무엇을 행하고 말할지를 구체적으로 알려주십니다. 하나님은 이스라엘 자손의 조상에게 하신 약속대로 애굽의 고난에서 그들을 인도하여 '젖과 꿀이 흐르는 가나안 땅'으로 올라가게 하겠다고 말씀하십니다(출3:16~17절). 이 젖과 꿀이 흐르는 가나안 땅은 자연적으로 풍성한 결실의 땅일 뿐만 아니라 구원받은 성도들이 장차 들어가게 될 영원한 천국의 모형으로 모든 믿은 자들의 소망인 동시에 영원한 약속의 땅입니다.

하나님은 창조주로서 누군가가 그 이름을 지어줄 수 있는 분이 아니십니다. 누구의 도움도 필요가 없으신 분입니다. 그래서 그 이름이 있을 수 없는 분이기 때문에 "스스로 있는 자"라고 먼저 자신을 소개하신 것입니다. 말하자면, 당신은 누군가가 자신의 정체성 곧, 그 이름을 부여해서 존재하게 된 존재가 아니라, 스스로 존재하는 창조주라는 말씀을 하신 것입니다. 그렇지만, 이스라엘 백성들이 이해할 수 있도록 그들의 눈높이에 맞춰서 '아브라함, 이삭, 야곱의 하나님'이 너를 보냈다고 말하라 명하십니다. 그리고 이 이름으로 자신을 기억하라고 말씀하십니다.

하나님이 완성하신 천국 나라에는 오직 자신과 같은 심령을 닮은 사람들과 그에 준하는 만물들이 영원 무궁히 하나님과 함께 하게 됩니다. 그러므로 그의 형상을 닮은 자녀들로 태어난 사람들이 가장 최우선적으로 취하여야 할 것은 바로 하나님과 같은 기품, 곧 하나님의 뜻에 맞는 자녀들이 되어야만 비로소 사람의 영혼과 육신이 바라고 꿈꾸던 천국 같은 나라가 땅에서도 하늘에서도 완성될 수 있을 뿐입니다. 사람의 영육이 하나님과 같은 그러한 상태가 되지 않고 추악한 상태에 이르게 되면 결코 그 같은 천국이 땅과 하늘에서도 주어질 수 없다는 것을 깨달아야 합니다.

그래서 하나님은 때가 되면 불러내어 광야훈련을 시키시면서 하나님을 닮은 "스스로 있는자"로 하나님과 같이 독립심이 있는 사람으로 훈련을 시키시기 위해서입니다. 하나님 안에서 독립심을 기르기 위해서 광야로 불러내어 혹독한 시련을 통과하며 홀로설수 있는 자를 만드시는 것입니다. 자기관리를 못하는 사람은 광야에서 살아남지 못합니다. 하나님은 광야훈련을 통하여 자기를 관리하여 살아남은 사람을 통하여 세상에 하나님의 나라를 건설하십니다. 하나님은 자신의 육신도 내 것 아닌 성령의 전이라고 말씀하십니다. 하나님은 예수를 믿는 모든 사람들이 성령 안에서 독립하는 훈련을 하여 하나님을 닮은 사람이 되기를 원하십니다. 광야에서 하나님만 바라보면서 홀로서 도록 훈련하시는 것입니다. 독립하도록 하신다는 말입니다.

사람이 늙어 가면 갈수록 혼자가 되는 것입니다. 친구들도 앞서거니 뒤서거니 하면서 세상을 떠납니다. 부부도 앞서거니 뒤서거니 하면서 혼자가 됩니다. 자꾸 "스스로 있는 자" 홀로서는 자가 되어가는 것입니다. 그래서 하나님은 사랑하는 성도들을 광야로 불러내어 독립훈련 "스스로 있는 자" 홀로서는 훈련을 시키시는 것입니다. 이는 세상 연구에서 밝혀진 것입니다. 65세 이상 노인들은 삶의 질을 결정하는 핵심 요인으로 일상 활동에서의 원활한 독립적으로 수행하며 스스로가 느끼는 주관적 건강상태를 가장 중요한 요소로 꼽는 것으로 나타났다고 합니다. "스스로 있는 자"로 독립할 수 있는 분들이 건강하게 장수한다는 것입니다.

나이가 많을수록 다른 사람의 잔소리나 도움이 없이 "스스로 있는 자"로 독립하며 자기관리를 할 수 있어야 건강하게 살아갈 수가 있다는 것입니다. 스스로 걸어 다니면서 운동을 해야 건강하게 지낼 수가 있습니다. 어떤 사람들을 보면 혼자서는 밖에도 나가지 못하는 의존적인 사람이 있습니다. 이런 유형의 사람들은 빨리 혼자서도 밖에 나가서 걸으면서 지내는 훈련을 해야 건강하게 독립할 수가 있다는 것입니다. 이는 누가 알려주어서가 아니라 자기 자신 스스로 깨닫고 행동하려고 해야 합니다. 스스로 자기관리하며 독립하는 것이 무엇보다도 중요합니다. 어떤 분들은 사지가 멀쩡하고 걸어 다니는데 아무런 문제가 없는데 병원이나 시장이나 미장원이나 이발소나 가려면 꼭 보호자를 대동하고 가야 마음이 놓이는 분들이 있습니다. 지금부터라도 혼자 다니면서 해결하는 습관을 길러야 생활면에서 독립할 수가 있습니다. 스스로 자기관리하지 못하는 분들이 어떻게 자신의 건강상태에 대한 스스로 평가할 수가 있겠습니까? 자신의 건강을 자신이 책임을 져야 합니다. 누구도 자기 건강을 책임져 줄 수가 없는 것입니다. 자신이 자신의 건강상태를 알고 스스로 돌보아야 합니다. "하늘은 스스로 돕는 자를 돕는다."고 했습니다. 자기가 스스로 있는 자가 되려고 해야 홀로서서 건강하게 지낼 수가 있다는 것입니다. 자신이 스스로 있는 자가 되려고 하지 않으면 하나님도 주변 사람들도 어찌할 수가 없는 것입니다. 필자는 65세 이상 된 분들이 일을 하면 이제 그만 쉬세요. 하는 자녀들이 있는데 이는 그만 사세요. 그만 재산 상속하고 그만죽으세요. 하는 말과 같다고 생각합니다. 일을 스스로 계속할 수 있도록 응원하고 도와야 합니다. 그래야 그분이 "스스로 있는 자"가 되어 건강하게 삶을 살아갈 수가 있는 것입니다. 손과 발을 움직이며 일을 할 수 있을 때까지 하도록 해야 합니다.

매사를 스스로 하는 습관을 들여야 합니다. 어떤 사람들은 자신이 충분하게 할 수 있는 일인데 주변 다른 약한 사람에게 시키면서 잘못하면 소리를 지르고 질책을 하면서 괴롭히는 사람이 있습니다. 이런 사람은 어떤 일을 당한 다면 스스로 할 수 없는 사람이 됩니다. 다시 말해서 시키기는 잘하는데 스스로 하지는 못한다는 것입니다. 필자가 군대에 있을 때 보면 시키기는 잘하는데 스스로 일을 할 수가 없으니 전역해도 반건달이 되어 주변사람에게 덕이 되지 못하고 피해만 끼치면서 잠만 되어 사라가는 분들이 됩니다. 스스로 일을 잘하는 사람을 "맥가이버"라고 합니다. "어디서든 무엇이든 척척 해내는" 사람이 되어야 세상을 살아갈 수가 있습니다. 자신이 할 수 있는 일은 자신이 스스로 하는 습관이 중요합니다. 이는 어려서부터 습관이 되어야 합니다.

하나님을 반역한 마귀 같은 자들은 이와는 정반대로 남들이 나에게 최선을 다하여야만 자신도 남들에게 그럴 수 있다고 요구할 뿐, 하나님처럼 먼저 솔선수범해 보이지 않습니다. 즉 '스스로 있는 자'가 되려 하지 않고 '남들이 잘해 주어야만 자신도 남들에게 잘할 수 있다.'고 합니다. 하나님(예수님)처럼 자기 자신이 먼저 '스스로 있는 자'가 되어야 합니다. 어느 누구로부터 먼저 칙사 대접받아야만 자신도 그 같은 칙사 대접으로 가족들과 이웃들과 나라 국민들을 대접하겠다는 속임수를 버리고, 다만 하나님을 믿는 믿음으로 자신이 솔선수범하여 '스스로 있는 자'가 되어야 합니다. 즉 자기 자신이 먼저 하나님의 자녀로 대접을 받았으니 마땅히 자기 자신도 하나님과 이웃들을 대접하는 일로 보답하여야 합니다.

1. 자립심 있는 자녀로 양육하려면: 자립심이란 남에게 의지하지 않고 스스로 무엇을 해 나가려는 마음을 말합니다. 인간의 최고의 행복은 자유입니다. 자유는 자립에서 나오는 것입니다. 자립이란 책임질 수 있는 능력입니다. 책임진다는 것은 자기 삶에 진실하

게 행동하는 것입니다. 자기 삶에 진실하게 행동하는 것은 공짜를 바라지 않는 것입니다. 이 세상에 공짜로 거저 얻어지는 것은 없습니다. 남한테 도움 받을 생각 말고, 남한테 의지할 생각 말고, 무쏘의 뿔처럼 혼자서 가는 습관이 되어야 합니다. "부모한테 의지하지 않겠다. 남자친구한테 바라지 않겠다. 친구한테 기대하지 않겠다." 다짐하고 실천하는 것을 말합니다. 의지해서 무능력해지고, 기대해서 실망하며 불평하고, 바래서 나쁜 버르장머리가 자라나도록 소중한 내 삶을 그냥 내팽개치지 않겠다는 각오입니다. 혹독하지만 철저하게, 내가 내 삶에 100% 책임질 자세로 살겠다는 의지의 결단입니다.

아이들이 성장함에 따라 스스로 문제를 해결하고, 일상 속의 작은 도전들을 스스로 극복하는 능력을 키워나가야 합니다. 이것이 바로 자립심의 기초가 되는 것입니다. 부모님의 따뜻한 도움만이 있으면, 아이들은 스스로 할 수 있는 힘을 발휘하는 데 있어서 주저하게 될 수 있습니다. 이런 상황은 아이들이 성인이 되어도 스스로의 선택과 문제 해결에 있어서 어려움을 겪게 만들 수 있습니다.

그렇다면, 우리는 어떻게 아이들의 자립심을 키워나갈 수 있을까요? 여기에는 여러 가지 방법들이 있습니다. 무엇보다 중요한 것은 아이들이 스스로의 능력을 믿고, 도전할 수 있는 여러 기회를 제공하는 것입니다. 자립심이 튼튼한 아이들은 도전과 성취에 대한 열망이 더 강해져, 공부에 대한 의욕도 높아지게 됩니다. 반대로, 도움 없이는 어려움을 겪는 아이들은 공부와 같은 어려운 일에 대해 쉽게 지치고 포기하게 될 가능성이 높아집니다.

아이들이 세상과 부딪히며 여러 어려움을 겪게 되는 과정에서, 특히 학교생활에서는 선생님과의 관계나 다양한 문제들로 인해 스트레스를 많이 받게 됩니다. 이런 상황들은 아이들에게는 큰 시련이며, 그 속에서 자립심이 약하다면 더욱 힘들게 느껴질 수 있어요. 자립심이 부족한 아이는, 자신의 노력으로 미래를 준비하고 어려움을 극복하는 데 필요한 도전 정신이 부족할 가능성이 큽니다. 하지만 우리가 아이를 양육하는 과정에서 자립심을 근본부터 심어준다면, 아이는 성장하며 스스로의 발걸음을 확고히 할 수 있게 됩니다.

아이가 스스로 문제를 해결하는 기회를 갖게 되고, 그 경험을 통해 성공을 맛보게 된다면, 아이는 자연스럽게 자율성과 자신감을 키워나갈 것입니다. 실수하더라도 그것을 극복하고 다시 도전할 수 있는 환경이 마련된다면, 아이는 두려움 없이 성장할 수 있을 것입니다. 그렇게 성장한 아이는 자신의 결정과 행동에 대해 책임을 지게 되고, 어떤 판단이 필요한지 알게 됩니다. 이런 아이는 긍정적인 마음을 가지고, 자신을 사랑하며 건강하게 성장하게 될 것입니다. 자립심을 키우기 위해 부모님들이 할 수 있는 것 중 하나는, 아이를 너무 오래 아기 취급하지 않는 것입니다.

아이에게 적절한 독립심을 키울 기회를 제공해야 합니다. 아이에게 자립심을 심어주고, 그것을 키워나가는 과정은 매우 중요한 양육의 일부입니다. 아이가 약간 어려운 일에 도전하도록 격려하면, 그 경험을 통해 아이는 도전의식과 자신감을 키울 수 있습니다. 그리고 아이가 무엇인가를 잘 해냈다면, 그 노력과 성과를 아낌없이 칭찬해주어야 합니다. 그럼으로써 아이와의 유대감을 더욱 깊게 형성하고, 아이는 긍정적인 사고방식과 자신감을 갖게 될 것입니다. 아이가 완벽하게 행동할 것을 기대하지 말고, 아이의 노력과 진전을 기다리며 격려해야 합니다. 만약 아이가 답답하거나 화를 내면, 부모님은 먼저 아이를 안정시키고, 그 후에 부드럽게 지적해주고 가르쳐주어야 합니다. 자립심이 강한 아이는 자신감이 있고, 부모님과의 관계도 더욱 긍정적으로 발전할 가능성이 높습니다. 부모님은 이런 아이에게 믿음과 지지를 주며, 더 많은 선택과 기회를 제공해주어야 합니다. 이런 환경에서 자라난 아이는 부모님과 건강한 유대 관계를 형성하고, 긍정적인 정서를 가진 아이로 성장할 것입니다.

자립심을 키우는 것은 개인의 성장과 함께 자신을 믿고 스스로의 능력을 활용하여 삶을 이끌어가는 데 중요한 요소입니다. 자립심은 오버나잇으로 키울 수 있는 것이 아니라 지속적인 노력과 습관 형성을 통해 점진적으로 키워나가야 합니다.

자기 자신을 잘 알아야 합니다. 스스로의 강점과 약점, 희망과 고민 등을 정확하게 인식하고, 그것을 바탕으로 개선해나가는 것이 중요합니다. 무엇보다도 자신을 정확하게 아는 지혜가 중요합니다. 스스로의 행동과 결과에 대한 책임을 가져야 합니다. 다른 사람이나 환경을 탓하는 대신, 자신의 행동과 선택이 가져온 결과를 인정하는 것이 중요합니다. 자신이 한 행동과 언행에 대하여 책임을 질줄 알아야 합니다.

좋은 습관을 형성하고 그것을 지속적으로 실천하는 것은 자립심을 키우는 데 큰 도움이 됩니다. 예를 들어, 일상생활에서의 꾸준한 운동, 예배참석, 읽기, 온몸기도, 명상 등이 있습니다. 작은 일에서부터 시작하여 스스로 결정을 내리는 연습을 해보세요. 처음에는 어려울 수 있지만, 의사 결정의 과정에서 자신의 생각과 느낌을 믿는 연습이 됩니다. 부모님들이 아이들의 일거수일투족을 관여한다면 아이는 의존성이 있는 자로 자라게 됩니다. 독립적으로 결정하고 행동하게 해야 합니다. 다른 사람의 성공과 실패를 너무 많이 비교하는 것은 자립심을 약화시킬 수 있습니다. 자신만의 기준을 가지고, 그것을 바탕으로 성장해나가는 것이 중요합니다. 자신을 사랑하고 인정하는 것은 자립심의 기초입니다. 자신의 몸과 마음을 존중하고, 그것을 통해 자신감을 얻을 수 있습니다.

2. 자립심을 키워주는 방법: 자립심을 키워주는 방법은 다양합니다. 부모의 행동은 아이들이 보고 배우게 됩니다. 따라서 부모는 아이에게 혼자서도 할 수 있다는 방법을 가르쳐주고 발전 할 수 있도록 도와주는 것이 중요합니다. 아이들이 마음껏 뛰어놀게 해주는 것이 중요합니다. 실내가 되었든 실외가 되었든 간에 아이들은 활동에 푹 **빠져** 본 부분을 경험으로, 새로운 학습이나 활동을 할 때 학습에 **빠져** 적극적인 참여가 가능합니다.

심부름을 시키는 것도 좋습니다. 예를 들어, 식사를 준비하기 전 필요한 재료를 아이에게 주문하고, 아이가 마트에 가서 구입하여 오게 하는 것입니다. 재료를 구입하고 결과에 대한 책임감을 심어 줄 필요도 있습니다. 아이들은 이렇게 한 두 번의 심부름 활동을 통해 책임감을 배워나가게 됩니다. 모험가가 되어야합니다. 단순히 집에서의 활동은 아이에게는 잠시의 즐거움을 줄 수 있으나, 야외에서 자연과 마음껏 뛰어놀 때, 아이들은 창의성과 생활방법을 익힐 수 있습니다.

아이들에게 부모님의 도움 없이 스스로 모든 일을 다 해내는 것은 불가능에 가까운 일입니다. 하지만 분명 할 수 있음에도 아이가 조금이라도 힘들어 할까 봐 먼저 도와주거나, 아예 처음부터 직접 해주는 것이 마음이 편하다고 생각하는 부모님이 있는데요. 그렇게 되면 아이는 점점 스스로 할 줄 아는 힘을 기르는 것이 아니라 부모님이나 남에게 과하게 의지하게 됩니다. 심지어 성인이 되어서도 스스로 무언가를 해결하거나 선택하기를 어려워해서 어릴 때부터 스스로 해결할 수 있도록 자립심을 길러 주는 것은 매우 중요한데요.

자립심이 약한 아이는 선택을 하는 능력이 약해지는 것 외에도 도전정신과 성취에 대한 욕구도 약해집니다. 이는 자연스럽게 공부 의욕도 떨어지게 만들어서 조금이라도 어렵거나 성취하기 힘든 학업 과정을 만나면 빠르게 지치고 포기하게 되는데요. 때문에 자신의 노력으로 고비를 극복하는 힘도 떨어지고 오히려 자기 주변 사람들에 대해 도와주지 않는다고 불만을 갖게 될 가능성이 높습니다.

이러한 문제는 학교에 다니게 되면서 더 많이 직면하게 되며 특히 선생님과의 관계 형성에 어려움을 느끼고 사소한 문제로 쉽게 스트레스를 받을 수 있습니다. 이렇게 약한 자립심은 결국 자기 노력으로 미래를 준비한다는 생각을 저하시키고, 고비를 이겨내는 힘이 약해져 도전 정신이 부족한 아이로 성장하게 될 가능성이 있습니다.

반면 어렸을 때부터 자립심을 가진 아이로 양육한다면 어느 정도 성장 후에는 자기 행동을 스스로 결정하고 상황을 처리할 수 있게 됩니다. 특히 혼자서도 문제를 해결할 수 있는 기회를 제공해 몇 번의 성공 경험을 한다면 아이 스스로 자율성과 자신감을 갖게 됩니다. 또한 자신이 결정한 행동에 책임을 지고 어떤 판단을 내려야 할지 자연스럽게 알게 됩니다. 만약 실수하게 되더라도 다시 수습할 수 있도록 부모님께서 도움을 준다면 실수를 두려워하지 않는 아이로 성장할 가능성이 큽니다. 이렇게 자란 아이는 긍정적인 마음가짐을 갖고 건강하게 자신을 사랑할 수 있는 아이로 성장합니다.

부모님이 아이를 계속해서 아기 취급하면 영원히 독립하지 못하고 머물게 됩니다. 때문에 아이가 자립심을 갖도록 양육하려면 먼저 독립심을 키워주는 것이 좋습니다. 유치원에 다니는 아이에게 스스로 밥을 먹을 수 있도록 가르치거나, 준비물을 챙길 수 있도록 하고 부모도 자녀를 믿고 맡겨둔 다음 혹시나 빠뜨린 게 없는지 확인해 주는 것만으로 도움이 됩니다.

또한 중요한 것은 아이 스스로 선택하고 그 결과를 책임질 기회를 주는 것이 좋습니다. 비록 미숙한 결정이라 하더라도 아이의 선택을 존중하고 결과적으로 손해를 보게 되더라도 자녀가 받아들이고 원인을 찾을 수 있도록 돕는 것이 좋습니다. 또한 약간 어렵더라도 스스로 할 수 있도록 독려하여, 아이에게 도전의식을 심어주는 것도 도움이 됩니다. 그리고 잘 했다면 아낌없이 칭찬해 주면서 동시에 아이와 유대감을 쌓으면 아이는 자신감을 갖고 긍정적인 사고방식을 갖게 됩니다.

아이 행동을 너무 간섭해서도 안 되지만 그렇다고 아예 방관해서는 더욱 안 됩니다. 때문에 아이가 잘못을 저질렀다면 적당하게 훈육을 하는 것도 필요한데요. 처음에 서툴고 못하는 부분은 옆에서 아이의 행동을 기다려 주고 이후에 시범을 보여주거나 방법을 제시하는 등의 부드러운 훈육을 권장 드립니다.

만약 이때 참지 못하고 짜증을 낸다면 아이는 금새 자신감을 잃고 위축될 것입니다. 그러기 위해서는 처음부터 아이에게 완벽함을 바라지 않아야 합니다. 아이 뜻대로 되지 않아 답답함에 떼를 쓰고 공격적인 행동을 보인다면 아이를 진정시킨 다음 훈육을 해야 합니다. 그리고 스스로 조금 부족하거나 미숙하게 마무리한 부분이 있더라도 직접 해낸 부분에 대해서는 칭찬을 많이 해주어 해낼 수 있다는 자신감을 알려주는 것이 필요합니다.

자립심이 강한 아이들은 자신감도 함께 커질 가능성이 높습니다. 그럴수록 부모님은 아이에게 믿음을 주고 더 많은 선택을 할 수 있도록 해주는 것이 좋습니다. 그렇게 성장한 아이는 부모와 건강한 애착 관계는 물론이고 건강한 정서를 가진 아이로 성장하게 될 가능성이 큽니다. 우리 아이의 건강한 자립심을 길러 부모님과 친구들, 나아가 스스로에게 당당할 수 있도록 양육하는 것은 아이의 일생의 큰 잠재력이 될 것입니다.

16장 돈 잘 벌려면 독립심이 강해야 한다.

(창 39:2)"여호와께서 요셉과 함께 하시므로 그가 형통
한 자가 되어 그의 주인 애굽 사람의 집에 있으니"

돈을 벌려면 독립심을 길어야 합니다. 혼자 스스로 살아가려는
독립심이 있을 때 어떻게 하면 독립하며 살아갈 수가 있을까, 깊게
생각하며 기도하게 되기 때문입니다. 깊이 생각할 때 독립할 수 있
는 능력이 자기 안에서 깨워지기 때문입니다. 자기 안에서 깨워진
독립심대로 행동에 옮기도 실행하니 성령하나님께서 도우심으로
돈을 벌수가 있는 것입니다. 독립심을 도전정신입니다. 도전할 때
독립심이 길러지는 것입니다. 독립심이 약하거나 없는 사람은 돈
을 벌수가 없을 것입니다.

그래서 독립적인 수행능력은 잠재력입니다. 독립적인 수행능력
이 있어야 혼자서도 험한 세상을 잘 살수가 있습니다. 독립적인 수
행능력이라고 하니까, 아담과 하와같이 하나님 없이 자신이 하나
님과 같이 독립적이 되어야 한다고 이해하시면 절대로 오해입니
다. 예수님 안에서 독립적이 되어야 한다는 말입니다. 절대로 사람
은 하나님 없이 독립적으로 살아갈 수가 없습니다. 사람의 숫자는
6입니다. 6인 사람으로는 세상을 독립적으로 살아갈 수가 없습니
다. 하나인 예수님 안에 들어와야 완전한 7이 되는 것입니다. 7이
되어 사람이 완전해져야 귀신으로부터 자유하게 되는 것입니다.
예수님 안에서 독립적인 수행능력이 극대화 됩니다

왜 그럴까요? 6인 아담의 후손은 귀신의 종이기 때문입니다. 귀신들이 사람을 독립적이 되지 못하게 합니다. 아주 지극정성으로 방해를 합니다. 쉽게 설명한다면 육체적인 질병이 생기고 정신적인 질병이 생기더라도 어떻게 해야 자유 함을 받을 수 있을까, 생각을 하지 못하고 육체적인 질병과 정신적인 질병을 끌어 앉고 살아가게 합니다. 귀신의 하수인노릇을 하면서 살아가게 한다는 것입니다. 주변에 육체적인 질병과 정신적인 질병으로 고통을 당하는 분들을 보시기를 바랍니다. 사람 노릇을 못하면서도 교회에 나와서 예배를 드리지 못하게 하고 성령의 역사로 기도하지 못하게 하고 병원에 가서 진료를 받지 못하게 함으로 사람 노릇을 못하게 하는 것입니다. 이것이 바로 귀신이 그 사람을 지배한 증거입니다. 그래서 예수를 믿고 성령으로 기도를 하여 예수님 안에서 독립적인 생활수행 능력을 길러 독립적으로 살아가야 합니다.

사람은 끊임없이 독립적인 존재이길 원합니다. 사단은 아담에게 너도 하나님처럼 독립적으로 될 수 있다는 가능성을 제기했습니다. 아담은 이 유혹을 받아들여 죄를 범했습니다. 그러나 하나님에게서는 독립했지만 사단의 하수인으로 넘어간 셈입니다. 성경은 사람이 결코 독립적인 존재가 될 수 없다고 말 합니다. 아담의 후손인 사람은 죄와 사단의 노예이거나 그리스도의 노예일 수밖에 없는 존재입니다. 중간지대는 없습니다. 거듭난다는 것은 사단의 노예에서 풀려나와 그리스도 안에서 자유하게 된다는 의미입니다. 어떤 신학자는 그리스도의 노예가 되는 것이라고 말하기도 합니다. 바울은 예수님의 종으로 자신을 소개했기 때문입니다(롬

1:1-25). 이것은 억지로 된 게 아니고 자원한 일입니다. 역설적으로 인간이 귀신에게서 참 자유를 누리려면 예수님의 종이 되는 길밖에 없습니다. 예수님의 제자 가될 때 참 자유를 누리게 됩니다.

하나님은 우리에게 자유를 주시려고 사단의 노예에서 구출하여 하나님의 손 안으로 들어오게 하셨습니다. "주 여호와의 신이 내게 임하셨으니 이는 여호와께서 내게 기름을 부으사 가난한 자에게 아름다운 소식을 전하게 하려 하심이라 나를 보내사 마음이 상한 자를 고치며 포로된 자에게 자유를, 갇힌 자에게 놓임을 전파하며" "그러므로 예수께서 자기를 믿은 유대인들에게 이르시되 너희가 내 말에 거하면 참 내 제자가 되고" "진리를 알찌니 진리가 너희를 자유케 하리라"(요 8:31,32). 주님 말씀에 따르면 자유가 말씀 곧 진리에 있음을 깨닫게 됩니다. 우리가 말씀 안에 거하면, 즉 말씀에 순종하면 자유케 됩니다. 예수님이 오직 하나님이 말씀하시는 바, 가르치시는 바만 세상에 전하고자 하셨듯이 우리 역시 주님이 말씀하시는 바, 가르치시는 바만 바라보고 따르고 전하면 되는 것입니다. 주님이 말씀하시는 바, 가르치시는 바가 무엇인가요? "이제부터는 너희를 종이라 하지 아니하리니 종은 주인의 하는 것을 알지 못함이라 너희를 친구라 하였노니 내가 내 아버지께 들은 것을 다 너희에게 알게 하였음이니라."(요15:15). "너희가 나를 택한 것이 아니요 내가 너희를 택하여 세웠나니 이는 너희로 가서 과실을 맺게 하고 또 너희 과실이 항상 있게 하여 내 이름으로 아버지께 무엇을 구하든지 다 받게 하려 함이니라"(요 15:16). 죄의 종 되었던 우리가 오직 값없는 은혜로 구원받아 자유를 누리게 되었습니다. 사람은 결코 자신의 생각과 자신의 의지로 자유케 되지 못합니다. 자기의 생각, 자기의 의지는 자신을 더욱더 옭아맬 뿐입니다. 마음속 저 깊은 무의식까지 묶인바 되었던 것들을 풀어 주시는 것은 전적으로 하나님의 은혜뿐입니다. 진리가 우리가 자유케 하니 나의 기쁨과 나의 소망은 오직 예수님뿐입니다. 그래서 독립적인 생활수행 능력은 예수 안에서 누릴 수가 있는 것입니다. 독립적인 생활 수행능력이란 다른 사람의 간섭이나 도움 없이 스스로 일상생활을 찾아서 하는 것을 말합니다. 먼저 자고 일어나는 것을 스스로 할 수 있어야 합니다. 몸을 움직이고 활동하는 것입니다. 스스로 자기 건강을 위하여 걷고, 산책하는 것을 즐겨하는 것입니다. 다른 사람이 챙겨주지 않아도 식사를 스스로 챙겨서 먹을 수 있어야 합니다. 그것도 끼니를 거르지 않고 3때를 잘 챙겨먹는 것입니다. 몸을 씻고 건강관리를 스스로 하는 것입니다. 스스로 신앙생활을 하는 것도 포함이 됩니다. 자기가 믿고 있는 교회나 성당에 누구에게 이끌려서 나가는 것이 아니고 스스로 출석하여 예배를 드립니다. 자신의 마음과 정신의 건강을 위하여 복식호흡기도나 명상이나 성령 안에서 기도를 하는 것도 해당이 됩니다. 건강을 위하여 주기적으로 건강검진을 하여 자신을 잘 관리합니다. 스스로 직장에 출근하여 일하는 것도 중요합니다. 누가 옆에서 시중을 들어주지 않아도 스스로 일어나 식사하고 직장에 출근하여 일을 할 수 있어야 합니다. 자신의 외모를 관리하고 계절에 따라 옷을 찾아 입고 살 수 있는 것도 중요한 독립적 생활 수행 능력이라고 볼 수가 있습니다. 질병이 있다면 병원에서 처방해준 약을 스스로 시간에 맞추어서 복용하는 것도 독립적인 생활 수행능력에 포함되는 것입니다. 늙어서도 일상생활을 독립적으로 수행할 수 있어야 혼자서도 잘 살수가 있습니다. 연구기관의 조사에 의하면 65세 이상 노인 삶의 질은 "일상생활 독립 수행"에 달렸다고 합니다. 일상생활을 독립적으로 수행하려면 어려서부터 일상생활을 독립적으로 수행하는 습관이 되어야 합니다. 이는 하루아침에 되는 것이 아닙니다. 필자가 인생 70을 살면서 깨달은 것은 일상생활의 독립적 수행은 그냥 혼자되었다고 거저 되는 것이 아니더라는 것입니다. 어려서 아니 젊어서부터 혼자로서 독립적으로 살아보겠다는 의지가 있어야 가능한 일입니다. 어려서나 젊어서 의존성이 길러진 사람은 일상생활을 독립적으로 수행하는 것이 곤란할 것입니다. 습관이 되어야 합니다. 이 책에서 여러 번에 걸쳐서 거론을 했지만 어려서나 젊어서부터 독립적으로 살아가는 습관이 되지 못한 사람이 어찌 혼자되었다고 바로 적응하며 혼자로서 독립하며 살아갈 수가 있겠습니까? 문제는 어려서부터 혼자 스스로 하게 해야 한다는 것입니다. 요즘음 자녀들이 한 집에 1-2명이므로 부모들이 아이들을 과보호 하는 경향이 있습니다. 이렇게 과보호해서는 아이들을 자라서 혼자되었을 때 일상생활을 독립적으로 수행하면서 살아가자면 상당한 기간 동안 시행착오를 겪으면서 살아보아야 그때서야 적응을 할 수가 있을 것입니다. 잘못하다가는 혼자되어 일상생활을 독립적으로 수행하다가 포기하여 인생을 무의미하게 자신의 역량을 활용하지 못하고 마칠 수가 있습니다.

스스로 자고 일어나는 것부터 독립적으로 할 수가 있어야 합니다. 일찍 자고 일찍 일어나는 습관은 하루아침에 되지 않기 때문입니다. 일찍 자고 찍 일어나는 것이 되지 않으면 혼자서도 독립하며 살아갈 수가 없을 것입니다. 이렇게 어려서부터 혼자로서 일상생활을 할 수가 있어야 노인이 되어 혼자되어도 당황하지 않고 "자신의 건강상태에 대해 올바르게 평가하고, 관리하며 지낼 수"가 있을 것입니다. 일상생활을 독립적으로 수행할 수 있어야 자신의 건강에 대하여 건강관련 정보를 스스로 찾아 적용하며 건강관리 전략을 수립하여 적용하며 살아갈 수가 있을 것입니다.

어려서부터 스스로 할 수 있도록 돕는 것이 중요합니다. 이와 같이 독립적인 생활 수행능력은 참으로 중요합니다. 하나님은 스스로 하려고 하는 사람을 통해서 살아계심을 나타내시기 때문입니다. 그래서 [하늘은 스스로 돕는 자를 돕는다]=[Heaven helps those who help themselves.]고 말하는 것입니다.

하나님은 스스로 노력하는 자를 도와주십니다. "주는 나를 돕는 이시니"(히13:6). "The Lord is my helper." 하나님은 나를 돕는 자이십니다. 내가 스스로 수행하려고 노력하면서 기도하면 그때 하나님이 지혜로 도와주십니다. 내가 할 일은 내가 해야 합니다. 그 때 하나님께서 도와주십니다. 하나님께서 기회를 주십니다. 하나님이 길을 열어주십니다. "구하라 그리하면 너희에게 주실 것이요 찾으라. 그리하면 찾아낼 것이요, 문을 두드리라. 그리하면 너희에게 열릴 것이니 구하는 이마다 받을 것이요 찾는 이는 찾아낼 것이요 두드리는 이에게는 열릴 것이니라."(마7:7~8)

하나님께서는 자기 스스로 노력하지 않는 자는 하나님도 돕지 않습니다. 자기 스스로 하지 않으려는 사람은 하나님도 도와줄 수가 없습니다. 예를 든다면 소를 우물가에 끌고 갈수는 있습니다. 그러나 물을 먹일 수는 없습니다. 소가 스스로 물을 먹어야 한다는 말입니다. 하나님은 나를 돕는 자이십니다. 하나님이 대신 해주는 것이 아닙니다. 착각하지 말아야 합니다. 오해하지 말아야 합니다. 예수님만 믿으면 하나님께서 다 알아서 해주시겠지~. 이것은 착각이고 오해입니다. 하나님께서 해주시지 않으십니다. 자신이 스스로 일상생활을 독립적으로 수행하려고 해야 하나님께서 도와주시는 것입니다. 오해하지 말고 스스로 독립적으로 생활 수행능력을 길러 혼자로도 잘 살아가려고 하시기를 바랍니다. 그럼 어떻게 하면 예수님 안에서 독립적인 생활능력이 길러지겠습니까? 아기가 태어나서부터 독립적인 수행능력을 길러야합니다.

독립적인 생활 수행능력은 태어나서 36개월간의 독립적인 생활 발전과정이 아주 중요하다고 합니다. 아이가 태어나 36 개월간의 발전과정과 성장과정을 상세히 알려드리겠습니다. 이를 참고하여 아이를 지도하여 아이가 평생 살아가면서 독립적인 생활 수행을 잘하여 건강하고 행복하게 인생을 살도록 해야 합니다.

① 신체 발달: 아이의 신체적 발달은 태어나서 36개월이 되어가는 시기에 **빠르게** 진행됩니다. 손과 발의 움직임이 더 세밀해지고, 걸음걸이도 안정적으로 발달합니다. 근육 발달도 **빠르게** 이뤄지며, 공을 던지거나 잡는 등 미세한 동작을 수행할 수 있습니다.

② 언어 발달: 언어 발달은 태어나서 36개월이 되어가는 시기에 크게 발전합니다. 말하는 어휘가 늘어나고 문장을 조립하는 능

력이 향상됩니다. 아버지가 어머니가 하는 말을 흉내 내면서 언어 능력을 길러가는 시기입니다. 소리를 모방하며 이야기하는 능력이 개발되며, 간단한 질문에 대답할 수 있습니다.

③ 사회-정서 발달: 이 시기는 사회적인 상호작용과 정서 발달이 이뤄지는 시기입니다. 다른 아이들과 함께 놀고 대화하며 친구를 사귀기 시작합니다. 감정을 인식하고 표현하는 능력이 향상되며, 감정에 따른 행동을 조절할 수 있게 됩니다.

④ 인지 발달: 인지 발달도 태어나서 36개월이 되어가는 시기에 많은 발전이 있습니다. 문제 해결 능력과 추론 능력이 향상되며, 논리적인 사고를 할 수 있습니다. 상상력과 창의력이 향상되며, 집중력과 기억력도 좋아집니다.

⑤ 독립성과 자립성: 태어나서 36개월이 되어가는 시기에는 독립적으로 일상생활을 수행하는 능력이 향상됩니다. 식사, 목욕, 옷 입기 등을 스스로 할 수 있게 됩니다. 또한, 자기 관리 및 빈틈없는 역할 수행 등의 자립적인 행동을 할 수 있습니다.

이처럼 태어나서 36개월간의 아이의 발전과정은 신체, 언어, 사회-정서, 인지 발달 등 다양한 영역에서 발전이 있습니다. 각 영역에서 아이의 능력이 향상되어 자립성을 갖추게 됩니다. 이러한 발달 단계를 이해하고 습득하여 아이의 성장을 도와주는 것이 중요합니다. 이때 아이는 세상을 혼자 스스로 살아가려는 독립심이 갖추어지는 시기입니다. 독립적인 사람이 되려면 몇 가지 중요한 단계와 습관을 고려해보는 것이 도움이 될 수 있습니다. 다음은 독립적인 삶을 살기 위한 몇 가지 방법입니다.

1. 하나님만을 주인으로 모시고 살아야 합니다. 우리는 혼자로서 독립적인 생활수행능력을 기르기 위하여 하나님을 주인으로 모시고 살아야 합니다. 그래야 하나님께 집중하며 온몸에 하나님을 채울 수가 있습니다. 아브라함은 하나님께 집중하며 하나님을 주인으로 모시고 살았습니다. 함께 살던 조카 롯은 세상 부귀영화에 추구하며 살았습니다. 때가 되어 하나님은 조카 롯과 헤어질 것을 원하셨습니다. 헤어질 때 조카 롯은 소돔과 고모라를 선택하여 갔습니다. 아브라함은 하나님을 주인으로 모시고 헤어졌습니다. 결국 하나님을 주인으로 모시고 살던 아브라함은 광야에서도 하나님의 복을 받으면서 살았습니다. 세상 부귀영화를 따라 살던 롯은 소돔과 고모라가 멸망될 때 모든 것이 순식간에 날아갔습니다. 사랑하던 아내는 소금기둥이 되었습니다(창19:24-26). 우리는 하나님만을 주인으로 모시고 살아야 합니다. 아주 작정하고 실천해야 합니다. 그래야 하나님께서 주시는 지혜로 광야 같은 세상에서 하나님의 복을 받으면서 살아갈 수가 있습니다.

2.자기 자신을 정확하게 볼 수 있어야 합니다. 소크라테스의 명언이라고 불리어지는 "너 자신을 알라" 라는 말은 아무리 생각해도 진리중의 진리라고 생각 됩니다. 나를 안 다는 건 어떤 의미일까요? 나는 누구인가 라는 질문을 스스로에게 던져 본적이 있는 이가 얼마나 될까요? 평생을 이런 질문을 하지 않은 채 잘사는 사람들도 물론 있겠지만 자신의 내면을 객관적으로 파악하고 있는 사람은 그만큼 원하는 성공으로 가는 길을 전략적으로 사용할 수 있습니다. 먼저 자신을 이해하고 자신의 가치, 관심사, 강점, 약점을

파악해야 합니다. 이것은 어떤 방식으로 독립적인 삶을 추구할지 결정하는 기초입니다.

3.독립적으로 살겠다는 목적이 뚜렷해야 합니다. 스스로 살아가려는 독립적인 의지와 목적이 있어야 합니다. 자신의 의지와 목적에 따라 일생을 독립적으로 살 것인가 의존적으로 살아갈 것인가가 결정되기 때문입니다. 어떤 목표와 꿈을 가지고 있는지 자신을 명확하게 정의하십시오. 이것은 당신의 삶을 이끌어갈 동기부여 요인이 될 것입니다.

4.의존성이 강한 사람은 독립적으로 살기 힘듭니다. 의존적인 사람은 통제자의 관계에서 만족을 느끼는 사람들로 혼자 스스로 살기 힘든 사람들입니다. 통제 자가 속이 꽉 차서 찌르는데도 의존적인 사람은 속이 비어서 아프다고 잘 느끼지 못 합니다. 의존적인 사람의 특성은 이렇습니다. 대부분 자기 정체성, 자아가 약한 사람인 경우가 많습니다. 자기의 생각과 감정보다는 강한 사람, 대세, 남에게 순응하거나 남의 마음에 듦으로써 자기 가치를 확인하는 사람입니다. 정서가 공허하고 우울한 경향을 가지고 있고 소외감을 견디지를 못하고 독립심을 발전시켜오지 못한 사람입니다. 타인에 의존 집착함으로써 소속. 존재감을 느끼며 보호받는다고 생각합니다. 또 뭔가 잘못되면 '아~ 내 잘못인가?' 자책하는 경향이 있습니다. 삶의 중심이 타인에 있어 타인이 무엇이 필요한지 고민하고 채워주려 노력합니다. 타인이 조금만 불편한 기색을 보여도 안절부절 못하여 맞추려 노력하는데 그만큼 돌려받지 못할 때 부정적 감정에 휘말립니다. 변화나 위험을 감수하는 일을 하지 않으

려 하며 거절을 잘 못하고 늘 '네' 라고 말함으로써 내면의 무기력 감을 키우며 살아갑니다.

자기가치를 최소화하고 타인가치를 최대화하여 자신의 욕구나 필요 감정은 무시합니다. 주목받는 상황을 견디기 힘들어하고 남에 눈에 띄기 싫어합니다. 관계에서 분명하게 자기를 보호하지 못하고 경계를 세우지 못해 남들이 함부로 대하곤 합니다. 통제자(학대하는 남편, 아내)로부터 약자인 아이들을 지키려들지 않습니다. 통제자 역시 타인을 지배함으로써 존재감을 얻고 피해자 역시 타인에 의존함으로써 존재감을 얻는 자존감이 낮은 사람들 입니다. 독립적으로 살아가려면 자신이 의존적인 사람이라는 것을 인식하고 고쳐야 합니다. 바뀌지 않으면 독립적으로 살아가지 못 합니다.

5.재정적으로 자립해야 합니다. 돈을 벌어야 한다는 말입니다. 젊어서부터 어떻게 하면 늙도록 돈을 벌수가 있을까 집중하며 생각해야 합니다. 직장 생활을 하든지 자영업을 하든지 돈을 벌어야 독립적으로 자립하며 살수가 있기 때문입니다. 돈을 벌지 못하면 독립적인 생활 수행이 될 수가 없는 것입니다. 나아가 저축을 하고 경제 상황을 관리하는 방법을 배우십시오. 예산을 세우고 지출을 관리하여 재정적 안정을 확보하는 것이 중요합니다. 절대로 돈이 없으면 독립적 생활을 할 수가 없습니다.

6.스스로 결정 능력이 있어야 합니다. 독립적인 사람은 스스로 결정을 내릴 능력이 있어야 합니다. 독립적인 사람에게 결정 능력은 아주 중요한 요소입니다. 자기 자신이 스스로 현명한 결정을 내리고 수행하려고 전진해야 합니다. 합리적인 판단력과 문제 해결

능력을 키워야 합니다. 문제에 직면하면 주변사람에게 의존해서 결정을 내리는 사람은 독립적인 사람이 될 수가 없습니다.

7.독립적으로 살아가려는 의지와 실천이 중요합니다. 혼자스스로 삶을 살아가려는 의지가 중요합니다. "하늘은 스스로 돕는 자를 돕는다"는 고사성어가 있습니다. 이와 마찬가지로 하나님은 스스로 노력하는 자를 도와주십니다. 내가 스스로 노력하면 그때 하나님이 도와주십니다. 내가 할 일은 내가 해야 한다는 것입니다. 그때 하나님께서 도와주십니다. 다른 사람에게 의존하지 않고 스스로 일을 처리하고 문제를 해결할 수 있는 능력을 개발해야 합니다

8.경중완급을 판단하는 능력이 있어야 합니다. 수행하는 일의 우선순위 결정할 수 있어야 합니다. 시간을 효과적으로 관리하고 중요한 일을 우선 처리하는 방법을 익혀야 합니다. 이것은 독립적인 생활 수행능력을 개발하는데 아주 중요한 요소입니다.

9.자기 자신의 건강관리를 잘해야 합니다. "건강을 잃으면 모든 것을 잃는다." 너무도 많이 들어 귀에 익숙한 금언입니다. 건강은 독립적인 삶의 중요한 요소입니다. 건강이 곧 생명입니다. 건강해야 독립적으로 살 수 있습니다. 꾸준한 운동과 건강한 식사와 건강 검진을 통해 몸과 마음을 건강하게 유지해야합니다.

10.꾸준한 공부로 전문성을 계발해야 합니다. 지금 21세기 세상을 전문화 시대입니다. 자신의 뇌가 노화도지 않도록 계속해서 학습하고 자기계발에 투자해야 합니다. 새로운 기술, 지식, 능력을 습득하면 자신의 가치가 높아집니다. 치매 예방에도 좋습니다.

11.어디서나 사람들과의 관계를 잘해야 합니다. 독립적이라고

해도 사회적 관계는 중요합니다. 다른 사람들과 강한 관계를 형성하고 유지하는 것은 우리 삶의 중요한 측면입니다. 그것이 가족, 친구, 직장 동료, 또는 지인들과의 관계든, 우리의 관계는 우리의 전반적인 행복과 행복에 중요한 영향을 미칩니다. 독립적으로 살아가려면 다른 사람들과 관계를 잘해야 합니다.

12.다른 사람들을 의식하지 말고 주관적이어야 합니다. 자기 독립적인 가치관이 확립되어 자신의 추구하는 방향이 확실해야 합니다. 다른 사람의 기대나 사회적 압력에 구애받지 않고 자신의 가치관과 의지를 중시하는 습관이 되어야 합니다. 다른 사람의 의견에 휘둘리는 사람은 독립적으로 살아갈 수가 없을 것입니다.

13.세상에서 상용할 수 있는 기술을 습득해야 합니다. 기술은 평생 자신의 독립적인 수행을 뒷받침합니다. 기술을 습득하되 모든 사람들에게 필요한데 아무나 터득하지 못하는 기술을 가지면 평생 늙도록 사용할 수가 있습니다. 될 수 있으면 늙도록 할 수 있는 일상생활에서 필요한 실용적인 기술을 익히세요. 예를 들어, 요리, 수리, 정비, 컴퓨터 기술 등을 젊어서 습득하는 것이 좋습니다.

14.상처와 스트레스를 관리해야 합니다. 독립적인 삶은 종종 스트레스를 동반할 수 있으므로 스트레스 관리 기술을 습득하고 일상적인 스트레스를 관리하는 방법을 찾아야 합니다. 이는 24장 복식호흡기도를 읽어보시면 깨달을 수 있습니다.

15. 일을 시작했으면 끝을 보는 습관이 중요합니다. 일을 할 때 끝까지 해 내는 사람 즉 일에 끝을 보는 사람은 과업 지향성, 미래 지향성, 자신감, 자기 책임감, 모험성, 활동성이 높다고 합니다. 즉

일을 시작하면 끝까지 해 내는 사람은 ①내적 동기가 높고 ②자신의 실수를 기꺼이 인정하고 사과하며 ③자신에게 진실하고 ④ 어려움에 부딪쳐도 자신의 목적 달성을 위해서는 편한 길을 선택하지 않으며 ⑤ 늘 새로운 것을 탐색하며 배우기를 멈추지 않고 ⑥ 장애를 만났을 때 포기하지 않고 해결해 나가며 ⑦ 자신의 행동과 선택에 대해 다른 사람을 비난하지 않고 자신이 책임지고 ⑧ 정상에 이르기까지 자신이 노력해야 할 시간을 가져야 한다는 것을 알고 ⑨ 잘되는 일과 성공에 초점을 맞추며 ⑩ 성공과 실패를 객관적으로 관찰하고 이를 통해 배우는 사람이 된다고 합니다. 일을 시작하면 끝을 보는 습관은 개인의 삶의 질을 바꿀 수도 있습니다. 특별하게 독립적으로 살아가려는 사람은 끝을 보는 습관이 중요합니다. 어려서부터 일을 시작했으면 끝을 보는 습관이 중요합니다.

16. 해낼 수 있다, 할 수 있다는 자신감이 있어야 합니다. 우리가 생각을 어떻게 먹느냐에 따라 인생이 180도 달라지기 때문입니다. 그렇다면 비관적으로 생각하기 쉬운 사람은 어떻게 하면 좋을까요? 무엇보다 먼저 '사실'이라는 것이 무엇인지 정확히 알아둬야 합니다. 사람들은 사실을 '움직일 수 없는 어떤 확고한 것'이라고 생각을 합니다. 예를 들어 자신이 나이가 70이 되었다고 합시다. 이것은 '사실'입니다. 주민등록증이나 운전면허증에 같은 숫자가 적혀 있을 것입니다. 하지만 사실은 사실로서 존재할 뿐 그 이외의 아무것도 아닙니다. 그것을 어떻게 받아들이느냐에 따라 사실은 얼마든지 달라질 수 있습니다. 사실에 색을 입히는 것은 자기 자신입니다. 비관적인 성향이 강한 사람은 70이면 이미 인생이 황혼기

라 생각해서 어두운 색을 칠합니다. 반대로 낙천적인 사람은 아직 70밖에 되지 않았다는 생각으로 밝은 색을 칠합니다.

여호수아 14:10-12절에 갈렙을 보겠습니다. 그는 85세가 되었지만 옛날 젊었을 때와 같이 내가 강건하니까 거친 헤브론 산지를 달라고 여호수아에게 간청을 합니다. 그 땅을 배분해 주면 내가 그 곳에 들어가 그 땅의 거민들을 물리치고 그 땅을 차지하겠다고 말합니다. "이제 보소서 여호와께서 이 말씀을 모세에게 이르신 때로부터 이스라엘이 광야에서 방황한 이 사십오 년 동안을 여호와께서 말씀하신 대로 나를 생존하게 하셨나이다. 오늘 내가 팔십오 세로되 모세가 나를 보내던 날과 같이 오늘도 내가 여전히 강건하니 내 힘이 그 때나 지금이나 같아서 싸움에나 출입에 감당할 수 있으니 그 날에 여호와께서 말씀하신 이 산지를 지금 내게 주소서 당신도 그 날에 들으셨거니와 그 곳에는 아낙 사람이 있고 그 성읍들은 크고 견고할지라도 여호와께서 나와 함께 하시면 내가 여호와께서 말씀하신 대로 그들을 쫓아내리이다 하니" 85세면 통상 이제 뒤로 물러나 쉴 나이입니다. 그런데 갈렙은 여전히 자기 자신이 늙었다고 생각하지 않았습니다. 할 수 있다고 생각합니다. 자신의 생물학적 나이에 밝은 색을 칠한 것입니다. 그 결과 그는 거친 헤브론 땅에 들어가 그 땅의 거민들을 물리치고 땅을 차지했습니다. 앞의 여호수아 14장 14절 "헤브론이 그니스 사람 여분네의 아들 갈렙의 기업이 되어 오늘까지 이르렀으니 이는 그가 이스라엘의 하나님 여호와를 온전히 좇았음이라" 어떤 일이나 할 수 있다는 자신감이 있어야 독립하여 혼자서도 잘 살수가 있는 것입니다.

17장 돈 잘 벌려면 습관이 좋아야 한다.

(렘 22:21)"네가 평안할 때에 내가 네게 말하였으나 네 말이 나는 듣지 아니하리라 하였나니 네가 어려서부터 내 목소리를 청종하지 아니함이 네 습관이라."

돈을 잘 벌려면 습관이 중요합니다. 스스로 독립하며 살겠다는 습관이 있어야 합니다. 스스로 자립하며 살겠다는 습관이 있어야 합니다. 자신의 건강은 자신이 관리하면서 살겠다는 습관이 있어야 합니다. 어찌하면 돈을 벌어서 부모에게 효도하며 자립할까 집중하며 생각하는 습관이 있어야 합니다. 습관 중에도 부지런한 습관이 중요합니다. 그래서 좋은 습관은 잠재력입니다. 습관이 정말로 중요합니다. 어려서부터 습관이 인생의 성공과 실패를 결정하기 때문입니다. 서점을 가보아도 실패한 사람의 이야기는 없습니다. 하나같이 성공한 사람들의 이야기들로 넘쳐납니다. 그렇다면 그들은 정말로 성공만 했을까요? 그 깊은 사연을 들여다보면 수많은 실패를 딛고 일어서 성공을 이끌어 낸 것입니다. 그러나 우린 숲만 보고, 그 숲에 어떤 나무가 어떻게 자라고 있는지에 대해서는 좀 체로 관심을 기울이지 않는 것이 보통입니다. 사람들의 성공 신화의 이야기를 들어보면 성공할 수밖에 없는 공통적인 습관들을 발견할 수 있습니다. 자! 지금부터라도 자녀를 성공으로 이끌어 주는 습관들을 길러 주도록 하시기 바랍니다. 어떻게 하면 자녀를 성공으로 이끌어 낼 수 있을까요?

1. 예수님을 주인으로 인정하는 습관이 되어야 합니다. 예수님을 믿고 성령으로 거듭난 자녀는 하나님과 교통하면서 대화하면서 물어보면서 지내는 것이 습관이 되어야 합니다. 예수님과 동행하면서 매사를 주님의 뜻에 따라 순종하는 습관을 들여야 합니다. 예수님과 동행하려면 먼저 예수를 믿어야 합니다. 왜 예수를 믿어야 하느냐? 인간은 어머니 뱃속에서부터 죄 중에서 잉태된다는 사실을 알게 해야 합니다. 시편 51편 5절에 "내가 죄악 중에서 출생하였음이여 어머니가 죄 중에서 나를 잉태하였나이다"고 말했습니다.

아담과 하와가 타락한 이후로 그 이후 자손들은 이미 뱃속에 있을 때부터 죄인으로 잉태되고 죄인으로 태어나기 때문에 구원을 받지 못하면 어린아이라도 영원히 멸망을 받을 수밖에 없습니다. 죄를 사함받기 위하여 예수를 믿어야 한다는 것입니다. 예수 그리스도를 믿어야 구원을 받고, 그리스도를 믿지 않으면 멸망을 받는다는 사실을 마음 판에 새기도록 해야 합니다. 자신이 예수를 믿을 때 죽었다는 것을 인정하게 해야 합니다. 예수를 믿고 죽는 동시에 부활하신 예수님으로 태어났다는 것을 알게 해야 합니다. 이제 자신이 사는 것은 예수를 믿는 믿음으로 사는 것입니다.

예수를 믿었으면 성령으로 세례를 받아야 합니다. 로마서 8장 11절에 "예수를 죽은 자 가운데서 살리신 이의 영이 너희 안에 거하시면 그리스도 예수를 죽은 자 가운데서 살리신 이가 너희 안에 거하시는 그의 영으로 말미암아 너희 죽을 몸도 살리시리라" 이제 성령의 인도를 받으며 예수님의 인생을 사는 것입니다. 자녀들이 말을 배울 때부터 우리는 예수님의 구원과 하나님에 대한 경배를 마땅히 가르쳐야 합니다.

누가복음 18장 16절에 "예수께서 그 어린 아이들을 불러 가까이 하시고 이르시되 어린 아이들이 내게 오는 것을 용납하고 금하지 말라 하나님의 나라가 이런 자의 것이니라"고 말했습니다. 어린아이들부터 하나님께서는 이미 예수께로 오도록 하라고 말했습니다. 그들을 위해서 하늘나라가 예비 되어 있다고 예수님께서 말씀하셨습니다. 우리는 다 계란과 같습니다. 수정되지 않는 계란은 겉모양은 같아도 결코 병아리가 되지 못합니다. 똑같은 사람으로 태어났지만은 어린 아이 때부터 시작해서 그리스도 예수를 마음속에 주인으로 모시지 아니하면 그 영혼은 죽은 영혼입니다. 버림받은 영혼이 되는 것입니다.

많은 학자들의 보고에 의하면 지능은 네 살 때 이미 90%이상이 형성이 되고, 한 살부터 세살 이내에 어린아이의 정신 발달은 이미 결정이 되고, 여섯 살 이전에 일생 살아갈 인격적인 토대가 형성된다고 말하고 있습니다. 우리나라도 이젠 세 살이면 옛날에 천자문을 가르쳤습니다. 우리 속담이 있지 않습니까? 세살 버릇이 여든까지 간다는 속담이 있습니다. 그런 속담이 있기 때문에 어린아이는 이미 세 살이면 거의 모든 것이 완성되어 가는 단계입니다. 그렇기 때문에 어리다고 생각하면 안 됩니다. 예수를 믿고, 성령으로 기도하여 하나님과 관계가 열려야 인생길이 열린 다는 것을 알려주어야 합니다. 자신의 앞에 일어나는 모든 문제는 예수님의 문제이니 예수님께 기도하여 하라는 대로 순종하는 습관을 들여야 합니다. 그래야 삶에서 하나님의 살아 역사하심으로 기적을 체험하며 인생을 성공할 수가 있습니다.

2. 하나님의 말씀으로 문제를 해결하는 습관을 들여야 합니다.
윌리엄 4세가 세상을 떠나고 다음날 궁중에 있던 처녀가 왕으로 간택을 받았습니다. 그 처녀가 영국의 빅토리아 여왕인 것입니다. 그녀는 기도하여 하나님께서 주시는 말씀으로 정치를 했습니다. 그녀는 64년 동안 왕위에 있었고 영국의 번영은 바로 빅토리아 여왕 시대에 이루어진 것입니다. 영국이 세계적인 나라가 되고 해가 안지는 나라가 되었다는 것은 빅토리아 여왕 시대에 그렇게 된 것입니다. 어떻게 해야 연약한 처녀가 왕위를 계승하고 난 다음에 이렇게 위대한 왕이 될 수 있는 것입니까? 인류 역사상 빅토리아 여왕만큼 위대한 왕도 드물 것입니다. 그녀는 자신이 왕이 되었다는 소식을 듣자마자 즉시 무릎을 꿇고 기도했습니다. 성령의 감동에 따라 성경을 폈습니다. 그리고 이후 성경은 잠시도 그녀의 품에서 떠나지 않았습니다. 빅토리아 여왕은 늘 이렇게 기도했습니다. "주님! 늘 하나님의 말씀대로 정치를 하게 해 주옵소서." 그리고 모든 것을 말씀 안에서 찾아 해결하며 기도로써 정치를 했습니다. 인도의 왕자 한 사람이 여왕께 정치를 잘하는 비결이 무엇인지를 물었습니다.

그러자 여왕은 "바로 이것입니다."하며 성경을 펼쳐 보였던 것입니다. 기도하며 하나님께서 알려주시는 말씀으로 정치를 합니다. 성공적인 삶과 신앙생활에서 승리하기 위해 우리는 늘 말씀과 같이 해야 되는 것입니다. 대영제국이라는 나라를 움직이는 빅토리아 여왕도 성경을 무릎에서 떠나지 않고 성경을 읽고 묵상했습니다. 성경에서 가르치는 말씀을 통해서 나라를 다스리니 역사상 최대의 대국을 만든 것입니다. 우리의 삶에 수없이 문제가 다가오지만 그 문제에 대한 해답이 모두다 성경에 기록되어 있는 것입니다. 우리가 성경을 사랑하고 늘 성경을 묵상하고 있으면 성경에서 지혜도 오고, 총명도 오고, 모략도 오고, 재능도 오고, 지식도 오고, 해결방식이 다가오는 것입니다. 그러므로 우리가 보배 중에 보배로 생각할 것은 성경입니다. 성경 말씀을 삶에 적용하는 자녀는 망하지 않습니다. 성경이 있는 나라는 망하지 않는 것입니다. 성경이 있는 사람은 성공합니다. 만사가 형통합니다. 패배하지 않습니다. 말씀을 삶에 적용하는 사람은 시험이나 환란이나 풍파를 당하지 않습니다.

3. 자녀들을 도덕적인 습관을 들여야 합니다. 세상이 험해져서 양심이나, 도덕이나, 윤리나 하는 말은 바보들의 말로 전락하고, 오직 수단 방법을 가릴 것 없이 돈과 권력과 명예와 쾌락을 취하는 길이 성공이요, 그러므로 무엇이든지 양적으로 많이만 갖다놓으면 성공한다는 것을 가르쳤었습니다. 이렇기 때문에 사람을 속이든, 탐관오리를 하든, 이 세상에서 물질적으로 출세만 하면 성공하는 것으로 사회 환경이 자녀들에게 가르쳐 주고 있는 것입니다. 이런 환경을 보고 자라는 자녀들에게 '너희들은 정직하게 살아라, 성실

하게 살아라, 근면하게 살아라, 충성스럽게 살아라'고하면 웃기는 소리하지 말라고 말합니다. 어른들 사회의 위선적이고 거짓된 삶을 늘 바라보고 살아온 자녀들이 그러한 삶을 살아갈 도리가 없는 것입니다. 예수를 믿는 하나님의 자녀가 세상 사람과 같아서는 하나님께 아브라함의 복을 받을 수 없습니다.

자녀들에게 십계명을 묵상하게 해야 합니다. 십계명은 자신을 성찰하는 아주 중요한 것입니다. 십계명을 가지고 자신을 들여다보면서 살도록 인도해야 합니다. 우리의 자녀들이 살아가면서 십계명을 통하여 진실로 윤리와 도덕적인 삶을 살 수가 있는 것입니다. 하나님의 계명과 법을 지키는 그 사람이야말로 무엇을 하든지 그 속에서 참된 행복을 얻을 수가 있는 것입니다.

약자를 사랑하고 예수님의 은혜와 사랑을 전하는 자녀로 성장하도록 가르쳐야 합니다. 자녀들이 이렇게 삶을 살아갈 때 하나님의 사랑을 받고 그들의 기도가 하늘에 상달될 것입니다. 무엇이든지 하나님이 기뻐하시는 일을 하면 하나님께서 또한 저들의 기도를 들어주시는 것입니다.

4. 안 된다는 생각을 버리게 해야 합니다. 자녀들이 인생을 살아가면서 어려운 문제에 봉착할 때 그것을 어떻게 대처하는 가가가 인생을 성공 실패를 결정합니다. 다윗이 골리앗을 만났을 때 한 행동을 본받게 해야 합니다. 사무엘상 17장 34-36절에 "다윗이 사울에게 말하되 주의 종이 아버지의 양을 지킬 때에 사자나 곰이 와서 양 떼에서 새끼를 물어 가면 내가 따라가서 그것을 치고 그 입에서

새끼를 건져내었고 그것이 일어나 나를 해하고자 하면 내가 그 수염을 잡고 그것을 쳐죽였나이다. 주의 종이 사자와 곰도 쳤은즉 살아 계시는 하나님의 군대를 모욕한 이 할례 받지 않은 블레셋 사람이리이까 그가 그 짐승의 하나와 같이 되리이다"이런 하나님이 함께하신다는 강하고 담대함 있어야 합니다.

문제가 나타나면 뒤로 물러가는 자녀가 되지 말고, 하나님께서 나와 함께하니 할 수 있다는 생각을 가지고 기도하여 문제를 해결하는 자녀가 되도록 습관을 들여야 합니다. 한 마디로 상식을 깨뜨리는 자녀가 되도록 하라는 말입니다. 상식적으로 합리적으로 되지 않을 지라도 하나님은 하실 수 있다는 생각을 가지고 일을 추진하는 자녀가 되어야 하나님께 쓰임을 받습니다.

이것이 무슨 말이냐 하면 '남들이 다 아니다.'라고 고개를 돌리더라도 과감히 도전을 선택하는 자녀가 되도록 습관을 들여 한다는 것입니다. 저는 항상 우리 교회 성도들에게 "어려운 문제가 나타나거든 안 된다고 포기하지 말고, 된다고 생각하고 하나님께 기도 하세요."그러면 반드시 할 수 있는 방법을 하나님께서 주셔서 해결하도록 하십니다. 이런 습관을 어려서부터 들일 때 인생길에 어려운 문제에 봉착하면 아무도 생각지 못한 발상의 전환이 엄청난 결과를 이끌어 낼 수가 있는 것입니다. 자녀들이 이런 습관을 가질 때 세상 직장에서도 성공할 뿐만 아니라, 하나님께 쓰임을 받을 수가 있는 것입니다.

5. 미리준비하고 익혀두는 습관을 갖자는 것입니다. 저는 배우

는 것을 즐겨합니다. 그러다 보니 지금 당장 필요 없는 일도 종종 배우게 됩니다. 어려운 문제가 있더라도 회피하지 않고 직접 해보려고 합니다. 이렇게 하다가 보니 많은 지식들을 터득하게 되었습니다. 어떤 일이라도 할 수 있다는 자신감이 생깁니다. 이런 습관이 들으니 인생길에 무슨 일을 만나더라도 할 수 있다는 자신감을 가지고 일을 할 수 있었습니다.

그러면 주변에서 쓸데없는 것을 배운다고 종종 비아냥거림을 받곤 합니다. 그러나 당장 필요 없을 것 같던 일이 언젠가 반드시 해야만 할 상황이 꼭 오게 됩니다. 재산이 되었다는 것입니다. 반드시 해야 할 일이 생기면 그때 가서 미리 해둘 걸… 미리 배워둘 걸… 후회하면 무슨 소용 있습니까? 미리 살펴서 준비하는 자에게 기회는 반드시 오는 법입니다. 자녀들에게 배우는 습관을 들이는 것은 정말로 중요합니다. 그런데 왜 배우지 못합니까? 근시안적이 되어서 당장 필요하지 않으면 기피하는 습관이 되었기 때문입니다.

6. 신문과 책을 가까이 하는 습관을 갖으라는 것입니다. 사람들에게 신문을 멀리 하는 이유를 물으면 재미가 없고 시끄러운 정치 소식이 많아서 읽기 싫다고 합니다. 물론 그런 부분도 있지만 차분히 앉아서 신문을 읽다보면 마음이 편안해 지면서 집중력이 높아집니다. 시시각각 변화 하는 세계의 소식을 알 수 가장 좋은 것이 신문입니다. 신문을 보면서 좋은 내용의 교육이라 던지 앞으로 필요할 정보들을 스크랩해 둔다면 꼭 필요한 때가 반드시

오게 됩니다.

독서를 많이 하는 습관을 들여야 합니다. 독서하면 집중력이 개발이 됩니다. 독서하면 여러분들의 성공 실화를 접하게 됩니다. 그렇게 됨으로 자녀가 어려서부터 롤 모델을 정하게 됩니다. '나도 누구와 같이 되겠다.' 꿈을 갖게 된다는 말입니다. 꿈이 있는 자녀는 방황하지 않습니다. 자신이 나가야할 인생의 행로를 본인이 절하여 갈 수 있는 자녀가 된다는 것입니다.

7. 자기분야에 일인자가 되겠다는 의지가 필요합니다. 저는 항상 이렇게 말합니다. "내가 하고 있는 성령치유 사역의 일인자가 되겠다는 것입니다." 그렇게 생각하기 때문에 전문가가 되려고 노력을 합니다. 성령치유의 전문가가 되려는 의지가 있기 때문에 깊은 이론을 터득하려고 노력을 합니다. 깊은 치유가 되려면 어떻게 해야 하는가 항상 생각하고 기도합니다. 실제 적용을 합니다. 적용하여 이론을 정립합니다. 그렇게 사고하고 사역을 하다가 보니까, 점점 전문가가 되어갑니다. 다른 분야도 마찬가지입니다. 자신이 추구하는 분야에 일인자가 되겠다는 생각을 가지면 그 일에 매진하게 됩니다. 자연스럽게 전문적인 지식을 습득하게 됩니다.

그렇게 자기 분야에 집중하며 몰입을 하다가 보니 일인자가 되는 것입니다. 남을 모방하여 따라가면 2등 밖에 못합니다. 자신이 하나님께 기도하여 자신만의 전문성을 개발해야 일인자가 되는 것입니다. 일인자가 되기 위해서는 무엇보다 천직의식이 중요합니다. 천직의식을 가지고 하나하나 연구하고 적용해가다가 보니 자연스럽게 일인자가 되는 것입니다. 처음 생각과 습관이 굉장하게 중요한 것입니다. TV에 나오는 달인을 생각하면 맞습니다. 한 분야에 천직의식을 가지고 십년이상 몰입 집중하다가 보니 달인이 된 것입니다. 지금은 인생백세 시대입니다. 무엇보다도 자기 분야에 전문가 의식이 중요한 시대입니다.

8. 성공을 습관화 시켜야 합니다. 성공이라는 것은 자신이 목표한 일을 이루어 내는 것입니다. 자신이 목표한 일은 꼭 이룬다. 이것을 습관화하라는 것입니다. 꼭 기업의 회장이 된다든지, 박사가 된다든지, 정치가가 된다든지 하여야만 성공은 아닌 것입니다. 저는 TV에서 나오는 달인을 아주 좋아합니다. 달인들은 한 분야에 집중한 사람들입니다. 한 마디로 성공한 사람들입니다. 일상에서도 늘 성공을 습관화 시키도록 해야 합니다.

예를 들어 수학 방정식을 잘 해결했다면 방정식에 대한 성공이고, 영어 단어를 목표한 만큼 다 암기했다면 그것에 대한 성공입니다. 성경을 일독하겠다. 목표를 세워서 일독 했다면 성공입니다. 끝을 봤다면 성공한 것입니다. 어려서부터 목표한 것을 이루는 습관이 인생을 성공하게 합니다. 미래는 하루아침에 이루어지는 것이 아닙니다. 오늘이 쌓여 미래가 되는 것입니다. 그렇다면 오늘의 일상의 성공이 쌓여 미래의 성공을 이끌어 내는 것입니다. 어려서 습관이 중요한 것입니다. 끝을 보는 습관입니다.

9. 오늘 일을 오늘 끝내는 습관을 들여야 합니다. 내일로 미루지 마라는 것입니다. 저의 인생의 철칙입니다. 오늘일은 오늘 끝내라

는 것입니다. 끝내지 못했다면 잠을 자지 말고 끝내라는 것입니다. "오늘 할 일을 내일로 미루지 마라!" 저는 군대에서 장교로 23년을 근무했습니다. 군대생활하면서 제가 가장 중요한 재산이 얻었다면 "오늘 할 일을 내일로 미루지 마라!" 입니다. 이 정신을 가지고 지금 목회를 하고 있습니다. 이 정신이 아니었다면 아마 책을 한 권도 집필하지 못했을 것입니다.

오늘의 없는 내일은 있을 수가 없습니다. 오늘 할 일을 내일로 미루면 그 만큼의 시간과 노력이 더 들어가게 됩니다. 일을 끝마치지 못하고 다음날 시작을 하려면 한 참을 기도해야 영감이 떠오르기 시작하는 것입니다. 또한 오늘 일을 내일로 미루었을 때 스스로의 마음이 편치 않았던 경험들이 있을 것입니다. 오늘일은 오늘로 마무리 하고 내일엔 새로운 내일의 일에 매진해야 합니다. 자녀들의 "오늘 할 일을 내일로 미루지 마라!" 습관이 되었다면 인생은 반드시 성공할 것입니다.

10. 시작보다는 마무리를 잘하는 습관이 중요합니다. 제가 군 생활을 하면서 체험한 바로는 중간에 낙오하는 장교들은 마무리를 못하는 장교들이었습니다. 시작은 하는데 마무리를 못합니다. 1년이 지나도 결과물을 내놓지 못합니다. 그러면 자연스럽게 동기들에게 뒤처지는 것입니다. 누구나 할 것 없이 새해가 되면 새로운 다이어리를 장만하고 거창한 계획을 세우게 됩니다.

그러나 큰 맘 먹고 세운 계획은 작심삼일이 되어버리 곤 합니다. 왜 그럴까요? 계획은 세웠으나 자신의 현실에 맞지 않는 보여주기 위한 계획이기 때문입니다. 계획을 세우되 지금 자신에게 가장 필요한 사항인지 먼저 파악하고 세워야 합니다. 그 다음은 두말할 필요 없이 끝까지 가는 실천입니다. 시작하기보다는 어떻게 끝까지 마무리 할 수 있는가를 먼저 생각해보면 좀 더 알찬 계획을 세우고 실천할 수 있는 것입니다. 또한 계획은 결코 장미 및 아름다움이 아닌 땀과 노력의 결과로 얻어져야 한다는 것을 염두에 두어야 합니다.

11. 실패를 성공의 기회로 삼는 습관이 중요합니다. 실패하지 않고 성공하는 사람은 드물 것입니다. 많은 사람들이 계획을 세울 때 미리 실패할 것을 두려워합니다. 이미 시작도 하기 전에 미리 실패를 걱정하고 있으니 성공할리 없는 것입니다. 사람은 생각하는 대로 이루어지기 때문입니다. 그렇기 때문에 생각이 중요합니다. 실패를 걱정할 시간이 있다면 어떻게 성공 할 것 인가를 먼저 고민해야 할 것입니다. 몰입하여 성령으로 기도하다가 보면 하나님께서 성공방책을 주십니다.

그래서 실패를 두려워하는 것이 아니라, 계획하고 하나님께 기도하며 당당히 맞서 나간다면 그만큼 성공에 이르는 길도 빨라 질 것입니다. 계절도 봄, 여름, 가을, 겨울이 있는 것처럼 우리네 삶의 여정에도 이렇게 사계절이 있는 것입니다. 저는 이렇게 말을 합니다. 실패했으면 실패한 원인을 분석하여 보강하여 다시 시작을 하라는 것입니다.

12. 일기를 쓰듯 메모하는 습관을 기르라는 것입니다. 저는 군대에서 우수한 장군들을 많이 모셨습니다. 모두 메모를 중요하게 여겼습니다. 심지어 자면서 머리맡에 메모지를 두고 자라고 강조하는 분도 모셨습니다. 저는 이것이 습관이 되었습니다. 순간순간 떠오른 깊은 아이디어를 메모하라는 것입니다. 이것이 나중에 아주 중요한 재산이 됩니다. 자녀들이 메모하고 존안 하여 두는 습관이 된다면 자영업을 한다든지 직장에 간다든지 어디를 가더라도 성공할 수가 있습니다.

조금은 불편 하더라도 일기장이나 메모장에 늘 기록하는 습관을 들이도록 해야 합니다. 자료를 존안하는 습관을 드려야 합니다. 요즈음 컴퓨터가 있어서 조금만 관심을 가지면 할 수가 있습니다. 사람의 기억은 24시간을 넘기지 못합니다. 생각이 떠오를 때, 바로바로 메모하고 기록하는 습관이야말로 자신에게 맞는 계획을 세우고 성공을 이루어 낼 수 있는 것입니다. 또한 늘 메모하는 습관은 시간을 알차게 쓰도록 도와주게 됩니다.

저에게 목사님 설교를 언제 준비하세요. 질문한다면 '늘 메모지를 주머니에 넣고 다니면서 조각난 시간 자투리 시간을 활용하여 설교를 준비합니다. 버스 안에서 혹은 전동차 안에서 기도하며 영감을 받아 설교를 준비합니다.' 목사님 언제 책을 집필합니까? 질문한다면 '일상 생활하면서 영감을 모아 책을 집필 합니다.' 이렇게 대답을 할 수 있습니다. 자녀들에게 성공할 수 있는 습관을 들여주는 것이 꼭 필요한 것 같습니다.

3부 돈 잘 버는 잠재력을 깨우는 길

18장 예수님을 잘 알고 믿어야 잠재력을 깨운다.

(요3:16)"하나님이 세상을 이처럼 사랑하사 독생자를 주셨으니 이는 그를 믿는 자마다 멸망하지 않고 영생을 얻게 하려 하심이라"

하나님의 축복을 받으려면 예수님을 주인으로 영접해야 합니다. 그러면 성령께서 돈을 벌 수 있는 지혜를 주십니다. 주신 지혜대로 순종하면 돈을 벌게 하는 것입니다. 반드시 성령하나님께서 주신 지혜대로 순종할 때 돈을 버는 것입니다. 그래서 하나님의 축복을 받으려면 예수님을 주인으로 믿어야 합니다. 예수님을 주인으로 영접하려면 예수님을 바르게 알아야 합니다. 오늘날 많은 사람들이 예수님을 역사상 위대한 인물 중의 한 사람 정도로만 알고 있습니다. 인류역사에 잠깐 등장했다가 사라진 한 뛰어난 인물로만 생각하고 있는 것입니다. 그러면 과연 예수 그리스도는 누구일까요?

그가 나신 곳은 고독한 벽촌 베들레헴, 비천한 말구유에서 목수의 아들로 태어난 그 분, 한 권의 저서도 없으며 아무런 지위도 없었으며, 대학의 학력도 없으며, 그의 전도여행은 기껏 800리도 못되는 거리, 결국 제자에게 버림을 받아 적에게 넘겨져 십자가에서 죽기까지 하셨습니다. 그러나 그는 위엄을 가지고 말씀을 전하셨고 남다른 지혜로 가르치셨습니다.

인류역사에 최대의 영향을 끼친 분은 누구입니까? 인류역사를 주전(B.C)와 주후(A.D)로 구분하신 분이시며, 예수가 전파되는 곳에 결혼신성, 남녀평등, 선거권, 노동법, 노예해방, 아동복리법, 자유와 사랑과 평화의 운동 등이 일어났습니다. 2천년이 흐른 지금 그분은 인간들의 중심이 되셨고, 세계발전의 초석이 되셨으니, 그보다 더 큰 영향력을 미친 이는 아무도 없습니다. 예수님만이 길이요, 진리요, 부활이요, 생명이십니다(요14:6).

1. 우리의 죄를 해결할 수 있는 분이 예수님 밖에 없습니다. 사람은 누구나 죄인입니다. 이것이 성경의 선포입니다. 로마서 3장 23절에 "모든 사람이 죄를 범하였으매 하나님의 영광에 이르지 못하더니" 모든 사람이 죄인입니다. 누구도 예외가 없습니다. 여기서 '모든 사람'은 헬라어로 '파스'라는 말인데 '어떤 자든지 다'라는 의미입니다. 인류 최초의 사람인 아담으로부터 시작해서 이 시대에 살고 있는 모든 사람을 말합니다. 심지어 어린아이들까지 포함해서 모든 사람을 말하는 것입니다. 그 어떤 자도 예외가 될 수 없습니다. 모두가 죄인입니다. 모든 사람은 두 가지 측면에서 죄인입니다. 첫째는 원죄 때문에 죄인입니다. 원죄란 인류의 조상인 아담의 범죄로 인해 모든 사람이 가지고 태어나는 죄책과 부패성을 말합니다. 원죄로 인하여 사람은 지정의(知情意) 전체가 전적으로 부패되었습니다. 둘째는 자범죄 때문에 죄인입니다. 자범죄는 원죄의 부패성을 가진 모든 사람이 삶 속에서 짓는 죄를 뜻합니다.

간혹 자기는 이 세상에서 단 한 번도 죄를 범한 일이 없다고 주장하는 사람들이 있습니다. 그 사람은 죄를 범하지 않은 것이 아니라, 양심을 속이는 말을 하는 것이든지 아니면 자기의 죄를 볼 수 있는 눈이 없는 것입니다. 우리가 비누를 사용해서 세수를 하고 나면 얼굴이 깨끗한 것 같습니다. 그런데 현미경으로 보면 셀 수 없을 정도로 많은 세균이 얼굴에 붙어 있는 것을 알 수 있습니다. 눈으로는 보이지 않지만 현미경으로 보면 깜짝 놀랄 만큼 세균이 많습니다. 마찬가지입니다. 자신의 수준에서 보면 자신은 다른 사람들 보다 훨씬 의로운 것 같고 자신에게서는 흠을 찾아볼 수 없는 것 같지만, 도덕성이 더 높은 사람의 눈으로 보면 상당히 많은 죄가 보이는 것이고, 또 하나님의 시각으로 보면 말로 표현할 수 없는 많은 죄를 범한 죄인인 것입니다.

죄의 가장 무거운 영향력은 하나님과의 관계를 단절시키는 것입니다. 로마서 3장 23절에 "모든 사람이 죄를 범하였으매 하나님의 영광에 이르지 못하더니" 죄를 범한 사람들은 하나님의 영광에 이르기 위하여 나름대로의 방법으로 죄를 없애기 위해서 노력해왔습니다. 고대로부터 인간은 철학으로, 도덕적 행위로, 선행으로, 종교생활로 혹은 수도생활을 통해서 죄를 없애려고 노력했으나 죄의 부패성과 죄책에서 벗어날 수가 없었습니다. 사람이 아무리 노력해도 죄의 부패성과 죄책에서 벗어날 수 없는 이유는 사람은 누구나 전적으로 부패했기 때문입니다. 전적으로 부패한 인간의 어떤 노력도 하나님의 공의를 충족시킬 수 없는 것입니다. 전적으로 타락한 인간의 어떤 노력도 하나님을 만족 시킬 수 없는 것입니다. 사람이 죄를 지으면 반드시 죽기 때문입니다.

하나님께서는 사람의 노력으로는 도저히 죄를 없이 할 수 없다는 사실을 아시고 독생자 예수 그리스도를 이 땅에 보내셨습니다. 그리고 예수님께 인류의 죄를 대신 짊어지게 하셨습니다. 예수님은 그 일을 위하여 이 땅에 오셨고 믿는 자들을 위한 대속의 죽음을 당하셨던 것입니다.

이사야서 53장 5-6절에 "그가 찔림은 우리의 허물 때문이요 그가 상함은 우리의 죄악 때문이라 그가 징계를 받으므로 우리는 평화를 누리고 그가 채찍에 맞으므로 우리는 나음을 받았도다. 우리는 다 양 같아서 그릇 행하여 각기 제 길로 갔거늘 여호와께서는 우리 모두의 죄악을 그에게 담당시키셨도다" 예수님이 찔리시고 상하시고 징계를 받으시고 채찍에 맞으신 이유는 예수님에게 문제가 있어서가 아닙니다. 우리를 대신해서 우리가 계산해야 할 죄의 값을 대신 지불하신 것입니다. 주님이 우리 대신 우리 죄를 담당하신 것입니다. 담당하셨다는 말은 우리의 죄의 짐을 대신 짊어지셨다는 말입니다.

예수님의 피는 대속의 피 입니다. 예수님의 피는 담당의 피 입니다. 그래서 예수님의 피에 능력이 있는 것입니다. 예수님의 피는 우리의 모든 죄를 사하는 능력의 피 입니다. (요일 1:7) "그 아들 예수의 피가 우리를 모든 죄에서 깨끗하게 하실 것이요" 우리의 죄를 없이 하실 수 있는 분은 예수님 밖에 없습니다. 죄를 지으면 반드시 죽어야 합니다. 죄를 사함 받으려면 죽어야 합니다. 죄로 인하여 자신이 죽어야 죄가 사해진다는 말합니다. 자신의 죄를 사함 받게 하려고 예수님이 대신 죽으신 것입니다. 그래서 예수님을 믿어야 하는 것입니다. 예수님을 믿는 순간 자신은 죽는 것입니다. 예수님을 믿는 순간 자신이 죽었다가 다시 부활하신 예수로 태어난 것입니다. 지금 자신이 사는 것은 예수님의 인생을 사는 것입니다. 그렇기 때문에 예수를 믿으면 아브라함의 복을 받는 다고 말하는 것입니다. 미가서 7장 18,19절을 보면 주님은 우리의 죄를 사하시는데 우리의 죄를 발로 밟으시고 우리의 모든 죄를 깊은 바다에 던지신다고 말씀합니다.

물건을 발로 밟는 것은 부수기 위해서입니다. 부순다는 것은 이제 끝낸다, 이제 돌아보지 않는다는 것입니다. 다시 쓸 것은 발로 밟지 않습니다. 주님은 우리의 죄를 사하시고 돌아보지 않으시는 것입니다. 깊은 바다에 던지신다는 말은 다시는 기억치 않는다는 말입니다. 인류 역사상 제일 깊이 내려간 바다의 깊이가 300m라고 합니다. 그것도 사람을 보호해 주는 특별 장치가 되어 있고 산소와 먹을 것이 있는 우주복 같은 것을 입고 내려갔습니다. 그런데 300m를 내려갔다 올라오는데 한 달이 걸렸답니다. 빨리 올라오면 수압에 의해 즉사하기 때문이랍니다.

사람은 301m 바다에도 들어가지 못합니다. 그런데 하나님께서는 우리 죄를 300m의 바다에 던지시는 것이 아닙니다. 깊은 바다에 던지십니다. 사람이 발견한 가장 깊은 바다는 깊이가 약 11km입니다. 300m 깊이에 던진 것도 찾지 못하는데, 11km 깊이의 바닥에 있는 것을 어떻게 찾겠습니까? 그것은 아예 불가능합니다. 하나님께서 우리의 모든 죄를 발로 밟으시고 깊은 바다, 11km가 더 되는 바다에 던지신 것을 믿으시기 바랍니다. 예수 그리스도의 공로로 그렇게 하시는 것입니다. 예수님은 우리의 죄를 해결 하실 수 있는 유일한 분입니다.

2. 우리를 영원한 천국으로 인도할 수 있는 분이 예수님 밖에 없습니다. 어느 한 권사님이 연세가 드셔서 운명할 때가 되었습니다. 그런데 꿈을 꾸다가 그만 천국과 지옥을 보게 되었습니다. 이것을 보고 온 권사님은 놀래서 많은 것을 회개하였습니다. 특히 목사님의 마음에 상처를 준 것이 생각나서 목사님을 찾아가서 용서를 구하고, 목사님과 화해를 하였습니다. 권사님이 꿈 이야기를 목사님에게 하였더니 목사님이 심각한 얼굴을 하고 들으시더니, 조금 지난 후에 목사님께서 그 권사님을 서재로 부르시고는 심각하게 묻더라는 것입니다. "권사님! 정말 천국이 있기는 있는 것입니까?" 목사님도 천국에 대한 확신이 없이 목회를 했다는 것입니다. 천국에 대한 확신이 없이 기독교 신앙을 가졌다는 것은 그의 신앙이 성경적이지 못하다는 것입니다. 성경은 천국과 지옥이 있음을 분명히 말하고 있습니다.

어느 날 여객선이 파선되어 모두가 바다에 빠져 죽어가고 있었습니다. 다행스럽게도 타고 있던 목사님은 구명튜브를 지니고 있었습니다. 모두가 살려고 아우성이었습니다. 목사님이 옆에 있는 죽어 가고 있는 젊은이를 보고 물었습니다. "자네 예수를 믿는가?" "아니요." "그럼 이 튜브를 자네가 가지게." "목사님을 어떻게 하려고 하십니까?" "나는 예수를 믿네! 나는 지금 죽어도 천국에 가네! 자네는 예수를 안 믿으니까 지금 죽으면 지옥에 가는 거야! 내가 이 구명튜브를 주고 죽을 터이니 자네는 살아나거든 예수 믿고 천국에서 만나세." 그리고 구명튜브를 던져주고 목사님은 익사하였습니다. 그 젊은이는 후에 예수를 믿고 자기 대신 죽은 목사님을 평생 그리워하며 살았답니다.

천국에 대한 확신이 우리를 참된 신자로 만들어주는 것입니다. 우리 모두 천국에 대한 확신을 가지고 천국을 향해 가는 나그네로 이 세상을 살기를 바랍니다. (히 9:27)"한번 죽는 것은 사람에게 정해진 것이요 그 후에는 심판이 있으리니" 사람이 죽으면 모든 것이 끝나는 것이 아닙니다. 죽음 후에는 반드시 심판이 있습니다. 이 심판은 요한계시록 20장에 나옵니다. 희고 큰 보좌 앞에 앉으신 주님 앞에서 지구상에서 살았던 모든 사람들이 심판을 받습니다. 그 심판을 이기지 못한 사람들은 불 못인 영원한 지옥에 던져집니다. 그리고 심판을 통과한 사람들은 새 하늘과 새 땅인 영원한 천국에 들어갑니다. 천국은 하나님께서 계시는 곳이고 예수님께서 계시는 곳입니다.

요한계시록 21장 22,23절에"성 안에서 내가 성전을 보지 못하였으니 이는 주 하나님 곧 전능하신 이와 및 어린 양이 그 성전이심이라. 그 성은 해나 달의 비침이 쓸 데 없으니 이는 하나님의 영광이 비치고 어린 양이 그 등불이 되심이라" 천국에 하나님이 계시는데 성경은 하나님 앞에 나아가는 길이 예수 그리스도뿐이라고 말씀하고 있기 때문에 천국에 갈 길도 예수님뿐인 것입니다. 다른 길이 없습니다. (요 14:6)"예수께서 이르시되 내가 곧 길이요 진리요 생명이니 나로 말미암지 않고는 아버지께로 올 자가 없느니라"반드시 예수님을 통해야 천국에 계시는 하나님을 만날 수가 있습니다.

(행4:12)"다른 이로써는 구원을 받을 수 없나니 천하사람 중에 구원을 받을 만한 다른 이름을 우리에게 주신 일이 없음이라 하였더라" 예수님을 통하지 않고는 세상에서 구원을 받을 방법이 없습니다. (딤전 2:5)"하나님은 한 분이시오. 또 하나님과 사람 사이에 중보자도 한 분이시니 곧 사람이신 그리스도 예수라" 우리를 영원하신 아버지 앞으로 인도하실 분이 예수님 밖에 없습니다. 우리를 영원한 천국으로 인도하실 분이 예수님 밖에 없습니다. 그렇기 때문에 사람들은 예수님을 믿어야 하는 것입니다.

어떤 목사님께서 어린 아이들에게 설교를 하시다가 이런 질문을 했습니다. "예수 믿으면 죽어서 천국을 가는데 너희들은 나중에 죽어서 천국을 가고 싶으냐? 아니면 지옥을 가고 싶으냐?"라고 묻자 모든 아이들이 일제히 손을 들고서 "천국을 가고 싶어요!"라고 소리를 쳤습니다. 너무나 기쁜 마음에 목사님께서 또 다른 질문을 하셨습니다. "그럼, 너희가 천국을 갈려면 어떻게 해야 되지?"라고 묻자 한 아이가 번쩍 손을 들었습니다.

목사님은 속으로 틀림없이 이 아이가 "예수님을 믿어야 되요!"라고 말할 것을 기대하면서 그 아이에게 답변할 수 있는 기회를 주었습니다. 자신 있게 손을 든 아이는 자리에서 일어나서 이렇게 크게 말했다고 합니다. "네, 우리가 천국에 가기 위해서는 먼저 죽어야 해요!" 네! 죽어야 됩니다. 맞는 말입니다. 지금 자신이 죽지 않고 천국에 갈수가 없습니다. 예수님을 믿으면 믿는 동시에 자신이 죽는 것이기 때문입니다. 또한 동시에 예수님으로 다시 태어나는 것입니다. 천국을 가려면 반드시 예수님을 믿어야 합니다. 예수님은 우리를 천국으로 인도할 수 있는 유일한 분입니다.

3. 예수님이 우리를 영원토록 함께하며 도우십니다. 하나님의 함께하심을 믿고 느끼면 그때 용기백배하고 큰 힘이 생깁니다. 예수님은 요한복음 14장 16절로 18절에서 "내가 아버지께 구하겠으니 그가 또 다른 보혜사를 너희에게 주사 영원토록 너희와 함께 있게 하리니 그는 진리의 영이라 세상은 능히 그를 받지 못하나니 이는 그를 보지도 못하고 알지도 못함이라. 그러나 너희는 그를 아나니 그는 너희와 함께 거하심이요. 또 너희 속에 계시겠음이라. 내가 너희를 고아와 같이 버려두지 아니하고 너희에게로 오리라" 예수님께서 보혜사 성령을 보내주셔서 영원토록 함께하시면서 우리를 도와주시는 것입니다. 어떻게 하나님이 나와 같이 계신 것을 내가 늘 마음속에 느낄 수가 있나요? 믿음으로 느낄 수가 있습니다. 성령을 통하여 알 수가 있습니다. 왜 하나님은 눈에 안보입니까? 하나님을 왜 옷자락 손에 잡지 못합니까? 하나님은 오늘날 시대에는 말씀을 통해서 성령으로 우리에게 찾아오시는 것입니다. 그래서 영원토록 함께하시는 것입니다. 저는 항상 하나님께서 함께 하신다는 믿음으로 성공적인 삶을 살고 있습니다.

우리가 이 세상을 살아갈 때 우리를 도우시고 보호하시고 인도하시는 분이 계십니다. 바로 우리의 보혜사 성령님이십니다. 성령님이 예수님의 은혜를 알게 하고 믿게 하시는 것입니다. 예수님은 십자가에서 죽으신지 사흘 만에 다시 살아나셨고 이 땅에 40일을 계시다가 제자들이 보는 앞에서 하늘로 올라가셨습니다. 그리고 하늘에 오르신 예수님은 지금 하늘 보좌 우편에서 대표적으로 세 가지 일을 하고 계십니다.

첫째는 하늘 보좌 우편에서 우리를 위하여 중보기도 하고 계십니다. (롬 8:34)"다시 살아나신 이는 그리스도 예수시니 그는 하나님 우편에 계신 자요 우리를 위하여 간구하시는 자시니라" 둘째는 우리를 위하여 천국에 거처를 예비하고 계십니다. (요 14:2,3)"내가 너희를 위하여 거처를 예비하러 가노니 가서 너희를 위하여 거처를 예비하면 내가 다시 와서 너희를 내게로 영접하여 나 있는 곳에 너희도 있게 하리라" 셋째는 고난 받는 자들을 응원하고 계십니다. (행 7:55,56)"스데반이 성령 충만하여 하늘을 우러러 주목하여 하나님의 영광과 및 예수께서 하나님 우편에 서신 것을 보고 말하되 보라 하늘이 열리고 인자가 하나님 우편에 서신 것을 보노라 한대" 스데반이 돌에 맞아 죽을 때 주님은 하늘 보좌에서 일어나셔서 스데반을 응원하시며 위로하셨습니다.

주님이 승천하시기 직전에 제자들에게 말씀하셨습니다. (마 28:20)"볼지어다 내가 세상 끝 날까지 너희와 항상 함께 있으리라" 이 말씀이 좀 이상하지 않습니까? 당신은 가시는데 세상 끝 날까지 항상 함께 하시겠다고 말씀하셨습니다. 좀 모순이 있는 말씀 아닙니까? 가시면 함께 하실 수 없는데 가시면서 함께 하신다고 말씀하셨습니다. 주님께서 승천 직전에 모순처럼 들리는 말씀을 하신 이유는 무엇일까요? 그 이유는 예수님이 승천하시면 진리의 영이신 성령님께서 오셔서 믿는 자들과 함께 하실 것이기 때문입니다.

(요 14:17)"그는 진리의 영이라 세상은 능히 그를 받지 못하나

니 이는 그를 보지도 못하고 알지도 못함이라 그러나 너희는 그를 아나니 그는 너희와 함께 거하심이요 또 너희 속에 계시겠음이라" 믿음이 없는 사람들은 성령님을 모릅니다. 성령님을 받지도 못하고 보지도 못하고 알지도 못합니다. 그러나 믿는 사람들은 성령님을 아는 것입니다. 왜냐하면 그분이 오셔서 우리와 함께 하시고 우리 속에 거하시기 때문입니다. 성령님은 하나님과 예수님을 바르게 알도록 하십니다.

성령님이 믿는 자 속에 오셔서 무슨 일을 하십니까? 믿음의 사람들을 인도하시고 도와주십니다. (롬 8:14)"무릇 하나님의 영으로 인도함을 받는 사람은 곧 하나님의 아들이라" (롬 8:26)"이와 같이 성령도 우리의 연약함을 도우시나니" 성령님이 오셔서 우리를 도와주셔서 어떤 결과가 만들어집니까? 두 가지 결과입니다. 첫째는 성령님은 예수님을 대신해서 모든 것이 합력하여 선을 이루게 하십니다(롬 8:28). 저는 합력하여 선을 이룬다는 이 말씀이 너무 좋습니다. 내가 비록 부족해도 하나님을 의지하며 살면 합력하여 선을 이루게 되고, 내가 실수를 했어도 하나님이 도우시면 합력하여 선을 이루는 것입니다. 합력하여 선을 이룬다는 믿음만 확실하면 우리는 어떤 상황을 만나도 감사할 수 있습니다.

필자는 군대에서 열과 성의를 다하여 충성했지만 승진이 되지 않아 22년간 천직으로 생각한 군대생활을 접어야 했습니다. 정말 마음에 큰 충격이었습니다. 하나님께 땀이 파가 되도록 기도하니 하나님께서 목회자가 되라는 환상과 음성을 들려주셨습니다. 음성을 듣고 순종하여 신학대학원에 들어가 공부하고 목사가 되어 지금 성령치유 사역으로 하나님께 귀하게 쓰임을 받고 있습니다. 예수를 믿고 그리스도인이 된 사람들 중에는 합력하여 선을 이루어, 화가 화로 끝나는 것이 아니라, 복이 된 경우가 너무나 많습니다. 종국에는 예수를 믿는 우리를 영-혼-육의 전인적인 거부가 되게 하시는 것이 하나님의 뜻이기 때문입니다.

케몬스 윌슨이라는 미국의 한 남자가 회사에서 해고를 당했습니다. 남자들에게 직장에서 해고를 당했다는 것은 인생의 위기이며 기근을 만났다는 것입니다. 보통 남자들은 이럴 때 낙심하고 절망합니다. 그리고 자신을 해고 시킨 회사와 상사를 원망하게 됩니다. 그런데 케몬스 윌슨은 낙심하고 절망하고 원망하는 대신 해고 통지서를 들고 하나님 앞에 무릎을 꿇었습니다. 그리고 하나님 앞에 기도했습니다. "하나님, 이 해고의 의미가 무엇입니까? 저는 앞으로 어떻게 해야 됩니까?" 그때 하나님께서 그에게 '여관 사업을 해라. 사람들이 편안하게 쉴 수 있는 여관을 만들어 보아라.'라는 감동을 주셨습니다.

그는 기도 중에 받은 그 감동에 순종해서 작지만 깨끗한 여관을 만들었습니다. 그런데 손님이 얼마나 많이 오는지 많은 돈을 벌게 되었고, 차츰 여관의 수를 늘리기 시작해서 전 세계에 수많은 호텔을 가지고 있는 재벌이 되었습니다. 그 호텔이 바로 홀리데이인 호텔입니다. 케몬스 윌슨은 인생의 위기 앞에서 자신의 약함을 알고 하나님 앞에 엎드려 기도하다가 홀리데이인 호텔을 창업하여 재벌이 된 것입니다. 해고를 당해도 성령으로 기도하는 사람에게는 하나님께서 새 길을 주시는 것입니다. 합력하여 선을 이루는 것입니다.

우리가 예수님을 믿고 예수님을 적극적으로 인정하면 예수님은 성령으로 우리를 도우셔서 모든 것이 합력하여 선을 이루게 해주시는 분입니다. 둘째는 성령님은 예수님을 대신해서 우리를 예수 그리스도를 닮게 만드십니다. 성령님이 오셔서 우리를 도우셔서 우리의 구습을 치유하고 땅의 사람을 하나님의 자녀로 바꾸어 예수님을 닮게 만들어주시는 것입니다. 신앙생활에는 분명한 목표가 있습니다. 그 중 하나가 예수님을 닮는 것입니다. 성령님이 우리를 도우셔서 예수님을 닮도록 역사하십니다.

예수님을 믿고 성령으로 세례를 받아 그리스도인으로 거듭나면 성령이 역사하시는 진리를 듣고 자연스럽게 변화가 일어납니다. 전에는 나쁜 생각을 하고, 나쁜 말을 하고, 나쁜 행동을 해도 양심에 걸리지 않던 사람이, 이제는 나쁜 생각과 말과 행동을 하면 양심에 걸려서 마음이 불편하고, 하나님께 죄송한 생각이 들어서 마음이 많이 불편해 집니다.

성령님께서 마음속에서 역사하셔서 죄에 대해서 책망하시기 때문에 일어나는 현상입니다. 그렇게 되면 잘못을 회개하게 되고 돌이키게 됩니다. 그래서 하나님이 기뻐하시는 생각과 말과 행동을 하게 됩니다. 성령님은 이런 과정을 통해서 우리의 언행심사가 주님을 닮아가게 하시는 것입니다. 성령으로 충만해지니 세상에서 들어온 악한 마음이 떠나가기 때문입니다. 예수를 믿으면 반드시 성령의 역사로 변화가 일어나게 되어있습니다. 예수님에 대하여 더 자세하게 알고 싶은 분은 "예수이름의 권능을 사용하는 법"과 "보혈의 권능을 사용하는 법"을 읽어보시기를 바랍니다.

19장 체력이 건강해야 돈 버는 잠재력을 깨운다.

(잠 4:22)"그것은 얻는 자에게 생명이 되며 그의 온 육체의 건강이 됨이니라."

하나님께서는 체력이 강건해야 정신력도 강해진다고 말씀하십니다. 체력이 건강해야 돈을 버는 잠재력을 깨울 수가 있는 것입니다. 체력이 강하지 않으면 아무것도 되는 것이 없을 것입니다. 많은 분들이 정신력이 강해야 체력이 강해지는 것으로 알고 계십니다. 그런데 반대입니다. 체력이 강해야 정신력이 강해지는 것입니다. 모든 사람이 살아가고 활동하고 움직이는데 체력은 기본이 됩니다. 체력(體力)은 몸 체(體)자에 힘 력(力)자를 사용하며, 직역을 하면 몸의 힘이라는 뜻입니다. 신체의 근력과 지구력, 혹은 질병 및 기후적 저항력 등등까지 뭉뚱그려 말할 때 이 단어가 쓰입니다. 왠지 모르게 게임 등등에서 체력은 몇 대를 맞아야 죽는가 하는 맷집을 말하는 Hit Point를 표시할 때 생명력과 더불어 자주 쓰이는 단어입니다.

한국에서는 지구력을 논하면서 주로 체력이라고 많이 부릅니다. 체력이 부족하면 저질체력이라고 부릅니다. 간단하게 체중과 체격으로 이야기하자면 몸무게가 많으면 늘어나는 몸무게를 체력이 못 버텨서, 몸무게가 적고 마른 체질이라면 기본적인 체력을 상승시킬 기반이 없어서 점점 저질체력의 수렁으로 빠져들게 됩니다. 체력이 낮아지면 일상생활을 할 때 무기력해지고, 여러 일을 할 때 제대로 힘을 못 쓰고, 감기나 질병에도 쉽게 걸리게 됩니다. 대개 30대를 넘어서면 체력이 하강 일변도를 타게 되며 비만이나 고혈압 등의 각종 성인병에 쉽게 노출되기도 합니다.

'체력은 국력이다'라는 말이 있는데, 산업 발달이 낮은 시절, 즉 기계보다 사람의 힘이 국가 노동력의 큰 비중을 차지하던 시기에는 생산인력의 평균적인 체력이 곧 국가의 생산력으로 직결되기 때문에 틀린 말은 아닙니다. 오히려 정확한 말이라고 볼 수 있습니다. 당장 기본 교육과정에 포함된 체육이 인력이 기계만큼이나 생산 현장에서의 비중이 높았던 시절의 영향입니다. 하지만 반대로 산업 발달이 진행되고 난 이후에는 이 흐름이 역방향으로 적용되는데, 국력이 강하면 인프라와 전체적인 생활수준이 올라가 국민들의 체력도 상승하게 되기 때문입니다. 귀에 걸면 귀걸이 코에 걸면 코걸이라고, 아직까지 체육교과가 교육과정에서 빠지지를 않는 이유도 여기에 있습니다. 학생들의 건강을 명목상으로나마 챙길 간접적인 방법이기 때문입니다.

체력을 필요로 하는 직업으로는 운동선수, 군인, 경찰, 소방관, 집배원, 환경미화원, 교도관 등의 직업이 있습니다. 공공기관, 공기업, 대기업 등 생산직 계열에도 중요합니다. 특히 공공기관에서 불철주야로 근무하는 공무원들은 문무겸비를 해야 되는 직업 특성상 더욱더 중요합니다. 사실, 직업 여부를 떠나 그냥 살아가는 데 있어서 체력이 중요합니다. 몇 시간 앉아 있다가 디스크에 걸리거나 육체노동을 하다 골병이 들거나 하는 대부분의 것도 유전적인 문제가 아닌 이상은 직무에 비해 체력이 안 따라줘서, 혹은 책임자가 체력에 비해 너무 많은 업무를 떠안겨서 생기는 일일수가 있습니다. 당장 몇몇 헬스 트레이너도 회원 체력관리를 못해서 골병들게 만드는 판에 한낱 책임자가 어찌 됐든 눈대중으로만 보고 노동자의 체력을 알 수는 없는 일입니다.

특히 남녀를 떠나 경제력이 좋을수록 대부분 체력이 좋은 경우가 많습니다. 경제력이 좋다는 것은 그 사람이 종사하고 있는 일이 그만큼 힘들거나, 위험하거나, 책임이 무거운 "하이리스크 하이리턴 형" 직업이기 때문이고, 이런 직업은 보통 평균 이상의 체력을 요구하기 때문입니다. 하이리스크 하이리턴 형이란 "투자 위험이 높은 금융 자산을 보유하면 시장에서 높은 운용 수익을 기대할 수 있는 관계를 이르는 말"입니다. 쉽게 설명하면 책임이 무겁고 중요한 일이라는 것입니다. 그리고 체력도 취업, 특히 대기업에서 나이 제한을 두는 가장 큰 이유들 중 하나입니다. 특히나 나이 제한을 두는 국가로 대한민국, 일본, 대만이 있는데, 이들의 공통점은 지하자원이 부족하여 인적자원을 최대한 갈아 넣어야 하는 경제구조입니다. 물론 20대 시절에 저질체력이었던 사람이 퇴근하고 헬스 클럽 등에서 체력단련을 할 수 있다고는 하나 앞서 말한 경제구조 및 야근, 회식 등으로 여가시간을 두기 힘듭니다. 따라서 평균적으로 인간이 신체적으로 가장 전성기인 20대~30대 초반으로 나이 제한을 걸어놓는 것입니다.

'체력은 국력'이라는 말을 수시로 들으면서 살던 시절이 있었습니다. 체력은 국력이란 말은 나라의 힘이 체력이란 뜻, 결국 나라를 잘 지키려면 강한 사람들이 있어야 하고, 허약한 국민이 모여 있는 나라는 허약할 수밖에 없다는 말일 것입니다.

그런데 요즘은 체력이 약해 이런 저런 질병에 걸리는 성인들이 적지 않고, 어린 청소년들조차 체력 유지가 힘들다고 털어놓는 일이 다반사라고 합니다. 3년간의 코로나19 팬데믹 기간 중 장기간의 격리로 인해 운동은커녕 식이조절이나 체중관리를 제대로 하기 어려웠기 때문일 것입니다.

운동으로 근육을 강화하고, 심폐능력을 향상시키며, 혈류를 잘 소통시켜야 건강에 필요한 산소를 효율적으로 관리할 수 있다는 건 삼척동자도 다 아는 사실입니다. 운동을 하는 것이 중요한 이유는 체력이 좋아지면 정신도 생활도 자연 밝고 건강해지기 때문 아닐까요. 일상생활에서도 건강한 몸으로 삶을 더욱 활동적으로 이어가야 남은 생을 보다 즐겁게 살 수 있을 것입니다. 물론 운동만 한다고 체력이 좋아진다는 것은 아닙니다. 잘 먹어야 합니다. 필요하면 영양식이나 보약을 먹어야 체력이 강해집니다. 사람은 사회적 동물이기 때문입니다. 먹어야 체력이 건강해진다는 것입니다.

하지만 말은 쉬운데 코로나 락 다운으로 인해 운동을 하는 것이 두려워지거나 체력이 급감해 자존감의 상실감을 느끼고 있다고 토로하는 사람들이 많은 것이 사실입니다. 이들 중 너무 깊은 코로나 우울증으로 인해 삶의 의욕이 없고 의기소침해진 노인들이 적지 않습니다.

하지만 운동만큼 우울증을 개선하는데 도움이 되는 방법도 없지 않을까 싶습니다. 의학 전문가들에 따르면 운동을 하면 세로토닌이라는 화학물질이 분비되어 이따금 오는 우울감도 오래가질 않는

다고 합니다. 6.25 피난 시절, 코흘리개 어린 자녀들을 업고 안고 손잡고 수백리 길을 걸었던 강인한 부모들을 생각해봅시다. 이들이 자식들을 데리고 피난 행렬에서 끝까지 버티며 강하게 대처할수 있던 것도 알고 보면 평소 끊임없이 움직이며 길러놓은 체력 덕분이 아니었을까요.

최근 미국을 강타한 여러 재난 상황을 겪으면서 새삼 느끼는 것은 나이든 부모들이나 어린 자식들을 안전하게 피난처로 데려다줄 기본 체력이 얼마나 소중한가 하는 것입니다. 자신 때문에 가족에게 짐이 되지 않도록 가족을 위해서라도 운동을 열심히 할 필요가 있습니다. 올해는 가족 모두 건강한 몸으로 활기차게 살아가도록 노력하는 것이 매우 중요할 것 같습니다.

"돈을 잃으면 조금을 잃는 것이고, 사람을 잃으면 많이 잃은 것이고, 건강을 잃으면 전부를 잃는 것"이라는 말이 있습니다. 무엇보다 급격히 발생하는 위기 상황도, 어지러운 사회 상황도 우리들의 강한 면역과 강한 체력을 요구합니다. 전문가에 따르면 남을 위한 배려, 따뜻한 말 한마디, 따스한 미소, 친절한 행동 등과 이와 반대로 공연한 투정, 쓸데없는 시비, 짜증, 불편한 감정 등은 모두 마음에서 나오기도 하지만 더 큰 이유는 체력에서 나온다고 합니다. 몸 상태가 엉망이면 세상만사가 귀찮아지게 마련입니다. 체력이 떨어지면 자신은 물론 남을 배려하고 챙길 마음의 여유도 기운도 없게 되기 때문입니다

"건강한 육체에 건강한 정신이 깃든다"고 했듯이 마음을 바로 하려면 몸부터 건강하게 만들어야 합니다. 체력은 국력이란 말은

체력이 곧 나를 지키는 힘이고 노후를 잘 지켜나가는 원동력이 될 수 있다는 말이기도 합니다.

"강한 자가 살아남는 것이 아니다. 살아남는 자가 강한 자"라고 합니다, 어떤 상황에서도 비실비실한 사람보다 강한 사람이 살아남을 확률이 높은 것은 두말할 필요가 없습니다. 무엇보다 요즘처럼 코로나19 팬데믹을 겪고 난 위기 상황에서는 어떤 경우에도 이겨낼 수 있는 강한 면역력, 강력한 체력이 최상의 무기일 것입니다. 체력은 곧 재산이고 국력입니다.

1.체력 기르는 법. 체력은 잘 먹어야 하고, 잠을 잘 자야 되고, 움직이며 운동을 해야 체력이 강해집니다. 보이는 몸 말고, '체력'을 길러야 합니다. 체력이 좋은 사람은 피곤하지 않은 상태, 각성 상태를 지속할 수 있습니다. 피곤할 때 우리의 두뇌와 신체 모두가 더 빠르게 지칠 수 있으며, 집중력과 인내력이 떨어집니다. 아무리 똑똑하고 열정적인 사람이라도 피곤한 상태에서는 인지와 정서 기능이 떨어집니다. 이는 혈기와 분노를 유발하는 실수를 유발하고 불필요한 스트레스를 초래합니다. 이는 업무, 공부, 운동, 여가 등 모든 측면에서 우리의 성과와 행복에 영향을 미칩니다.

체력과 정신력 사이에는 밀접한 관련성이 있습니다. 강한 체력은 강한 인내력과 집중력을 낳습니다. 우리 몸이 건강하고 활동적일수록 스트레스 관리, 문제 해결, 창의적 사고, 의사 결정 능력 등 인지 능력까지 향상됩니다. 많은 사람이 피곤한 하루를 버티기 위해 커피와 같은 에너지 음료에 의존합니다. 그러나 이러한 의존은 장기적으로 우리의 건강을 악화시킬 수 있습니다. 커피는 일시적인 각성 효과가 있는 것이지 근본적인 체력과 정신력을 증진하진 못 합니다. 매일 피로를 느낍니까? 카페인이 부족해서도 아닙니다. 체력이 약한 것입니다. 잘 먹고 운동하여 체력을 올려야 합니다.

가. 8시간 수면은 체력 증강에 필수 요소입니다. 8시간이면 너무 많다고 생각하겠지만 그렇지 않습니다. 자기 전에 스마트폰과 조명의 영향을 받는다는 점을 고려하면 6~7시간 수면시간도 부족합니다. 요즘 체력이 떨어졌다면 나이를 탓하기 전에 무조건 8시간 이상 수면시간부터 확보해보기를 바랍니다.

피로가 쌓이고 미세손상이 생긴 근육은 수면 중에 회복합니다. 근육을 구성하는 단백질은 수면 중에 합성되며, 손상된 근육은 수리됩니다. 수면 중에 호흡과 순환 기능도 안정화됩니다. 충분한 수면을 취하면 심박수와 혈압이 안정적으로 유지되어 신체의 에너지 소모를 최소화합니다. 이는 체력을 유지하고 향상시키는 데 도움을 줍니다. 사람들은 단 30분의 수면 시간 차이가 체력에 미치는 영향이 큼에도, 사람들은 이를 인지하지 못 합니다. "나는 7시간 이하로 자도 괜찮던데?"라는 착각은 현대인의 만성 고질병이자 유행병입니다.

나. 유산소 운동을 해야 합니다. 유산소 운동은 우리 몸이 산소를 이용해 에너지를 생성하는 운동을 의미합니다. 걷기, 달리기, 수영, 자전거 타기 등이 대표적인 유산소 운동입니다. 이러한 유산

소 운동은 우리 몸의 심장, 폐, 혈관 등의 기능을 강화시키는 데 도움을 주며, 이는 결국 체력 향상으로 이어집니다. 덜 피곤하고, 집중력을 더 오래 유지할 수 있습니다.

그러나 모든 유산소 운동이 동일한 효과를 가져다주는 것은 아닙니다. 고강도 인터벌 트레이닝과 저강도 장시간 유산소 운동은 각각 다른 효과를 가져다줍니다. 고강도 인터벌 트레이닝은 짧은 시간 동안 최대한 빠르게 운동하고, 그 다음에는 휴식을 취하는 방식의 운동입니다. 1분 30초 15km/h와 2분 6km/h 달리기를 10~15분 동안 할 때도 있습니다. 이 방식은 대 사량을 높이고, 애프터 번(after-burn) 효과로 체중 감량에 효과적이며, 심폐 기능을 빠르게 향상시키는 데 좋습니다. '짧고 굵게' 운동하기에 최적입니다.

반면 저강도 장시간 유산소 운동은 심장박동수를 60~70% 정도로 유지하며 오랜 시간 동안 운동하는 방식입니다. 이 방식은 심폐 기능을 유지하는 데 도움을 주며, 스트레스 해소에도 효과적입니다. 시간이 오래 걸리고 시간당 칼로리 소모는 적지만, 운동 시간 자체가 긴만큼 총 칼로리 소모량은 고강도 인터벌보다 압도적으로 높습니다. 75kg 성인 남성인 필자의 기준으로, 30분 동안 달리면 약 300kcal 내외로 칼로리를 소모할 수 있습니다.

유산소 운동의 효과는 이것만이 아닙니다. 유산소 운동은 우리 몸의 혈액 순환을 개선시키고, 심혈관 질환의 위험을 줄이며, 내성과 정신건강을 향상시키는 데도 도움을 줍니다. 따라서 각자의 목표에 따라 적절한 유산소 운동을 선택하고, 꾸준히 이를 실천한다면 체력 향상은 물론, 건강한 삶을 유지하는 데 큰 도움이 될 것입니다.

다. 기름지지 않은 식단: 기름진 식단은 살을 찌웁니다. 지극히 상식적인 말입니다. 과도한 칼로리 섭취는 체중 증가를 초래하며, 이로 인해 운동능력은 저하되고 체력은 떨어집니다. 기름진 식단은 몸을 둔하게 만들고 우리의 활동량을 제한합니다.

이뿐 아니라 기름진 식단은 몸에 염증 반응을 유발하며, 원활한 혈액 순환에 지장을 줍니다. 특히 트랜스 지방과 포화 지방이 많은 음식은 만성 염증을 일으키는데, 이는 피로감을 느끼게 합니다. 과도한 지방 섭취는 콜레스테롤 수치를 높여 혈관을 막아 혈액 순환이 저하합니다. 이는 심장에 부담을 주며 체력 저하의 원인이 됩니다.

라. 분산되지 않는 주의력: 많은 사람이 다른 일을 하면서 수시로 스마트폰을 확인합니다. 스마트폰으로 이 어플, 저 어플을 돌아다니며 주의력이 분산됩니다. 이런 멀티태스킹을 지속하면 우리 뇌는 인지적 과부하에 걸립니다. 멀티태스킹이란 2가지 생각이나 일을 동시에 하는 것을 말합니다. 또한 운동 중 스마트폰 사용은 집중력을 흐트러뜨려 운동 수행을 방해하기도 합니다.

멀티태스킹을 하게 되면, 우리의 뇌는 여러 가지 작업을 동시에 처리합니다. 정확히 말하면 동시에 처리하는 게 아니라 두 가지 이상의 과제를 낮은 주의력만을 투입하여 왔다갔다가 할 뿐입니다. 이 과정에서 뇌는 상당한 에너지를 소비하게 되며, 이는 우리가 피곤해지고 체력이 떨어지는 원인이 될 수 있습니다. 또한 멀티태스킹은 우리가 각각의 작업에 집중하게 만들지 않기 때문에, 작업의 효율성을 저하시키며 이로 인해 더 많은 에너지를 소비하게 합니다.

멀티태스킹에 따른 지속적인 인지과부하는 우리의 에너지를 조금씩 갉아먹습니다. 멀티태스킹을 자주 하는 사람들은 단일작업을 처리하는 능력, 정보를 기억하는 능력, 그리고 중요한 정보와 무의미한 정보를 구분하는 능력이 오히려 떨어집니다. 인지적 작업을 효율적으로 처리하지 못 하기 때문에 뇌는 작은 차이지만 지속적으로 더 많은 에너지를 비효율적으로 소모합니다.

사람에게도 멀티태스킹(여기서는 다중 업무 처리) 능력을 요구하는 직종이 많은데, 이 경우에는 그냥 여러 가지 일을 떠맡기는 꼴입니다. 한 번에 하나의 작업에 집중하고, 주의력을 집중시키는 것이 중요합니다. 그게 느려 보여도 결국에 더 효과적이고 빠르게 일을 처리하는 방법입니다. '싱글 태스킹'으로 우리는 작업을 더 효율적으로 수행하고, 뇌의 인지적 부하를 줄이며, 체력을 유지할 수 있습니다.

마. 바른 자세: 장시간 바르지 않은 자세는 피로를 유발합니다. 의외의 요인입니다. 구부정한 자세는 우리의 근육에 불필요한 스트레스를 가합니다. 특히 등과 목 근육이 불필요한 부담을 받게 되어, 우리는 피로감을 느끼게 됩니다.

또한 바르지 않은 자세는 순환계에도 부정적인 영향을 미칩니다. 효율적인 혈액 순환이 이루어지지 않으면, 우리의 심장과 폐는 정상적으로 작동하기 위해 더 많은 에너지를 소비합니다.

잘못된 자세는 호흡에도 영향을 미칩니다. 우리의 흉부와 복부가 제대로 확장되지 않으면, 우리는 충분한 산소를 흡수하지 못합니다. 이는 우리의 세포가 필요한 에너지를 생성하는데 필요한 산소를 얻지 못하게 합니다. 이를 해결하기 위해서는 올바른 자세를 유지하고, 정기적으로 스트레칭을 하는 등의 습관을 가지는 것이 중요합니다. 이를 통해 체력 저하를 예방하고, 더 활기찬 생활할 수 있습니다.

결론적으로 체력은 모든 사람의 '기반'입니다. 생산성과 행복에서 체력은 의외로 굉장히 중요한 요소입니다. 피로와 저항에 버티는 몸의 힘과 정신의 힘은 매우 밀접한 연관이 있습니다. 체력이 강할 때 더 정서적으로 여유가 있고, 주관적 피로감도 덜 느끼고, 일과 생각을 더 지속할 수 있습니다. 이는 과학적으로도 증명된 바이며, 필자가 겪은 일이기도 합니다.

"체력이 국력이다"라는 말이 있습니다. 독재국가 시대에 국가주의적 냄새가 풍기는 말입니다. 하지만 체력이 개인적 차원이든 국가적 차원이든 성공과 행복의 기초가 되는 건 사실입니다. 나이가 들어서 그렇다고 말하기 전에, 체력을 갉아먹는 습관은 없는지 한번 되돌아보시기를 바랍니다. 늙은 게 아니라 그냥 체력 관리를 못한 것일지도 모릅니다.

20장 정신이 건강해야 돈버는 잠재력을 깨운다.

(수 10:25)"여호수아가 그들에게 이르되 두려워하지 말
며 놀라지 말고 강하고 담대하라 너희가 맞서서 싸우는 모
든 대적에게 여호와께서 다 이와 같이 하시리라 하고."

정신력이 약한데 어떻게 험한 세상에서 성공할 수가 있겠습니
까? 정신력이 강해야 돈을 벌수가 있는 것입니다. 그러므로 정신력
이 강해야 잠재력을 깨울 수가 있는 것입니다. 정신력은 강한 체력
에서 나옵니다. 정신력이란 정신을 지탱하는 힘을 말합니다. 정신
력이란 자신의 가치를 스스로 높여 자신감을 갖는 것, 자기 자신을
올바르게 사랑하는 것, 스스로의 감정을 긍정적으로 평가하고 인
정하는 것으로부터 시작이 된다고 생각합니다.

자존감은 스스로를 지탱하는 힘입니다 정신력이 강하다는 말은
살면서 겪는 변화에 잘 적응하고 어려움을 성공적으로 이겨 낸다
는 뜻입니다. 그 말은 시련이 닥쳐도 전혀 힘들어하지 않는다는 뜻
이 아닙니다. 정신력이 강한 사람은 시련을 잘 헤쳐 나가며, 그 과
정에서 상처를 입더라도 결국에는 더 성숙해집니다. 야자나무가
세찬 바람에 옆으로 휘었다가도 바람이 잦아들면 원래대로 돌아오
는 것처럼, 당신도 어려움을 견뎌 내고 안정을 되찾을 수 있습니다

누구에게나 어려움이 닥치기 때문에. 성경은 이렇게 말합니다.
"빠른 자라고 항상 경주에서 이기는 것도 아니고 ···지식이 있는
자라고 항상 성공하는 것도 아니다. 예기치 않은 때에 예기치 못한
일이 모두에게 닥치기 때문이다." (전도서 9:11). 무엇을 알 수 있

습니까? 선한 사람들도 어려움을 겪는다는 것입니다. 많은 경우 아무 잘못도 하지 않았는데 말입니다.

한 고등학교 상담 교사는 이렇게 말합니다. "이전 어느 때보다도 많은 학생들이 모든 게 끝난 사람처럼 제 사무실을 찾아옵니다. 단지 성적이 안 좋다거나 SNS에서 안 좋은 말을 들었다는 이유로 말이죠." 그는 이처럼 사소해 보이는 문제에 제대로 대처하지 못하는 아이들에게는 "다양한 정신적, 감정적 장애"가 생길 수 있다고 말합니다.

정신력이 강하면 지금은 물론 어른이 되어서도 유익하기 때문에 리처드 러너 박사는 실패를 겪는 일에 대해 기술하면서 이렇게 언급합니다. "성공적이고 활동적으로 일하는 어른이 되려면 그러한 어려움을 딛고 다시 일어나거나, 새로운 목표를 세우거나, 원하는 바를 이루기 위해 다른 방법을 찾아야 한다." 정신력을 강하게 해야 한다는 말입니다.

세간의 오해와는 달리 정신력은 마음만 먹는다고 강해지는 것이 아니며, 설사 억지로 얼마간 늘어난다 하더라도 그 부작용 역시 작지 않은 경우가 많습니다. '건강한 신체에 건전한 정신이 깃든다'는 말처럼 정신력은 소유자의 신체와 같은 물질적인 요소들과도 밀접하게 연관되어 있습니다. 실제로 이와 관련된 유명한 연구에 따르면, 정신력은 마치 근력과 같이 쓰는 만큼 소모되는 것입니다. 즉 조건 없이 마음만 먹는다고 무한히 생성되는 것이 아니라 소모되면 쓴 만큼 다시 채워줘야 하는 소모재입니다. 이 연구에서는 사람들에게 높은 정신력을 요구하는 과제를 시킨 후, 실험 집단은 쉬는 시간 없이, 통제집단은 쉬는 시간을 주고 다시 과제를 시켰는데 그 결과 실험 집단의 과제수행력은 급격하게 낮아졌다는 것입니다.

여기서 재밌는 것은 다시 실험집단에게 설탕물을 먹인 후 과제를 시키자 다시 수행력이 원상복구가 되었다는 것입니다. 이는 정신력이 본질적으로 뇌의 활동이고 뇌는 포도당이 주 에너지원이기 때문에 나타나는 현상으로, 즉 정신력은 입으로만 떠든다고 생겨나는 것이 아니라는 것입니다. 당분을 보충해주거나, 재충전의 시간을 주거나, 훈련을 미리 해두지 않으면 정신력은 절대 생기지 않는다는 결론입니다.

정신력이 한계에 다다른 상태에서 단련한답시고 본인의 마음가짐 문제라고 치부하며 더욱 극한의 상황에 내몰고 담금질마냥 두들겨 팬다고 단련이 되는 것이 아닙니다. 이는 물리적으로 눈에 보이지 않아서 그렇지 부러진 뼈에다가 빨리 붙으라고 외부에서 계속 때리는 것과 다를 게 없다는 것입니다. 오히려 더 악화되고 우울증 오기 딱 좋은 행위입니다. 절대 하지 말아야 합니다.

실제로 정신력은 물리적으로 측정이 가능하지 않기에 일단 부족하다고 하면 반박이 어렵기도 하고, 무언가 잘못되어도 정신력이 부족한 탓으로 돌리면 그만이기 때문에 높으신 분들이 자주 애용합니다. 사회 초년병 직원한테 계속 밤 12시까지 야근시키고 발생되는 문제는 죄다 직원 탓으로 돌리자 X같다고 사표 내는 직원한테, "요새 젊은 것들은 정신력이 없어서 문제"라며 떠나는 직원 뒤통수에 침 뱉는 경우가 이에 해당합니다.

신체적 건강과 정신적 건강은 표리일체라는 점에서 체력과 정신력이 상호간에 영향을 준다고 볼 수 있습니다. 물론 이러한 관계가 일반에게 알려진 것은 미생의 그 명대사가 계기가 되었지만, 무려 1970년대 박정희 정권 시절에도 체력은 국력이라고 강조했고, 1977년에 방송되었던 아로나민 CF에서도 "강인한 정신력은 강인한 체력에서 옵니다."라고 강조하고 있을 정도로 정신력과 체력의 관계는 아주 오래전부터 입증되었던 것입니다.

　정신력 만능설의 시초격으로 불리는 일본에서는 정신력 그 자체는 한국과 동일하게 정신력(精神力)이라고 하지만, 정신력만 있으면 모든 것이 가능하단 만능주의는 정신론(精神論) 혹은 근성론(根性論)이라고 합니다. 일본 제국 시절에는 군부가 침략전쟁의 목적을 정당화하기 위해 정신력 만능주의를 주장했고, 이것이 식민 지배를 받던 한반도로 전파되었는지 "안 되면 되게 하라"라는 마인드로 빨리빨리 문화와 결부되어 대한민국 경제 발전의 밑거름이 되기도 했다고 하는 인식이 한국의 고령층과 기성세대들에게는 일반적으로 받아들여지고 있습니다. 그러나 21세기에 들어와서는 입시 및 취업경쟁이 치열해지면서 젊은 층을 중심으로 '정신력으로 버텨도 안 된다'는 경험을 자주 하게 되면서 정신력 무용론사상이 퍼지기 시작하고 있습니다.

　게다가 북한도 일제의 습성을 이어받은 모양인지 "달걀 사상을 재우면 바위도 깰 수 있고 자동보총에 사상을 만장약하면 그 어떤 현대적인 무장장비보다 더 큰 위력을 발휘할 수 있다"라고 주장하며 정신력 만능주의를 즐겨 주장하지만, 경제 발전 같은 것은 없었습니다. 주민들의 민생을 해결할 수 없을 때, '제국주의'와의 대결을 주장하여 관심을 돌릴 때 주로 주장합니다.

　오자병법과 이순신 장군의 명언으로 유명한 '필사즉생행생즉사'를 이 정신력 만능설을 정당화하는 구절로 오해하기도 하는데, 실제 의미는 전혀 다릅니다. 이쪽은 지휘관으로서의 결단력, 과단성을 강조한 쪽에 가깝습니다. 필사즉생행생즉사 문서에 자세히 나와 있습니다. 애초에 이순신은 뛰어난 안목으로 마련된 전략은 물론이고, 둔전과 같이 전쟁을 수행하기 위한 기반 마련에도 충실했고. 엄격한 군율과 별도로 항상 조정에 장계를 올려 휘하 군졸들의 공을 치하하고, 열심히 하고는 있지만 더 많은 지원이 필요함을 어필했으며 결정적으로 본인이 최전선에서 지휘하다가 사망하기까지 한 인물입니다.

모든 면에서 도전 정신이니, 패기니, 정신력이 부족하다느니 입으로만 떠드는 꼰대들과는 180도 다른 인물이었습니다. 꼰대들은 자신이 책임지고 싶지 않아서 어린 세대들을 탓하고 보이지도 않는 정신력을 운운하는 거고, 이순신은 근거 있는 자신감과 철저한 준비, 주변 인물들의 신뢰 아래에서 자신의 책임을 다 하기 위해서 저 말을 한 것입니다.

1. 정신력 강화 방법: 정신력 강화 방법에는 육체적 요소와 정신적인 요소가 있습니다.

첫째, 육체적 요소입니다.

①충분한 수면: 충분한 수면은 정신력 강화에 매우 중요한 신체적 요소입니다. 수면은 우리의 정신적, 신체적 회복과 재충전을 도와주는 핵심적인 활동이다. 충분한 수면을 취하는 것은 다음과 같은 이점을 제공합니다.

㉠인지 기능 향상: 충분한 수면은 학습, 기억, 집중력과 같은 인

지 기능을 향상시킨다. 수면은 신경망 연결을 강화하고 정보 처리 능력을 향상시키는 역할을 합니다.

㉯감정 조절: 수면 부족은 감정 조절에 부정적인 영향을 미칠 수 있습니다. 충분한 수면은 감정적 안정과 긍정적인 정서를 유지하는 데 도움을 줍니다.

㉰스트레스 관리: 충분한 수면은 스트레스에 대한 저항력을 높이고 정상적인 스트레스 대응을 촉진합니다. 수면 부족은 스트레스 호르몬의 증가와 연관되며, 이는 정신적인 안정에 부정적인 영향을 미칠 수 있습니다.

㉱창의성 증진: 수면은 창의성과 상상력을 촉진하는 데 도움을 줍니다. 수면 중에는 뇌에서 새로운 연결과 아이디어의 형성이 이루어지며, 이는 창의적인 문제 해결에 도움을 줍니다. 따라서, 충분한 수면을 위해 규칙적인 수면 패턴을 유지하고, 편안하고 어둠과 조용한 환경을 조성하는 것이 중요합니다. 일상생활에서 수면의 중요성을 인식하고 적절한 수면 시간을 확보하는 것이 정신력 강화에 도움을 줍니다.

② 규칙적인 운동: 규칙적인 운동은 정신력 강화에 매우 중요한 신체적 요소입니다. 운동은 다음과 같은 이점을 제공합니다.

㉮스트레스 감소: 운동은 스트레스 호르몬인 코티솔의 분비를 감소시키고, 쾌데스한 호르몬인 엔도르핀과 세로토닌의 분비를 촉진하여 스트레스를 효과적으로 완화시킵니다.

㉯기분 개선: 운동은 신체적 활동을 통해 우울감을 줄이고 기분을 개선시키는데 도움을 줍니다. 운동은 세로토닌과 엔도르핀의 분비를 증가시켜 긍정적인 기분과 행복감을 촉진합니다.

㉳인지 기능 향상: 규칙적인 운동은 인지 기능인 집중력, 기억력, 학습능력을 향상시키는데 도움을 줍니다. 운동은 뇌의 혈류를 증가시켜 뇌 기능을 활발하게 유지하며, 뉴런의 생성과 연결 형성을 촉진합니다.

㉴자아 존중감 증진: 운동은 신체적인 능력과 외모의 개선을 통해 자아 존중감을 높이는데 도움을 줍니다. 규칙적인 운동은 자신에 대한 긍정적인 자아 이미지를 형성하고 자신감을 향상시킵니다.

㉵수면 향상: 운동은 수면의 질과 깊이를 향상시키는데 도움을 줍니다. 신체 활동은 체온을 상승시키고, 적절한 시간에 운동을 하면 체온이 하강하여 자연스럽게 수면에 들기 쉽게 합니다. 따라서, 규칙적인 운동을 통해 신체적인 활동량을 유지하고, 자신에게 맞는 운동 계획을 수립하여 정신력을 강화할 수 있습니다. 운동은 건강한 신체뿐만 아니라 건강한 정신을 위해 필수적인 요소입니다.

③ 올바른 식습관

올바른 식습관은 정신력 강화에 있어서 중요한 신체적 요소입니다. 올바른 식습관은 다음과 같은 이점을 제공합니다.

㉮에너지 공급: 올바른 식습관은 영양소를 균형 있게 섭취하여 신체에 필요한 에너지를 공급합니다. 이는 정신적인 활동과 인지 능력을 유지하는 데 도움을 줍니다.

㉯뇌 기능 강화: 적절한 영양소를 섭취하는 것은 뇌 기능을 강화하는 데 중요합니다. 특히 오메가-3 지방산과 비타민 B 등은 뇌 건강과 인지 기능을 증진시키는 역할을 합니다.

㉰정서 조절: 식습관과 정서 상태는 밀접한 관련이 있습니다. 올바른 식습관은 신체에 긍정적인 영향을 미치며, 안정된 정서와 긍정적인 기분을 유지하는 데 도움을 줍니다.

㉱스트레스 관리: 올바른 식습관은 스트레스 관리에 도움을 줍니다. 스트레스 상황에서 영양 가치가 높은 식품을 선택하고, 과다한 카페인이나 알코올 섭취를 피하는 것이 중요합니다.

㉲수면 향상: 식습관은 수면의 질과 패턴에도 영향을 미칩니다. 적절한 시간에 식사를 하고, 수면 전에 가벼운 음식을 선택하는 것이 좋습니다. 불필요한 자극성 식품 섭취는 수면을 방해할 수 있습니다. 따라서, 올바른 식습관을 위해 균형 잡힌 식단을 구성하고, 식사를 규칙적으로 하며 적절히 유지하는 것이 중요합니다. 신체와 정신 건강을 동시에 강화하기 위해 영양가 높은 식품, 신선한 과일과 채소, 단백질, 그리고 충분한 수분을 섭취하는 것이 좋습니다. 이를 통해 올바른 식습관을 유지하고 정신력을 향상시킬 수 있습니다.

둘째, 정신적 요소입니다.

①스트레스 관리: 스트레스 관리는 정신력 강화의 핵심 요소입니다. 다음은 심리학적인 관점에서 스트레스 관리에 대한 설명입니다.

㉮인식과 인지 재구성: 스트레스 관리에서 첫 번째 단계는 스트레스 상황을 인식하고, 그에 대한 인지를 재구성하는 것입니다. 이는 스트레스 요인을 정확히 인식하고, 부정적인 사고 패턴을 긍정

적인 사고로 재평가하는 과정을 의미합니다. 스트레스 요인에 대한 개인적인 해석과 관점을 다시 조정하여 스트레스에 대한 대응을 변화시킬 수 있습니다.

ⓝ문제 해결과 계획 수립: 스트레스 상황에서는 문제 해결과 계획 수립이 필요합니다. 이는 스트레스 상황에 대한 대처 전략을 구체적으로 계획하고 실행하는 것을 의미합니다. 문제를 분석하고 해결할 수 있는 방법을 찾아내며, 우선순위를 정하고 목표를 설정하여 명확한 계획을 수립합니다.

ⓓ자기 관리 및 자기돌봄: 스트레스 관리에는 자기 관리와 자기돌봄이 중요합니다. 이는 자신의 건강과 복지에 대한 관심과 책임을 가지며, 적절한 휴식과 휴가, 취미 활동, 사회적인 연결 등을 통해 자신을 돌봄으로써 스트레스를 완화합니다.

ⓡ정기적인 휴식과 신체 활동: 건강한 식습관을 유지하여 자기의 육체적, 정서적, 인지적인 요구를 충족시킴으로써 스트레스를 관리할 수 있습니다.

ⓜ심리적 지지와 사회적 지원: 스트레스 관리에는 심리적인 지지와 사회적인 지원이 필요합니다. 가족, 친구, 동료, 전문가와의 대화, 공감, 조언 등을 통해 스트레스 상황을 공유하고 지원을 받는 것이 중요합니다. 사회적인 연결을 유지하고 스트레스를 겪을 때 도움을 구하는 것은 스트레스를 완화하고 긍정적인 정서를 유지하는 데 도움을 줍니다.

ⓜ정서 조절과 리프레이밍: 스트레스 관리에는 정서 조절과 리프레이밍이 필요합니다. 이는 자신의 감정을 인식하고, 긍정적인 감정을 강화하고 부정적인 감정을 조절하는 능력을 의미합니다.

스트레스 상황에서 자신을 안정시키고 긍정적인 시각으로 상황을 재해석하는 것은 스트레스를 완화하고 심리적인 안정감을 유지하는 데 도움을 줍니다. 스트레스 관리는 개인의 스트레스 반응과 대처 방식에 따라 다를 수 있으며, 이를 통해 스트레스를 효과적으로 관리할 수 있습니다.

② 명상 및 마음의 평정: 명상과 마음의 평정은 정신력 강화에 중요한 정신적 요소입니다. 이들은 다음과 같은 이점을 제공합니다.

㉮스트레스 감소: 명상과 마음의 평정은 스트레스 수준을 감소시키는 데 도움을 줍니다. 이들은 심호흡과 함께 사용되어 심신을 집중시키고 긴장을 풀며, 마음의 안정과 조화를 찾을 수 있습니다.
㉯집중력 향상: 명상과 마음의 평정은 집중력을 향상시키는 데 도움을 줍니다. 이들은 주의를 현재에 집중시키고, 개인의 생각과 감정에 대한 인식을 높여줍니다.
㉰자기인식과 자아수용: 명상과 마음의 평정은 자기인식을 증진시키고 자아수용 능력을 강화하는 데 도움을 줍니다. 이들을 통해 자신의 내면 세계를 탐구하고, 자기에 대한 이해와 받아들임을 촉진시킬 수 있습니다.
㉱감정 조절: 명상과 마음의 평정은 감정을 조절하는 데 도움을 줍니다. 이들은 감정의 변동성을 완화하고, 안정된 감정 상태를 유지하는 데 도움을 주며, 공정하고 건강한 감정적인 반응을 개발하는 데 도움을 줍니다.

㉠삶의 만족도 증진: 명상과 마음의 평정은 삶의 만족도를 향상시키는 데 도움을 줍니다. 이들은 현재 순간에 집중하고, 감사와 자비로움을 강조하여 긍정적인 삶의 태도를 형성하는 데 도움을 줍니다. 명상과 마음의 평정은 개인의 선호와 필요에 따라 다양한 방식으로 실천될 수 있습니다.

주의를 집중시키는 명상, 호흡에 초점을 맞춘 명상, 체감각을 개선하는 명상 등 다양한 형태의 명상이 있으며, 이들을 통해 정신적인 안정과 균형을 찾을 수 있습니다.

③긍정적인 사고 방식: 긍정적인 사고 방식은 정신력 강화에 중요한 정신적 요소입니다. 이는 다음과 같은 특징과 이점을 가지고 있습니다.

㉮현실적인 관점: 긍정적인 사고 방식은 현실을 균형적으로 인식하는 능력을 강화합니다. 이는 문제 상황을 비판적으로 평가하는 대신, 긍정적인 면을 찾아내고 가능성과 해결책에 집중합니다.

㉯자기능력 강화: 긍정적인 사고 방식은 자신의 능력과 자원을 인정하고 강화하는 데 도움을 줍니다. 자기에 대한 믿음과 자신감을 강조하며, 도전에 대한 긍정적인 태도를 갖게 됩니다.

㉰스트레스 대응: 긍정적인 사고 방식은 스트레스 상황에서 건강한 대처 방식을 개발하는 데 도움을 줍니다. 문제를 긍정적인 면에서 접근하고, 유연한 사고와 문제 해결 능력을 발휘하여 스트레스를 극복할 수 있습니다.

㉱감정 조절: 긍정적인 사고 방식은 감정을 조절하는 데 도움을 줍니다. 부정적인 감정을 인식하고, 그에 대한 대처 전략을 개발하

여 긍정적인 감정과 삶의 만족도를 높일 수 있습니다.

㉔인간관계 향상: 긍정적인 사고방식은 인간관계를 향상시키는 데 도움을 줍니다. 상대방의 긍정적인 면을 강조하고 인정하는 태도를 갖게 되며, 상호 존중과 이해를 증진시킵니다. 긍정적인 사고방식은 자기 대화, 긍정적인 단어와 표현 사용, 감사의식과 자기성찰 등을 통해 실천될 수 있습니다. 이를 통해 부정적인 사고 패턴을 극복하고 긍정적인 관점과 태도를 개발할 수 있습니다. 이는 정신적인 건강과 웰빙을 촉진하며, 양질의 삶을 즐기는 데 도움을 줍니다.

2. 정신력 강화의 혜택

①개인적인 장점: 정신력 강화는 개인적인 다양한 장점을 제공합니다. 이들의 개인적인 장점에 대한 설명은 다음과 같습니다.

㉮스트레스 관리 능력: 정신력 강화는 스트레스 관리 능력을 향상시킵니다. 이는 어려운 상황에서도 안정감과 평온을 유지할 수 있는 능력을 의미합니다. 스트레스 관리 능력이 높아지면 신체적, 정서적, 인지적인 문제에 대처하는 데 도움을 줍니다.

㉯탄력성과 유연성: 정신력 강화는 탄력성과 유연성을 개발합니다. 이는 새로운 상황에 대한 적응력과 유연한 사고를 가능하게 합니다. 이들은 문제 상황에서 유연한 대처 방식을 찾고 새로운 관점을 채택하여 문제를 해결할 수 있습니다.

㉰자기조절 능력: 정신력 강화는 자기조절 능력을 향상시킵니다. 이는 감정과 충동을 통제하고 목표를 달성하기 위해 자기를 조절하는 능력을 말합니다. 자기조절 능력이 높아지면 자기몰입, 몰

두력, 시간 관리 등을 효과적으로 수행할 수 있습니다.

㉺자신감과 긍정적인 마인드셋: 정신력 강화는 자신감과 긍정적인 마인드셋을 키워줍니다. 이는 자신과 자신의 능력에 대한 높은 자신감을 가지고 어려움을 긍정적으로 대처하는 태도를 의미합니다. 자신감과 긍정적인 마인드셋은 성공적인 성과를 이루는 데 큰 도움을 줍니다.

㉻집중력과 창의성: 정신력 강화는 집중력과 창의성을 향상시킵니다. 이는 목표에 집중하고 주의력을 유지하는 능력을 의미하며, 새로운 아이디어와 해결책을 도출하는 능력을 말합니다. 개인적인 장점으로서, 집중력과 창의성은 업무 성과와 창의적인 문제 해결에 도움을 줍니다. 정신력 강화는 개인의 성공과 만족감을 향상시키는 데 도움을 주는 다양한 장점을 제공합니다. 이를 통해 개인은 어려움을 극복하고 목표를 달성할 수 있는 능력을 갖추게 됩니다.

② 직업적인 성공: 정신력 강화는 직업적인 성공에 많은 혜택을 제공합니다. 이를 설명하기 위해 심리학적인 관점에서 다음과 같은 요소를 강조할 수 있습니다.

㉮업무 성과 향상: 정신력 강화는 업무 성과를 향상시킵니다. 이는 집중력, 창의성, 문제 해결 능력 등의 개인적인 요소가 강화되어 업무에 더 효과적으로 집중하고 성과를 내는 데 도움이 됩니다. 정신력 강한 사람은 압박감과 스트레스에 효과적으로 대처하여 업무에 집중할 수 있으며, 문제를 해결하고 도전에 맞서기 쉽습니다.

㉯리더십 및 관리 역량 강화: 정신력 강화는 리더십 및 관리 역량을 향상시킵니다. 정신력 강한 사람은 스트레스 상황에서도 안

정성과 지도력을 유지할 수 있으며, 팀을 이끄는 데 있어서도 신뢰와 영향력을 발휘합니다. 이들은 어려운 결정을 내리고 책임을 질 수 있는 자신감과 책임감을 갖추고 있습니다.

㉳문제 해결 및 창의성: 정신력 강화는 문제 해결 능력과 창의성을 향상시킵니다. 이는 새로운 아이디어를 도출하고 혁신적인 해결책을 찾는 능력을 의미합니다. 정신력 강한 사람은 새로운 도전과 변화에 대한 유연한 대처 방식을 가지고 있으며, 문제를 해결하고 혁신을 이루는 데 주도적인 역할을 수행할 수 있습니다.

㉴스트레스 관리: 정신력 강화는 스트레스 관리 능력을 향상시켜 일과 삶의 균형을 유지하는 데 도움이 됩니다. 직장에서의 스트레스는 업무 성과와 직무 만족도에 부정적인 영향을 미칠 수 있습니다. 정신력 강한 사람은 스트레스를 효과적으로 관리하고 신체적, 정서적, 인지적으로 균형을 유지하여 더 나은 워크라이프 밸런스를 이룰 수 있습니다.

㉵자기개발과 성장: 정신력 강화는 자기개발과 성장에 기여합니다. 이는 지속적인 학습과 개인적인 성장을 추구하는 태도를 의미합니다. 정신력 강한 사람은 자기능력을 인지하고 발전시키는데 관심을 가지며, 지식과 기술을 습득하여 직업적인 성장과 발전을 이루는 데 힘을 쏟습니다. 이러한 이유로 정신력 강화는 직업적인 성공에 많은 혜택을 제공합니다. 정신력이 강한 사람은 업무적인 도전과 압박에 대처할 수 있으며, 리더십 역량을 키우고 문제 해결과 창의성을 발휘할 수 있습니다. 또한, 스트레스를 효과적으로 관리하여 건강한 체력을 유지하며, 자기개발과 성장에 주도적으로 나아갈 수 있습니다.

21장 마음을 다스리는 자가 잠재력을 깨운다.

(잠 16:21) "마음이 지혜로운 자는 명철하다 일컬음을
받고 입이 선한 자는 남의 학식을 더하게 하느니라."

마음을 다스릴 수가 있어야 합니다. 마음을 다스리는 능력은 체
력도 강해야 하도, 정신력도 강해야 마음을 다스릴 수가 있는 것입
니다. 그러므로 마음을 다스릴 수 있어야 돈을 버는 잠재력을 깨울
수가 있는 것입니다. 우리의 삶은 수많은 마음의 상처와 정신적인
고통과 육체적 아픔, 생활의 슬픔 등 헤아릴 수 없는 불행의 쓰나미
가 항상 다가옵니다. 우리는 이와 같은 고난을 이겨내고 행복하게
살아야 되는 것입니다. 삶은 한 번의 기회밖에 없습니다. 그 한 번의
기회에 울고 탄식하고 부정적으로 살아도 일생을 살고 모든 운명과
환경을 극복하고 기쁘고 행복하게 살아도 일생을 사는 것입니다.
환경은 언제나 똑같이 다가오는 것입니다. 그것을 극복 못하고 사
는 사람은 슬프게 살고 극복하고 사는 사람은 기쁘게 살 수 있는 것
입니다. 우리가 환경을 다스리기 위해서 어떻게 해야 될까요? 환경
을 다스리기 전에 우리 마음을 다스려야 되는 것입니다. 마음을 다
스리면 환경을 다스리는 능력이 나타나게 되는 것입니다.

잠언 16장 32절처럼 "노하기를 더디 하는 자는 용사보다 낫고
자기의 마음을 다스리는 자는 성을 **빼앗는** 자보다 나으니라" 성을
빼앗는 것이 쉽습니까? 성을 지키고 있는 군대들이 안에서 끊임없
이 저항을 하는데 성 **빼앗는** 것이 얼마나 어려운 것입니까? 그러나

마음을 다스리는 자가 성을 빼앗는 자보다 더 위대하다고 말하는 것은 마음을 다스리면 그 마음에 다스리는 능력이 나아가서 성을 무너뜨리고 마는 것입니다. 성을 빼앗으려고 하기 전에 마음을 다스리면 성이 무너진다는 말은 우리 마음을 다스리는 자는 환경과 운명의 성을 다스릴 수 있다는 것을 말하는 것입니다.

잠언서 4장 23절에 "모든 지킬 만한 것 중에 더욱 네 마음을 지키라 생명의 근원이 이에서 남이니라" 생명의 근원을 찾아 동서남북으로 방황하지 말고 내 마음에 바로 생명의 근원이 있기 때문에 마음을 다스리라고 말하는 것입니다. 잠언 25장 28절에 "자기의 마음을 제어하지 아니하는 자는 성읍이 무너지고 성벽이 없는 것과 같으니라" 성읍이 무너지고 성벽이 없으면 도둑놈들이 마음대로 들락날락하고 약탈꾼들이 와서 도둑질하고 죽이고 멸망시키는 것입니다. 마음을 제어하지 못하면 바로 그와 같다는 것입니다.

우리의 삶은 우리가 어떤 마음과 생각을 가졌느냐에 따라 좌우됩니다. 그러므로 우리가 어려움을 이기고 행복하게 살기 위해서는 무엇보다도 먼저 마음을 다스려야 되는 것입니다. 마음이 정리 정돈되면 환경이 따라서 정리정돈이 되는 것입니다. 마음이 어지러우면 환경을 아무리 애를 쓰고 힘을 쓰고 정리정돈해도 안 되는 것입니다. 오늘날 많은 사람들이 자기 마음은 그대로 내버려 놓고 우리 집을 다스려야 되겠다. 직장을 다스려야 되겠다. 환경을 다스려야 되겠다고 노력을 하고 애를 쓰는데 안 되잖아요. 마음이 안 다스려지는데 됩니까? 성경에는 "무엇이든지 땅에서 매면 하늘에서 매일 것이요 땅에서 풀면 하늘에서 풀리리라"했는데 매고 푸는 것이 어디서 합니까? 마음에서 매고 푸는 것입니다. 마음에서 매고 푸는 데로 하늘은 그에 따라서 역사해 주시겠다고 말씀하신 것입니다. 그렇기 때문에 우리는 지킬만한 것보다 마음을 지키고 무엇보다도 먼저 마음을 다스리고 나아가야 할 것입니다. 하나님께서는 마음과 정신과 생각이 성령으로 건강한 사람을 통하여 일하십니다. 그러면 마음과 정신과 생각을 어떻게 다스리느냐.

1. 마음을 청소하고 정리하라. 집안을 다스리려면 집안을 청소하고 정리해야 되는 것처럼 마음을 청소하고 다스려야 되는 것입니다. 성령 안에서 온몸기도하며 정신적으로 미움, 분노, 시기, 질투, 교만, 탐욕 같은 쓰레기더미를 씻어내고 양심에 고통스런 죄책을 다 회개하고 예수님의 보혈로 씻어야 마음을 다스릴 수가 있는 것입니다. 마음에 쓰레기가 잔뜩 쌓여있고 마음이 완전히 불완전하게 흩어져서 정신을 차릴 수 없는데 다스려집니까?

마가복음 7장 21절로 23절에 "속에서 곧 사람의 마음에서 나오는 것은 악한 생각 곧 음란과 도둑질과 살인과 간음과 탐욕과 악독과 속임과 음탕과 질투와 비방과 교만과 우매함이니 이 모든 악한 것이 다 속에서 나와서 사람을 더럽게 하느니라." 우리 속에는 쓰레기더미가 있습니다. 너나 할 것 없이 우리 가슴을 활짝 펴고 들여다보면 쓰레기더미가 다 있어요. 남에게만 쓰레기더미가 있다고 손가락질하지 말 것은 내 속에 쓰레기더미가 있는 것입니다. 그러므로 이것을 청산해야 돼요. 쓰레기더미를 어떻게 청산합니까? 우리가 성령의 지배가운데 기도를 통해서 청산할 수 있는 것입니다. 요한일서 1장 9절에 "만일 우리가 우리 죄를 자백하면 그는 미쁘시고 의로우사 우리 죄를 사하시며 우리를 모든 불의에서 깨끗하게 하실 것이요"라고 말씀한 것입니다.

우리가 죄를 하나님 앞에 고백하면 깨끗하게 해주세요. 입으로 그냥 고백해서 고백이 잘 안되거든 종이를 가지고 죄를 하나, 둘 적으십시오. 적어서 그 죄 항목을 읽고 난 다음에 주님 앞에서 쫙 쫙 찢어서 쓰레기통에 집어넣으세요. 그리고 마음속에 죄 다 청산했다. 그러면 더 확신이 마음에 다가오는 것입니다.

베드로전서 1장 18절로 19절에 "너희가 알거니와 너희 조상이 물려 준 헛된 행실에서 대속함을 받은 것은 은이나 금 같이 없어질 것으로 된 것이 아니요 오직 흠 없고 점 없는 어린 양 같은 그리스도의 보배로운 피로 된 것이니라" "샘물과 같은 보혈은 임마누엘 피로다. 이 샘에 죄를 씻으면 정하게 되겠네." 세상 사람이 알지 못하는 샘물이 있습니다. 세상 사람은 물질적으로 넘쳐나는 물로써 때는 씻지만 마음은 못 씻는데 우리는 마음을 씻는 그리스도의 십자가 보혈과 성령이 우리에게 주어진 것입니다. 우리는 갈보리 산에 매달려 있는 예수 그리스도의 고통을 통해서 흘리신 피를 믿고 받아들이므로 우리 죄가 다 용서함 받을 수가 있는 것입니다. 우리 마음속에 더러운 죄만 자복할 뿐 아니라 부정적인 생각을 정리해야 되는 것입니다. 마음에 염려, 근심, 불안, 초조, 절망, 시기, 분노, 우울한 마음, 살고 싶지 않은 부정적인 생각, 이런 생각을 성령의 장악과 지배 가운데 다 정화하고 쫓아내야 되는 것입니다.

그래서 필자가 독자들에게 나는 행복하다. 나는 기쁘다. 나는 즐겁다. 나는 평안하다. 나는 만사형통하다. 이 말을 하라는 이유는 부정적인 생각을 쫓아내는 방법으로 그렇게 하는 것입니다. 많은 사람이 저보고 그런 질문을 해요. 행복하지도 않은데 왜 자꾸 행복하다고 그럽니까? 그래서 내가 하는 말은 행복 안하기 때문에 행복하다고 말하라. 행복한 사람은 행복한데 뭐라고 행복하다고 말할 필요 없지 않느냐. 행복 안하니까 그것을 쫓아내기 위해서 나는 행복하다. 안 기쁘니까 슬프니까 나는 기쁘다. 평안하지 못하니까 나는 평안하다. 건강 안하니까 내가 건강하다. 그래서 부정적인 것을 쫓아내는 것입니다. 부정적인 것을 그냥 두고는 마음이 정리 정돈이 되지 않습니다.

로마서 8장 5절로 6절에 "육신을 따르는 자는 육신의 일을, 영을 따르는 자는 영의 일을 생각하나니 육신의 생각은 사망이요 영의 생각은 생명과 평안이니라" 육신을 따라서 여러 가지 부정적 생각이 마음을 꽉 점령하고 있을 때 우리는 영의 생각을 쫓아서 예수님 이름으로 긍정적인 시인을 하므로 이를 쫓아내는 것입니다.

리처드 칼슨은 심리학자로 오랜 기간 동안 심리치료 상담을 한 유명한 의사가 있는데 그가 이러한 일을 하게 된 것은, 아주 친했던 친구의 죽음을 보고 마음이 달라진 것입니다. 그 친구와 그는 열심히 인생을 살겠다고 아침에 일찍 일어나고 저녁에는 늦게 누우며 불필요한 손실을 아끼고 열심히 일을 했습니다. 그런데 그 친구가 결혼 날짜를 잡아 놓고 결혼하기 전에 덜컥 죽어 버렸어요. 거기에 굉장한 충격을 받았습니다. 아침에 일찍 일어나고 저녁에 늦게 누우며 그렇게 수고의 떡을 먹고 물을 마시며 고생했는데 순식간에 죽어버리고 헛되고 헛되며 모든 것이 헛된 것을 보았습니다. 그래서 "아~ 인생은 쉬지 않고 고생을 하며 노력만 한다고 사는 것이 아니구나. 여유를 가지고 살아야 되겠다." 그래서 그는 사는 방식을 완전히 바꿨습니다. 빨리빨리 대신에 삶의 속도를 늦추고 여유를 가지면서 오히려 예전보다 더 생산적이고 더 효과적으로 일할 수 있는 자신을 발견했다는 것입니다.

마음을 정리정돈 하고 여유를 가지고 천천히 살아도 마음속이 행복하면 환경이 행복한 환경으로 변화되는 것입니다. 먼저 버려야 할 사소한 생각으로는, 불행하다는 마음과 마음의 고통, 슬픔, 상처 등 주로 부정적인 것들을 다 몰아내야 합니다. 화, 불안, 분노, 비난 등 부정적인 감정들도 지금 당장 버리고 망설이고, 걱정하고, 불신하고, 갈등하고, 조급증, 적대감 등의 행동을 버릴 때 마음이 그런 것으로부터 해방되면 행복하게 된다는 것입니다. 우리가 성공적이고 행복한 삶을 살기 위해서는 무엇보다 먼저 우리의 생각과 감정과 행동 가운데 부정적이고 소극적인 쓰레기더미를 예수님의 보혈로 씻어내고 우리 마음을 십자가 구속의 은혜와 성령으로 채워야 하는 것입니다.

우리가 마음을 정리정돈하기 위해서 항상 죄를 회개하고 자복하고 보혈로 씻고 부정적인 생각을 긍정적인 생각으로 내어 쫓아야 돼요. 나는 행복하다. 나는 기쁘다. 나는 즐겁다. 울면서라도 나는 평안하다. 나는 건강하다. 나는 잘된다. 형통하다. 그렇게 하면은 그 생각이 우리 마음에 들어와서 반대적인 생각을 밀어내 주는 것이니까 마음에 그런 생각을 통해서 우리가 행복할 수가 있는 것입니다. 하나님께 기도할 때도 마음이 정리정돈 되어서 기도해야 힘

있게 기도가 상달되지 마음이 아주 쓰레기더미 같이 혼잡하게 되 있는 상태에서 기도해서는 기도응답이 오지 않는 것입니다. 우리가 항상 마음속에 기뻐하고 경배하며 즐거움으로 꽉 들어찬 마음을 가지고 살면 마음을 다스릴 수가 있습니다.

2. 말로써 마음을 다스려야 되는 것이다. 꿈과 믿음을 말로써 시인하면 꿈과 믿음이 마음을 점령하게 되는 것입니다. 말이 제일 중요한 것은 말을 통해서 생각하고 말을 통해서 바라보고 말을 통해서 믿고 말을 통해서 행동하게 되는 것입니다. 사람은 말에 대해서 깊이 생각 안하는데 말이 자신을 붙잡고서 좌우하는 것입니다. 믿는 것이 가만히 있으면 그 믿음이 아니지 않습니까? 나 믿습니다. 말로 하면 믿음이 나타나는 것입니다. 꿈도 마음속에 가만히 혼자서 어떻게 꿈꿉니까? 나는 꿈을 꾸고 있습니다. 무슨 꿈을 꾸느냐. 영혼이 잘됨같이 범사에 잘되며 강건한 꿈을 꾸고 있습니다. 말을 하면 그 꿈이 선명해진다 말입니다. 말을 하는 것입니다. 가만히 있으면 무엇인지 모르지만 나는 백화점에 가서 봄옷을 사 입겠습니다. 멋있는 봄옷을 사 입겠습니다. 말을 해보십시오. 그 꿈이 마음에 아주 확실하게 되지 않습니까? 그렇기 때문에 자꾸 말로써 나는 행복합니다. 나는 기쁘고 즐겁습니다. 하면 마음속에 꿈이 행복한 꿈과 즐거운 꿈이 마음속에 그려져요. 말을 안 하면 안 됩니다. 잠언서 18장 21절에 "죽고 사는 것이 혀의 힘에 달렸나니" 힘 있지요. 혀가 힘이 있습니다. "죽고 사는 것이 혀의 힘에 달렸나니 혀를 쓰기 좋아하는 자는 혀의 열매를 먹으리라" 그냥 말이 공중으로 날아가는 것이 아닙니다. 혀가 그 열매를 맺어서 자신에게 먹도

록 만들어 주는 것입니다. 야고보서 3장 2절에 "우리가 다 실수가 많으니 만일 말에 실수가 없는 자라면 곧 온전한 사람이라 능히 온 몸도 굴레 씌우리라" 말이 온 몸을 굴레 씌우는 것입니다. 그러므로 말이라는 자체가 얼마나 힘이 있는지 모릅니다. 말을 통해서 믿음의 분위기를 만들어야 됩니다.

마음속에 자신이 긍정적인 생각과 긍정적인 꿈과 긍정적인 믿음과 긍정적인 말을 해서 긍정적인 분위기를 만들어 놓으면 성령의 역사로 천사들이 날아옵니다. 분위기가 얼마나 중요한지 몰라요. 쓰레기통을 갖다 놓으면 쥐가 와요. 쥐가 오지 말라고 해도 쓰레기통을 갖다 놓으면 쥐가 오고 벌레들이 와요. 그러나 꽃을 갖다 놓으면 나비와 벌들이 와요. 마음에 어떠한 분위기를 만드느냐에 따라서 환경이 달라지는 것입니다. 그러므로 마음에 예수 그리스도의 보혈로 말미암아 영혼이 잘되고 범사에 잘되며 강건한 분위기를 만들어 놓으면 좋은 일이 한없이 생겨나요. 그런데 이 마음의 분위기를 잘 만드는데 가장 공로를 세우는 것이 말입니다.

로마서 10장 8절로 10절에 "말씀이 네게 가까워 네 입에 있으며 네 마음에 있다 하였으니 곧 우리가 전파하는 믿음의 말씀이라 네가 만일 네 입으로 예수를 주로 시인하며 또 하나님께서 그를 죽은 자 가운데서 살리신 것을 네 마음에 믿으면 구원을 받으리라 사람이 마음으로 믿어 의에 이르고 입으로 시인하여 구원에 이르느니라" 아무리 마음에 믿어도 말 안하면 구원에 이르지 않아요. 처음 믿는 사람 일어나서 기도를 따라하는 이유가 거기에 있는 것입니다. 믿음으로 일어났지요. 그러나 내 말을 따라해야 구원을 받는 것입니다. 말이 그렇게 중요해요. 마음의 긍정적인 분위기 속에 하나님께 집중적으로 기도하면 기도가 효과가 있는 것입니다. 마음이 부정적인데서 아무리 기도해봤자 기도가 하늘에 상달되지 못해요. 공중 권세 잡은 마귀에게 막히고 말아요. 마음에 긍정적인 분위기가 되어서 예수님 안에서 나는 할 수 있다 하면 된다 해 보자 주님이 살아계신다. 나를 도와주신다. 주님이 이루어 주실 아름다운 꿈을 꾸고 믿음으로 주님께 주여 하고 부르고 기도하면 기가 막히게 응답이 다가오게 되는 것입니다. 오늘 이 말씀을 읽고 난 다음에 성령의 감동에 따라 기도할 때 그때가 응답받는 시간인 것입니다. 마음에 분위기가 만들어졌으니까. 환경이 만들어졌으니까 기도가 하늘에 능력있게 상달되는 것입니다.

　사도행전 10장 38절에 하나님께서 예수 그리스도에게 성령과 능력을 기름 붓듯 하셨으매 그가 두루 다니시며 선한 일을 행하시고 마귀에게 눌린 모든 사람을 고쳤다고 했습니다. 예수님은 고치는 하나님이신 것입니다. 영혼을 고치고 마음을 고치고 육체를 고치고 생활을 고치는 하나님이신 것입니다. 그러므로 그리스도를 통해서 내가 치료받고 고침 받고 변화 받는 모습을 상상하면 성령께서 그 길로 이끌어 주시는 것입니다. 꿈을 꾸어야 되는 것입니다. 생각과 꿈을 꾸어야 되는 것입니다. 그러면 그대로 되어요. 자꾸 못살고 안 되고 죽는 것을 생각하면 꿈이 자신을 못살고 안 되고 죽는 것으로 끌고 가는 것입니다. 주님이 주시는 새로운 삶을 꿈꾸고 심신의 병 대신 건강한 삶을 꿈꾸고 하나님이 복된 삶을 마음속에 꿈꿔야 되는 것입니다. "아무 것도 염려하지 말고 다만 모든 일에 기도와 간구로, 너희 구할 것을 감사함으로 하나님께 아뢰라 그리하면 모든 지각에 뛰어난 하나님의 평강이 그리스도 예수 안에서 너희 마음과 생각을 지키시리라"(빌 4:6~7). 우리가 마음의 생각이 평강으로 꽉 들어차서 기도하면 모든 일이 다 이루어진다고 말씀해 주고 있는 것입니다.

3. 마음의 장애가 무엇인지 알아야 한다. 제일 큰 장애가 자기중심적인 삶의 악한 꾀인 것입니다. 아담과 하와가 타락한 것은 악한 꾀로 인하여 타락한 것입니다. 하나님을 믿고 순종하고 살도록 되어 있는데 자기를 믿고 자기 마음대로 하겠다는 것이 그들이 지은 죄인 것입니다. 오늘날도 자기중심으로 생각하고 자기중심으로 행동하는 그러한 것이 마음에 최악의 장애가 되는 것입니다. 부부간에 불화가 일어나서 제게 신앙상담 많이 오는 부부의 이야기를 들어보면 남편은 모든 면에 자기가 옳다고 말합니다. 부인보고 저 사람 때문에 내 인생 망쳤다고 말합니다. 그런데 또 부인은 말하기를 남자 때문에 내 생애를 망쳤다. 말하는 소리 들어보라고…. 저러니까 내가 살 수 있냐고…. 두 사람이 다 자기 중심적인 삶의 주장을 하고 모든 말하는 것이 자기중심에서 말하는 것입니다. 우리는 항상 나 혼자 살지 않고 이웃과 함께 살고 있습니다. 그러므로 내 주장만 하지 말고 다른 사람의 주장에 귀를 기울이는 역사가 있어야 되는 것입니다. 그 다음에 마음의 장애는 하나님의 말씀을 거역하는 죄인 것입니다.

시편 107편 10절로 11절에 "사람이 흑암과 사망의 그늘에 앉으며 곤고와 쇠사슬에 매임은 하나님의 말씀을 거역하며 지존자의 뜻을 멸시함이라" 하나님의 말씀을 거역하고 하나님의 뜻을 거역하고 편안한 채 하지만 그때부터 마음속에 불안의 씨앗이 심어지는 것입니다. 정죄가 들어오는 것입니다. 하나님 성령께서 마음에 정죄하는 것입니다. 하나님 법을 어기고 나면은 그 법이 마음속에서 끊임없이 정죄의 소리를 외치는 것입니다. 그러므로 우리가 하나님의 뜻을 거역하고 평안하게 살 수가 없습니다. 시편 119편 165절에도 "주의 법을 사랑하는 자에게는 큰 평안이 있으니 그들에게 장애물이 없으리이다"고 말씀한 것입니다.

우리가 가난하고 어렵게 살더라도 하나님 앞에 깨끗한 마음을 가지고 있으면 평안하게 살 수 있는 것입니다. 탐심과 욕심도 우리 마음에 큰 장애인 것입니다. 내 분수에 맞는 것을 원하지 아니하고 분수를 뛰어넘어 취하려고 하기 때문에 탐심과 욕심은 우리 마음속에 크나큰 고통을 가져오는 것입니다. 가족들 간에도 그렇습니다. 요사이 보면 부잣집 아들, 딸들이 서로 물고 찢고 싸우고 법원에 가서 고소, 고발하고 재산 때문에 재판하는 사건을 많이 보는데 한 아버지 밑에 자란 아들, 딸들이지만 아버지 재산을 나누는데 탐심과 욕심이 들어오니까 완전히 원수가 되는 것입니다. 서로 고소하고 고발하는 처지에 있게 되어서 불행을 가져오는 것입니다. 그 다음에는 교만과 오만입니다. 자기 정도 이상으로 자기를 높이 생각하는 것이 교만과 오만인 것입니다. 어깨에 힘주고 자기 정도 이상으로 대접을 받고 행세하려고 하는 교만과 오만은 정신적인 장애 중에 하나인 것입니다. 행복과 참된 기쁨과 평안을 갖고 사는 삶을 막는 장애들을 고쳐야 되는 것입니다.

4. 성령으로 발원한 강한 마음과 정신을 가져야 혼자서도 잘산다. 세상을 살아가다가 보면 참고 인내해야 될 일이 있고, 참아도 안 되는 일이 있습니다. 이때는 자기 마음과 생각을 '하나님과 성령님의 생각'으로 바꿔서 해야 되는 것입니다. 성령으로 충만한 정신력으로 주님의 일을 해야합니다. 성령충만하면 정신력도 강해지고 심장도 튼튼해지는 것입니다. 성령으로 거듭나지 못한 인간적인 '자기 자체적인 마음과 생각'으로 살면, 큰일도 못하고 '자기 주관권의 생각'으로만 하고 끝나게 되는 것입니다.

고로 '주님의 일'을 하려면, '성령하나님의 강한 마음과 생각과 정신'으로 충만하게 채워진 다음에 해야 되는 것입니다. '사람의 마음'을 강하게 하려면, '강한 것'을 보고 듣고 믿어야 강해집니다. 또한 '믿음이 강한 자'와 '마음과 생각이 뜨거운 자' '정신이 강한자'와 같이 해야 됩니다. 그러면 강해지는 것입니다. 그래서 하나님은 "너희는 마음을 강하게 하며 담대히 하고 앗수르 왕과 그를 따르는 온 무리로 말미암아 두려워하지 말며 놀라지 말라 우리와 함께 하시는 이가 그와 함께 하는 자보다 크니"(대하 32:7). 믿음이 강한 자'와 '마음과 생각이 뜨거운 자' '정신이 강한자'는 자신의 주인이신 성령하나님이십니다. 사람의 마음을 강하게 하는 분은 성령하나님이십니다. 성령으로 충만 받아야 마음과 정신이 강해지는 것입니다.

'자기 마음과 생각'을 강하게 하려면, 성령의 이끌림을 받는 훈련 '연단'이 필요합니다. 다윗은 전쟁을 겪으며 두려움과 공포를 다스리고 연단시켰습니다. 그리고 기도 생활을 수십 년간 하면서 강해졌습니다. 성령 안에서 기도하면, 하나님과 성령님의 마음이 느껴집니다. 감동이 되고, 뜨거워집니다. 이같이 된 다음에 행해야 됩니다. 아니 하나님께서는 이렇게 된자를 통해서 일하십니다. 택한자라도 불러서 그냥 일을 시키시는 것이 아니고 성령으로 훈련하여 믿음과 마음과 정신이 강하자로 만드시고 시험하여 합격하면 일을 맞기십니다.

  '인간의 생각'은 '한계'가 있어서 못 하고, 또한 '하나님의 뜻과 의향'을 몰라서 못 하게 되는 것입니다. 하나님은 말씀하시기를 "이는 힘으로 되지 아니하며 능력으로 되지 아니하고 오직 나의 영으로 되느니라."(슥 4:6). 오직 전능하신 하나님의 영으로 만 할 수 있다고 하셨습니다. 고로 성령으로 충만해야 합니다. 성령의 지배와 인도를 받아야 '하나님의 뜻과 의향'을 알고 순종함으로 하나님의 일을 할 수가 있는 것입니다. 분명하게 하나님은 '하나님의 생각으로 하지 않은 것'은 '하나님의 뜻을 이룬 것'이라고 하지 않으십니다. 하나님의 뜻대로 해야 됩니다. 하나님은 하나님을 위해서 무엇을 열심있게 하는 사람을 좋아하지 않으십니다. 하나님의 말씀에 순종하는 사람을 통해 일하십니다. 성령하나님과 늘 함께 하시기를 바랍니다. 걸어 다니는 성전이 되어야 합니다. 그리하는 자는 마음과 정신이 담대해지고, 두려움도 죽음도 공포도 벗어나게 됩니다. 항상 하나님의 마음과 생각과 정신과 뜻을 가지고 하나님의 살아계심을 세상에 증명하게 됩니다.

22장 규칙적인 생활의 습관이 잠재력을 깨운다.

(막 1:35)"새벽 아직도 밝기 전에 예수께서 일어나 나가
한적한 곳으로 가사 거기서 기도하시더니"

돈을 벌려면 규칙적인 습관이 중요합니다. 규칙적인 습관이 되지 않았는데 어떤 방법으로 돈을 벌수가 있겠습니까? 돈을 잘 벌고 싶으면 규칙적인 습관을 길러야 할 것입니다. 돈을 버는 잠재력을 깨워서 세상에서 행복하게 살려면 규칙적인 생활이 필수라고 생각합니다. 먼저 자고 일어나는 것을 혼 자할 수 없다면 어찌 혼자서도 잘살아갈 수가 있겠습니까? 예수님은 규칙적인 생활로 자기관리를 철저하게 하셨습니다. 예수님은 바쁜 시간에 자기에게로 몰려온 무리를 떠나 한적한 곳으로 가서 기도하셨습니다. 매우 바빠서 기도할 시간을 갖지 못하는 사람이 많이 있습니다. 그러나 예수님은 바쁘면 바쁠수록 더 많이 기도하셨습니다. 예수님은 때때로 식사할 시간도 없으셨습니다(막3:20). 잠도 필요하고, 휴식도 필요할 때, 더욱더 기도하셨습니다. 예수님은 기도하면서 휴식을 취하셨습니다. 예수님은 공생애 기간 동안 철저하게 자기관리를 하셨습니다. 예수님은 아버지 하나님을 전적으로 신뢰하고 아버지의 뜻을 이루는 삶을 사심으로 마음에 하늘의 평강을 누리셨습니다.

우리가 매일 똑같은 시간에 밥을 먹고, 일을 하고, 잠자리에 든다고 생각하면 지루하단 생각이 들지도 모릅니다. 그러나 규칙적인 생활은 기대 이상으로 매우 중요합니다. 변수를 줄이고 시간을

통제할 수 있기 때문입니다. 이게 중요한 이유는, 내가 하고 싶은 것 혹은 해야 할 것이 있을 때 시간을 할애할 수 있기 때문입니다.

무언가를 시도해보고 싶다면, 혹은 세워둔 계획을 실천하고 싶다면 시간은 필수입니다. 그런데 생활이 불규칙하면 시간을 내는 게 보통 어려운 게 아닙니다. 또한 시간을 통제한다는 기분 역시 중요합니다. 아침에 일찍 일어나는 것이 자꾸 유행하는 것도 본질은 바로 통제하는 시간을 갖는 것입니다. 오롯이 내 것에 집중할 수 있는 시간을 가진다는 것, 그것도 매일 가질 수 있다면 '나에게 유익한 것을 해볼까?'라는 생각으로 이어지며 좋은 행동으로 이어지기 쉽습니다. 그러나 매일 시간에 쫓겨 살게 되거나 불규칙한 일상을 보내면 이런 생각조차 할 여유가 없어집니다.

대부분 사람은 스스로에게 도움이 되는 걸 원하고 미래를 위해 준비하고 싶어 합니다. 그러나 빈번히 실패하는 이유는 여러 이유가 있겠지만 그중엔 시간을 할당하지 못해서이기도 합니다. 그만큼 시간을 통제한다는 것은 매우 중요하며, 가장 확실한 방법은 규칙적인 생활을 통해 특정시간을 비워두는 것입니다.

규칙적인 활동이 지루해보일지 몰라도 매일 같은 시간을 스스로에게 투자하면서 원하는 것을 이뤄가는 과정이라면 더 즐겁기도 합니다. 성장하고 싶다면, 그리고 무언가를 준비하고 싶다면 우선 변수를 하나씩 줄여 나가는 게 어떨까요? 규칙적인 활동이 가장 큰 힘이 되어줄 것입니다. 건강은 우리 삶에서 가장 중요한 가치 중 하나입니다. 하지만, 바쁜 일상 속에서 건강을 유지하기란 쉽지 않습니다. 그러나 규칙적인 생활 습관을 유지하면 건강을 지키는 데 많은 도움이 됩니다. 본인의 인내와 실천의지가 있어야 합니다.

필자는 대략 하루를 이렇게 규칙적으로 생활하는 습관을 가지고 있습니다. 아침에 일어나는 시간은 4시입니다. 1시간 이상 기도하다가 교회로 출근합니다. 교회에서 6시 정도에 아침식사를 합니다. 식사를 하고 산책을 40분간 합니다. 교회에 돌아 와서 기도하다가 09:00부터 10:00까지 집중치유 기도를 위하여 기도합니다. 그리고 10:00-12:00까지 집중치유기도를 인도합니다. 대략 점심은 12:20분 정도에 먹습니다. 점심을 먹고 40분간 산책을 합니다. 산책이 끝나면 묵상하면서 글을 씁니다. 대략 하루에 보통 13,000 보 이상을 걷는 것 같습니다. 오후 4시에 집으로 갑니다. 가서 하체단련을 위하여 아파트 23층 계단을 거의 매일 걸어 올라갑니다. 집에 들어가 샤워하고 집안일을 돕고, 17:30분에 저녁식사를 합니다. 저녁식사 후 TV를 시청하다가 20:00경에 잠을 잡니다. 중간에 일어나 기도하면서 영감을 받아가며 글을 씁니다. 체중과 하체의 건강을 유지하려고 규칙적으로 활동합니다. 건강하지 못하면 성도들에게 본이 되지 못하고 짐이 될 수가 있으니 규칙적으로 활동합니다.

1. 서울아산병원 정신건강의학과 교수 정석훈은 규칙적인 생활습관을 이렇게 강조합니다. 건강하려면 규칙적인 생활습관을 유지해야 한다는 말을 흔히 듣게 됩니다. 생활이 일정하면 스트레스나 우울증이 줄어들게 됩니다. 체력과 자존감이 증진되는 등 건강에 많은 이득을 얻게 됩니다. 반대로 극심한 스트레스를 받으면 올바른 생활리듬이 깨지기 시작합니다. 쉽게 잠들지 못해 종일 피곤

합니다. 입맛이 없어 식사를 거르다 보니 체력이 고갈됩니다.

그런데 이를 역으로 생각해보면 어떨까요. 스트레스를 극복하려면 오히려 식사를 제때 챙기고 꾸준히 체력을 기르는 등 규칙적인 생활습관을 들여야 한다는 얘기가 됩니다. 그렇다면 어떻게 일정한 생활습관을 유지할 수 있을까요?

규칙적인 생활습관을 들이는 첫 번째 방법은 "아침에 정해진 시간에 맞춰 기상하는 것"입니다. 우리 몸속에는 시계가 있습니다. 자고 일어나는 것, 배고픈 것, 집중력이나 체온이 오르고 떨어지는 것 모두 생체시계에 의해 조절됩니다. 놀랍게도 신체리듬은 24시간이 아닌 24.2~24.4시간으로 맞춰졌습니다. 아침에 일찍 일어나야 할 이유가 없으면 24.2~24.4시간으로 짜인 신체리듬으로 늦게 일어나게 됩니다. 점심시간에 아침을 먹고 저녁시간에 점심을 먹게 됩니다. 자연스레 야간에 저녁을 먹게 되면서 야식증후군이 나타납니다. 체중이 늘고 심장병, 고혈압, 당뇨를 비롯한 건강상 위해가 발생합니다. 매일 아침 규칙적인 시간에 일어나는 노력이 필요한 이유입니다.

규칙적인 생활습관을 들이는 두 번째 방법은 "일어나는 시간을 기준으로 7시간 전에 잠드는 것"입니다. 성인의 하루 수면시간은 7시간이 적절합니다. 7시간을 수면한다고 치면 나머지 17시간의 활동이 합쳐져 하루 24시간이 됩니다. 이는 17시간 동안 활동이 충분하지 않으면 일찍 자려 해도 잠들기 어려울 수 있다는 의미입니다. 그러면 언제 자야 할까요? 잠자려고 눕는 시간을 아침에 일어나는 시간에 맞춰서 정하면 됩니다. 매일 아침 6시 기상이면 낮 동안 충분히 활동을 하고 저녁 11시 정도에 잠드는 것입니다. 특정 시간대에 잠을 자야 면역력이 좋아진다는 얘기도 있으나 이는 면역체계에 영향을 주는 많은 인자 중 하나이지 절대적인 건 아닙니다.

규칙적인 생활습관을 들이는 세 번째 방법은 "운동과 식사를 제때 하는 것"입니다. 하루 30분 이상 주 5회 꾸준히 운동하면 근육이 강화되고 심혈관질환 발생위험이 떨어집니다. 격렬한 야간 운동은 수면을 방해하니 불면증이 있는 사람은 야간을 피해 운동하는 것이 좋습니다. 가급적 오전이나 이른 오후 시간을 권합니다. 식사를 일정하게 챙기는 것도 중요합니다. 식사를 제때 하지 않으면 생활습관이 뒤틀리기 쉽습니다.

규칙적인 생활습관을 들이는 마지막 방법은 "스트레스를 적절히 관리하는 것"입니다. 직장에 다니면 아침 일찍 일어나고 밤에 일찍 자려 노력하기 때문에 규칙적인 생활에 나름 도움이 됩니다. 하지만 직장에서 오는 스트레스를 무시하기 어렵습니다. 스트레스가 심하면 식습관과 수면 등 모든 생활리듬이 깨지게 됩니다. 스트레스의 어원은 '조이다'라는 말에서 왔습니다. 그래서 우리가 흔히 스트레스를 '푼다'라고 얘기하는지 모르겠습니다. 일상과 직장에서 조이는 스트레스를 현명하게 풀어나가시기 바랍니다. 서울아산병원 정신건강의학과 정석훈 교수는 이렇게 말했습니다.

2. 건강관리의 기본은 건강한 생활습관: 건강관리의 기본은 건강한 생활습관이라고 생각합니다. 성도들의 생활 중에서 가장 중요한 것이 바로 건강한 신체와 건강한 정신입니다. 건강한 정신을

가지기 위해서는 무엇보다도 건강한 신체를 유지할 수 있어야 합니다. 그러기 위해서는 일상생활에서 우리가 어떻게 생활해야 하는지 그리고 각 종 질병을 예방하기 위해서 우리가 해야 할 일들이 무엇인지를 알아보도록 하겠습니다.

사실 건강을 유지하고 질병을 예방하는 것은 매우 중요하지만 이것이 따로 따로 관리가 되는 것이 아니고, 건강한 생활습관을 만들면 우리 몸은 면역성이 높아지고 자연적으로 각종 질병을 예방하는 가장 최선의 방법이 될 것입니다. 따라서 우리는 적극적으로 여러 가지 생활 습관을 유지할 필요가 있습니다. 이러한 습관들은 우리의 건강에 긍정적인 영향을 미치며, 건강한 삶을 유지하는 데 큰 도움을 줍니다. 이를 위해 우리는 다음과 같은 건강 생활 습관을 적극적으로 실천해야 합니다.

1) 규칙적인 운동을 유지합시다. 일주일에 150분의 중등도 신체활동이나 75분의 고강도 신체활동을 권장합니다. 운동을 유지하면 우리는 심장 건강을 유지하고 체중을 관리할 수 있습니다. 더불어, 운동은 우리의 면역 시스템을 강화하고 우리의 정신 건강에도 좋습니다. 세부적인 규칙적인 운동에 대한 세부적인 내용은 다음과 같습니다.

①운동 종류: 규칙적인 운동은 걷기, 달리기, 수영, 자전거 타기, 체조, 무게 들기 등 다양한 형태를 포함할 수 있습니다. 중요한 것은 자신이 즐길 수 있고 지속적으로 할 수 있는 활동을 선택하는 것입니다. 예를 들어, 공원에서 산책을 하거나 가벼운 기구를 통한 체력단련을 하는 것도 좋은 운동 방법입니다.

② 운동 시간: 일주일에 최소한 150분의 중등도 신체 활동이나 75분의 고강도 신체 활동을 추천합니다. 이는 심장 건강을 유지하고 체중을 관리하는 데 도움이 됩니다. 하지만, 운동 시간을 늘리는 것도 좋은 방법입니다. 운동을 할 때마다 조금씩 시간을 늘려나가면서 체력을 키워보세요.

③ 운동 일정: 일정을 설정하고 그 일정을 따르는 것이 중요합니다. 일정을 설정하면 운동을 일상적인 활동으로 만들 수 있습니다. 예를 들어, 매주 월, 수, 금요일에 운동을 하는 일정을 정한다면, 운동이 일상적인 활동이 되어 운동을 게을리 하지 않게 됩니다. 필자는 거의 매일 운동을 하고 있습니다.

④ 운동 목표: 개인적인 운동 목표를 설정하면 동기를 부여하고 운동을 계속하는 데 도움이 됩니다. 목표는 개인의 건강 상태, 체중, 체력 등에 따라 다를 수 있습니다. 예를 들어, 3개월 동안 체중을 5kg 감량하는 것이나, 1km를 10분 안에 뛰는 것을 목표로 잡는 것도 좋은 방법입니다.

⑤ 운동 후 회복: 운동 후에는 충분한 휴식과 영양 섭취가 필요합니다. 이는 근육을 회복시키고 에너지를 보충하는 데 도움이 됩니다. 또한, 스트레칭을 하여 근육의 긴장을 푸는 것도 좋은 방법입니다. 이러한 방법들을 통해 규칙적인 운동을 시작하고 유지하는 것이 가능합니다. 이는 건강을 유지하고 질병을 예방하는 데 큰 도움이 됩니다.

2) 균형 잡힌 식사를 유지하세요. 과일, 채소, 전 곡식, 단백질 식품 등 다양하고 영양가 있는 식품을 섭취하는 것이 중요합니다. 이

러한 식품들은 우리의 몸에 필요한 영양소를 제공하며, 건강한 몸을 유지하는 데 큰 역할을 합니다. 더불어, 균형 잡힌 식사를 유지하면 우리의 소화기관을 건강하게 유지할 수 있습니다.

균형 잡힌 식단은 신체가 올바르게 기능하는 데 필요한 모든 영양소를 제공하는 것이 중요합니다. 이를 위해 엄격한 식단 제한이나 좋아하는 음식을 스스로 박탈할 필요는 없습니다. 균형 잡힌 식단은 오히려 기분이 좋고, 더 많은 에너지를 갖고, 건강을 개선하고, 기분을 안정시키는 것에 관한 것입니다. 균형 잡힌 식단에는 일반적으로 여러 가지 영양소가 포함됩니다. 이러한 영양소는 과일, 채소, 곡물, 단백질 식품, 유제품 또는 유제품 대체 식품 등 모든 식품군의 식품을 포함하는 것을 의미합니다. 이를 통해 균형 잡힌 식단은 단조로운 식단과는 달리 식사를 더욱 풍부하게 만들어 줍니다. 균형 잡힌 식단의 핵심 구성 요소는 다음과 같습니다.

① 다양성: 균형 잡힌 식단에는 다양한 영양소를 섭취할 수 있는 다양한 식품이 포함되어야 합니다. 이는 과일, 채소, 곡물, 단백질 식품, 유제품 또는 유제품 대체 식품 등 모든 식품군의 식품을 포함하는 것을 의미합니다.

② 비례성: 모든 음식을 같은 양으로 섭취할 필요는 없습니다. 어떤 것은 많은 양을 먹어야 하고 어떤 것은 좀 더 적게 먹어야 합니다. 예를 들어, 접시의 절반은 과일과 채소, 4분의 1은 곡물(가급적 통곡물), 4분의 1은 단백질이어야 합니다.

③ 절제: 균형 잡힌 식단은 특정 음식을 적당히 먹는 것을 의미하기도 합니다. 여기에는 첨가당, 나트륨(소금), 포화 지방 및 트랜

스 지방이 많이 함유된 식품이 포함됩니다. 이러한 음식을 먹는 것을 완전히 금지하지 않지만 적절한 양을 섭취하여 건강한 식습관을 형성하는 것이 좋습니다. 위와 같은 핵심 구성 요소를 고려하여 균형 잡힌 식단을 구성하면 건강한 식습관을 형성할 수 있습니다. 또한, 균형 잡힌 식단은 단순한 식단과 달리 더 많은 에너지를 제공하므로 일상생활에서 더 많은 활동을 하는 데 도움이 됩니다. 추가적으로, 모든 사람의 신체는 다르기 때문에 필요한 영양소도 각자 다릅니다. 이에 따라 의료 서비스 제공자 또는 등록된 영양사의 조언을 받아 맞춤형 식습관을 형성하는 것이 좋습니다.

규칙적이고 건강한 식생활이란 하루 세끼를 정해진 시간에 먹는 것을 말합니다. 규칙적인 식사는 위산으로 인한 위궤양의 위험을 줄여주고 혈중 혈당 농도를 일정하게 유지해 뇌와 신체의 활동이 원활하게 될 수 있도록 돕습니다. 건강한 식습관을 유지 할 수 있는 방법은 이렇습니다.

▷ 아침을 거르지 않는다. 아침을 거르는 사람이 통계상 더 비만하다. 아침을 거르면 육체 건강에 심각한 타격이 온다.

▷ 아침, 점심, 저녁은 대략 5시간 간격으로 먹도록 한다.

▷ 세끼 식사와 간식은 매일 같은 시간대에 먹는 것이 좋다.

▷ 식사 시간은 20분 이상이 되도록 한다. 20분은 지나야 렙틴이 제대로 활동할 수 있다. 렙틴(leptin)은 지방세포에서 분비되는 나선형 단백질이자 포만감, 식욕 억제와 관련된 호르몬이다. 식욕과 배고픔의 사이클에 피드백으로 관여한다.

▷ 하루 2리터의 물을 아침, 점심, 저녁에 나누어 섭취한다.

▷ 식사 시간을 즐거운 분위기로 만들면, 천천히 먹게 되고 도파민 분비가 촉진된다.

▷ 하루 동안 먹은 음식을 저녁에 메모장에 적어본다.

▷ 음식 욕구가 생길 때는 명상과 심호흡을 실시하면 식탐의 상당부분을 해소할 수 있다 .

3) 충분한 수면을 취하세요. 충분한 수면을 취하는 것이 중요합니다. 대부분의 성인은 하루에 7-9시간의 수면이 필요합니다. 수면 부족은 우리의 면역 시스템을 약화시키고 우리의 건강에 해를 끼칠 수 있습니다. 그러므로 충분한 수면을 취하는 것이 중요합니다. 충분한 수면을 취하면 우리의 두뇌와 신체 기능이 최적화되고 우리의 정신 건강에도 좋습니다. 수면 부족은 우리 몸의 면역력을 약화시키고, 스트레스를 유발할 수 있습니다.

잠을 충분히 자는 것은 전반적인 건강과 웰빙에 매우 중요합니다. 수면 부족은 면역력 약화, 체중 증가, 기분 장애, 심장병 및 당뇨병과 같은 만성 질환의 위험 증가와 같은 다양한 건강 문제로 이어질 수 있습니다. 그러나 충분한 수면을 취하는 것은 쉽지 않은 일입니다. 다음은 충분한 수면을 취하기 위한 몇 가지 전략입니다.

① 규칙적인 수면 일정 수립: 매일, 심지어 주말에도 같은 시간에 잠자리에 들고 일어나도록 노력하세요. 이것은 신체의 내부 시계를 조절하고 잠들고 일어나는 것을 더 쉽게 만드는 데 도움이 될 수 있습니다. 필자가 심하게 말하고 싶은 것은 잠을 자고 일어나는 일을 혼자할 수 없는 사람은 혼자서도 잘 살기 어려울 것입니다.

② 편안한 환경 만들기: 침실을 편안한 수면 환경으로 만드세요.

이것은 어둡게 하는 음영, 백색 소음 기계 또는 귀마개를 사용하는 것을 의미할 수 있습니다. 방을 편안하고 시원한 온도로 유지하십시오. 너무 더워도 쾌적한 수면, 취침에 방해가 됩니다.

③ 잠자기 전 빛 노출 제한: 빛에 노출되면 주의력이 자극됩니다. 취침 시간 2시간 전에는 밝은 화면에 노출되는 것을 제한하십시오. 전자 기기를 끄고 밝은 화면을 피하십시오. 그 대신, 읽기나 명상과 같은 덜 자극적인 활동을 시도해보세요.

④ 규칙적인 운동: 규칙적인 신체 활동은 더 빨리 잠들고 더 깊은 수면을 취하는 데 도움이 될 수 있습니다. 그러나 취침 시간에 너무 가까운 시간에 운동을 하면 수면에 방해가 될 수 있으므로 피하십시오. 대신, 운동은 일정 시간 전에 하고, 수면을 취하시기 전에 몸을 편하게 만드는 스트레칭을 해보세요.

④ 다이어트 주의: 취침 시간에 가까운 과식, 카페인 및 알코올을 피하십시오. 이것들은 당신의 수면을 방해할 수 있습니다. 그 대신, 건강한 간식을 먹어보세요. 마지막 식사는 수면 2~3시간 전에 하고, 수면에 좋은 식품인 바나나나 견과류 등을 먹어보세요.

⑤ 스트레스 관리: 복식 호흡기도 또는 명상, 호흡을 통한 마음의 기도와 같은 기술은 긴장을 풀고 스트레스를 관리하여 쉽게 잠들 수 있도록 도와줍니다. 또한, 수면 전에 음악을 듣거나 따뜻한 목욕을 하면 편안한 상태로 잠에 들기 좋습니다.

⑥ 주간 낮잠 제한: 긴 주간 낮잠은 야간 수면을 방해할 수 있습니다. 낮잠을 선택했다면 20~30분 정도로 제한하고 오후 중반에 자도록 합니다. 그러나, 낮잠은 어떤 경우에는 수면 부족을 해결하

는 데 도움이 될 수 있으므로, 자신에게 맞는 방식을 찾아보세요. 자신의 성향에 맞게 실행하면 될 것입니다.

⑦ 뒤척거리지 마세요: 잠이 오지 않으면 일어나서 다시 피곤해질 때까지 긴장을 풀어주는 활동을 하세요. 시계를 던지고 돌리고 확인하는 것은 스트레스만 쌓일 뿐입니다. 그 대신, 기분 좋은 책을 읽거나, 편안한 자세로 복식호흡을 하면서 마음으로 온몸을 스캔하면서 구석구석을 살펴보면 긴장이 풀릴 것입니다.

모든 사람의 수면 요구 사항은 다르며 한 사람에게 효과가 있는 것이 다른 사람에게는 효과가 없을 수 있음을 기억하십시오. 수면에 지속적인 문제가 있는 경우 의료 서비스 제공자와 상담하는 것이 좋습니다. 수면 문제에 기여할 수 있는 근본적인 문제를 식별하는 데 도움이 될 수 있습니다. 또한 수면에 대한 자신만의 루틴을 만들어보세요. 이를 통해 수면에 대한 이해도가 높아지고, 더욱 편안하고 품질 높은 수면을 취할 수 있습니다.

4)스트레스 관리를 하세요. 스트레스는 우리의 신체와 정신에 해를 끼칠 수 있습니다. 그러므로 종교생활, 즉 예배드리고, 기도하고, 찬송하면서 지내고, 복식호흡, 명상, 호흡을 깊게 하며 마음의 기도, 내적치유, 운동 등의 기법을 사용하여 스트레스를 관리해야 합니다. 더불어, 스트레스를 관리하면 우리의 면역 시스템과 심장 건강을 유지할 수 있습니다. 스트레스 관리는 신체적, 정신적 건강을 유지하는 데 매우 중요합니다. 상처와 스트레스 관리에 대하여는 "자기관리 잘하는 법" 책을 참고하시어 자기관리를 잘하시기를 바랍니다.

23장 매사에 끝을 보는 습관이 잠재력을 깨운다.

(엡5:15-17)"그런즉 너희가 어떻게 행할지를 자세히 주의하여 지혜 없는 자 같이 하지 말고 오직 지혜 있는 자 같이 하여 세월을 아끼라 때가 악하니라. 그러므로 어리석은 자가 되지 말고 오직 주의 뜻이 무엇인가 이해하라"

돈을 벌려면 매사에 끝을 보는 습관이 중요합니다. 일을 시작하고 끝을 보지 못하는 사람이 어찌 돈을 벌겠습니까? 돈을 벌려면 끝을 보는 습관이 필수입니다. 하나님이 찾는 사람은 누구일까요? 일처리가 공명정대 광명정대하고 일을 시작했으면 끝마무리를 잘하는 사람을 찾고 계신다고 믿습니다. 하나님 편에서 생각하고 일하고 하나님에게 영광을 돌리는 사람을 찾고 계십니다. 일을 시작했으면 끝을 보라는 것입니다.

저는 잘 아시다시피 공직생활을 22년간 했습니다. 사단급 이상 참모생활을 오래 했습니다. 저는 참으로 행운아라고 생각을 합니다. 군 생활 22년 하면서 볼펜을 잡고 글을 쓰며 전략전술의 계획을 수립하며 근무하는 참모부 생활을 15년 이상을 했다는 것입니다. 그러면서 우수한 지휘관들과 그렇지 못한 지휘관들을 많이 모셨습니다. 그런데 하나같이 우수한 지휘관들은 일처리가 매끄럽고 끝마무리를 잘한다는 것입니다.

휘하에 참모장교들도 자신과 같이 일처리가 매끄럽고 끝마무리를 잘하는 장교를 둔다는 것입니다. 이 분들이 전역해서도 요직을 차지하며 나이가 많아도 일을 한다는 것입니다. 이는 어려서부터 끝마무리를 잘하는 습관이 들었기 때문이라고 생각합니다. 뒤처지는 장교들을 보면 좀처럼 일의 끝마무리를 하지 못한다는 것입니다. 일을 시켜놓고 결과를 가지고 오라고 하면 아직 완결되지 않았습니다. 일 년 내내 완결되지 못했다는 것입니다. 결국 그 일을 완결하지 못하고 다른 부서로 갑니다. 원래 군의 참모장교 직책은 일 년 이상만 하면 되기 때문입니다.

이런 장교들을 보면 항상 동기생들에 뒤처진다는 것입니다. 왜 그럴까요. 어려서부터 일을 시작했으면 끝마무리를 하는 것이 습관이 되지 못했기 때문입니다. 이런 사람들은 세상 어디를 가나 뒤처지게 되어 있습니다. 요즈음 군대에서 전역한 간부들의 60%가 직업이 무직으로 있다고 합니다. 모두 하나같이 결점이 있기 때문입니다. 군대에서 자기 개발을 하지 않았기 때문입니다. 일을 시작했으면 끝마무리를 잘하는 습관을 들이십시오. 그래야 사람에게도 하나님에게도 쓰임을 받습니다. 하나를 시작했으면 끝을 보고 다음 것을 하는 버릇을 들여야 합니다. 욕심만 많아서 이것 했다가 저것 했다가 하면 되는 것이 하나도 없습니다. 일의 끝마무리를 잘하려면 준비가 중요합니다. 모든 일들을 메모하는 습관을 들이세요. 자료들은 꼼꼼하게 정리를 잘해서 존안(存案)을 해야 합니다.

저는 지금 책들을 쓰는 것이 20년 전에 자료를 컴퓨터에 존안된 것들을 지금 사용하는 것들이 많습니다. 지나간 자료들을 보고 부족한 부분들을 보강하면 아주 좋은 내용으로 탈바꿈하게 됩니다. 한 번에 좋은 것이 나올 수가 없습니다. 물을 정수기에 정수하는 것처럼 몇 번 정수해야 좋은 물이 될 수가 있습니다. 저는 교재를 한 권 만들더라도 몇 번이고 업그레이드를 합니다. 절대로 한 번에 완벽한 것이 나올 수가 없기 때문입니다. 이것이 모두 군 생활하면서 습관이 된 덕분입니다. 우수한 지휘관 밑에서 훈련받고 지시한 대로 순종하며 준비한 덕분입니다. 저는 위관장교시절에 우수한 장군들을 많이 모셨습니다. 사관학교에서 5%이내에 든 장군들 밑에서 실무 장교하면서 배웠습니다. 그래서 사람은 사람을 잘 만나야 한다는 것입니다. 노무현 전 대통령이 "군대생활은 썩다가 나오는 곳"이라고 했는데 이는 잘 모르고 한 말입니다. 저는 군 생활하면서 정말 좋고 많은 것을 배웠습니다. 저는 참모장교하면서 병사들을 훈련했습니다. 끝마무리를 잘하는 훈련을 시켰습니다. 제가 알고 터득한 내용을 젊은 병사들에게 지도하여 사회에 나가서 뒤처지지 말라고 훈련한 것입니다. 저는 군 생활하면서 터득한 것을 지금 목회하면서 사용하고 있는 것입니다. 하나님이 저의 앞날을 아시고 훈련을 받게 하신 것입니다. 일을 시작하고 끝을 맺는 습관은 하루아침에 되지 않습니다. 적어도 10년 이상을 훈련하여 몸에 배어야 합니다. 그리고 본인도 일을 시작했으면 어떠한 어려움이 오더라도 끝을 내려는 의지가 중요합니다. 일을 시작했으면 끝을 보는 습관을 들이도록 하십시오. 이는 정말 귀중한 잠재력입니다.

그럼 일을 하다가 어려움에 봉착하면 어떻게 해야 합니까? 기도하십시오. 그 일을 집중적으로 생각하면서 하나님에게 기도하십시오. 그러면 해결방법이 떠오르게 됩니다. 절대로 다른 사람을 통해서 문제를 해결하려는 의존적인 생각을 하면 버려야 합니다.

저는 일을 하다가 어려움에 봉착하면 일을 잠시 쉬면서 하나님에게 기도를 합니다. 일을 하다가 막힌 부분을 생각하면서 하나님에게 기도를 합니다. 산책하며 길을 걸어가면서도 생각을 합니다. 하나님 이일을 어떻게 해결해야 됩니까? 끊임없이 기도를 합니다. 그러면 해결할 수 있는 지혜가 떠오릅니다. 지혜가 떠오르면 지체하지 않고 다시 시작하여 완결합니다. 지혜가 떠오르면 잠을 자다가도 일어나 해야 합니다. 왜냐하면 하나님이 주신 지혜는 바로 행동에 옮기지 아니하면 잊을 수도 있기 때문입니다. 항상 메모하는 습관을 들여야 합니다. 메모를 잘해야 일의 끝마무리를 잘 할 수 있습니다. 노트에다가 업무일지처럼 떠오르는 아이디어를 메모하는 것입니다. 메모한 것을 실제 상황에 적용하면서 일을 처리하면 남들보다 한발 앞선 기발한 아이디어가 되는 것입니다.

일의 끝마무리를 잘하려면 무엇보다도 하는 일에 집중하고 몰입하는 것이 참으로 중요합니다. 일에 집중하십시오. 하나님에게 집중하십시오. 일에 집중해야 아이디어가 떠오르게 됩니다. 제가 성령치유 사역에만 집중하니까, 지금 이정도가 되었다고 생각합니다. 만약에 다른 분들과 같이 목회를 했더라면 절대로 이렇게 될수가 없었다고 생각 합니다. 세상에 눈을 돌리지 아니하고 영의 상태에서 오로지 성령사역에만 몰두하니 여러 가지 영적인 지혜가 떠오르고 영적으로 깊어지는 것을 체험합니다.

일의 끝마무리를 잘하여 하나님과 사람에게 인정을 받으려면 일에 몰두 하십시오. 분명하게 당신은 하는 일에 일인자가 될 것입니다. 일에 집중하는 만큼 중요한 것이 없습니다. 집중하니 영의 상태가 되어 하나님의 지혜를 받을 수가 있기 때문입니다.

직장 생활할 때도 마찬가지입니다. 상사가 지시를 했으면 결과 보고를 해야 합니다. 이것이 되지 않으니 구조조정이 있으면 일 순위로 잘리는 것입니다. 누가 무어라고 해도 거기에 귀를 기우리지 말고 오직 상사가 지시한 내용을 최고로 잘하겠다고 생각하고 몰입해 보세요. 그러면 반드시 좋은 결과를 만들어 낼 것입니다. 자연스럽게 승진 때가 되면 승진이 됩니다. 성과급을 받게 됩니다. 사업도 마찬가지입니다. 시작을 했으면 끝을 보라는 것입니다. 조금 어렵고 힘들다고 포기하지 마시고, 끝을 보려고 해야 합니다.

성경에 나오는 야곱을 보고 교훈을 얻어야 할 것입니다. 야곱은 라헬을 얻기 위하여 14년을 머슴을 살았습니다. 끝을 보았다는 것입니다. 끝내 라헬을 아내로 맞이했다는 것입니다. 우리도 야곱의 인내를 배워야 합니다. 일을 했으면 끝을 보아야 합니다.

다윗도 차기 왕이 되기 위하여 기름부음을 받고 13년을 기다렸습니다. 하나님께서 왕으로 세울 때만 바라보고 기다리니 결국 유다나라 왕이 된 것입니다. 그전에 얼마든지 사울 왕을 죽이고 왕이 될 수가 있었습니다. 그러나 다윗은 하나님이 친히 왕으로 세울 때를 기다린 것입니다. 야곱의 아들 요셉도 11별이 절을 하는 꿈을 꾸고 13년을 기다린 것입니다. 그것도 시위대장 보디발의 집에서 종으로 10년을 지냈습니다. 다시 감옥에서 3년을 지냈습니다. 그래도 하나님에게 항변하지 않고 하나님의 역사를 기다린 것입니다. 결국에 애굽의 총리가 되었습니다. 꿈과 같이 11형제들이 자신에게 절을 하게 됩니다. 일을 시작했으면 끝을 보는 습관이 중요합니다. 이는 인생의 성공과 직결되기 때문입니다. 경쟁 사화에서 살아남을 수 있기 때문입니다. 잠재력 중에서도 일을 시작했으면 끝을 보는 잠재력이 아주 중요합니다. 어려서부터 일을 시작했으면 끝을 보는 습관을 들여야 합니다. 잠재력 중에서도 습관이 아주 중요합니다. (렘 22:21)"네가 평안할 때에 내가 네게 말하였으나 네 말이 나는 듣지 아니하리라 하였나니 네가 어려서부터 내 목소리를 청종하지 아니함이 네 습관이라"

이스라엘 백성들이 어려서부터 하나님의 말씀을 듣지 않는 것이 습관이 되었다는 것입니다. 결국에 하나님은 이 습관을 고치기 위하여 바벨론으로 끌려가서 70년 동안 종살이를 하게 하십니다. 이는 어려서 습관을 고치려면 70년이 되어야 고쳐진다는 뜻입니다. 우리나라 속담에도 역시 어렸을 때 습관이 중요하기 때문에 "세 살 버릇 여든 까지 간다." 이렇게 말합니다. 습관과 버릇이 그 만큼 중요하기 때문입니다. 우리는 일을 시작했으면 끝을 보는 습관을 길러서 하나님과 사람들에게 쓰임을 받읍시다. 어려서부터 끝을 보는 습관을 길러야 합니다. 아니 지금도 늦지 않았습니다. 지금 시작한 일을 끝내려고 하십시오. 그러면 차차로 일을 시작하고 끝을 내는 습관이 생길 것입니다.

목회자들이 매사에 끝을 보는 습관이 되어있지 않기 때문에 교회를 개척하여 1년을 넘기지 못하는 것입니다. 저의 신대원 동기들도 보면 교회를 개척하여 8개월 만에 부흥되지 않는다고 문을 닫습니다. 참으로 안타까운 실정입니다. 교회를 개척했으면 적어도 3년은 해보아야 합니다. 어떻게 8개월하고 문을 닫습니까? 교회가 무슨 구멍가게도 아니고 참으로 안타까운 실정입니다. 인내하고 견딜 줄을 모릅니다.

그렇기 때문에 개척교회에 대한 인식이 좋지 못한 것입니다. 더 나아가서 목회자의 인식도 좋지 못합니다. 현재 우리 충만한 교회가 있는 건물주가 하는 말이 저도 길어야 한 1년 할 줄로 알았다는 것입니다. 그런데 몇 년이 지나도 끄떡없이 목회를 하시는 것을 보니 목사님이 기도를 많이 하시는 것 같다는 것입니다. 모두 주변에서 일어나는 현실을 보고 말한 것입니다. 교회를 개척했으면 장소와 지역의 영들과 싸워야 합니다. 장소와 지역의 영들과 영적전쟁을 하여 이기려면 적어도 3년은 소요가 된다고 보아야 맞습니다.

영적인 전투를 하지 않고 그냥 교회가 성장되기를 바라니 마귀들이 가만히 있을 리가 없습니다. 마귀가 역사하여 교회 성장을 방해하니 그만 문을 닫아 버립니다. 교회를 개척했으면 그 장소에서 죽을 각오를 해야 합니다. 끝을 보는 습관이 되어있지 않으니 조금 힘이 들면 문을 닫는 것입니다.

능력을 받는 것도 마찬가지입니다. 우리 교회에 오셔서 치유 받고 능력을 받으러 오신분들도 보면 끝을 보지 못합니다. 조금 다니다가 마음대로 되지 않으면 중단합니다. 한마디로 포기하는 것입니다. 이모든 것들이 어려서 끝을 보는 습관이 되어있지 않았기 때문에 현실에 나타나는 것입니다. 치유와 능력을 받으려면 자신에게서 성령의 권능이 나타날 때까지 참고 인내하며 기다려야 합니다. 마치 엘리사가 엘리야를 따라간 것 같이 말입니다. 엘리사는 엘리야를 끝까지 따라갔기 때문에 엘리야의 영감을 갑절로 받아

하나님에게 쓰임을 받은 것입니다.

　무슨 일이든지 끝을 보는 습관을 길러야 합니다. 잠재력에서 무엇보다도 중요한 것이 일의 끝을 보는 습관입니다. 하나님은 끝을 보는 습관이 있는 사람을 통하여 하나님의 일을 하십니다. 하나님에게 능력을 주시지 않고, 환경의 어려움을 방관하신다고 불평하지 말고 매사에 끝을 보는 습관을 기르시기를 바랍니다. 그러면 하나님이 능력을 주시고, 환경의 고통에서 해방 받게 하실 것입니다.

　세계적인 부호 록펠러도 경제적인 위기의 순간에 포기하지 않고 끝까지 기도하여 반전을 체험했습니다. 젊은 시절 그는 친구의 권유로 광산업을 시작했다가 사기를 당하는 바람에 원금을 모두 날렸습니다. 광부들은 폭도로 변해서 밀린 임금을 요구했고 빚쟁이들은 날마다 찾아와 돈을 갚으라고 횡포를 부렸습니다. 록펠러는 너무나 괴로워서 자살까지 생각했었습니다. 록펠러는 이 사업이 망하면 끝장이었습니다. 그러나 포기하지 않았습니다. 록펠러는 평소 하나님을 의지했던 사람인데 황량한 폐광 옆에 엎드려 간절히 기도했습니다. "하나님! 하나님의 말씀은 일점일획도 변함이 없음을 믿습니다. 저는 지금까지 온전한 십일조를 드려왔습니다. 하나님은 온전한 십일조를 드리는 자에게 복을 주신다고 약속했는데 오늘날 저에게는 복 대신 시련만 다가왔습니다. 저는 이 절망을 이겨낼 수가 없습니다. 하나님이 이제 도와 주지 않으시면 나는 자살할 수밖에 없습니다. 전능하신 하나님이여 이 문제를 해결해 주옵소서" 그렇게 기도하는데 마음속에서 성령이 감동하시기를 "더 깊이 파라. 더 깊이 파라"고 그럽니다. 폐광이 된 곳에 빚더미 위에 올라앉아서 절망 중에 부르짖는데 더 파라니 어떻게 합니까? 그러나 자꾸 더 파라. 더 파라. 그래서 하나님의 음성을 듣고 그는 빚을 내어서 더 광산을 깊이 파기 시작했습니다. 사람들은 그를 보고 드디어 이제는 미쳤다고 수군거렸습니다. 록펠러는 개의치 않고 광산 파는 일을 계속했습니다. 그 결과 얼마 지나지 않자 광산에서 황금대신 검은 물이 분수처럼 솟아올랐습니다.

광산 깊은 곳에 유전이 담겨 있었던 것입니다. 기름이 분수처럼 솟아올랐습니다. 그래서 그는 문자 그대로 검은 황금을 캐낸 록펠러 그는 미국의 최고가는 부자가 된 것입니다. 하나님은 이렇게 끝까지 포기하지 않는 사람에게 역사하십니다. 록펠러같이 하나님의 복을 받기를 원하십니까? 록펠러같이 끝을 보는 믿음으로 성령의 음성을 듣고 순종하십시오. 사람이 무슨 말을 하더라도 침묵을 하고 하나님이 지시하는 대로 하시기를 바랍니다. 그러면 하나님이 응답을 하십니다. 하나님의 역사를 따라가는 성도는 절대로 사람을 의식하거나 사람의 이론을 따라가면 하나님의 역사를 이룰 수가 없습니다. 하나님의 생각은 사람의 생각과 정반대 일 수가 있기 때문입니다. 부디 끝을 보는 믿음을 가지고 록펠러와 같은 하나님의 복을 받으시기를 바랍니다.

중남미의 과테말라 까벨레로스 목사님도 위기의 순간을 끝을 보는 습관으로 극복한 간증입니다. 목사님은 시내 한복판에 있는 땅을 사서 교회를 짓기 시작했는데 얼마 지나지 않아 난관에 봉착했습니다. 갑자기 경제사정이 나빠져 우리나라의 IMF처럼 되었습니다. 그래서 은행금리가 턱없이 올라가 교회는 기둥과 지붕만 겨우 올려놓은 상태에서 건축이 중단되었습니다. 그러나 목사님은 포기하지 않았습니다. 목사님은 여러 달 동안 고난 속에 금식하며 철야하며 하나님의 도움을 간절히 구했습니다.

하나님은 반드시 이 성전을 건축하게 하실 것이라는 믿음을 가지고 하나님에게 방법을 알려달라고 기도를 했습니다. 그러던 어느 날 목사님이 기도하는 중에 환상이 탁 나타났습니다. 길이가 약 10미터에 굵기가 30센티 정도 되는 큰 뱀이 성전부지에 똬리를 틀고 고개를 들고서 혀를 날름대고 있더랍니다. "교회를 짓다가 못 짓고서 이런 낭패에 처한 것은 바로 교회 부지 안에 있는 똬리를 틀고 있는 뱀이 반대를 하는구나! 사탄의 일이구나!" 그래서 그는 예수 이름으로 그 마귀를 꾸짖고 온 교인이 모여서 마귀를 내어 쫓는 대적기도를 했습니다. 온 교회 성도들이 모여서 대적기도를 계속했습니다. 그러자 갑자기 상황이 변화되었습니다. 문제가 풀리기 시작하는데 성전 부지를 원금 2배를 주고 사겠다는 사람이 생겨났습니다. 그래서 원금의 2배를 받고서 성전 부지를 팔고 12배나 더 넓은 땅을 사고 그 땅에 아름다운 성전도 건축하고 기독교학교도 지었습니다. 나중에 알고 보니 옛날 그곳에 마야족이라는 원주민이 살았는데 그들은 날개달린 뱀을 수호신으로 모시고 있던 신전이 있던 바로 그 자리였습니다. 그런데 그 자리에 마야족속들이 섬기던 날개달린 그 뱀을 예수 이름으로 쫓아내고 물리치려고 강하게 대적하니까 성전부지에 역사하던 마귀가 도저히 이길 수가 없으니 포기하고 자기의 사람을 보내서 땅을 사게 한 것입니다.

하나님의 축복이 다가오게 된 것입니다. 이와 같이 경재적인 문제 뒤에는 마귀가 있을 수 있습니다. 절대로 중간에 포기하지 말고 대적하며 싸워야 합니다. 안 된다고 뒤로 물러나거나 포기하면 안 됩니다. 성령으로 분별하고 대적기도를 하여 마귀를 몰아내고 끝을 보는 체험이 있으시기를 바랍니다.

끝을 보는 습관으로 순종하여 금을 얻은 이야기가 있습니다. 중국의 순임금이 하루는 신하들을 불러놓고 이렇게 명령을 했습니다. "이제는 내가 너희에게 망태기 하나씩을 줄 테니 내가 정한 우물에 가서 물을 하나 가득히 망태기에 담아서 오너라." 그런데 15명의 신하에게 망태기 하나씩을 주었는데 생각해 보십시오. 망태기는 엉성 엉성하게 구멍이 뚫어져 있는데 물을 어떻게 망태기에 담아 옵니까? 14명의 신하는 망태기를 가지고 도망을 쳐버렸습니다. "망태기에 물을 담아오라는 임금님이 세상에 어디 있느냐? 못 담아 오면 혼이 날 테니까 에라 줄행랑을 치자" 도망을 치는데 그 중에 한 사람은 우물에 가서 망태기에 물을 담습니다. 이 사람은 평소에 끝을 보는 습관이 된 사람입니다. 상사의 말이면 이유가 어찌하든 순종하는 것이 습관이 된 사람입니다. 두레박으로 물을 퍼서 망태기에 부으니까 다 빠져 버렸지요. 또 퍼서 담고 또 퍼서 담고. 아침부터 해가 질 때까지 물을 퍼 담았습니다.

사람들이 다 배를 잡고 웃었습니다. "저런 멍청이 같은 놈이 어디 있느냐?" 그러나 이 사람은 임금님이 명령했기 때문에 자기는 불합리한 일이라도 명령에 복종해야 된다고 생각했습니다. 저녁이 되어서 이제는 우물에 물이 없습니다. 계속 퍼서 망태기에 부었기 때문에 우물에 물이 말라 없었습니다. 그래서 물이 있는가? 없는

가? 살펴보려고 우물 밑을 보니까 우물 밑바닥에 큰 금 덩어리 하나가 있습니다. 그는 금 덩어리를 건져내었습니다.

그래서 망태기에 담고 임금님에게 가서 "임금님! 하루 종일 물을 퍼서 망태기에 담아도 물은 다 빠져나가고 물은 남지 않지만 우물물이 말라서 보니 금 덩어리가 들어 있었습니다." 임금님에게 가져 왔습니다. 임금님이 껄껄 웃으면서 "내가 일부러 우물 속에 금 덩어리를 넣어 놓았느니라. 내 명령에 복종하느냐 복종 안하느냐 시험을 해보았는데 14명은 다 도망을 쳐버리고 너만은 우직스럽게 순종해서 나의 명령을 지켰으니 금 덩어리는 네 것이다. 가져 거라." 호박이 넝쿨째 떨어진 것입니다.

우리는 명령하시는 하나님의 뜻이 내가 아무리 생각해 보아도 이해가 안 된다고 하지만 하나님의 명령은 이해가 되든지 이해가 안 되든지 무조건 순종하는 것입니다. 하나님께서 예수 그리스도를 십자가에 못 박혀 죽으라고 하실 때 예수님이 이렇게 말씀하십니다. "하나님이여, 하나님이여 어찌하여 나를 버리셨나이까?" 그러므로 하나님의 명령은 이해할 것이 아니라 순종하는 것입니다.

하나님의 명령의 이해는 그 후에 따라오는 것입니다. 순종이 먼저 실행이 되어야 하는 것입니다. 항복하는 자는 복이 있나니 주님께서 저와 함께 하실 것입니다. 시편 25편 10절 "여호와의 모든 길은 그 언약과 증거를 지키는 자에게 인자와 진리로다" 우리 끝을 보는 습관으로 인생을 성공하시기를 바랍니다. 끝을 보는 습관은 중요합니다. 아주 중요한 잠재력입니다. 하나님에게 응답을 받고 일을 시작했다면 끝을 보아야 합니다. 반드시 끝을 좋게 하십니다.

24장 꿈을 갖고 지혜롭게 살아야 잠재력을 깨운다.

(창 37:6-7)"요셉이 그들에게 이르되 청하건대 내가 꾼
꿈을 들으시오 (7) 우리가 밭에서 곡식 단을 묶더니 내 단은
일어서고 당신들의 단은 내 단을 둘러서서 절하더이다."

돈을 잘 벌어 하나님께 영광을 돌리면서 살아가려면 꿈을 가지
고 지혜롭게 살아야 합니다. 돈을 벌어서 하나님의 영광을 나타내
겠다고 꿈을 가져야 돈을 잘 벌수가 있는 것입니다. 꿈이 중요한
것입니다. 꿈이 있는 사람이 잠재력이 있는 자입니다. 하나님은 꿈
이 있는 자녀를 불러서 사용하십니다. 자녀들이 꿈이 있으면 방황
하지 않습니다. 꿈을 이루기 위하여 노력하기 때문입니다. 역사상
위대한 하나님의 사람들은 모두 다 하나님의 꿈을 가슴에 받아들
여 그 꿈속에서 믿고 기도하며 산 사람들입니다. 하나님의 꿈은 우
리의 가슴속에서 자라, 우리의 운명과 환경을 이기고, 삶에서 아브
라함의 복을 받습니다. 오늘날도 하나님의 성령은 젊은이에게는
하나님의 환상을, 늙은이에게는 하나님의 꿈을 꾸게 만들어 주고
있는 것입니다. 하나님의 성령은 지금 그리스도 예수의 십자가를
통하여 자녀들에게 이 하나님의 영롱한 꿈을 심어 줍니다. 이 꿈
을 통하여 자녀들을 변화시키면서 이끌어 가고, 자녀들의 생애 속
에 하나님이 뜻이 이루어지도록 역사하기를 원하시고 계신 것입니
다. 이러므로 아무리 우리 환경이 어둡고 캄캄하고 칠흑 같을지라
도 십자가를 바라보고 하나님이 우리 자녀들에 대해서 꿈꾸신 꿈

을 그리스도를 통해서 믿음으로 받아들여야 합니다. 성령의 인도를 받아 영혼이 잘 됨같이 범사에 잘되며 강건하고 생명을 얻되 넘치게 얻는 역사가 나타나게 되시기를 바랍니다.

1. 꿈이 있는 자녀는 성공합니다. 설계사의 마음속에 그려진 건물들은 언젠가는 사람들의 눈에 보이는 아름다운 건축물이 되어 나타나게 됩니다. 작곡가의 마음속에 울려 퍼지는 음악은 관현악을 통하여 사람들의 귀에 들려지게 됩니다. 소설가의 머리 안에서 형성된 이야기는 읽을 수 있는 책들이 되어 사람들의 손에 쥐어집니다. 요셉은 소년 시절의 환상 속에서 본 자신의 모습이 타국에서 총리가 되어 우뚝 서는 역사를 현실로 경험하게 되었습니다. 꿈은 사람의 미래를 변화시킵니다. 가슴에 없는 노래는 악보에 쓸 수 없습니다. 마음에 담지 않은 꿈은 현실로 이루어 질 수가 없습니다. 그러므로 꿈을 꾸어야 합니다. 성경의 역사는 꿈의 역사이고, 비젼의 역사입니다. 이 세상에 태어나긴 했지만 잠깐 있다가 사라져버린 나라들이 있습니다. 그 나라들은 다 비젼이 없는 백성들의 나라들이었습니다(잠언29:18). 비젼이 있는 백성은 망하지 않습니다. 일곱 번 넘어져도 여덟 번 다시 일어섭니다. 그러므로 당신은 무엇보다도 먼저 비젼을 가져야 합니다.

2. 위대한 일은 비젼(꿈)에서 비롯됩니다. 요셉은 소년 시절에 분명한 비젼을 품었습니다. 요셉은 소년 시절에 두 가지 꿈을 꾼 일이 있었습니다. 그가 꾼 두 가지 꿈은 첫째 형님의 곡식단들이 자기 단에게 절하는 꿈이었고(6-8절), 둘째 꿈은 해와 달과 별들이 자기에게 절하는 꿈이었습니다(9-10절). 요셉은 이 꿈을 근거하여

자기의 비젼을 품었습니다. 자기가 열심히 살아서 부모님과 형들로부터 존경을 받는 삶을 반드시 살겠다고 하는 꿈을 꾸었습니다. 그러기 위하여 나라의 왕이 되어야 되겠다고 생각했던 것입니다. 요셉은 17세 때에 자기 인생에 대한 분명한 비젼을 가지게 되었습니다. 그래서 2절은 요셉이 '17세의 소년으로서'라고 하는 말을 하고 있는 것입니다. 스펄전은 15세 때에 회심한 다음 유명한 설교가가 되겠다는 꿈을 품고 '천로역정'이라고 하는 존 번연의 책을 100번 이상 읽었습니다. 그의 수사력, 그의 논리, 그의 은유법 등은 그가 소년 시절에 읽은 책에서 비롯되었습니다. 그는 소년 시절부터 꿈을 가졌기에 20세에 설교를 시작했고, 27세 때에 메트로폴리탄 교회를 세웠습니다. 칼빈은 청소년기에 꿈을 가지고 히브리어와 헬라어를 독파했으며, 27세 때에 기독교의 불후의 명작인 그 유명한 '기독교 강요'를 썼습니다. 요셉은 17세 때에 꿈을 품었습니다. 당신의 나이는 현재 몇인가요? 당신은 어떤 꿈을 가지고 있는가요?

요셉은 꿈을 꾼 지 13년 만에 종으로 팔려간 나라에서 국무총리가 되었습니다(창41: 41-43). 소수 민족의 한 사람으로 애굽의 국무총리의 높은 자리까지 오르기란 하늘에 별 따기처럼 막연해 보이는 일이 아닐 수 없습니다. 그러나 꿈을 가진 자들에게는 불가능해 보이던 일들이 가능한 일이 되어 나타납니다. 하나님이 꿈을 가진 자들을 사용하시어 그들의 꿈을 이루어 가시기 때문입니다. 애굽의 바로는 요셉을 국무총리로 앉히면서 요셉과 자기를 비교하여 자신의 높음은 보좌뿐이라고 하였습니다(창41:39-40). 이 말의 의미는 보좌를 제외하고는 요셉보다 더 높은 것이 자신에게는 없다고 하는 말입니다. 그렇다면 실제로 누가 더 높은 것인가요? 요셉은 소년 시절 왕을 꿈꾸었는데 하나님은 그의 그 꿈을 이루어 주셨습니다. 하나님은 그가 꾼 꿈보다 더 크게, 더 풍성하게 이루어 주신 것입니다. 참 위대함이란 타인을 복되게 하는데 있습니다. 꿈이 이루어지면 타인을 복되게 할 수 있습니다. 요셉은 자기 가족들(창 45:16 -20)에게도 복이 되었고, 바로 왕과 애굽인들(창41:54-55)에게도 복이 되었고, 각 국 백성들(창41:56 -57)에게도 복이 되는 삶을 사는 위대한 생을 살았습니다. 요셉의 꿈의 실현은 자신을 복되게 할 뿐만 아니라 타인도 국가도 인류도 복되게 만들었습니다. 바른 꿈은 그같이 많은 사람을 복되게 만듭니다.

청년 시절에 꿈을 품어라! 좋은 꿈과 아이디어는 모두 하나님께서 주시는 것입니다. 요셉은 자신의 꿈 때문에 자신은 물론이고, 자신의 부모와 형제들과 애굽의 온 백성들과 심지어 다른 나라 거민들 까지도 살리는 엄청난 일을 할 수 있었습니다. 한 소년의 꿈이 이토록 중요한 것입니다. 겨우 17살 난 한 소년의 꿈을 통해서 세계의 역사가 움직이는 체험을 하게 된 것입니다.

3. 자신에게 단점이 있을지라도 꿈은 크게 가져야 합니다. 사람은 누구에게나 단점들이 있습니다. 아무도 완벽한 사람은 없습니다. 여기에는 문제가 있는 세 부류의 사람들이 나옵니다. 야곱과 요셉과 요셉의 형들입니다. 이 세 부류의 사람들은 각자 모두 독특한 문제들을 안고 있었습니다. 모두들 저마다 단점들을 가지고 있었습니다. 이 세상에는 단점이 없는 사람은 없습니다. 성서의 위인들의 단점들을 살펴보는 것은 나의 삶의 위로와 용기가 될 수 있습

니다. 요셉은 고자질을 하는 단점을 가진 사람이었지만 큰 꿈을 가지고 있었습니다. 그는 큰 나라의 왕을 꿈꾸었습니다. 요셉이 산 사회는 유목사회였습니다. 왕이 있어 본적이 없는 사회였습니다. 그러한 때에 요셉은 왕이 되겠다고 하는 크고, 높고, 앞서 가는 꿈을 꾸었습니다. 그리고 그것을 주위 사람들에게 이야기하며 다녔습니다. 그래서 그들의 형들은 "네가 정말 우리의 왕이 되겠느냐? 우리를 다스리겠느냐?"(창37:8)하며 그를 더욱 미워하고 시기하였습니다. 80년대 초에 인터넷을 꿈꾸는 것과도 같은 비젼이있습니다. 그리고 그것은 리더쉽에 대한 꿈이었습니다. 그 형들이 생각지도 못하는 꿈을 요셉이 꾼 것입니다. 오, 청년들이여! 큰 꿈을 가져라. 크고 높은 꿈을 가져라! 앞서가는 꿈을 가져라!

하나님은 단점이 있음에도 불구하고 꿈을 가진 자를 쓰십니다. 하나님은 애굽과 각 나라와 야곱의 가족들에게 앞으로 닥칠 큰 기근에 대하여 알고 계셨고, 한 사람을 일으켜서 그들을 그 역경에서 구원할 계획을 가지고 계셨습니다. 그 때에 하나님은 야곱의 12아들 중에 요셉을 사용하셨습니다. 우리는 하나님께서 누구를 그 일에 사용하였으며, 왜 그를 그 일에 사용하였는지에 대한 답을 가지고 있어야 합니다. 왜 요셉을 사용하셨을까요? 요셉에게만 그것에 대한 꿈이 있었기 때문입니다. 하나님은 단점을 보지 않습니다. 꿈을 보십니다. 그리고 꿈을 가진 자를 찾아서 그 자를 쓰십니다. 하나님은 포로에서 돌아온 이스라엘 백성을 위하여 예루살렘 성벽을 고쳐 주어야 되겠다고 하는 계획을 가지고 계셨습니다. 이스라엘 땅 중에는 '그 성벽을 고쳐야지'하는 꿈을 가진 자가 없었습니다. 하나님은 수만리 떨어진 바벨론 땅에 있던 느헤미야 안에 그것에 대한 꿈이 있는 것을 보셨습니다. 하나님은 느헤미야에게 그 일을 맡기셨습니다. 하나님은 꿈을 가진 자를 찾아 사용하십니다. 하나님 앞에 맞는 꿈을 꾸세요! 그러면 하나님은 당신을 그 일에 사용하실 것입니다. 우리도 요셉과 똑 같이 단점을 가지고 있는 사람입니다. 단점이 있어도 상관없습니다. 그 단점보다 더 큰 꿈의 사람이 되세요! 꿈을 품고 그 꿈을 따라 사는 사람이 되세요! 모든 위대한 사람들은 꿈의 사람, 즉 비젼의 사람들이었습니다. 하나님의 사람들은 비젼을 품은 꿈의 사람들입니다. 꿈 때문에 고향을 떠나고, 꿈 때문에 가나안 땅에 들어가고, 꿈 때문에 출애굽을 하고, 꿈 때문에 참고, 꿈 때문에 견디고, 꿈 때문에 울고, 꿈 때문에 웃었던 사람들입니다. 꿈을 따라서 꿈을 위해서 사는 꿈의 사람이 되세요! 그러면 하나님은 당신이 품은 그 꿈을 통하여 당신의 거룩한 역사를 이루어 가시게 될 것이고, 당신의 일생은 하나님의 역사에 아름답게 쓰임 받는 생이 될 것입니다.

4. 꿈은 모든 인격과 환경과 삶의 조건을 뛰어 넘게 됩니다. 복잡한 가정에서 태어난 인물도 희망은 있습니다. 요셉은 결코 좋은 가정에 태어나지 않았습니다. 아주 복잡한 가정에서 태어났습니다. 그의 아버지 야곱은 4명의 여자를 데리고 산 남자였습니다. 요셉의 어머니 라헬과 레아는 자매 사이였고, 그들은 각각 자녀를 낳았습니다. 그리고 두 여종들인 실바와 빌하에게서도 자녀들이 태어났습니다. 요셉은 네 어머니들과 이복형제들 사이에서 성장해야만 했습니다. 게다가 아버지 야곱의 인격은 그렇게 흠모할 만한 인격이 아니었습니다. 형과 아버지를 속이고 도망하여 타향살이를

했던 아버지 밑에서 그는 자랐습니다. 아버지의 직업은 궁중관리도 아닌 애굽에서 제일 천히 여기는 양치는 목자였었습니다. 집안 분위기는 그가 꿈을 이루기에 좋은 분위기가 아니었습니다. 우리는 창세기를 통해서 그 가정의 분위기를 알 수 있습니다. 아버지와 큰아버지인 에서와의 관계, 네 명의 어머니들의 관계, 그리고 형제 간의 관계 등이 우리에게 말해주는 것이 무엇인가? 싸움, 이기심, 갈등, 편애, 질투, 미움, 복수, 색 욕, 근친상간, 사기, 그리고 대량 학살 등입니다. 요셉이 자란 가정환경은 결코 아름다운 가정모습이 못됩니다. 하지만 요셉은 훌륭한 위대한 인물이 되어 역사 속에 남아 있습니다. 무엇이 그를 그토록 많은 역경 속에서 그토록 위대한 인물이 되게 만들었는가? 그것은 꿈입니다. 소년 시절에 그가 품은 꿈이 그를 위대하게 만든 것입니다. 복잡한 가정에 태어난 자에게도 희망은 있는 것입니다.

당신의 인격보다 당신의 꿈이 더 중요합니다. 이 말에 오해가 없기를 바랍니다. 인격이 중요하지 않다는 말이 아닙니다. 중요합니다. 좋은 인격을 가지세요! 좋은 인격을 가져야 합니다. 그러나 만약 당신이 나는 인격이 못되어서 하나님이 쓰지 않을 것이다 하며 깊은 절망에 빠지는 사람이라면 당신은 하나님께서 기뻐하시는 꿈을 가지게 되면 그 모든 것을 뛰어 넘어 하나님의 기쁨이 될 수 있다는 것을 알아야 합니다. 요셉의 아버지 야곱을 생각해 보세요! 하나님은 "에서는 미워하고 야곱을 사랑하였다"고 말씀하고 있습니다. 야곱은 이기심도 많고, 필요에 따라서 거짓말도 하는 결코 좋은 인격의 소유자가 아니었습니다. 그러나 그는 하나님으로부터 지극한 총애를 받았습니다. 그래서 우리는 당황하게 됩니다. 어떻게 하나님께서 야곱을 사랑할 수 있을까요? 그의 무엇이 좋아서 저토록 총애한단 말인가요? 무엇이 그를 하나님으로부터 그 같은 사랑을 받게 만들은 것일까요? 그에게 하나님이 기뻐하시는 무엇이 있었던 것인가요? 그에게는 꿈이 있었습니다. 그 안에는 하나님께서 기뻐하시는 비젼이 있었습니다. 비젼에는 불가능이란 없습니다. 야곱이 바로 그랬습니다. 야곱은 장자가 되는 비젼을 품었습니다. 이 비젼은 이루기에 불가능한 비젼입니다. 본래 장자의 직분은 태어나면서 주어지는 것입니다. 야곱은 본래 차자로 태어났기 때문에 장자의 꿈을 꿀 수 없는 자이기도 합니다. 그러나 야곱은 장자의 꿈을 꾸었고 하나님은 그것을 기쁘게 보시고 그의 꿈을 이루어 주셨습니다. 그래서 그는 이스라엘이라고 하는 칭호를 하나님으로부터 받게 되고 그의 꿈은 성취되어 이스라엘의 족장이 되었습니다. 꿈은 당신의 인격을 뛰어 넘을 수 있습니다.

결론적으로 꿈을 소유한 사람의 생의 질과 꿈이 없는 사람의 생의 질은 다릅니다. 계란에는 유정란과 무정란이 있습니다. 이것은 겉으로 보아서는 알 수 없습니다. 겉으로 보기에는 아무 차이가 없어 보입니다. 그러나 암탉이 그 계란을 품에 품고 일정한 기간이 지나고 나면 그 차이가 나타납니다. 무정란은 썩어서 나오고 유정란은 병아리가 되어 나옵니다. 꿈을 소유한 인생과 그렇지 못한 인생의 차이가 바로 이와 같은 것입니다. 그러므로 꿈을 소유하는 자녀가 되도록 지도하세요!

하나님께서는 한 사람에게 복을 주시려고 할 때에 그 마음속에 꿈을 심어주는 것입니다. 그 꿈을 부여잡고 있으면 수 없이 난관이 다가오고 고통이 다가와도 그 꿈이 그 사람을 이끌어갑니다. 그 꿈이 그 사람에게 하나님의 뜻을 이루도록 역사하여 주시는 것입니다. 이러므로 꿈을 저버리면 내일이 없습니다. 꿈이 없는 백성은 망합니다. 꿈이 없는 개인도 망하는 것입니다. 우리가 가장 어렵고 고통스러운 역경을 겪을 때에 마음속에 꿈을 버리면 안 됩니다.

세계 제 1차 대전이 끝나고 난 다음에 미국에서는 그 당시에 미국의 백만장자 4,043명의 생애를 조사하여 보았습니다. 그들 중에 교육을 받은 사람도 있고 못 받은 사람도 있고, 상속을 얻은 사람도 있고 못 얻은 사람도 있고, 생활이 어려운 사람들도 있고, 여러 가지 환경이 있었지만, 그 4,043명 백만장자는 똑같은 동일한 점이 있었습니다. 그것이 무엇이냐 하면 한 사람도 빠짐없이 삶에 분명한 목표가 있었던 것입니다. 어지러운 목표가 아니라, ①무엇을 하겠다는 분명한 목표가 있었고, 그 다음 그들의 가슴속에 열화같이 불타는 꿈이 있었다는 것입니다. ②현실이 아무리 어려워도 굽히지 아니하는 열화 같은 꿈이 있었습니다. 그리고 그들은 ③어떠한 역경을 당해도 쉽게 꺾이거나 뒤로 물러가지 않은 억척같은 인내심을 가지고 있었다는 것입니다. 이 세 가지 동일한 점이 있어서 그들은 모두 다 1차 세계 대전이 끝난 이후 미국에서 백만장자들이 된 사람들이었습니다.

우리 자녀들이 기도하고 하나님께서 주시는 꿈을 마음속에 품으면 아무리 삶에 역경이 다가와도 그 꿈이 있는 이상 꿈이 자녀들을 이끌어 가는 것입니다. 꿈이 하나님의 복을 받는 자녀들을 만들어 가는 것입니다. 꿈이 있는 자녀들은 성령의 인도를 받아 인생을 성공하게 되어 있습니다.

4부 잠재력을 깨워야 돈을 잘 벌수 있다.

25장 돈 잘 버는 잠재력을 깨워야 부자가 된다.

(창 26:12-13)"이삭이 그 땅에서 농사하여 그 해에 백 배나 얻었고 여호와께서 복을 주시므로 (13) 그 사람이 창 대하고 왕성하여 마침내 거부가 되어"

하나님께서는 세상에서 살아갈 수가 있도록 각자 돈을 잘 버는 잠재력을 주셨습니다. 돈 버는 잠재력을 어려서부터 깨워야 합니다. 돈을 벌어야 살 수 있다는 인식을 가지고 사는 것이 중요합니다. 필자는 어려서부터 돈을 벌어야 산다는 강한 의식을 가지고 살아온 것 같습니다. 군대에서 나와서 교회를 개척하고 재정적으로 많이 힘이 들었습니다. 그 때 어렸을 때 습관이 된 돈을 벌어야 교회를 유지하고 계속할 수 있다는 의식이 강했습니다. 그래서 성도들의 헌금으로는 교회를 유지하기 어렵다고 생각을 하여 어떻게 하면 돈을 벌어서 교회를 안정적으로 운영을 할까 하나님께 기도하여 하나님께서 알려주시는 지혜대로 순종하여 모자란 교회재정을 충당하면서 교회 문을 닫지 않고 계속할 수가 있었습니다. 모자란 재정을 충당하는 방법이 매주 치유집회를 하는 것이었습니다. 하나님께서 알려주셨습니다. 그리고 집회 실황을 녹음하여 녹음테이프를 만들어 파는 것이었습니다. 집회를 이끌어 가는 교재를 만들어 팔아서 모자란 재정을 충당하였습니다.

교재를 만들어 팔다가 책을 출간하기 위하여 출판등록을 하고 사업자 등록을 하고 필자가 직접 체험한 영적인 사실들을 책으로 출간을 했습니다. 처음에는 출판사에 원고를 넘겨서 출판을 했습니다. 출판사만 좋은 일시키고 수입이 되지를 않았습니다. 그래서 하나님께 며칠을 기도하니 직접 출판등록을 하여 출판을 직접 하라는 지혜를 주셨습니다. 그런데 출판을 하신 분들은 잘 아시겠지만 책을 출간하는 일이 그리 쉽지 않습니다. 원고도 원고이지만 교정을 보아야 합니다. 책 표지 디자인을 해야 합니다. 원고를 가지고 책을 디자인해야 합니다. 책을 인쇄해야 합니다. 모두가 돈입니다. 돈이 이만저만 들어가는 것이 아닙니다. 도저히 수지 타산이 맞지 않아서 책을 출간할 수가 없습니다.

하나님께 기도하니 모든 것을 필자가 셀프로 하라는 지혜를 주셨습니다. 그래서 순종하고 인터넷 독학으로 책 디자인과 책.표지 디자인, 교정을 하는 방법을 숙달하여 인쇄만 제외하고, 모든 것을 필자가 셀프로 합니다. 그렇게 하여 책을 출간하니 필자가 생각하는 대로 책을 출간할 수가 있었습니다. 지금 책을 읽는 분들이 적습니다. 필자가 셀프로 하니까, 현상유지를 할 수 있게 되었습니다. 그렇지 않으면 벌써 거덜이 났을 것입니다. 돈 때문에 교회도 못하고 출판도 망했다는 말입니다. 그러나 하나님께서 주신 지혜대로 순종하여 셀프로 하니 근근하게 유지가 되고 있는 것입니다.

돈을 잘 벌려면 자기가 할 수 있는 일을 통해 돈을 벌겠다는 생각을 가지고 접근해야 합니다. 자기가 가지고 있는 재능이나 기술이나 능력이나 자격증을 가지고 돈을 벌려고 해야 한다는 것입니다. 자기의 능력으로 할 수 있는 것으로 돈을 벌려고 하라는 것입니다. 은행이나 남의 돈을 빌려다가 투자해서 돈을 벌겠다는 생각은 일찍 접는 것이 좋습니다. 이런 생각을 가지고 돈을 벌겠다고 덤비면 거지되기 십상입니다. 돈을 번다는 것이 그리 쉽지 않기 때문입니다. 돈을 버는 습관은 개인의 경제적 안정과 성공에 중요한 역할을 하는 것은 물론, 미래를 위한 계획을 세우고 꿈을 이루기 위해 필수적입니다. 그러나 돈을 버는 것은 단순히 돈을 모으는 것뿐만 아니라 지속 가능하며 지혜롭게 관리하는 것도 중요합니다. 돈 버는 습관은 재정적으로 안정이 됩니다. 그리고 재정적 안정은 건전한 경제적 상태를 유지하고 미래를 위해 적극적으로 준비하는 데 중요한 역할을 합니다. 돈 버는 습관을 통해 우리는 불필요한 경제적 압박을 덜어내고 성공적인 재정적 미래를 창출할 수 있습니다.

1. 돈을 왜 벌어야 합니까? 세상에서 살아가기 위하여 먹고 마시고 입고, 잠을 자고 하는 모든 것이 돈이 들어가기 때문입니다. 세상을 살아가자면 돈을 벌지 않으면 사람답게 살아갈 수가 없기 때문에 돈을 벌어야 합니다. 사람이 세상을 살아가자면 '건강'과 '시간'을 획기적으로 남들에 의해 낮출 수 있는 방법이 존재합니다. 그것은 바로 '돈'으로 대가를 지불하는 것입니다. 내 '건강'과 '시간'을 아끼기 위해서 '돈'을 지불하고 타인의 노동력을 빌려서 본인의 목적을 달성하면 서로에게 이득입니다.

자신은 내 '건강'과 '시간'을 아낄 수 있고, 타인은 '돈'을 벌 수 있습니다. 타인 또한 '돈'으로 또 다른 타인의 노동력을 근거로 삼아 본인이 원하는 것을 쟁취할 것입니다. 가장 대표적인 예시가 직장생활일 것입니다. 회사대표는 할 일이 무궁무진하게 많습니다. 그렇기에 취업공고를 내고 노동자를 채용하고, 그들의 '건강'과 '시간'을 근거로 삼아 본인의 한정된 자원('건강'+'시간')을 사수하며 그 값으로 노동자들에게 노동력의 값어치로 '돈'을 지급합니다.

많은 사람들이 제각기 다른 이유로 삶을 영위해 가지만, 아이러니하게도 살아가는 이유들을 위해 절대다수가 본인의 소중한 '건강'과 '시간'을 소모해야 합니다. '건강'과 '시간'을 소모하여 돈을 버는 것입니다. 살아가기 위해 필요한 돈을 버는 것입니다.

세상에 공짜는 없습니다. 굳이 거창하게 본인의 '꿈'을 위해서가 아니더라도, 인간답게 살기 위해서는 '돈'이 필요합니다. 하루 세끼 양질의 식사, 힐링 할 수 있는 주거 공간, 보온성이 뛰어나고 깔끔한 옷들, 가장 기본적인 의식주를 제하더라도 돈이 들어갈 곳이 수십 곳이 더 있습니다. 이를 가장 쉽게 깨닫기 위해서는 혼자 살아보면 됩니다. 혼자 살면 모든 것이 돈이라는 것을 깨닫게 됩니다. 냉정하게 들릴 수 있지만, 돈이 부족하다면 결국 삶의 질이 떨어질 수밖에 없습니다. 나이가 들어 노인 거지가 될 수가 있습니다.

가장 대표적인 예가 대학생이나 사회초년생이 되어 타지에서 혼자 자취할 때 먹는 밥들의 가치를 생각하면 됩니다. 보통 본가에서 정갈한 가정식을 먹다가, 혼자서 챙겨먹으려고 하니 요리도 잘 못하겠고, 식재료 살 돈도 부족합니다. 물론 배달음식을 가끔 사 먹을 순 있지만, '돈'이 부담되기에 매번 사먹을 순 없습니다. 자기의 식사를 해결하기 위하여 식료품을 구입해야 하고, 쌀을 구입해야 하고, 반찬을 준비해야 합니다. 밥솥을 준비해야 합니다. 이 때 돈이 들어갑니다. 돈이 없으면 독립할 수가 없습니다. 그러나 궁극적으로 사람은 누구나 독립을 하게 되어있습니다. 부모의 품안에서 언제까지고 살 수만은 없습니다. 애초에 양육의 목적은 자식을 하나의 인격체로서 독립시키기 위함입니다. 당연히 경제적 독립도 포함됩니다. 그렇다면 결국 부모로부터 독립할만한 경제적 기반을 만들어야 하는데 그렇기에 더욱더 자본주의적인 마인드세팅을 하고 저축을 해야 합니다. 세상에 공짜는 없습니다. '공공재=공짜'라고 생각하고 있는 사람들이 있는데 절대공짜가 아닙니다. 다 세금입니다. 필자는 진심으로 몇 년이 지나면 숨을 쉴 때도 돈을 내야할 것이라고 생각합니다. 과거에 그 누가 물을 돈 주고 사먹을 것이라고 생각했겠습니까? 쓰레기를 버릴 때에도 돈을 지불해야 할 것이라고 그 누가 상상이나 했겠습니까? 경제관념이 박살난 채로 살아가면, 당장 내가 돈벌이를 할 수 있는 생산 활동가능 연령 때에는 괜찮겠지…. 하지만 시간이 흘러 노동력이 값어치가 없는 나이가 되면, 나라의 복지사업에 의존해서 살아가야 할 것입니다.

공짜 주거, 공짜 음식, 공짜 의료를 쫓아 죽을 날을 기다릴 것입니다. 그런데 앞에서 말했듯이, 세상에 공짜는 없습니다. 이 경제관념 박살난 사람을 위해 다른 사람의 '돈'이 투입될 것입니다. '복지', '세금'이라는 명목으로 돈이 투입될 것입니다. 물론 '복지'는 필요합니다. 복지의 기능과 역할을 부정하려고 이 문서를 작성한 것은 아닙니다. 다만 '돈'은 더욱 필요합니다. 그건 확실합니다. 무엇을 하더라도 '돈'이 요구됩니다. 필자는 살면서 '돈'이 필요 없다고 주장하는 사람은 딱 두 종류라고 봅니다. 첫째는, 남 등쳐먹는 사기꾼이고, 둘째는, 아무런 생각 없이 사는 멍청한 사람입니다.

요즘 제가 드는 생각은, 명확한 꿈이 없다면, 아무 생각 없이 '돈'을 벌기 위해 노력하며 살아가는 게 좋은 것 같습니다. 혹시라도 필자의 책을 보는 사람 중, 학생이고, 내가 뭘 해야 할지 모르겠다는 사람이 있다면 우선 '돈'을 벌며 살아갈 방법을 강구하라고 말하고 싶습니다. 불과 10년 전, 개척교회를 할 때까지만 하더라도, 저는 '돈이 세상의 절반정도'라고 생각했습니다. 지금 제 생각은 '돈이 세상의 전부95%'정도 차지하는 것 같습니다. 돈을 벌어야 사람답게 살수가 있는 것입니다.

샐러리맨을 대상으로 한 설문 조사에서 "당신에게 지금 수 천만원의 돈이 생긴다면 그 돈으로 가장 먼저 사고 싶은 것은 무엇입니까?"라는 질문에 응답자의 대다수는 "자유"라고 답했다는 것입니다. 돈을 벌어야 하는 이유가 아파트를 산다거나 고급차를 사는 것보다 더 중요한 시간의 자유와 생활의 자유라는 더 큰 범주였던 것이었습니다. 돈으로 살 수 있는 건 비단 물질만이 아닙니다.

자유, 풍족한 마음, 배려심 등 눈에 보이지 않는 무형의 재물이야말로 돈으로 살 수 있는 가장 값진 것일 것입니다. 이를 거꾸로 해석하자면, 현대인은 대부분 돈으로 인해 자유를 속박당하며 살고 있다는 것입니다. 장래가 밝고 우수한 인재가 잘못된 투자나 빚처럼 스스로가 만들어낸 속박 때문에 안타깝게도 실력을 발휘하지 못한 채 이루지 못한 꿈에 얽매여 있는 모습만큼 슬픈 일이 또 있을까요? 돈 때문에 인생을 스스로 선택하지도 못하고, 노예처럼 '족쇄'를 차고 빚에 쫓기고 있습니다. 자유롭다는 것, 훌륭한 사람이 된다는 것을 막는 모든 것을 끌어안고 있지 말아야 합니다. 제 아무리 스스로 원한 일일지라도 그런 속박은 스스로에게 있어 교도소입니다. 건전한 정신을 가지고, 밝은 마음으로, 오체도 오감도 속박당하지 않는다면 자금이 모자라도, 아니면 전혀 없더라도 위대한 업적을 이룰 수 있습니다. 하지만 빚에 억눌려 행동의 자유를 빼앗기고, 쫓기게 된다면 할 수 있는 일이 거의 없습니다. 그렇게 된다면 이미 자유인이라 부를 수 없습니다. 중년이 되어서도 자신과 동등한, 혹은 자신보다 능력이 낮은 사람의 심부름꾼 노릇을 하는 사람이 수도 없이 많습니다. 솔직하고 선량한 사람이지만 짊어질 수 없을 만큼 무거운 짐의 무게에 눌리며 뼈 빠지게 일해서 겨우 생계를 꾸려나가는 사람이 많습니다. 그런 속박이 없다면 위업을 달성할지도 모를 그들에게 행운의 길은 닫혀 있습니다. 돈 때문에 속박을 당하면서 살아가는 것입니다. 왜냐하면 기회가 주어지더라도 여기저기 속박에 얽매여 그 기회를 잡고 실현시킬 자유가 없기 때문입니다. 약간의 계획성만 있다면 쉽게 처리할 수 있는 일도 스스로 쳐놓은 굴레에 묶여 허우적거리곤 합니다.

무슨 일을 하더라도 돈을 잘못 투자해서 큰 손실을 입거나 빚으로 손발이 꽁꽁 묶인 상태가 되기 십상입니다. 그들은 가고 싶은 곳에 가지 못한 채, 가지 않으면 안 되는 길밖에 갈 수 없습니다. 나아가는 것이 아니라 떠밀리게 되고, 노력하는 것이 아니라 강제 일을 하게 되는 것입니다. 스스로 선택하는 것이 아니라 어쩔 수 없는 사정에 휘둘리게 되는 것입니다. 무엇 때문에 돈 때문에 그렇게 된 것입니다. 그러기에 돈을 벌어야 합니다.

어떤 한 사람의 이야기가 있습니다. 한 달에 700만 원 정도의 좋은 월급을 받는 샐러리맨의 이야기입니다. 무리해서 집을 사게 됐습니다. 처음에는 너무 좋았지만, 인플레이션의 시작으로 한 달에 250만 원 정도의 이자와 원금을 내야 했습니다. 아이도 키워야 했습니다. 풍요롭고 행복한 가정도, 마음의 평온도, 좀처럼 줄지 않는 빚 때문에 달성할 수 없는 신기루일 뿐입니다. 그의 현재 나이는 50입니다. 병이 걸리거나 사고라도 나면 어쩌나, 아내에게 부담을 주면 어떡하나, 아이들의 사교육은 늘 만족스럽게 시키지 못합니다. 끝없이 불안에 시달리며 살고 있습니다.

그렇게 의욕을 상실하다 보니 원래 적극적이고 쾌활하던 성격도 시간이 갈수록 비뚤어지고 비관적인 인간으로 바뀌어갔습니다. 젊었을 때 판단했던 좋은 곳의 집 선택 하나로 아직까지 해방되지 못한 채 끝없이 일만 해야 하는 단조로운 일상이 그의 정신까지 완전히 빛을 잃게 하고 말았습니다. 이미 자신과 가족을 먹여 살리는 것 이외에 아무런 희망도 없었습니다.

돈이 없다는 건 굴욕적일 때가 많습니다. 자신의 노력을 나타내 주는 것이 약간의 명성과 실적밖에 없다면 허무할 것입니다. 그나마 그것조차도 없다면 스스로를 무기력하게 느끼게 되고 남들도 똑같이 바라볼 것이라고 생각하게 됩니다. 그러니 일순간에 일확천금을 거머쥐는 허황된 생각을 버리고, 매달 조금씩 매달매달 새로운 적금을 부어보시기를 바랍니다. 내년의 지금부턴 수입 외에 작은 돈이라도 더 들어 올 기쁨을 생각해보시기 바랍니다. 그러면 또 모으고 모을 수 있는 힘도 갖게 됩니다. 이 좋은 이야기를 왜 몰랐을까? 하지만, 실천하는 자에게만 보일 것입니다.

여러분 돈을 벌어야 하는 이유가 행복의 자유이길 바랍니다. 할 수 있는 작은 실천부터 해보시기 바랍니다. 매달 5만원씩 3만원씩 매달 새로운 적금을 들어보시기 바랍니다. 돈을 벌어야 하는 이유는 무엇인지 다시 생각해 봐야 할 것입니다.

2. 여자가 돈을 많이 벌어야 하는 이유: 통계에 의하면 여성들이 남성보다 4-6년 오래 산다고 합니다. 일부 여성들이 경제적인 능력이 없어 남편에 의지하여 살아가는 경우가 많습니다. 여성들이 혼자되는 것을 미리 준비하기 위하여 경제적인 준비를 합니다.

가. 여자가 돈을 적게 벌면 인생에서 위기를 경험할 확률이 높아집니다. 여자는 돈을 이정도만 벌어도 되지 않아? 라는 생각이 사회에 은근히 있습니다. 이 생각 자체가 여성이 발전하고 자신의 재능을 더 키워 나갈 수 있는 기회 자체를 굉장히 제한합니다. 돈을 적게 벌어도 되는 거 아니야? 라고 생각하는 사람들은 높은 확률로 인생에서 위기를 경험할 가능성이 높아집니다. 안타깝게도 우리 사회에서 여자에게 어울리지 않는다고 하는 일은 아주 몇 개의 극소수를 제외한 직업을 빼고는 대부분 전문성이 떨어지는 일입니다. 그렇기 때문에 진입장벽도 낮습니다. 그래서 결과적으로 받는 돈의 액수는 고만고만합니다. 직장에 들어가고 몇 년 정도 일의 경력이 쌓이게 됩니다. 그런데 업계의 환경이 변하고 나의 개인적인 상황이 변했을 때 안정적이라고 일컬어졌던 회사들은 안정성이 대부분 사라져버립니다. 안정적이라고 말했던 그 부분이 사실상 허울뿐인 안정이었기 때문입니다. 진짜 안정은 자신의 전문성을 담보로 해서 내가 아니면 그 일을 할 사람이 많지 않은 개념입니다.

그런데 실제로 안정적이다 라는 말이 너무 오해되어 있고 고만 고만하게 돈을 받는 직업을 안정적이다, 이정도면 충분하다라고 착각하고 처음에 자신을 충분히 더 업그레이드해야 된다는 생각보다 이 정도에서 만족하면 여자로서 적당하지 않나. 라는 식으로 자신의 인생을 제한한다는 것입니다. 진짜 중요한건 결혼 여부와 상관없이 내가 앞으로도 혼자서도 잘 먹고 잘 살 수 있는 자신만의 시스템을 만드는 것입니다. 그런데 그러기 위해서 고만고만하게 벌어서는 당연히 위기 상황에 대처하기가 어렵게 됩니다.

돈이 부족해도 열심히 성실히 살아도 여자 혼자 잘 살 수 있다? 단언하기 어렵습니다. 열심히, 성실히 사는 건 어떤 일을 하고 어떤 삶을 살아가든 당연히 가져야 될 태도 일뿐입니다. 열심히 성실히 살아야 자기 자신을 책임질 수 있는 법입니다. 이건 너무도 당연한 기본조건이고 중요한건 내가 어떤 일을 하고 있든 전문성을 계속해서 더 가져가는 것입니다. 나 자신을 숙련시켜서 가장 내가 하고 싶은 영역으로 치고 들어갈 수 있는 사람이 되어야 합니다. 단위시간 당 내가 버는 돈이 많아질 수 있도록 계속해서 전문성을 기르는 게 좋습니다. 나이가 드는데 계속 똑같은 월급을 받는 삶으로 갈 것인가? 아니면 계속해서 나를 업그레이드 하면서 시간 당 버는 돈이 계속해서 많아지는 삶으로 갈 것인가? 당연하게 후자여야 합니다. "그 정도면 적당하다," "이정도면 충분하다." 이런 생각을 하는 것은 뭔가를 다 이루고 난 다음에 소박하게 사는 것은 괜찮습니다. 소박하게 사는 것 자체가, 그냥 열심히 사는 거 자체가 인생의 모토가 되어서는 소박하게 사는 것조차 쉽지 않을 것입니다.

나. 결혼이 노후를 책임져주지 않습니다. 국립 암센터와 병원에

있는 암환자들을 대상으로 면접조사 한 결과가 있습니다.

▷여성이 암에 걸렸을 경우 셀프 간병이 36.9%

▷남성이 암에 걸렸을 경우 배우자 간병이 96.7%

▷여성이 암에 걸렸을 경우 배우자 간병이 27.4%

이 말은 아내인 사람이 대부분 자신의 삶을 남편을 간호하는 데에 쓴다는 말입니다. 그런데 정작 내가 아프면 실제로 남편이 간병하는 경우는 굉장히 작다는 것입니다. 이 불균형에서 알 수 있는 건 내가 나중에 아프면 남편이 돌봐주고 케어 해줄 것이라는 생각은 조금 빨리 접는 게 좋습니다. 또 하나 통계청에서 나온 이혼율에 대한 조사결과가 있습니다. 국내 일반 여성의 이혼율은 4.8%정도입니다. 근데 유방암 환자 중 15.3%가 이혼이나 별거 등으로 가족관계가 해체되었다고 합니다. 유방암 환자는 일반 여성보다 이혼율이 3배에 가깝다는 것입니다. 출산과 양육과 아이를 다 키워 내보내는 것까지 하고나서 결국 그 끝 지점에 다다랐을 때 우리가 확인하게 되는 진실은 무엇인가요? "내가 아파도 남편은 간병하지 않고 내가 아프면 오히려 이혼을 당할 수도 있다." 라는 케이스가 여성에게 많이 벌어지고 있다는 현실입니다. 그러니까 결혼이 내 노후를 책임져 줄 것이라는 생각은 안하는 게 좋습니다. 무엇보다도 자기 자신의 삶을 운영하는 주체가 되려면 내가 단위시간당 벌어들이는 돈이 점점 높아지면서 내가 버는 돈에 대해서 자신감 있고 또한 내가 얼마만큼의 부를 벌어내고 싶은지 내 손에 쥐고 싶은지 그것에 대한 생각이 항상 확고해야 합니다.

3.돈을 벌어야 살 수가 있습니다. 30-40대 젊은 사람들이 이 책을 읽고 돈을 왜 벌어야 하며, 일찍 노후준비를 해야 하는지 깨닫

고 대비해야 노년에 자식들에게 짐이 되어 천덕꾸러기 신세를 면하고 100세 시대 자기 자신을 관리하면서 지낼 수가 있을 것입니다. 필자는 목사입니다. 우리 성도들에게 100세까지 목회를 할 것이라고 했더니 다들 "아멘"하면서 좋아했습니다. 지금 70인데 꼰대는 아닌 것 같습니다. 요즈음 젊은이 들이 꼰대를 싫어합니다. 필자는 120살까지 살겠다는 각오로 혼자 사는 법, 건강관리, 정신력 등등을 관리하고 있습니다. 필자는 20-30대 부터 준비한 것 같습니다. 부친이 질병으로 지질히도 어렵게 지내시다가 40대 후반에 돌아가셨기 때문입니다. 재정적 독립이란 개인이 자신의 생활비와 미래의 금융 목표를 만족시키는 수입을 달성하거나 자금을 확보함으로써 경제적인 지원이나 부채에 의존하지 않고도 안정적인 생활을 영위할 수 있는 상태를 말합니다.

가. 젊어서부터 노후를 준비해야 한다. 필자가 70이 되어 보니 젊어서부터 노후를 준비하지 않으면 안 된다고 생각합니다. 50이 넘어서 노후를 준비한다고 생각한다면 늦은 것이라고 생각이 됩니다. 하루 이틀에 노후준비가 되지 않기 때문입니다. 재정의 독립을 위하여 비용을 줄이는 것도 중요하지만, 소득을 늘리는 데 집중하면 저축을 늘리는 데 훨씬 더 큰 영향을 미칠 수 있습니다. 불필요한 비용의 파악 및 제거하라는 말입니다. 비용을 자세히 살펴보고 제거하거나 줄일 수 있는 항목이나 서비스를 찾아내십시오. 사용하지 않는 구독을 취소하거나, 외식을 줄이거나, 일일 비용에 대해 보다 비용 효율적인 대안을 찾아보세요. 이러한 삭감으로 절약된 돈을 귀하의 저축으로 전환하십시오. 시간이 지남에 따라 이러한 작은 조정은 전체 저축에 큰 영향을 미치고 재정적 독립 달성에

더 가까워질 수 있습니다.

나. 늙어도 계속 일을 할 수 있도록 해야 한다. 일을 해야 건강을 유지하는 것입니다. 대기업을 나와서 경비를 하시는 분들이 있습니다. 참 잘하시는 것입니다. 우리 아파트에 경비 하시는 한 분은 고등학교 교장을 하셨다고 합니다. 필자는 그분을 존경합니다. 일을 해야 합니다. 어떤 분들은 경비하는 것을 창피하게 생각하는 데 절대 창피한 것이 아닙니다. 오히려 일을 할 수 있는데 하지 않는 것이 창피한 것입니다. 경비도 70세 정년이 있습니다.

단일 수입원에만 의존하는 것은 위험할 수 있습니다. 진정한 경제적 독립을 달성하려면 수입원을 다양화하는 것이 중요합니다. 부업, 소극적 소득 및 투자 기회를 탐색하십시오. 소득을 다양화함으로써 탄력적인 재정 기반을 만들고 수입 잠재력을 높일 수 있습니다. 철저하게 30대부터 깨달아 알고 준비하고 대비해야 합니다. 직장생활을 하더라도 정년 퇴직후에 무엇을 할지 생각해야합니다.

다. 항상 재정의 자립을 생각해야 한다. 지식은 경제적 독립을 달성하는 열쇠입니다. 시간을 내어 개인 금융에 대해 교육하십시오. 책을 읽고, 세미나에 참석하고, 평판이 좋은 금융 전문가를 따르십시오. 투자, 복리, 위험 관리와 같은 개념을 이해합니다. 이 지식으로 무장하면 정보에 입각한 결정을 내리고 부를 쌓을 수 있는 잠재력을 극대화할 수 있습니다.

투자를 하더라도 현명하게 투자하세요. 저축의 탄탄한 기초를 다졌다면 돈을 현명하게 투자하는 것을 고려해 보세요. 주식, 채권, 부동산 등 다양한 자산 클래스에 걸쳐 투자를 다양화하여 위험을 완화하고 수익을 극대화하세요. 귀하의 목표와 위험 허용 범위에 맞는 투자 전략을 개발하려면 재정 고문과 상담하십시오. 투자는 소극적 소득을 창출하고 부를 더 빠르게 증가시켜 재정적 독립에 더 가까워질 수 있는 잠재력을 가지고 있습니다.

라. 노후에 부채는 최악이다. 부채는 경제적 독립으로 가는 길에 중대한 장애물이 될 수 있습니다. 고금리 부채를 우선적으로 상환하고 불필요한 부채가 누적되지 않도록 합니다. 동시에 적시에 지불하고 책임감 있게 신용을 관리하여 신용 점수를 최적화하는 데 집중하십시오. 늙어서 빚을 지고 있으면 재정적 독립을 향한 여정이 방해받을 수 있습니다. 신용카드 잔액이나 대출과 같은 고금리 부채는 저축액을 고갈시키고 부를 축적하는 능력을 제한할 수 있습니다. 고금리 잔액에 추가 자금을 할당하여 부채 상환을 우선시하십시오. 상환 비용을 줄이기 위해 부채를 통합하거나 더 낮은 이자율을 협상하는 것을 고려하십시오. 부채를 최소화하면 더 효과적으로 저축하고 재정적 독립을 향한 진전을 가속화할 수 있습니다. 60세 이상이 되었는데 자신의 부동산을 담보로 대출받아 무엇을 시작하려는 생각을 애당초 버려야 노후가 편합니다.

마. 자기가 직접 재정(통장)을 관리해야 한다. 자기 자신이 직접 재정을 관리해야 합니다. 재정 관리를 잘하기 위해서는 먼저 자신의 수입과 지출을 파악해야 합니다. 수입과 지출을 파악한 후에는 지출을 줄이고, 저축을 늘려야 합니다. 지출을 줄이기 위해서는 불필요한 지출을 줄이고, 저축을 늘리기 위해서는 저축 목표를 세우고, 규칙적으로 저축해야 합니다. 통장은 누구에게도 맞기면 안 됩니다. 영원한 천국에 갈 때까지 직접 관리하셔야 합니다.

26장 노후를 대비해서 돈을 벌고 준비해야 한다.

(살후 3:10)"우리가 너희와 함께 있을 때에도 너희에게
명하기를 누구든지 일하기 싫어하거든 먹지도 말게 하라
하였더니"

하나님은 "누구든지 일하기 싫어하거든 먹지도 말게 하라 하였더니"(살후3:10하)라고 강하게 말씀하십니다. 사람은 사회적인 동물이기 때문에 음식을 먹어야 살아갈 수가 있습니다. 음식을 먹으려면 돈이 있어야 합니다. 물론 먹는 것은 농사를 지어서 자급자족할 수가 있을 것입니다. 계절마다 다른 옷을 입어야 살아갈 수가 있습니다. 병원에 가려면 돈이 있어야 합니다. 교통수단을 이용하려면 돈이 있어야 합니다. 시골에서 농사를 지으면서 살아간다고 할지라도 돈이 있어야 합니다. 세상 사회에서 살아가려면 돈을 벌어야 합니다. 돈이 없으면 세상에서 살아갈 수가 없습니다.

돈이 없으면 불행해지는 근본적인 원인입니다. 돈을 벌어야 합니다. 어려서부터 뼈저리게 느끼면서 살아야 합니다. 미국의 아이들을 20살이 넘으면 독립을 한다고 합니다. 예를 든다면 자동차가 필요하다고 생각이 되면 자신이 돈을 벌어서 산다는 것입니다. 집을 기자고 싶다하면 자신이 돈을 벌어서 산다는 것입니다. 그런데 우리 한국은 자녀들이 직접 돈을 벌어서 사고 싶은 것을 사는 것이 아니고, 부모에게 의존하는 것입니다. 어려서부터 자가 가지고 싶은 것은 자신이 벌어서 준비하는 자세가 중요합니다.

필자는 어려서부터 갖고 싶은 것이 있다면 돈을 벌어서 사고 준비하는 습관이 되어 있었다고 자부합니다. 시골이기 때문에 돈을 벌수 있는 수단이 산에 올라가서 땔감을 해다가 팔아 합니다. 여름에는 지게를 지고 산에 올라가 등짐을 해서 돈을 벌었습니다. 봄에는 산에 올라가 고사리를 꺾고 취를 채취하고 두릅을 따서 팔아서 돈을 벌었습니다. 돈을 벌기 위하여 미친 듯이 산을 다녔습니다.

나중에는 산에 있는 채소밭을 사서 팔아서 돈을 벌었습니다. 필자가 직접 산속에 있는 채소밭에서 채소를 수확하여 손수등짐을 해서 팔아서 돈을 벌었습니다. 어떤 때는 2배로 남길 때도 있었습니다. 옥수수 장사, 감 장사, 이것저것을 해서 돈을 벌어서 식구들을 먹여 살리고, 필자가 필요한 것들을 사서 사용했습니다. 지금 생각하니 돈이 있을 때마다 돼지를 사서 기르고, 닭을 사서 길러서 돈을 벌었던 것 같습니다. 필자는 자우지간 어렸을 때부터 돈을 벌어야 가난을 청산할 수가 있다는 생각이 강했던 것으로 생각이 됩니다. 19세에 군대에 자원입대하여 군대에 들어간 이유도 돈을 벌기 위해서 군대에 자원입대를 한 것입니다. 당시 월남 파병을 했는데 월남에 가면 돈을 벌수가 있다고 해서 군대에 자원하여 입대한 것입니다. 그런데 군대에 들어가 얼마 되지 않아서 파병이 멈추어서 월남에 가지 못하고 군대생활을 한 것입니다. 군대 생활을 하면 밥은 먹을 수가 있는데 그것도 마음대로 되지 않아 42세에 명퇴하고 목회를 한 것입니다. 하나님은 "사람이 마음으로 자기의 길을 계획할지라도 그의 걸음을 인도하시는 이는 여호와시니라."(잠 16:9). 결국 성령의 인도를 받아야 돈을 잘 벌수가 있습니다.

하나님께서는 각자 세상에서 살아갈 수가 있도록 돈을 잘 버는 잠재력을 주셨습니다. 사람은 사회적인 동물이라고 합니다. 자연스럽게 살아가려면 돈이 있어야 합니다. 짐승은 육체가 건강하면 얼마든지 홀로 살아갈 수가 있습니다. 사람은 사회적인 동물인지라 돈이 있어야 살아갈 수가 있는 것입니다.

돈을 버는 습관은 개인의 경제적 안정과 성공에 중요한 역할을 하는 것은 물론, 미래를 위한 계획을 세우고 꿈을 이루기 위해 필수적입니다. 그러나 돈을 버는 것은 단순히 돈을 모으는 것뿐만 아니라 지속 가능하며 지혜롭게 관리하는 것도 중요합니다. 돈 버는 습관은 재정적으로 안정이 됩니다. 그리고 재정적 안정은 건전한 경제적 상태를 유지하고 미래를 위해 적극적으로 준비하는 데 중요한 역할을 합니다. 돈 버는 습관을 통해 우리는 불필요한 경제적 압박을 덜어내고 성공적인 재정적 미래를 창출할 수 있습니다. 어려서부터 돈을 벌어야 살아갈 수 있다는 생각을 가지고 살아가야 합니다. 돈을 벌어야 살 수 있다는 인식을 가지고 사는 것이 중요합니다. 세상에는 돈을 쓸 줄만 알았지 벌지를 못하는 사람이 있습니다. 필자는 어려서부터 돈을 벌어야 산다는 강한 의식을 가지고 살아온 것 같습니다. 워낙 가난하여 서러움을 많이 당한 증거라고 생각합니다. 돈이 없으면 서러움을 많이 당하고 사는 것입니다.

돈을 잘 벌려면 왜 돈을 벌어야 하는 가를 바르게 깨달아야 합니다. 향락을 즐기면서 살아가려고 돈을 벌려고 하면 자신의 인생을 구렁텅이에 빠지게 할 수가 있습니다. 돈을 벌어서 어려운 이웃에게 보탬이 되고 예수님과 같이 하나님의 사랑을 전하기 위한 목적으로 돈을 벌어야 합니다. 왜 돈을 많이 벌어야 할까? 라는 의문을 가졌다는 건 현재의 삶에 안도감을 느끼고 있는 것입니다. 세상을 살아가면서 '자유'를 얻기 위해 돈을 많이 벌어야 합니다. 돈을 벌어서 자유를 누리기 싫다고요? 그럼 현재 그대로 안주하시면 됩니다. 돈을 잘 벌려면 모든 일들을 메모하는 습관을 들이세요. 실패는 성공의 어머니입니다. 실패를 거울삼아 다시 보강하여 도전하는 것입니다. 한 번에 성공할 수가 없습니다.

돈이 있어야 사람답게 살아갈 수가 있습니다. 요즈음 인생백세 시대라고 합니다. 돈이 없으면 노인 거지가 됩니다. 노인 거지가 되지 않기 위해서 젊어서부터 돈을 벌어야 합니다. 돈을 벌어 노후를 준비해야 합니다. 돈을 벌려면 세상에 나가서 일을 해야 합니다. 일을 하지 않으면 돈을 벌수가 없습니다. 일을 하려면 건강해야 합니다. 건강하려면 건강에 관심을 가져야 합니다. 건강하지 못하면 일을 하지 못하여 돈을 벌지 못합니다. 자연스럽게 이웃이나 가족에게 짐이 될 수가 있습니다. 어디에서나 홀로서기가 되려면 건강해야 하고 돈을 벌어야 합니다.

돈을 번다는 것, 목적이 확실해야 돈을 버는 것입니다. 일단 첫 번째 필자의 질문은? 돈을 벌고 싶으세요? 벌고 싶은 마음이 있어요? 그런 마음이 언제 들었어요? 독자 여러분 '돈을 번다.'라는 건 벌 수 있어서 버는 거고, 벌 수 없어서 못 버는 게 아니라는 생각이 듭니다. 이게 뭐냐 하면 '돈을 번다.'라는 건 마치 운동할래? 안 할래? 다이어트 할래? 안 할래? 수학 공부할래? 안 할래? 처럼 최초의 시작은 자신의 선택입니다. 선택했으면 밖으로 나가서 실행해야 합니다. 자신이 할 수 있는 것으로 과감하게 채면 차리지 말고 도전해야 돈을 벌수가 있는 것입니다. 돈을 벌어야 하겠다고 마음만 먹고 가만히 앉아있어서는 돈을 벌수가 없습니다. 남자들은 20대 때 돈을 벌었으면 결혼 후에 계속 돈을 버는 걸로 갑니다. 그런데 여자들은 살면서 여러 번의 돈에 대한 선택을 해야 될 때가 오게 됩니다. 물론 구조적으로 복잡합니다. 돈을 버는 곳으로 등이 떠밀려지는 일도 있고, '돈을 번다.'라는 것에 대해서 20대 때부터 어떤 선택을 하는 게 굉장히 중요하다는 것입니다.

돈을 벌고 싶어서 버는 게 아니라, 벌어야 하니까 버는 것입니다. 한번 자신을 생각해 보세요. 돈을 벌고 싶은지? 돈을 번다면 왜 벌고 싶은지? 돈을 벌고 싶었었다? 그렇다면 왜 벌고 싶었어요? 경제적 자유를 위해서 일까요? 노후를 위해서 일까요? 노후가 되게 걱정이 되어서 입니까? 노후에 경제적 자립하며 사람 노릇 하려고, 남편이나 부인에게 큰소리 치고 싶어서…. 가정 식구들의 눈치 안보고 싶어서…. 내가 원하는 걸 하고 싶어서…. 돈을 벌어야 하는 것은 필수니까…. 돈이 없어서 등 떠밀려서…. 남편이나 부인이 돈 버는 재주가 없어서 먹고 살아야 되니까…. 자녀의 미래를 위해서…. 자존감을 위해서…. 사람답게 살기 위해서…. 빚이 많아서…. 내 돈 내가 통장을 가지고 싶어서…. 생활비가 부족해서….

우리가 최초에 돈을 벌고 싶다는 생각을 언제 했나? 생각해보면 부모님 옆에서 살다가 이제 집을 떨어져 나오건 어쨌든 한 집에 살더라도 나이가 스물다섯 스물여덟 되도록 부모님 돈을 쓸 수는 없잖아요. 결국은 내가 사고 싶은 거 내가 사야 되고, 내가 하고 싶은 거해야 되기 때문에 사람들은 다 20대 어느 순간에 우리는 다 경제적 자립을 하려고 마음을 먹고 경제적 자립을 합니다. 그런데 그때 여행도 가고 싶고, 친구들이랑 놀러도 가고 싶고, 그래서 엄마! 아빠 용돈주세요~가~언제부터 어색해지셨어요? 여러분들은 엄마! 아빠! 용돈 줘하는 게 되게 자존심 상하고 내가 벌었어야 돼~라고 생각한 게 한 몇 살 때쯤이세요? 남자 분들도 얘기해 보세요. 필자는 일생에 한 번도 엄마! 아빠 용돈주세요, 를 해본 기억이 없습니다. 모두 필자가 벌어서 해결했습니다.

대학 졸업 후에 서른 넘기고 대학생 때 스무 살 때, 되게 일찍 입니다. 스무 살 때부터 그랬어요. 그렇습니다. 고등학교 졸업하고, 대학 졸업하고, 어쨌든 중딩 때, 그렇게 일찍 보통 20대 즈음에 그 생각을 다 하게 됩니다. 그래서 우리는 그때는 돈을 벌었었습니다. 그리고 돈을 벌어서 최대한 결혼할 때 보태려고 애쓰고 결혼하면 내 힘으로 하려고 애쓰고 다 이렇게 대학을 졸업 후에는 우리는 돈을 버는 게 너무나 당연했었습니다. 다들 직장에 다니시고 아니면 사업을 하거나 아니면 뭐 아르바이트를 하거나 뭐라도 우리는 했었습니다. 이제 결혼을 했어요. 결혼을 하면 가정 경제라는 것으로 들어오기 시작합니다. 옛날에는 독립 경제였었습니다. 독립경제에서 가정 경제로 들어오면서 우리가 이제 옛날이야기를 해봅시다. 옛날에 가장이라는 게 있었고 남편은 돈을 벌어야 된다, 여자는 결혼하고 나서 아이를 낳게 된다, 그러니까 물리적으로 시간적으로 아이를 기르면서 결혼을 해서 돈을 버는 게 쉬운 일이 아닙니다. 그래서 두 가지의 선택의 갈림길에 딱 서게 됩니다. 아이를 기르는 육아만 전업으로 할 것인가? 아니면 육아를 하면서 직장도 다닐 것인가? 결정을 하고 결정된 대로 행동해야 합니다.

그럼 우리가 돈을 벌려면 어떻게, 무엇을 해야 할까요? 수많은 방법이 있을 것입니다. 좋은 회사에 취직하는 것부터 큰 사업을 하는 방법. 부동산과 주식에 투자하는 방향까지 다양합니다. 결론부터 말하면 그 모두를 다 해야 부자가 될 수 있습니다. 그런데 그 모든 것을 다 할 수 있을까요? 하더라도 성공할 수 있을까요? 우리의 한정된 시간과 각자 다른 시야와 능력으로 한계가 있을 것입니다. 누군가는 투자에 재능이 없지만 사업에는 탁월한 눈을 가졌다던가, 반대로 투자는 고수지만 사업은 잘 하지 못한다던가? 식입니다.

하지만 우리는 투자를 하느냐 사업을 하느냐의 고민에 앞서, 더 크게 보는 눈을 가져야 합니다. 필자는 10년 후에 모든 사람들에게 필요한데 아무나 하지 못하는 일을 선택하여 전문성을 개발하라는 것입니다. 전문성을 개발하고 달인이 되기 위해선 10년 이상의 세월과 인내와 끈기가 필요합니다.

대한민국 평균 직장인의 월급이 3~400만 원 정도라고 가정한다면, 월 1천만 원의 수입은 '성공'의 기준으로 보기에 부족함이 없는 수치일 것입니다. 그렇다면 월 1천만 원을 버는 사람과 그렇지 못한 사람의 차이는 무엇일까요? 많은 사람들이 타고난 역량이나 자라난 환경 등을 그 이유로 꼽습니다.

하지만 필자는 이러한 선천적인 환경이나 능력보다는 '심리적인 문제'나 '열등감'에서 그 차이가 발생한다고 생각합니다. 내가 부족하다고 느끼는 부분이 있다면 부딪히고 노력해야 하는데, 그렇지 않고 변명만 하고 앉아 있을 가능성이 높다는 것입니다.

이러한 변명들에는 '자라온 환경이 좋지 않아서…', '평범한 머리를 가지고 있어서…', '부모님 속 썩이고 싶지 않아서…', '경기가 불황이라서…' 등등 갖가지 스토리가 난무합니다. 또는, 돈을 벌려면 '어떤 거창한 사업이나 어려운 문제를 해결해야 한다'라고 생각해서 지레 겁을 먹고 시도하지 않는 경우도 있습니다. 그러한 착각들은 '열등감'으로 발전하고 결국 자기 합리화를 만들어 발전을 가로막는 요인이 된다는 것입니다. 내가 열등감을 느끼는 부분이 있다면 이를 극복하기 위해서 실력을 갈고닦아야 하는데, 애초에 '안 될 이유'를 미리 정해놓고 포기하는 것입니다.

그렇다면 월 1천만 원 이상 버는 부자들은 어떨까요? 이들도 사실 앞선 대부분의 사람들과 다르지 않습니다. 그들도 충분히 열등감을 느끼고 착각을 가지고 살아갑니다. 아니 오히려 더욱더 예민하게 반응하고 훨씬 더 크게 느낍니다. 다만, 이들이 앞선 사람들과 다른 점은 바로 그 열등감을 '성장'의 기회로 삼는다는 것입니다. '저 사람을 뛰어넘기 위해 더 노력해야지' '저 사람을 뛰어넘기 위해 더 몰입하고 집중해야지'라고 생각의 방향을 바꾸는 것입니다. 이들은 자기 합리화를 할 시간에 한 장이라도 더 책을 읽고, 한 발이라도 더 뛰어다닙니다. 그것이 내가 열등감에서 벗어날 수 있는 가장 효과적인 방법인 것을 알기 때문입니다.

필자가 전하고 싶은 말의 핵심은 '변명을 집어던지고, 일단 실행하고 도전하라, 그리고 될 때까지 하라'입니다. 세상엔 수많은 가능성들이 곳곳에 내재해 있지만 대부분의 사람들은 이를 보지 못하고 지나칩니다. 하지만 누군가는 그 가능성을 파헤쳐 자기 것으로 만들고 이내 성공을 손에 쥡니다. 그 사람들은 과연 처음부터 그 가능성을 알아본 것일까요? 전혀 그렇지 않습니다. 오히려 직장에 다니는 평범한 사람들보다 기획하는 능력이나 업무적 역량은 떨어질 수도 있습니다. 다만, 그 사람들은 '작은 기회'를 포착했고 그 기회를 살리기 위해 모든 것을 내걸었을 뿐입니다.

물론 모든 사람이 안정적인 삶을 버리고 배수의 진을 칠 순 없습니다. 어떤 사람은 당장 돈을 벌지 않아도 괜찮지만, 어떤 사람은 당장 다음 달 월세를 걱정해야 할 수도 있으니까요. 때문에 필자가 권하고 싶은 것은 그러한 사람들도 '리스크 없이' 성공할 수 있는 '무자본 창업'에 대해서 말하고 싶습니다. 혼자 할 수 있는 분야를 찾아내는 것입니다. 많은 사람들이 뭘 해야 할지 몰라서 창업을 하지 못한다고 말합니다. 그러나 마음만 먹으면 누구든지 수 천만 원을 벌 수 있는 아이디어를 도출할 수 있습니다. 바로, 자신이 '잘하는 것'과 '좋아하는 것'의 교차점이 있는 곳에서 사업의 가치를 판단하는 것인데요. 정했으면 집중하고 노력하고 인내하여 전문성을 개발하는 것입니다. 무슨 일이든지 인내하지 않으면 성공할 수가 없습니다. 여기에서는 지난 몇 년간 갖은 노력을 다하였음에도 불구하고 문제 해결의 기미가 보이지 않고 정책 난제가 되어 버린 노인 빈곤과 관련된 사회 변화에 초점을 맞춰 빈곤을 해결하기 위한 이야기를 시작해보고자 합니다. 큰 문제는 국민연금 성숙에 따른 수급자 증가, 기초연금 도입 이후 지속된 급여 인상 등 공적 기제의 성숙 및 강화에도 노인 빈곤 문제는 크게 개선되지 않을 것이라는 데 있습니다.

종합하면 65세 이상 되시는 시니어 분들도 돈을 벌어야 한다는 것입니다. 개인의 건강을 위해서라도 움직이며 돈을 벌어야 합니다. 한국 사회 중고령자들이 생각하는 노후 생활비 관련 기준을 분석한 결과 65세 이상 노인들이 생각하는 최저노후생활비는 개인 기준 113.3만 원, 부부 기준 182.9만 원이고 적정노후생활비는 개인 기준 162.1만 원, 부부 기준 253.3만 원입니다. 그리고 은퇴를 앞둔 중 고령자를 대상으로 한 본인의 은퇴 후 예상 생활비 조사 결과에 따르면, 개인 기준 159.9만 원, 부부 기준 256.8만 원가량 필요하다고 응답하였습니다. 즉, 중 고령자들은 은퇴 후 생활수준을 적정 수준은 아니지만 최저 수준 보다는 높은 수준의 생활을 원하는 것입니다. 그리고 실제 은퇴 후 예상 생활비는 가구의 생활비 지출 수준과 큰 차이를 보이지 않기 때문에 정책 목표 설정에 중요한 척도로서 추가로 고려할 필요가 있습니다. 그들도 나름 준비를 합니다. 노인이 되어도 돈을 벌어야 한다는 것입니다. 노인이 되어도 할 수만 있으면 경제활동을 해야만 합니다. 건강한 노인이 불편한 노인을 돌보며 돈을 버는 것입니다. 한 달에 50만원을 벌더라도 경제활동을 하면 그 만큼 지출이 적기 때문입니다. 정부에서도 노인들이 일할 수 있는 일자리를 많이 만들어 노인들이 일하면서 건강도 유지하고 생활비도 보태려고 해야 합니다.

65세 이상 노인이 할 수 있는 일자리 종류 10가지 무엇이 있을까요? 인생 2막, 생애재설계, 제2의 직업이 필요한 요즘 시대입니다. 은퇴 후 65세 이상의 실버 세대는 다시 일하고 싶어 합니다. 실버 세대가 일할 수 있는 일자리 종류에는 무엇이 있을지 10가지를 생각해보았습니다. 65세 이상을 시니어 또는 실버라고 부릅니다만 우리나라에서는 60대를 시니어로, 70대 이상을 실버로 부르는 어감이 있으니 감안하고 보셔야 합니다.

① **아파트 경비원, 상가 경비원 등 보안 직종:** 아파트 경비원은 신체가 건강하면 나이에 뚜렷한 제한이 없는 직종입니다. 정년 은퇴 이후에 아파트 경비원이나 상가 경비원, 관리원으로 종사하는 실버 계층이 많습니다. 통상 아파트 경비원은 격일제 또는 3교재로 근무하며 주야간 순찰 업무를 봅니다. 주 5일 근무가 많고 데이타임, 나이트타임으로 구분됩니다. 당연히 근로계약서를 체결하므로 모든 법적 권리를 보장받을 수 있습니다. 경비원이 되려면 신임 경비교육을 이수해야합니다.

② **운수 관련 직종:** 운수 관련 직종은 대표적으로 나이의 제한을 받지 않는 일 중에 하나입니다. 우리나라의 경우 65세 이상이 되면 운전면허를 반납하는 고령자 운전면허 반납, 인센티브가 있지만 옆 나라 일본의 경우는 다릅니다. 고령자라 하더라도 우려는 있지만 택시를 운전하는 사람이 많습니다. 단순히 택시가 아니더라도 근거리를 오가는 운수 관련 직종 또는 택배를 포함한 단순한 물류 직종에는 나이에 제한이 없으므로 근무할 수 있습니다. 특히 라스트 마일에 해당하는 최종 물류의 경우 아파트 단지 내에서의 움직임이나 동네 안에서의 움직임이 많기 때문에 운수 관련 직종은 시니어에게 좋을 일자리가 될 수 있습니다.

③ **소공인 업체, 농산물 가공 등 생산 직종:** 소규모 제조기업 또

는 농산물 가공업체 처럼 젊은 인력이 유입이 되지 않는 기업은 시니어를 대안 인력으로 보고 있습니다. 현재까지 활성화되어 있지 않지만 지역 제조기업은 65세 이상의 시니어라 하더라도 채용하여 함께 근무하려고 하고 있으며 100%의 퍼포먼스는 아니더라도 중요한 자원으로 근무를 시키고 있습니다. 다만 근무형태가 9시 ~18시인 경우가 많은데 탄력적으로 근무시간을 조정할 수 있는지 여부가 관건이 되겠습니다. 건강만 하다면야 생산 직종이 가장 쉽게 접근할 수 있는 일자리입니다.

④ **교육, 행사 보조 직종:** 교육 분야는 교육을 운영하는 보조 인력들이 필요합니다. 기업체 행사를 가거나 교육 관련 행사에 가면 안내 인력, 보조 인력 등 스태프가 많이 필요한데 이러한 스태프는 많으면 많을수록 좋습니다. 자원봉사로도 많이 활용하는 이 직종은 공공분야의 교육이나 행사일수록 더욱 수요가 많아 시니어를 활용하면 좋은 일자리를 만들 수 있습니다. 시니어 중에는 언어 능력, 서비스 능력 등 다양한 능력을 지닌 시니어가 많으므로 활용하기 나름일 수 있습니다.

⑤ **안내, 청소 직종:** 공공기관과 복지시설을 포함하여 안내 분야와 청소 분야에도 시니어가 투입될 수 있습니다. 현재 청소 분야는 시니어가 용역 형태로 가장 많이 접근하고 있습니다. 하지만 안내 분야는 조금 이야기가 다릅니다. 안내 데스크에는 젊은 사람만 앉아있어야 한다는 편견이 있는데 대기업 서비스 데스크를 제외하면 일반적인 건물의 데스크에는 안내하는 인원이 별도로 상주하고 있지 않습니다. 더욱이 공공기관은 더욱 그러한데 공공분야의 안내

인력에 대한 수요를 시니어가 받게 된다면 시니어의 새로운 일자리 창출이 가능합니다.

⑥ **노인 복지 관련 직종:** 건강한 노인이 몸이 불편한 노인을 돌보는 일입니다. 요양보호사가 젊어진다 하더라도 요양보호사는 4050대가 많이 합니다. 간병인도 그러한데 노인 복지 관련 직종을 노인이 하면 거부감이 많이 줄어든다는 말도 있습니다. 지역 일자리센터에서는 요양 복지 분야 일자리 창출로 실적을 많이 채우곤 하는데 그만큼 고령화 사회를 앞두고 있는 우리나라는 시니어의 질병 관련 일자리에 시니어가 일할 수 있는 분위기를 만들고 있습니다. 전문적인 의료 기술이 아니더라도 노인과 관련된 복지 관련 전 분야에 관심을 기울이시기 바랍니다.

⑦ **관광 가이드 직종:** 관광지역에 상주하면서 가끔 안내하는 그런 류의 가이드가 아니라 현지의 가이드처럼 실제 관광 가이드를 하는 것입니다. 최근 케이팝을 중심으로 한국에 관광을 오는 외국인이 많습니다. 언어에 재능이 있는 시니어라면 관광 가이드 직종을 관심 있게 지켜본다면 시니어 일자리를 찾는데 도움이 될 수 있습니다.

⑧ **커뮤니티 매니저:** 지역을 잘 이해하고 있는 시니어는 커뮤니티 매니저를 할 수 있습니다. 지역에 있는 맛집을 예약한다던가, 장소를 빌린다던가, 단순한 민원 업무를 대행한다던가 하는 방식의 커뮤니티 매니저는 서울 상업지구를 중심으로 새롭게 떠오르고 있는 직업입니다. 일부 회사에서는 정규직으로 채용하는데 젊은층의 감각에 맞게 업무를 대행하고 있습니다. 시니어가 시니어에 맞

는 서비스를 제공할 수 있다면 커뮤니티 매니저는 새로운 일자리의 대안이 될 수 있습니다. 커뮤니티 매니저는 업무에 집중할 수 있게 잡무를 처리하는 심부름꾼과 같은 역할인데, 보다 그 역할이 고도화되어있어 케어에 가까운 업무를 처리해주는 직업입니다.

⑨ **프리랜서**: 번역 프리랜서, 주례사, 돌봄, 강아지 산책 등 개인의 재능을 살려서 프리랜서를 하는 것도 하나의 직업이 될 수 있습니다. 특히 시니어는 시니어가 가르쳐야 한다는 개념이 이 분야에 잘 먹힙니다. 젊은 층이 가르치는 속도는 시니어에 맞지 않고, 시니어가 시니어를 가르치면 속도가 맞습니다. 프리랜서가 되려면 젊은 감각으로 남들보다 빠르게 습득하는 소위 인싸력이 필요합니다.

⑩ **IT 관련 직종**: IT 관련 분야에는 나이가 없습니다. 개발자는 나이가 없고 시니어도 개발자가 될 수 있습니다. 콘텐츠 크리에이터도 나이가 없습니다. 모두가 콘텐츠를 개발할 수 있고 유튜브를 해도 되며 블로거가 되어도 됩니다. 시니어가 찾는 일자리는 페이보다는 일을 한다는 것 자체가 중요하기 때문에 적성에 따라 생산성만 확보할 수 있다면 IT관련 분야에서 자신에게 맞는 직종을 찾는 것도 도움이 될 수 있습니다. 돈이 되는 일자리면 좋겠지만 시니어는 돈 보다 일을 한다는 것, 생산성이 있는 일자리에서 내가 그만큼의 능력을 인정받고 쓸모가 있는 일원이 된다는 것에 큰 흥미를 갖습니다. 시니어 일자리 10가지를 참고하여 일자리를 찾는 것에 도움을 받으시기 바랍니다. 이 외에도 개인의 경력과 역량에 따라 다양한 분야에 일자리가 있으니 일자리 지원사업의 도움도 받으시기 바랍니다. 노인도 건강을 위해 경제활동을 해야 만합니다.

27장 매사에 도전하는 습관이 되게 하라.

((마 7:8)"구하는 이마다 받을 것이요 찾는 이는 찾아낼
것이요 두드리는 이에게는 열릴 것이니라."

도전하는 습관이 되어야 돈 잘 벌수가 있습니다. 도전하지 못하는데 어찌 돈을 벌수가 있겠습니까? 도전할 때 잠재력이 깨워지는 것입니다. 돈은 도전하는 자가 버는 것입니다. 하나님은 창조의 하나님이시기 때문입니다. 도전하는 사람을 사용하시고 축복하십니다. 세상에서 성공한 사람들의 성공담을 들어보면 모두가 어려운 환경에서 불굴의 신념과 의지로써 도전하고, 또 도전하여 수많은 난관을 극복하고 성공에 이른 것을 들을 수 있습니다. 성경에도 불가능을 믿음으로 도전하여 삶을 승리로 이끈 이야기가 가득 담겨 있습니다. 도전하는 사람만이 성공할 뿐 아니라 생존할 수 있기 때문인 것입니다. 도전할 때 잠재력이 극대화 됩니다. 모든 일을 자신의 수준으로 판단하여 주저하지 마시기를 바랍니다. 하나님은 주저하는 사람과 상관하지 않습니다. 어려운 문제에 봉착하더라도 과감하게 도전해야 잠재력이 개발됩니다. 하나님은 도전하여 잠재력을 극대화하는 사람을 사용하십니다. 과감하게 도전하여 잠재력을 개발하기 위하여 이렇게 해야 합니다.

1. 성경에는 천국은 침노하는 자가 빼앗는다고 말했다. 마11:12에 "세례 요한의 때부터 지금까지 천국은 침노를 당하나니 침노하는 자는 빼앗느니라." 고 말한 것입니다. 침노라는 말이나 빼앗는

다는 말은 전투적인 용어인 것입니다. 이것은 전심, 전력을 기울여야 이길 수 있다는 것입니다. 전쟁에 쳐들어가는 사람이 놀이 삼아 쳐들어가서는 결코 이길 수가 없지 않습니까? 전쟁에 이기려면 상대편의 정보를 수집하고 분석하며, 온 자원을 동원하고 온 인력을 다 동원해서 전심, 전력으로 싸워야 되는 것처럼, 우리도 하늘나라를 빼앗기 위해서는 악의 진을 침노해 들어가야 된다는 것입니다. 우리 예수 믿는 사람들이 침노하는 것은 총이나 대포를 가지고 침노하는 것이 아닙니다.

예수 이름과 기도를 통하여 침노하는 것입니다. 구하라 주실 것이요, 찾으라 찾을 것이요, 문을 두드리라 열릴 것이니, 구하고 찾고, 두드림으로 침노해 들어가는 것입니다. 유명한 설교가 스펄천 목사님은 기도에 대하여 이렇게 말씀하셨습니다. "기도는 어쩌다 생각나서 하는 것이 아니라, 날마다의 일과이고, 습관이며, 날마다 해야 할 신성한 노동이며, 삶이다."고 말했습니다. 기도는 신성한 노동이요, 삶인 것입니다.

하다가 말다가 해서는 안 되는 것입니다. 기도는 날마다 하는 일과이고 습관이며, 날마다 해야 되는 신성한 노동이라는 것을 알아야 되는 것입니다. 기도는 평안하고 쉬운 것이 아닙니다. 마찬가지로 침노라는 말이나, 빼앗는다는 말은 전투적인 용어입니다. 이것은 전심전력을 기울여야만 얻을 수가 있는 것입니다. 그러므로 우리는 침노하는 정신으로 하나님께 구해야 되는 것입니다. 인간으로 불가능하게 보일지라도 하나님께는 능치 못하심이 없기 때문에 하나님의 눈으로 사물을 바라보며 불가능에 도전해야 되는 것입니다. 렘 33:3에 "너는 내게 부르짖으라. 내가 네게 응답하겠고 네가 알지 못하는 크고 은밀한 일을 네게 보이리라"고 말씀한 것입니다.

내가 도저히 상상할 수 없고 꿈꿀 수 없는 것일지라도 하나님 앞에 나아가서 부르짖고 기도하는 것이 도전인 것입니다. 우리가 침노하고 **빼앗는**다는 것은 상상할 수 없는 일에 대해서 도전하는 것을 말하기 때문에 하나님 앞에서 간절한 마음으로 부르짖어 구해야만 되는 것입니다. 구하지 않고는 역사가 일어나지 않습니다.

수학자 아르키메데스는 "누가 나에게 지렛대 하나만 들려 달라. 그러면 나는 그것으로 지구를 들어 올리겠다"고 말한 적이 있습니다. 믿음의 기도는 이러한 지렛대와 같아서 인간적으로 불가능하게 보일지라도 하나님께 구하는 믿음을 가지고 지렛대로 올리면 불가능이 들려 올려지는 것입니다. 하나님이 우리와 같이 계시고 하나님이 우리에게 부르짖으라고 말씀하신즉, 하나님을 의지하고 그 말씀을 지렛대로 삼고서 들어 올리는 것입니다.

돌을 뜨는 인부가 손으로 돌덩이를 떼내지 못합니다. 지렛대를 돌 사이에 넣어서 누르면 돌이 움직이는 것처럼, 기도는 우리의 지렛대가 되는 것입니다. 인간의 생각으로는 불가능하고 할 수 없는 것도 기도의 지렛대를 통해서 누르면 불가능이 가능으로 돌아서게 되는 것입니다. 지렛대는 성령이십니다. 자신이 할 수 없는 것을 성령으로 할 때 하나님의 기적이 일어나게 되는 것입니다. 잠재력이 개발되는 것입니다. 그러므로 기도는 놀라운 결심을 가지고 하나님께 구해야 되는 것입니다.

구하고, 또 구하고, 구하고, 또 구해야 되는 것입니다. 한 두번 구했다고 낙심하면 안 되는 것입니다. 열흘 동안 기도하고 혹은 40일 기도하고, 혹은 100일 기도를 해서라도, 주님께 목표를 정하고 구하는 것은 전쟁에 침노해 들어가서 빼앗는 심정으로 온갖 열심을 다해서 구하면 하나님이 역사해 주는 것입니다. 목표를 두고 맹렬히 기도하는 것이 우리가 침노하는 것입니다. 맹렬한 기도가 결과를 나타내지 희미한 기도는 결과를 나타내지 않는 것입니다. 결사적으로 달려드는 것이 전쟁 아닙니까? 우리 기도도 결사적으로 기도해야 되는 것입니다. 우리가 침노하는 것은 찾으라고 하는 것입니다.

엘리사가 병이 들어 죽게 되었을 때 이스라엘 왕 요아스가 엘리사를 찾아가서 눈물을 철철 흘렸습니다. 왜냐하면 엘리사가 있을 동안에는 아람 왕이 아무리 군대를 동원해서 이스라엘을 쳐들어와도 엘리사가 "미리 어디로 왕이 군사를 보내어서 지키십시오. 어디로 아람 왕이 군대를 동원하여 쳐들어옵니다." 알려 주었기 때문에 이스라엘을 지킬 수 있었는데, 이제 엘리사가 죽으면 어떻게 합니까? 그래서 엘리사를 보면서 눈물을 흘리며 "아버지여, 이스라엘의 왕이여, 마병이여, 군대여 떠나면 어떻게 합니까?" 눈물을 흘리니, 엘리사가 요아스 왕에게 "왕이여, 활과 화살을 가져 오십시오." 활과 화살을 가져오니, 동쪽 창문을 열어 아람을 향해서 창문을 여니까 손에 안수를 해주었습니다.

화살을 당겨서 창문 밖으로 쏘라고 했습니다. 요아스가 힘껏 화살을 당겨서 활을 쏘니까 화살이 동쪽으로 날아가는 것처럼 이스라엘이 아람을 쳐서 멸망시킨 것입니다. 그리고 난 다음 화살 한 뭉치를 주고서 이것으로 땅을 치라고 했습니다. 요아스 왕이 한 번 치고 두 번치고 세 번치고 허리를 툭툭 치고 일어나니, 죽어가던 엘리사가 벌떡 일어나서 고함을 쳤습니다. "왕이여 왜 세 번만 치느냐? 다섯 번, 여섯 번 계속 쳐야지! 아무리 하나님이 약속해 주셨더라도 왕이 아람을 치겠다는 의욕이 있어야 되지 않느냐! 세 번치고 그만 두었다는 것은 안 되지 않느냐. 장차 왕은 아람 왕을 세 번 이기고 난 다음부터는 아람 왕에게 패할 것이라"고 말했었습니다.

보십시오. 하나님이 약속을 주셔도 그 약속을 실천할 의지가 있어야 되는 것입니다. 우리가 직장을 하나님이 허락해 주시면 혼신의 힘을 다해 직장에서 일을 해야지 희미하게 일을 하면서 하나님께 복달라고 하면은 안 되는 것입니다. 하나님께서는 엘리사를 통해서 아람을 치겠다고 약속을 주심에도 불구하고 화살을 들고 땅을 쳐라하면. 열 번이고 스무 번이고 아람을 멸할 때까지 치겠다는 열심과 정열을 보여 주어야만 되는 것입니다.

모든 일에 열심이 없으면 하나님은 열심 없는 사람을 도와줄 수 없습니다. 하나님은 열심히 하는 사람을 축복하시는 것입니다. 하나님이 열심히 노력하는 가정을 축복해 주시기를 원하시는 것입니다. 우리가 하나님 앞에 구하고 열심으로 찾고, 온 힘을 다해서 두드리는 수고를 하지 아니하면 결코 승리할 수 없는 것입니다.

2. 성경에는 꿈이 없는 백성은 망한다고 했다. 환경이 좋은 곳에 사는 사람들과 환경이 어려운데 사는 사람들은 여러 가지 차이가 있는 것입니다. 열대 지방에 사는 사람들은 집을 안지어도 짚만 머리위에 덮어 놓으면 잠을 잘 수 있습니다. 러닝셔츠 하나에 팬티 하나만 있으면 사계절을 편안하게 살 수 있는 것입니다. 산에 가면 먹을 열매들이 많기 때문에 배고플 리가 없습니다. 그래서 의식주 문제가 염려가 되지 않으므로 편안하게 살지요. 꿈을 갖지 않습니

다. 하루하루 노래나 부르고 즐겁게 사니 문명이 발달되지 아니하고 문화가 발달되지 않지요. 그러나 추운데나 온대지대에 사는 사람은 봄, 여름, 가을, 겨울이 뚜렷하기 때문에 겨울에 살아남기 위해서 열심히 일을 해야 되는 것입니다. 봄부터 여름 가을에 있는 힘을 다해서 수단과 방법을 다 동원해 일을 해야, 추운 겨울철에 처자를 거느리고 따뜻하게 살 수 있는 것입니다. 그러므로 환경상 일을 할 수밖에 없습니다.

환경상 어찌할 수 없이 구하고 찾고 두드려야 살아 갈 수 있기 때문에 열심을 다하므로 산업이 발달되고 기술이 향상되고 문화와 문명이 향상되고 발전되는 것입니다. 잠19:15에 "게으름이 사람으로 깊이 잠들게 하나니 태만한 사람은 주릴 것이니라."고 말했습니다. 잠 6:6에 "게으른 자여 개미에게 가서 그가 하는 것을 보고 지혜를 얻으라."고 말하고 있는 것입니다.

옛날 말에 수처작주(隨處作主)라는 말이 있습니다. 어느 곳에 가든지 내가 주인이라고 생각하라. 주인이 아닌데도 불구하고 회사원으로 가서라도 그 회사가 자기가 주인이라고 생각하고 주인의식을 가지고 회사를 돌보라. 청소 하러 들어갔으면 그 회사가 자기 회사라고 생각하고 주인이라고 생각하고 아주 정성을 다하여 청소를 하라. 사람이 자기 소유라 하면 온갖 정성을 다하여 돌보지만, 남의 소유에 내가 고용되었다고 말하면 사람들 눈앞에서나 열심히 할까 온 정성을 다하지 않습니다. 하나님은 주인의식을 가지고 성실하게 일하는 사람에게 종국에는 복을 주십니다. 주인의식을 가지고 성실하게 일하는 사람은 잠재력이 있기 때문입니다. 어느 곳에 가든지 주라. 그리하면 돌려줄 것이니 곧 후히 되어 눌러 흔들어 넘치게 해서 안겨 주리라는 말씀대로 내가 주인의식을 가지고 온갖 정성을 다하고 최선을 다하면, 그 다음에 보상이 다가오게 되는 것입니다. 게으르고 무관심하고 무책임하게 살면 결코 성공할 수가 없는 것입니다. 잘살아 보겠다고 생각하고 꿈꾸고 믿는 사람은 잘살게 되는 것입니다.

게으른 자는 미래가 없습니다. 우리가 열심히 심고, 김매고, 비료주고, 돌보아야 곡식을 거두는 것처럼, 인생에게 우리가 모든 것을 주면 인생도 돌려주는 것입니다. 갈라디아서 6장 7절에 "스스로 속이지 말라 하나님은 업신여김을 받지 아니하시나니 사람이 무엇으로 심든지 그대로 거두리라" 수고하고 힘을 다해 열심히 심으면 그대로 거두게 되는 것입니다. 게으르고 무책임하고 무관심하게 살면 가난과 고통으로 거두게 되는 것입니다. 적게 심는 자는 적게 거두고 많이 심는 자는 많이 거둔다고 성경은 말하고 있는 것입니다. 게으른 삶을 살지 말아야 합니다. 힘들고 더럽고 위험한 일은 안하고 쉽고 깨끗하고 평안한 일만 하겠다고 하면 망하고 마는 것입니다.

60-70년대, 우리나라가 한참 어려울 때 그때는 일의 귀천이 없었습니다. 힘들고 더럽고 위험한 일이라도 생기면 그 일을 감사하며 다 했던 것입니다. 우리 한국 산업 발전의 기초를 이은 우리의 선배들은 힘들고 더럽고 위험한 일을 자초해서 뼈가 부러지도록 일을 해서, 오늘날 한국이 이정도로 잘살게 만들어 준 것입니다. 요사이 일자리가 없다고 탄식을 하지만 실제 중소기업에 가면 사람 구하기가 힘들어서 외국에서 연수생들을 불러와야 된다는 것입니다. 왜냐하면 한국 사람들이 힘들고, 더럽고, 위험한 일은 안하니까 결국 동

남아의 많은 사람들이 한국에 찾아와서 일을 할 수 밖에 없는 것입니다. 일거리가 없어 그런 것이 아닙니다. 일을 안 하려고 하기 때문에 그런 것입니다. 잠14:4에 "소가 없으면 구유는 깨끗하려니와 소의 힘으로 얻는 것이 많으니라." 소가 있으면 마구간이 더러워지지 않습니까? 마구간이 더러워서 치기 싫다고 소를 안 먹이면 밭도 못 갈고 농사도 못 짓지 않습니까? 큰일을 하는 데는 더럽고 힘들고 무서운 것을 감내해야 큰일을 할 수 있는 것입니다.

3. 인생을 살아가면서 반드시 실패하는 사람이 있다. 그런 사람은 항상 부정적인 마음을 가진 사람인 것입니다. 광명을 찾지 않는 마음, 그의 말에는 불평과 불만과 원망이 떠나지 않습니다. 우리 모든 사람들은 자기 생애에 쓰레기통을 꼭 가지고 있습니다. 우리 집집마다 쓰레기통이 필요하지 않습니까? 아무리 좋은 집이라도 쓰레기통이 필요한 것입니다. 천국에 갔다 온 사람이 말하기를 천국에 가서 보고 세상에 없는 것을 발견했다는 것입니다.

자기가 사는 집에 들어가니, 쓰레기통이 없고 화장실이 없더랍니다. 그래서 주님께 물었습니다. "주님, 내 집에는 왜 화장실도 없고, 쓰레기통이 없습니까?" "천국에서는 먹고 마셔도 화장실에 가지 않는다. 천국에는 더러운 것이 없기 때문에 쓰레기통이 없다."고 하셨답니다. 우리는 세상에 살 동안에 먹고 마시고 배설해야 되므로 화장실이 꼭 필요하고 우리가 살아가는 동안에 삶의 쓰레기가 얼마나 많이 나옵니까? 쓰레기통에 쓰레기를 집어넣어야 되는 것입니다. 쓰레기통을 안고 다니는 사람 보았습니까? 교회 올 때 쓰레기통을 안고 옵니까? 직장에 갈 때 쓰레기통을 안고 직장에 갑니까? 시장에 갈 때 쓰레기통을 안고 갑니까? 아니지요. 쓰레기통은 구석에 두었다가 매일같이 비워야지요. 그런데 사람들은 인생 쓰레기를 안고 다니는 사람들이 있습니다.

원망, 불평, 탄식, 고통, 괴로움, 슬픔, 어려움 당했던 모든 쓰라린 부정적인 경험을 쓰레기통에 잔뜩 담아, 그 쓰레기통을 구석에 놓고 비워 버리면 좋은데 안고 다니는 것입니다. 그 쓰레기통을 안고 돌아다니면서 자꾸 뒤져 보는 것입니다. '아이고 내가 옛날에 슬펐지. 옛날에 내가 이렇게 어려움을 당했지. 내가 교육을 잘못받고 우리 부모님께 원망스럽다. 나에게 사기를 친 그 놈을 죽여야지. 그 놈 망하는 것 내가 보아야 되겠다.' 원망, 시기, 분노, 질투, 쓰레기를 자꾸 뒤져보고, 그리고 눈물 몇 방울 흘리고, 또 안고 돌아 다니면서 냄새나는 쓰레기를 뒤적이며 냄새 맡고, 바라보니 쉬파리가 와서, 또 쉬를 슬어 구더기도 득실거리고, 이런 쓰레기통을 안고 다니면서 긍정적으로 인생을 살아갈 수 있습니까?

쓰레기를 바라보고 있으니, 쓰레기 같은 마음이 꽉 들어차서 항상 마음에 울분을 가지고 원망하고 불평하고 탄식하고 부정적인 삶을 살기 때문에 이 사람은 인생에 실패하고 마는 것입니다. 여러분의 쓰레기통을 치워 버려야 되는 것입니다. 무엇으로 치웁니까? 말씀과 성령의 역사로 치웁니다. 여러분 마음의 쓰레기통을 말씀과 성령으로 찾아 치우세요. 쓰레기는 쓰레기입니다. 이미 지나간 과거는 아무리 생각해봐도 고칠 수 없습니다. 과거의 쓰레기를 지금 안고 어떻게 하겠다는 말입니까? 성령의 능력으로 치유해야 합니다. 과거에 미운 것, 원망스러운 것, 실패한 것, 탄식한 것, 내가 고통을 당한 것 이런 쓰레기더미를 가슴에 안고 있지 마십시오. 다

버리시기 바랍니다. 치워 버리십시오. 쓰레기통을 비워 버리십시오. 언제나 당신은 보배 함을 갖고 다니십시오. 보배 함이란 하나님께 은혜 받은 것, 축복받은 것, 이웃에서 사랑받은 것, 도움 받은 것, 이런 귀한 것들을 생각하고, 이것을 늘 들여다보고, 기억하고 마음이 긍정적이고 적극적이고 창조적이 되어야 성공하는 사람이 될 수 있는 것입니다.

실패하는 사람들에게는 반드시 그 생활 습관이 있어요. 성공하는 사람들에게 공통된 습관이 있는 것과 마찬가지로 실패하는 사람들도 공통된 습관이 있습니다. 심리학자들은 실패하는 사람들의 공통된 습관을 이렇게 말합니다. 일반적으로 실패하는 사람들은 잘 되면 내 탓이요, 못되면 네 탓이 다고 하면서 부모 원망하고, 남편을 원망하고, 부인을 원망하고, 이웃을 원망하고, 나라 원망하고 책임을 다른 사람에게 전가합니다. 아담과 하와가 왜 실패자가 되었습니까? 아담이 "내가 왜 먹지 말라는 실과를 먹었냐" 하니, "하나님이 지어주신 그 여자가 먹으라고 하므로 먹었습니다." 실패를 하나님께 돌리고 여자에게 돌렸습니다. 여자보고 "하와여, 네가 왜 선악과를 먹었느냐?"하니 "내가 먹은 것이 아니라 뱀이 꾐으로 먹었나이다." 뱀에게 돌렸습니다. 실패하는 자는 반드시 실패의 책임을 자기가 짊어지지 아니하고, 다른 사람의 책임으로 전가 시키는 것입니다.

책임을 질줄 알아야 되는 것입니다. 내가 일을 시작했으면 끝마무리를 봐야지, 내가 일을 시작해 놓고 끝은 보지 않고, 남에게 맡겨 버리고, 일을 망치는 일들이, 실패하는 사람이 늘 하는 일인 것입니다. 실패하는 사람들은 말이 많고, 남과 잘 다투며 편 가르기를 좋아하고, 매사를 다 아는 것처럼 행동하는 것입니다. 성공하는 사람은 모든 일에 신중합니다. 이 사람 말도 듣고, 저 사람 말도 듣고, 신중하게 결정을 합니다.

그리고 회개하지 않는 마음을 가지면 우리는 성공하지 못합니다. 자기의 잘못과 결점을 고치려고 하지 않고, 항상 변명하는 자는 늘 실패하지만, 발전하는 사람은 늘 자기를 개선하고 배우려고 하는 것입니다. 항상 "나는 부족하다 더 배워야 한다"하며 노력하는 것입니다. 실패하는 사람의 전형적인 모습은 회개하지 않아요. 이것 네가 잘못했다 하면은 "내가 잘못한 것 아닙니다. 타이밍이 나빠서, 자금이 부족해서, 기술자가 없어서, 도와주는 사람이 없어서 실패했습니다."

꼭 변명을 하는 것입니다. 변명하는 것 정말 나쁜 것입니다. 무슨 일이든지 잘못 했으면 스스로 고백하고 내가 잘못했으니, 이 교훈에서 훌륭한 것을 배우겠다고 말해야지, 자기 잘못을 자꾸 변명하는 사람은 사람에게도 버림받고 하나님에게도 버림받습니다. 하나님은 변명하는 사람 원치 않습니다. 하나님은 자기 잘못을 회개하고 자복하는 사람에게 일곱 번씩 일흔 번이라도 용서해주시지 변명하는 사람에게는 가차 없는 심판이 다가오는 것입니다. 이러므로 실패하는 사람은 회개를 하지 않습니다. 자기 스스로 잘못을 통회하고 자복하지 않습니다. 그리고 실패하는 사람은 매사에 부정적인 생각을 하고 할 수 없다고 말합니다. 비하된 자기 자화상을 가지고 불가능을 과대평가하고 자기를 과소평가합니다. 12정탐꾼이 가나안 땅을 40주 40야 정탐하고 돌아와서 보고하는 것 보십시오. 10명은 뭐라고 했습니까? "그 땅에 들어가니 주변을 삼키는 광막한 황무지더라. 그곳에 사는 사람들은 네피림의 후손 아낙 자손 대장부라. 우리하고 비교해보니 메뚜기 같더라. 그들이 사는 성벽은 너무나 높아서 하늘을 찌를 것 같고, 우리가 도저히 무너뜨릴 수 없고, 우리 처자들이 포로로 잡힐 것이다." 전부 부정적으로 보고 자기비하를 했습니다. 얼마나 자기들을 못났다고 생각했기에 그들에게 자신들을 비교합니까? 우리는 메뚜기같이 보이더라. 메뚜기 자화상을 가졌습니다.

그러나 여호수아와 갈렙은 뭐라고 했습니까? "광야는 광야더라. 그러나 주님이 젖과 꿀이 흐르게 만들겠다고 말씀하셨다. 물론 그 성은 높고 그곳에 사는 사람은 대장부더라. 그러나 주님께서 우리와 같이 계시므로 그들은 우리의 밥이다. 밥그릇이 적고 큰 것이 다를 뿐이지 그들은 우리의 밥이다. 우리 들어가서 점령하자." 하나님이 10명의 정탐꾼과 그들을 따르는 사람들은 다 광야로 회진시켜 죽게 만들었지만, 여호수아와 갈렙은 40년 광야생활을 지나서 젖과 꿀이 흐르는 땅으로 들어갈 수가 있었던 것입니다. 매사에 할 수 없다고 하는 사람은 절대로 성공하지 못합니다. 자화상이 삐뚤어지면 아무것도 못합니다.

우리는 보통 사람이 아닙니다. 택하신 족속이요, 왕 같은 제사장이요, 거룩한 나라요, 하나님의 소유된 백성이 된 것입니다. 하나님의 자녀들이 된 것입니다. 하나님 나라 백성들이 된 것입니다. 그러므로 하나님을 바라보고 용기를 가지시기 바랍니다. "나는 학력이 없다." "나는 빽이 없다." "나는 돈이 없다." "나는 도와주는 사람이 없다." "나는 지식도 없고, 지혜와 총명이 모자란다." "나는 힘이 없다." "나는 능력이 없다." 이런 부정적인 것만 자꾸 바라보면 용기를 다 잃어버리고, 담력을 다 잃어버리면 여러분은 형편 없는 패배자가 되고 마는 것입니다. 바라볼 것은 예수 그리스도를 통해서 하나님을 바라보아야 되는 것입니다. 우리는 하나님의 자녀인 것입니다. 하나님의 자녀 되는 권세를 가진자들입니다. 하나님이 함께 계시고 하나님이 우리를 도와주시고, 하나님이 우리를 붙들어 주시기 때문에 하나님을 의지하고 나가야 우리는 승리할 수가 있는 것입니다. 하나님을 의지하지 않고 담대하지 않는 사람은 성공하지 못합니다.

"카네기 인간관계론"으로 유명한 데일 카네기는 성공한 사람들일수록 하지 않는 말 3가지가 있다고 지적했습니다. 그것은 "없다"는 말을 하지 않고 "잃어버렸다"는 말을 하지 않고 "한계가 있다"는 말을 안 한다는 것입니다. 믿음의 사람, 성령의 사람은 '없다'는 말 대신 '하나님께서 나의 필요를 채워주실 것' 이라고 말합니다. '잃어버렸다'라고 말하는 대신에 '하나님께서 회복시킬 것'이라고 말합니다. 내 능력은 이것 밖에 안 된다고 한계를 설정하기보다 '믿는 자에게 능치 못하심이 없다'고 말한다는 것입니다. 믿음의 사람에게는 초자연적으로 역사하고 계시는 하나님이 함께 하시기 때문에 패배가 있을 수 없습니다. 그러나 매사에 할 수 없다고 하는 사람은 육의 사람으로 마귀의 올무에 걸려 패배하고 마는 것입니다. 하나님의 자녀답게 크고 담대한 자화상을 가지시기를 바랍니다. 그리하여 하나님이 예비해놓은 복을 다 소유하시기를 바랍니다. 하나님은 우리보고 말씀하시는 것입니다. 침노하라. 구하고, 찾고, 두드리며, 침노하라. 그리하면 반드시 네가 빼앗을 것이라고 말하는 것입니다.

28장 하나님의 때를 잡아야 돈을 잘 번다.

(전 3:1)"범사에 기한이 있고 천하만사가 다 때가 있나니"

하나님의 때를 잡아야 돈을 버는 것입니다. 하나님께서 정하신 때를 노치지 않으려면 10-20년 앞은 내다볼 수 있는 원시안적인 사람이 되어야 합니다. 원시안적인 사람은 하나님께서 주인 되심을 믿고 당장의 안일함을 추구하지 않고 조금 힘이 들더라도 아니 사람들이 무어라고 해도 하나님의 눈으로 멀리 보고 달려가는 사람입니다. 반대로 근시안 적인 사람이란 일의 앞날이나 사물 전체를 파악하지 못하고 눈앞의 편안함만 추구하는 사람입니다. 근시안적인 사람은 내다보는 시야가 좁으니 당장 앞에 일어난 일에만 급급해 하는 경향이 있습니다. 그리고 멀리 보지 않으니 앞으로 어떻게 해야 할지 생각하지 못하는 경우도 있습니다. 그렇다보니 좁은 시야를 갖고 항상 자기의 생활반경이상을 벗어나지 않아 현재하고 있지 않은 다른 무언가(하나님께서 원하시는)를 하기 두려워할 수 있습니다.

이와 같이 사람은 근시안적인 사람과 원시안적인 사람이 있습니다. 하나님은 원시적인 사람을 복주시고 사용하십니다. 근시안적인 사람은 발전성이 없기 때문입니다. 근시안적인 사람은 당장 코앞의 이익만을 추구하는 사람입니다. 예를 든다면 이렇습니다. 필자가 군대에서 나와서 목회를 한다고 하니까, 여러 친척들이 이렇게 말하는 것입니다. 군대에서 고생했으니 이제 좀 편안한 일을 하면서 살지 왜 어려운 목회를 하느냐고 다들 입방아를 찌었습니다. 편안한 일이란 직장에 들어가 매달 월급을 받으면서 살면 편안 할 것이 아니냐는 것입니다. 이 말에 필자의 아내도 현혹이 되어 필자가 하는 일에 이의를 제기 했습니다. 그러나 필자는 원시안적인 안목을 가지고 하나님께서 하라고 지시한 목회를 하기 위해서 개척자 정신을 가지고 준비했습니다.

결과 지금 70이 넘을 때까지 건강하고 행복하게 목회를 감당하고 있습니다. 만약에 그때 필자가 근시안적인 사람들의 말에 휘둘려서 당장 편안한 길을 선택했다면 지금 아마 굉장하게 어려웠을 것입니다. 하나님의 사람은 원시안 적이 되어야 합니다. 당장 편안함을 위하여 근시안이 되면 삼상 17장 31-37절 에 나오는 사울 왕과 같이 될 수가 있습니다. 하나님께서 허락해 주시는 때가 도달했을 때, 폭포수와 같이 인생의 성장과 발전이 쏟아집니다. 환경에 하나님의 역사가 나타납니다. 이것이 바로 하나님의 때가 도래한 것입니다. 하나님의 때는 환경에 하나님의 역사가 눈에 보입니다.

축복을 받을 줄 아는 사람은 하나님께서 정하신 때를 놓치지 않는 사람입니다. 오늘 본문 말씀 전도서 1장 1절에 "세상의 모든 일은 다 정한 때와 기한이 있다."합니다. 성경대로 준비하고 사는 사람은 하나님께서 부어주시는 축복의 기회를 만나게 됩니다. 그 기회를 놓치지 말아야 합니다. 우리는 항상 하나님의 때를 만나기 위하여 자신을 준비하면서 기다려야 합니다. '헐 때가 있고 세울 때가 있으며 울 때가 있고 웃을 때가 있으며 슬퍼할 때가 있고 춤을 출 때'가 있습니다. 지혜로운 사람은 때를 맞출 줄 아는 사람입니다.

그런데 우리는 하나님의 때를 이해하지 못하기 때문에 자주 실수를 하고, 시간과 물질을 낭비하기도 합니다. 우리는 심는 계절에 거두려하고, 곡식을 거두어 드려야 할 때 심으려하고, 쉬어야 할 때 일하려고 하고, 일해야 할 때 쉬려고 합니다. 모든 것이 정하신 하나님의 때가 있는 것인데 인간 생각가지고 추진하려고 합니다. 그래서 좋은 일도 때를 맞추지 못하면, 모든 수고가 헛되게 됩니다.

1. 주어진 현재의 삶에 충실하면서 때를 기다려야 한다. 신약성경에서 '시간'을 뜻하는 희랍어, '크로노스'(Chronos)와 '카이로스'(Kairos)가 사용되고 있습니다. 크로노스는 일반적인 시간의 과정이나, 연대기적인 시간을 나타낼 때 사용합니다. 카이로스는 적절한 시간, 시의에 알맞거나 전략적인 시간을 나타낼 때 사용합니다. 카이로스가 하나님의 때입니다. 크로노스가 카이로스로 바뀌는 분기점은 때가 무르익었을 때입니다. 모든 일은 분량이 차야 합니다. 매일 매일의 성실한 삶이 쌓여서, 어느 날 그 한계점을 돌파하게 됩니다. 지루한 것 같지만 매일 매일의 성실한 삶이 바탕이 되지 않으면 새로운 차원으로 들어가는 카이로스의 축복을 경험할수 없습니다. 필자가 지금까지 체험한 바로는 하나님의 뜻을 좇아 성실하게 행할 때 하나님의 역사가 나타났습니다. 하나님의 때를 만나기 위하여 마냥 기다리면 하나님의 때를 만날 수가 없습니다. 우리는 잘못알고 있는 것들이 있습니다. 일부 영적지도자들이 하는 말이 하나님의 때를 만나기 위하여 기다리고 앉아 있어야 한다는 것입니다. 그러나 이는 하나님의 때를 잘못 해석하고 있는 것입

니다. 하나님이 주신 일을 성실하게 행할 때 잠재력이 깨워져서 하나님이 때를 만나게 된다는 것입니다.

성경에 쓰임 받았던 사람들은 자기에게 주어진 현실의 삶에 충성을 다하는 사람들이었습니다. 노아는 120년을 매일의 사명에 충성을 다하며 기다렸고, 모세는 40년을, 요셉은 13년을, 이스라엘은 430년을 기다렸습니다. 다윗 왕도 왕으로 기름부음을 받고 실제적인 왕으로 쓰임받기 전까지 13년간 죽을 위기를 숱하게 넘기면서 자기에게 주어진 현실의 삶에 최선을 다하며 하나님의 때를 기다렸습니다. 우리가 생각할 때는 기다리는 시간이 너무나 길고, 불필요한 것 같지만 하나님의 시간표로 보면, 가장 적절한 때에 사람을 만들어 세상에 내보십니다. 길목을 잡고 기다려야 하듯이, 우리는 나에게 주어진 현실의 삶에 고난이 오고 비바람이 불고 지진으로 땅이 갈라지고 집이 부서져도 자기에게 주어진 삶을 성실하게 반석같이 지켜나가는 사람이 되어야 합니다. 하나님은 기다림을 통해서 하나님을 신뢰하는 법을 배우게 하십니다. 태산이 무너지고, 큰 환란이 찾아와도 흔들리지 않고 하나님의 손길을 기다려야 합니다. 수많은 사람들이 기다리지 못해서 쓰러집니다.

하나님께 쓰임받기 위해서는 하나님에게 주목하며 기다림에 합격해야 합니다. 믿음으로 기다림을 통과해야만, 기다림 뒤에 찾아오는 찬란한 아침을 맞이할 수가 있습니다. 주님을 섬기면서 가끔 막다른 골목에 서게 될 때가 있습니다. 절망의 순간에 서게 될 때가 있습니다. 그런데 그 때 인간적인 방법을 사용하지 않고, 하나님께 기도하여 하나님께서 주신 지혜대로 순종하면, 벽이 뚫리든지 하늘 문이 열리든지 한 차원 더 높은 세상으로 들어가는 영광의 문이 열립니다.

준비하며 기다리는 사람이 승리자가 됩니다. 때가 올 때까지 자기에게 주어진 삶의 과제를 성실하게 수행하면서 중님의 때를 기다려야 합니다. 모세는 40년을 기다린 끝에 출애굽의 지도자가 되었습니다. 여호수아는 모세의 시종으로 40년간 충성하다가, 가나안 정복전쟁의 지도자가 되었습니다. 모세가 40년 동안 못한 일을, 하나님께서 정하신 때가 되니까, 여호수아는 3일 만에 가나안 땅에 들어가게 되었습니다. 모든 것이 다 때가 있는데, 하나님의 축복은 그 때에 쓰임 받도록 준비하고 기다리는 사람에게 돌아갑니다. 자기에게 주어진 생활에 성실하고 정결하게 살지 못하고 게으른 사람, 방탕한 사람은 크로노스에서 카이로스로 변하는 하나님의 축복의 때를 경험하지 못하게 됩니다.

하나님께서 하실 일이 있고 사람이 해야 할 일이 있습니다. 하나님께서 하셔야 할 일은 항상 변함없이 하나님의 뜻대로 이루어 나가십니다. 그러나 사람은 자꾸만 흔들립니다. 왔다가 갔다가 하고, 이랬다가 저랬다 합니다. 그래서 하나님은 하나님의 때에 하나님의 뜻을 이룰 수 있는 준비된 사람들을 기다리십니다. 그렇기 때문에 하나님의 때에 쓰임 받으려면 가만히 서서 기다리는 사람이 아니라, 하나님의 뜻을 알고 하나님의 뜻에 나를 맞추어 매일 매일을 성실하게 순종의 양을 쌓아나가야 합니다. '하나님은 위대하시니까 하나님께서 모든 것을 다 알아서 해 주시겠지?'라는 생각은 아주 위험한 착각입니다. 가나안 땅에 들어가지 못하고 광야에서 죽어버린 불신앙의 세대가 말해 주듯이, 하나님의 축복의 때는 자동적으로 보장되는 것이 아닙니다. 하나님의 뜻에 맞추어 헌신의 삶을 매일 매일 쌓아나가며 하나님의 축복의 때를 기다리는 사람들에게 카이로스의 축복은 하늘의 번개처럼 어느 날 순식간에 찾아오는 것입니다. 하나님의 뜻대로 성실하게 살아가지 못한 불신앙의 세대는 광야에서 티끌같이 사라졌습니다.

그러나 때가 되었을 때 하나님은 순종의 사람여호수아를 부르셨습니다. "여호수아, 이제는 네 차례다. 이때를 위하여 훈련받았고 준비되었다. 이제 네가 지도자다. 이제는 너의 때이다." 주어진 인생의 하루하루의 삶에 최선을 다하다가, 마침내 드디어 기다림의 한계점을 돌파하여, 하나님께서 부어주시는 카이로스, 축복의 때를 만나시길 간절히 축원합니다.

2. 하나님의 시간에 하나님과 함께 변화할 준비가 되어 있어야 한다. 하나님의 때가 차면 하나님을 결단하시고 이루십니다. 그리고 엄청난 변화가 일어납니다. 아이를 잉태한 사람은 아이가 때가 차서 출생하면 생활의 환경이 달라집니다. 아이가 있을 때와 없을 때의 삶이 달라질 수밖에 없습니다. 아버지는 아버지대로, 어머니는 어머니대로 새로운 변화를 준비하고 받아드려야 합니다. 그와 같이 하나님께서 우리에게 새로운 일을 허락해 주실 때는 환경이 달라지고, 살아가는 패턴이 달라 질 수 있습니다. 우리는 달라지는 변화를 받아드릴 줄 알아야 합니다. 성장을 위해서는 변화를 받아드릴 줄 알아야 합니다. 변화의 시점이 온다는 사실을 믿고, 변화를 위한 준비가 되어 있어야 합니다. 하나님께서 주시는 변화가 이

루어질 때, 우리가 이해하지 못할 일들이 발생하곤 합니다. 왜냐하면 100명이 모여서 살 때 다르고, 1,000명이 모여서 살 때 다를 수밖에 없기 때문입니다. 하나님께서 뜻을 이루어 나가실 때, 때로는 우리가 당황할 수가 있습니다. 왜냐하면 우리는 부분만 보지만 하나님은 전체의 과정을 보고, 과감하게 무너트릴 때와 세울 때를 결정하시고 진행하시기 때문입니다. 예를 든다면 만약 80년 전에 뉴질랜드에 큰 지진이 일어나지 않았다면 지진을 대비한 철저한 건물공법이 이렇게 철저히 적용되었을까요? 지진의 결과는 더 두고 보아야 합니다. 50년 후, 100년 후 전체를 보고 이렇다 저렇다 판단할 수 있는 안목을 길러낼 수 있다면 얼마나 좋을 까요!

이 변화를 탄식하며 원망하며 시간을 허비할 것인가, 아니면 이 천재지변을 통해서 일생일대의 좋은 쪽의 변화를 꿈꿀 것인가 아닌가는 하나님의 몫이 아니라 우리가 책임져야 할 내 인생의 책임입니다. 열정이 없는 사람은 하나님의 축복의 때가 오든지 말든지 별로 관심이 없습니다. 그러나 자기 인생에 대한 열정이 뜨거운 사람은 하나님의 축복의 때가 간절히 기다리고, 축복의 때가 왔을 때 민감하게 반응하게 됩니다. 새로움의 세계로 발돋움 하려면, 하나님께서 가져다주시는 변화를 기다리며 변화를 받아드릴 수 있는 변화할 준비가 되어 있어야 합니다. 변화를 두려워하는 사람은 발전할 수가 없습니다. 하나님께서 지금이 변화의 때라고 말씀하실 때, 그 변화를 받아드릴 수 있는 적극적인 마음 자세가 필요합니다.

그러한 변화를 우리는 받아드릴 줄 알아야 하나님과 함께 갈 수 있습니다. 안전하고 만족한 것이 때로는 가장 무서운 우리의 적이 될 수 있습니다. 그렇기 때문에 '지킬 때가 있고 버릴 때가 있으며,' '찢을 때가 있고 꿰맬 때가 있으며' '전쟁할 때가 있고 평화할 때가 있는 것'입니다. 때를 따라 움직여야 합니다. 변화를 두려워하고 안주하려는 마음을 버려야, 하나님과 함께 움직일 수 있습니다. 비전을 가지고 비전을 성취해 나가려면, 변화를 두려워하지 말아야 합니다. 하나님께서 지금이 변화의 때라고 말씀하실 때, 우리는 하나님과 함께 변화할 준비가 되어 있어야 합니다. 하나님께서 안락한 환경을 흔들어 놓으셔서, 척박한 광야로 우리를 이끌어 내실 수도 있습니다. 그럴 때, 이스라엘 백성들처럼 변화를 싫어하고 불평하고 원망하면서 사막의 한 구석에서 주저 사막의 티끌로 사라질 수 있습니다. 변화를 받아들이면서 순종해야 때를 만납니다.

하나님께서 몇 년 전에 저에게 '영성이다. 영성! 영성! 21세기는 영성이다.'고 말씀하시는 마음의 음성을 듣게 되었습니다. 그래서 저는 영성 깊은 그리스도인이 되기 위하여 많은 말씀과 성령으로 전인격을 치유하며 노력을 했습니다. 그 결과 지금 성령치유 사역으로 영성사역으로 하나님에게 쓰임을 받고 있는 것입니다.

3. 하나님의 때를 분별하려면, 믿음의 그릇을 키워야 한다. 갈 길을 알지 못하고 걸어가는 사람은 미친 사람처럼 이리 왔다 저리 왔다 목표도 없고 방향도 없고 삶의 원칙도 없이 갈팡질팡 하다가 인생이 끝나는 때를 만나게 될 것입니다. 가야할 길을 알 때, 걸어갈수록, 열심히 달려갈수록 의미가 있고 가치가 있는 것입니다. 그러나 가야할 길을 모르고 걸어가는 사람은 달려갈수록, 열심을 내면 낼수록 허탈함과 혼란에 빠지게 됩니다. 시 119:105 "주의 말

씀은 내 발에 등이요 내 길에 빛이니이다." 107절 "여호와여 주의 말씀대로 나를 소성케 하소서" 하나님 말씀을 성령으로 보아야, 하나님의 때를 분별할 수가 있게 됩니다. 매일 매일 말씀을 묵상하고, 기도로 그 말씀을 되새김질 할 때, 그 과정을 통해서 때를 분별할 줄 아는 하늘의 지혜를 얻게 됩니다. 하나님의 계시의 빛이 우리의 길을 계속해서 비추지 않는다면 우리는 길을 잃어버리고 하나님의 축복의 때를 놓치게 됩니다.

다윗은 양치는 소년이었습니다. 그런데 다윗이 평생 동안 양치는 소년으로 살았다면, 오늘날의 다윗이 될 수 없었습니다. 다윗은 하나님의 때에 양치기를 벗어버리고, 세상 속으로 뛰어 들어 기꺼이 고난의 세월을 감내하고 왕다운 왕이 되어야 했습니다. 언제까지 양치기만 할 것입니까? 때가 되었다고 말씀하시는데도 '저는 양치는 것이 좋습니다. 여기가 좋사오니 나를 건드리지 말아 주십시오!'라고 말하는 사람은 평생을 발전할 수 없습니다. 다윗처럼 양을 쳐야 할 때는 양을 지키기 위하여 사자와 곰을 물리치고, 왕으로 기름을 부으려고 부름을 받았을 때는 나라를 지키기 위하여 전쟁을 불사하는 결단과 용기가 있어야 했습니다. 롬 1:17 '믿음으로 믿음에 이르게 한다.'고 말씀했습니다. 믿음은 그 크기가 자라는 것입니다. 믿음으로 행동하면 더 큰 믿음이 생깁니다.

양치기 믿음에서 한 나라를 다스리고 통치하는 왕의 믿음으로까지 자라나야 합니다. 하나님께서 행하시는 모든 새로운 일은 새로운 수준의 믿음을 요구합니다. 만약 우리가 하나님을 믿는 믿음 안에서 성장하고 있다면 하나님은 계속해서 우리에게 더 큰 믿음을 필요로 하는 일을 도전하고 성취하도록 우리를 격려하실 것입니다. 오늘 우리에게 요청되는 믿음은 어제 이루었던 믿음의 크기와는 다릅니다. 많은 그리스도인들이 현재의 상태에 만족해서 정체된 상태로 안주하고 싶어 합니다. 그러나 하나님 안에서 정지된 상태로 머무르는 것은 절대로 하나님이 원하시는 것이 아닙니다. 하나님은 우리가 질적으로도 새롭고 양적으로도 새로운 큰 믿음으로 성장하시길 원하십니다.

목회를 할 수 록 하나님을 섬기고 성도들이 섬기는 일이 어렵고 까다롭다는 것을 느낍니다. 그런데 그것은 지극히 당연한 것입니다. 왜냐하면 하나님은 더 높고 더 깊은 목회의 수준을 요구하기 때문에 더욱 어렵고 힘든 과제들을 제공해 주십니다. 하나님을 섬기고 교회를 섬길수록, 어렵고 힘들다는 것을 느낄 것입니다. 그런데 그것 역시도 지극히 당연한 것입니다. 왜냐하면 하나님은 여러분이 더 깊고 더 높은 믿음의 수준에 도달하기를 원하시기 때문입니다. 1+1=2 라는 공식을 풀어낸 사람은 그 다음에 곱하기 나누기를 풀게 되고, 그 다음에는 미적분을 풀게 되고, 그 다음에는 빌딩을 설계하고, 그 다음에는 최첨단 요트나 우주선을 설계하는 단계로까지 올라가게 됩니다. 그와 같이 믿음도 발전하는 것입니다. 믿음도 성장하는 것입니다. 시대의 때를 분별하는 분별력이 깊어지려면, 말씀과 기도 생활을 통한 하나님의 뜻을 깨달아야 하고, 깨달은 말씀을 과감하게 행동하는 믿음의 크기를 키워야 합니다.

믿음의 크기를 키우지 못하는 사람은 '옳고 그른 것'만 따지는 초등수준에 머물다가, 하나님을 기쁘시게 해드리는 과감한 도전을 해 보지도 못하고 인생을 마무리 합니다. 믿음의 행함은 말씀을 붙잡고 새로운 일에 도전할 수 록, 그 믿음의 크기가 달라집니다. 믿음 안에서 자라가야 합니다. 우리가 믿음의 크기를 키울 때 하나님의 정하신 때를 만나게 됩니다. 우리가 하나님께서 정해 주신 목적지를 향하여 앞으로 나아갈 때, 하나님께서는 미리 그곳에 가 계십니다. 여호수아가 제사장들에게 법궤를 메고 요단강으로 나아가라 명령할 때, 제사장들이 믿음으로 요단강에 발을 들여 놓고 발목에 물이 차는 순간 요단강물은 갈라지기 시작했습니다.

4. 하나님의 때가 되면 이상할 만큼 일이 잘 풀린다. 하나님의 때를 만나 사람은 하나님이 느끼는 것을 느끼는 것이고, 하나님이 말씀하시는 것을 듣는 것이고, 하나님이 보는 것을 보는 것입니다. 하나님이 알려주는 영의 직관에 의하여 그 사람에 대한 것을 느끼고, 환경에 대한 것을 느끼고, 혹은 하나님에 대한 것 등등을 성령의 초자연적인 역사로 알고 행하는 것입니다. 한마디로 하나님과 통하는 것입니다. 하나님과 통하려니 성령으로 충만해야 합니다. 성령이 아니고서는 하나님과 교통할 수가 없기 때문입니다. 하나님과 교통하려면 그만큼 자신의 육성이 없어져야 합니다.

필자도 목회자가 되고 성령을 체험하고 저 자신을 치유하여 영적으로 변하는 기간이 있었습니다. 영의 말씀을 듣고 영적지각능력이 발달하니 가계에 대물림되는 죄 성이 문제가 되었습니다. 그래서 대물림되는 죄 성을 회개하여 끊고 귀신을 몰아내는 일을 하는 것에 3년이 걸렸습니다. 이는 필자가 하나님이 사용하실 수 있도록 변하는 세월이었습니다. 변해야 하나님이 사용하십니다. 자신이 하나님의 때를 만난 사람인지 어떻게 압니까? 하나님이 필요한 사람들을 자꾸 자신에게 보낸다는 것입니다. 신기할 만큼 사업이나 일이 잘 풀리는 것입니다. 목회자는 하나님이 필요한 사람을 보냅니다. 목회자가 말씀을 전하고 기도하면 역사가 일어납니다. 기도하여 성령이 감동하는 대로 움직이면 일이 술술 잘 풀립니다.

필자가 지난 세월동안 체험한 바는 이렇습니다. 시화에서 서울로 교회를 옮길 때에도 성령하나님이 저에게 서울로 올라가라는 감동을 주셨습니다. 그리고 현장을 확인하라는 감동도 주셨습니다. 그래서 그대로 행동에 옮겼습니다. 때가 되니 교회장소 임대료를 책임지겠다는 성도가 나왔습니다. 그때 당시 저에게는 임대료를 낼만한 돈이 없었습니다. 하나님이 이를 아시고 사람을 통하여 역사를 한 것입니다. 그래서 장소를 임대하였습니다. 이제 내부 시설을 할 물질이 필요했습니다. 그래서 하나님에게 기도를 했습니다. 기도하니 응답을 해주셨습니다. 그대로 행동에 옮기니 하루 만에 내부 시설할 수 있는 물질이 들어왔습니다. 내부 시설공사를 무료로 책임지고 해주겠다는 사람을 하나님이 붙여 주셨습니다. 그래서 저는 어떻게 작업을 하라고 지시만 하고, 시화에서 계속적으로 집회를 했습니다. 그렇게 순탄하게 일이 잘 풀려서 서울로 이전을 한 것입니다. 무엇보다도 중요한 것은 성령의 음성을 듣는 것입니다. 음성을 듣고 행동에 옮기니 성령께서 하셨습니다.

서울로 이전하여 상당히 어려웠습니다. 어렵지만 잘 견디어 나갔습니다. 그런데 결정적으로 문제가 발생했습니다. 우리교회를 서울로 이전하게 하는데 중심적인 역할을 한 성도들이 모두 교회를 떠난 것입니다. 2명만 남고 모두 떠났습니다. 인간 생각을 가지고 판단하면 교회 문을 닫아야 할 지경에 처한 것입니다. 그런데 하나님이 다시 성도들을 하나둘씩 보내주셨습니다. 그래서 어려움 없이 교회를 운영하게 하셨습니다. 방배2동 이수초등학교 앞에 있던 장소인데 장소가 너무 협소하여 의자를 옥상에 올려놓고 지냈습니다. 그래서 좀 더 넓은 장소로 옮겨 달라고 기도를 했더니 하나님이 응답을 하셨습니다. 장소를 확인하다가 지금 장소를 발견한 것입니다. 임대료를 확인하니 전에 있는 장소의 두 배의 임대료가 필요했습니다. 부족한 임대료가 준비되면 하나님의 역사로 믿고 옮기겠습니다. 하고 기도를 했더니 임대료 부족한 액수를 해결하여 주셨습니다. 그래서 교회를 옮긴다고 성도들에게 공포를 했습니다. 새로운 장소 내부 시설비도 하나님이 하라는 대로 했더니, 하나님이 성도들을 감동하여 헌금하므로 해결하여 주셨습니다. 이렇게 하나님의 뜻과 때가 맞으니 일이 힘들지 않고 술술 풀렸다는 것입니다. 왜 입니까? 하나님이 하시기 때문입니다. 집회 때에도 필요한 사람들을 보내주셨습니다. 하나님의 때가 되면 하나님이 필요한 사람을 보내주신다는 것입니다. 이렇게 하나님의 때를 만난 사람은 자신을 필요로 하는 사람들이 찾아온다는 것입니다.

자신이 하기가 싫어도 하나님이 하도록 여건을 마련하고 밀어주는 일이 하나님의 때를 만난 것입니다. 이것이 무슨 말이냐 하면 예를 들어 신유에 권능은 받은 사람은 질병치유를 받으려고 하는 사람이 자꾸 자기에게 찾아온다는 것입니다. 하나님이 은사를 사용하도록 사람들을 보낸다는 것입니다. 필자가 지난 22년 간 성령치유사역을 할 수 있었던 것도 하나님이 치유와 능력을 받을 사람들을 계속 보내 주셨기 때문에 사역을 계속할 수 있는 것입니다. 사람을 보내지 않는 데 어떻게 사역을 계속 할 수 있겠습니까? 사람이 오지 않으면 하려고 해도 하지 못하는 것입니다. 하나님이 필요한 사람들을 계속 보내십니다. 오는 사람마다 문제를 해결 받습니다. 이렇게 하나님의 때를 만난 자는 하나님의 영광스러운 일을 하도록 하는 것입니다. 필요한 사람들을 지속적으로 보낸다는 것입니다. 일이 잘 풀리는 것입니다. 사업이나 주님의 일을 하는데 전혀 힘이 들지 않고 잘되는 것입니다. 이때 우리는 주의해야 합니다. 하나님에게 영광을 돌리고 하나님에게 소득의 십일조를 분명하게 드려야 합니다.

하나님의 때는 언제 도래하는가? 먼저는 하나님의 뜻에 따라 성실하게 일을 하며 준비하는 것입니다. 성실하게 준비하여 성령의 인도를 따라가다가 보면 자신의 특별한 노력이 없이도 하나님이 주신 은혜를 따라 하나님의 역사가 자신을 통해서 자연스럽게 일어날 때, 그것이 하나님의 때가 된 것입니다. 하나님께서 우리에게 주신 것을 우리가 확인하고, 그 범위 안에서 살아갈 때, 하나님은 계속해서 우리를 축복하시고, 우리로 하여금 하나님의 때를 만나도록 하실 것입니다. 그래서 우리는 하나님과의 관계를 지속할 수 있도록 부단하게 성령으로 충만해야 하고, 환경에 나타나는 보증의 역사를 감지하면서 하나님의 소명을 수행해야 합니다. 가만히 때를 기다리만 해서는 세상을 떠날 때까지 하나님의 때를 만나지 못할 수도 있습니다. 하나님의 때를 노치지 않는 자녀가 되기를 바랍니다.

이 책을 통해 예수님이 땅끝까지 전파 되기를 소원합니다.
(출판으로 인한 이익금은 문서선교와 개척교회 선교에 사용합니다.)

돈 잘 버는 잠재력을 깨우는 법

발 행 일 ı 2024.03.11초판 1쇄 발행

지 은 이 ı 강요셉

펴 낸 이 ı 강무신

편집담당 ı 강무신

디 자 인 ı 강무신

교정담당 ı 강무신

펴 낸 곳 ı 도서출판 성령

신고번호 ı 제22-3134호(2007.5.25)

등록번호 ı 114-90-70539

주   소 ı 서울시 서초구 방배천로 2길 53

전   화 ı 02)3474-0675/ 3472-0191

E-mail ı kangms113@hanmail.net

유   통 ı 하늘유통. 031)947-7777

ISBN ı 978-89-97999-94-1 부가기호 ı 03230

가   격 ı 18,000원